Jahreszyklus der Graugans

Erich Rutschke
Wildgänse

Prof. Dr. rer. nat. habil. Erich Rutschke

Die Wildgänse Europas

Biologie, Ökologie und Verhalten

VEB Deutscher
Landwirtschaftsverlag
Berlin

Die Zeichnungen fertigte Gisela Jahrmärker.

1. Auflage

DDR – 1040 Berlin, Reinhardtstraße 14
Lizenznummer 101 – 175/152/87
LSV 4565
Lektor: Waltraud Düber
Grafische Gestaltung: Erhard Bellot
Umschlagfoto: Wolf Spillner
Printed in the GDR
Klischeeherstellung: Interdruck Leipzig
Satz und Druck: Druckerei Markneukirchen III-23-3
Buchbinderei: »Maxim Gorki« Altenburg
Bestellnummer: 559 318 8

ISBN 3-331-00063-9

02800

*»Will man Wildgänse kennenlernen,
muß man mit ihnen leben, und will man mit ihnen leben,
muß man sich ihrem Lebenstempo anpassen.«*
KONRAD LORENZ

Vorwort

Nur wenige Vogelstimmen dringen so tief in das Gemüt des Menschen wie die Rufe der Wildgänse, wenn sie im düsteren Grau des Herbstes oft in gewaltigen Scharen über das Land ziehen. Das Kommen der Gänse läßt den nahenden Winter, läßt Schnee, Eis und Kälte ahnen, weckt die Frage nach dem Woher und Wohin und nach der Lebensweise der Gäste.

In den letzen Jahrzehnten ist viel gearbeitet worden, um das Leben der Wildgänse genauer zu erforschen. In England und Dänemark wurden Expeditionen durchgeführt, um die Größe der auf Island, Grönland und Spitzbergen brütenden Bestände und die Lebensweise der Gänse unter arktischen Bedingungen zu erkunden. Die Arbeitsgruppe Wildgänse des Internationalen Büros für Wasservogelforschung, das seinen Sitz in Slimbridge (Großbritannien) hat, koordiniert die Forschungen zwischen den europäischen Ländern in Ost und West, sammelt die Ergebnisse gemeinschaftlicher Bestandsanalysen, wertet sie aus und regt neue Aufgabenstellungen an. Wesentliche Impulse für die Erforschung der Wildgänse Europas gingen von niederländischen Ornithologen aus. Sie fanden Niederschlag in dem Buch »Wilde ganzen in Nederland« (LEBRET et al., 1976). Einen enormen Aufschwung nahm die Erforschung der im Norden der Sowjetunion brütenden Wildgänse. Nach der vor über 30 Jahren erfolgten Bearbeitung von DEMENTIEV und GLADKOV (1951) vermitteln Bücher wie »Gusi w SSSR« und der erste von KISTSCHINSKI herausgegebene Band der Reihe »Migrazii Ptiz« sowie die »Proceedings« der Aluschta-Konferenz (Moskau, 1981) ein eindrucksvolles Bild vom Kenntnisfortschritt.

Es gibt nur wenige Vogelarten, bei denen die Populationsentwicklung so erforscht wird wie die vieler Gänsearten. Davon profitieren die Grundlagenforschung, also die Populationsökologie und der Naturschutz, soweit es sich um seltenere Arten handelt. Noch bedeutsamer ist ein praktischer Aspekt. Die meisten Gänsearten ernähren sich zeitweilig von landwirtschaftlichen Kulturen, was eine kontrovers geführte Diskussion über dadurch entstehende Schäden auslöste. Die Verhütung von Schäden durch Wildgänse ohne Beeinträchtigung der Population ist zu einem Problem geworden, das zu praxisbezogener Forschung herausfordert.

Die mit der Ökologie und dem Schutz der Gänsepopulationen zusammenhängenden Probleme reflektieren nur eine Seite des Interesses, das Wildgänsen entgegengebracht wird. Eine andere sind ihre Verhaltensweisen, insbesondere die mit der Fortpflanzung verknüpften. Lorenz stellte Studien an Wildgänsen über viele Jahre hinweg in den Mittelpunkt ethologischer Forschungen, und eine Reihe seiner Schüler arbeiten noch immer an diesem Objekt. Mit dem in den letzten Jahren erfolgten Aufblühen soziobiologischer Forschung sind die sehr differenzierten sozialen Strukturen der Gänse viel beachteter Gegenstand geworden.

Zwanzig Jahre sind vergangen, seit ich begann, mich mit Wildgänsen zu befassen. Zunächst waren es die herbstlichen Scharen der Saat- und Bleßgänse, die die Aufmerksamkeit auf sich lenkten. Ihre Wanderungen und die Populationsentwicklung waren der Ausgangspunkt für Studien, die sich schließlich immer mehr auf die Erforschung der Verhaltensweisen richteten. Sehr bald bemerkte ich, daß Gänse ungemein lernfähige Tiere sind, deren Verhalten sich nicht in die Schemata und Denkvorstellungen fügt, wie sie in der Verhaltenskunde lange Zeit üblich waren. Die Anpassungsfähigkeit und Flexibilität wildlebender Gänse, ihre den Beobachter immer wieder überraschende Vorsicht, Findigkeit und Genauigkeit in der Wahrnehmungsfähigkeit, sind Eigenschaften, die den ökologisch und verhaltenskundlich orientierten Zoologen herausfordern. Nichts ist falscher als das Wort von der »dummen Gans«.

Das selbst Erlebte und das Wissen um das weit zerstreute, nur wenigen zugängliche Schrifttum ließen den Plan reifen, die Biologie und Ökologie der in Europa vorkommenden Wildgänse zusammenfassend darzustellen. Dabei leitete mich der Gedanke, diese liebenswerten Tiere möglichst vielen Menschen nahezubringen und zu weiterer Forschung und Beobachtung anzuregen. Auf diese Weise dürfte auch zu ihrem Schutz in der heimischen Natur beigetragen sein, denn nur gewecktes Interesse führt zur Bereitschaft, aktiv an der Erhaltung mitzuwirken. Mir lag daran, den Zoologen und Ornithologen in gleicher Weise anzusprechen wie die vielen Menschen, die vom Gefühl her für die Schönheit und Wunder der Natur empfänglich sind. Die Jäger schließe ich durchaus mit ein, was nur jene zum Widerspruch reizen wird, die nicht wissen, daß auch mit der Büchse in der Hand echtes Naturerlebnis und -verständnis möglich ist.

Unerläßliche Voraussetzung für das Zustandekommen des Buches waren die seit vielen Jahren bestehenden engen Kontakte mit vielen Fachkollegen in europäischen und anderen Ländern. Ohne ihre direkte und indirekte Mitwirkung hätte sich der Plan nicht in die Tat umsetzen lassen. Ihnen allen bin ich zu Dank verpflichtet. Das gilt in ganz besonderem Maße für das International Wildfowl Research Bureau (IWRB) in Slimbridge (Großbritannien) sowie dessen Direktor Prof. G. V. T. Matthews und den Vize-Direktor für Naturschutz Mike Smart. Ihr Verdienst ist es, die in Europa an Wildgänsen arbeitenden Wissenschaftler zu einer echten Arbeitsgemeinschaft zusammengeführt zu haben. Zu danken habe ich auch Fräulein Helga Liebherr, für vielfältige technische Unterstützung und Frau Gerlinde Hilzbrich für die Erstanfertigung der Zeichnungen.

Erich Rutschke

Potsdam, Februar 1986

Inhaltsverzeichnis

1

Arten

Gattung Anser

Die Gattung Anser umfaßt mit Ausnahme der Schneegans *(Anser caerulescens)*, die erst durch HARTERT (1920) zu dieser Gruppe gestellt wurde, überwiegend grau gefärbte Gänsearten. Die Schnabelschneiden sind mit zahnartigen Hornbildungen besetzt, die teilweise selbst bei geschlossenem Schnabel zu sehen sind. Die kräftigen Schnäbel haben den Charakter eines Weideschnabels, dem an der Spitze ein gut ausgebildeter Nagel aufgesetzt ist. Schnäbel und Beine sind bei geschlechtsreifen Tieren immer farbig, wobei rosa, gelb oder orange vorherrschen. Alle Arten haben ausgeprägte soziale Lebensformen. Die Nahrungsaufnahme erfolgt überwiegend auf dem Lande in weidender Form: Mit den Schnabelseiten werden Pflanzenteile abgebissen, abgerupft oder ausgezupft.

Saatgans
Anser fabalis (LATHAM)
Bean Goose
Oie des moissons
Гуменник

Kennzeichen: Dunkelgraue Gans mit brauner Tönung, insbesondere am Kopf und Hals, Schnabel schwarz und gelborange gezeichnet. Die Farbanteile sind von unterschiedlicher Ausdehnung, je nach Unterart-Zugehörigkeit. Stirn im Bereich der Schnabelwurzel häufig mit schmalem weißem Band. Körperfedern überwiegend dunkelgrau, doch in Abhängigkeit von der Körperregion mit braunweißen oder bräunlichen Rändern.

Stimme: Die lauten zweisilbigen Flugrufe sind besonders bei An- und Abflug von den Schlafgewässern zu hören. Sie sind meist zweisilbig und hören sich etwa wie ein nasales »Kai-Jäa« an. Die Variabilität der Rufe ist jedoch beträchtlich, und beim Anflug großer Saatgansscharen gehen die Stimmen der Einzeltiere in lautstarkem Geschnatter unter.

Verbreitung: Im Westen beginnt das Brutgebiet im nordöstlichen Skandinavien. Es reicht von dort über den Nordwesten des europäischen Teils der Sowjetunion durch Nordwest- und Ostsibirien bis zum Ochotskischen Meer. Die Brutplätze liegen im Gebiet der Waldtundra etwa in einer Zone zwischen 65° und 70° nördlicher Breite (Abb. 1/1).

Auf eine Abgrenzung der Brutgebiete der Unterarten wurde verzichtet.

Unterarten: In der neueren Systematik werden 5 Unterarten unterschieden, die geographisch von West nach Ost aufeinander folgen (Abb. 1/2). Die im westlichen Teil des Brutgebietes, also vor allem in Fennoskandinavien vorkommende Nominatform *Anser fabalis fabalis,* besitzt einen überwiegend orangegelben Schnabel mit geringem Schwarzanteil. Diese Unterart wird in der dem Typus entsprechenden Form nur noch in geringer Anzahl in Mittel- und Westeuropa beobachtet. Bei der nach Osten bis etwa zum Ural und über diesen hinaus anschließenden Unterart *Anser fabalis rossicus* ist der gelb-orange Farbanteil auf eine schmale ringförmige Zone im Spitzenteil des Schnabels konzentriert. Gänse dieses Typus sind in Mitteleuropa ebenfalls nicht häufig. Die Masse der hier erscheinenden Gänse ist einem intermediären Typ zuzuordnen, bei dem die Merkmale beider Unterarten fließend ineinander übergehen.

Auf *Anser fabalis rossicus* folgt in Westsibirien, etwa im Ural-Gebiet beginnend bis zur Chatanga, *Anser fabalis johanseni* mit klobigem Schnabel. Nach Osten schließt sich *Anser fabalis middendorfi* und im äußersten Nordostsibirien *Anser fabalis serrirostris* an. Die drei sibirischen Unterarten sind wie die europäischen durch breite Mischzonen miteinander verbunden. Die Ursache dafür dürfte wie bei den europäischen darin zu suchen sein, daß die Gänse ausgedehnter Brutareale in relativ kleinen Gebieten überwintern. Dort verpaaren sie sich bereits, was die Bildung von Mischpopulationen begünstigt.

Intermediärformen zwischen *Anser fabalis fabalis* und *Anser fabalis rossicus:* Die Mehrzahl der in Mittel- und Westeuropa erscheinenden Saatgänse gehört zu einer Mischform mit Merkmalen der

Abb. 1/1
Brutverbreitung der Saatgans *(Anser fabalis)*
Auf die Begrenzung der Verbreitungsgebiete der Unterarten wurde verzichtet, weil die Kenntnisse zu lückenhaft sind. Unberücksichtigt blieb auch die Mischpopulation zwischen *Anser fabalis fabalis* und *Anser fabalis rossicus.*

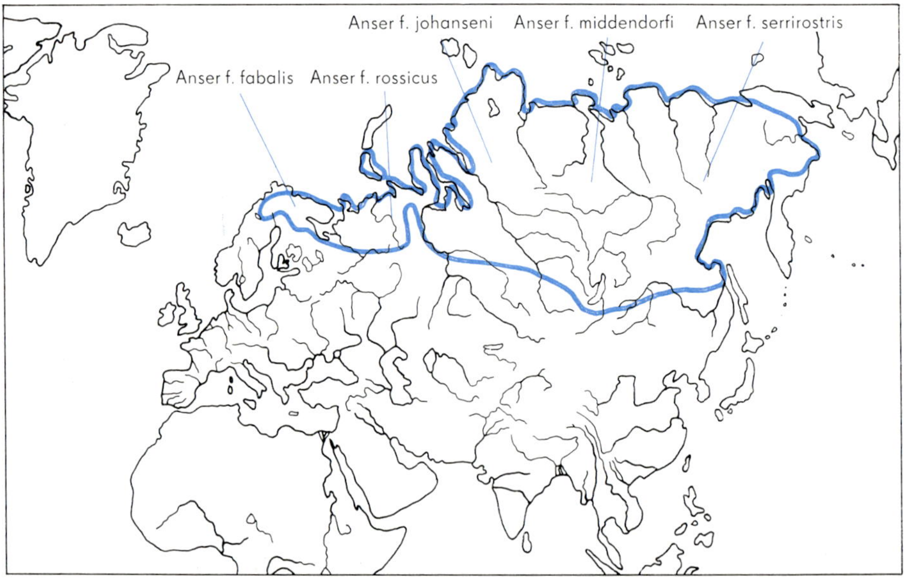

beiden Unterarten *Anser fabalis fabalis* und *Anser fabalis rossicus*. Die Beschreibung und überzeugende Begründung der beiden Unterarten erfolgte durch COOMBES (1951). Das Gebiet, in dem die Mischformen auftreten, reicht von den Winterquartieren in den Niederlanden quer durch Mitteleuropa bis nach Ungarn (VOOUS, 1944; SCHRÖDER, 1969; RUTSCHKE, 1973; LITZBARSKI, 1974).

Gänse vom *Anser fabalis fabalis*-Typ treten nur im westlichen Teil des Überwinterungsgebietes auf und sind viel seltener als solche des *Anser fabalis rossicus*-Typs. Wichtigstes feldbiologisches Merkmal für die Unterscheidung der beiden Unterarten ist die variable Schnabelfärbung (Abb. 1/3). Die meisten Autoren, die sich zu dieser Thematik äußerten, gehen davon aus. LITZBARSKI (1974) hat an einem umfangreichen Material aus der DDR nachgewiesen, daß sie sich auch in einer Reihe weiterer morphologischer Merkmale unterscheiden, die Extreme jedoch durch intermediäre Merkmale lückenlos miteinander verbunden sind.

Das Vorhandensein einer Mischpopulation steht seit einigen Jahrzehnten unbezweifelbar fest. Neuerdings wird die Existenz von einigen Autoren bestritten (VAN IMPE, 1981 a und b; HUYSKENS, 1983). Die diese extreme Auffassung stützenden Argumente beruhen nicht auf anatomisch-morphologischen Studien, sondern lediglich auf Feldbeobachtungen und unbewiesenen Vermutungen. VAN

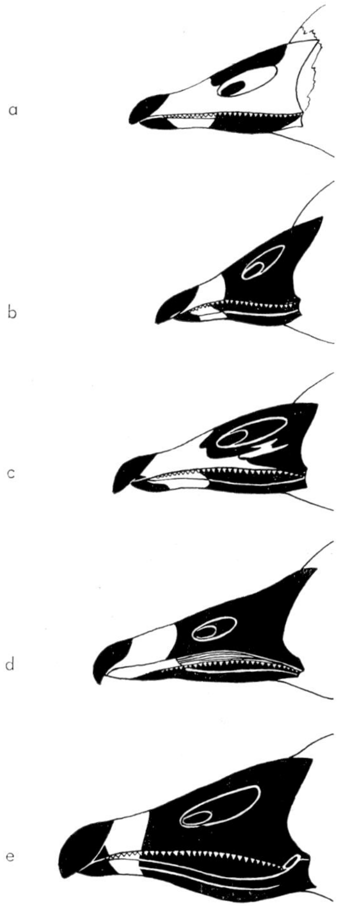

Abb. 1/2
Schnabelkennzeichen der Unterarten der Saatgans *(Anser fabalis)* (nach BAUER und GLUTZ v. BLOTZHEIM, 1968)
a – *Anser f. fabalis*
b – *Anser f. rossicus*
c – *Anser f. johanseni*
d – *Anser f. middendorfi*
e – *Anser f. serrirostris*

Abb. 1/3
Variabilität der Schnabelzeichnung bei Individuen der Mischpopulation zwischen *Anser f. fabalis* x *Anser f. rossicus* (nach LITZBARSKI, 1974)

Impe (1980) nennt ökologische und ethologische Unterschiede und vertritt auf Grund palaeo-pflanzengeographischer Befunde die Meinung, daß sich die beiden westlichen Unterarten der Saatgans seit der Wurm I-Vereisung herausgebildet haben. Die morphologischen Merkmale der Taiga-Population (= *fabalis)* sollen weniger von der hypothetischen Stammform abweichen als die der Tundraform (= *rossicus).* Diese Auffassung ist zu spekulativ für eine ernsthafte Erörterung.

Zahlreiche Beobachtungen über die Unterartzugehörigkeit überwinternder Saatgänse stammen aus den Niederlanden. Unter den 45 000 bis 55 000 Saatgänsen, die vor 1978 durchschnittlich in Holland überwinterten, befanden sich etwa 1500 bis 1600 mit deutlichen *Anser fabalis fabalis*-Merkmalen. Eine Ausnahme bildete der Winter 1978/79, als sie in viel größerer Anzahl erschienen als in den Jahren zuvor. Sie trafen in den Niederlanden erst nach einem drastischen Kälteeinbruch in Skandinavien und Mitteleuropa ein und unterschieden sich im Aussehen, dem Zusammenhalt in Gruppen und der abweichenden Art der Ernährung von den anderen Saatgänsen (van den Bergh, 1979). Sie suchten ihre Nahrung in stärkerem Maße an Blattkohl sowie Kartoffel- und Maisresten. Im Januar wurden 6500 und im Februar über 10 000 Saatgänse mit deutlichen *Anser fabalis fabalis*-Merkmalen festgestellt.

Die in Ungarn und in der ČSSR sowie in Südeuropa erscheinenden Saatgänse zeigen das Bild der Mischpopulation mit Dominanz der *Anser fabalis rossicus*-Merkmale. Die Auffassung, daß die beiden Unterarten sowohl geographisch wie ökologisch voneinander getrennt sind, die auch Bauer und Glutz von Blotzheim (1968) vertreten, trifft nur für Gänse aus dem westlichen und östlichen Teil des Verbreitungsgebietes beider Unterarten zu.

Zu Beginn des vorigen Jahrhunderts wurden die beiden Unterarten als gute Arten aufgefaßt und als Saatgans *(Anser fabalis)* und Ackergans *(Anser arvensis)* bezeichnet (Naumann, 1820 bis 1844). Naumann war sich der Bedeutung der Trennung in zwei Arten voll bewußt, denn er begründet seine Entscheidung wie folgt: »Die von mir hier unter dem Namen Ackergans, *Anser arvensis,* aufgestellte Art ist seither immer mit der Saatgans, *Anser fabalis,* verwechselt oder für nicht artverschieden von ihr gehalten worden. Ob die wenigen oben angezogenen Synonyme ganz sicher hierher gehören, mag ich nicht behaupten. Wenn auch von den fleißigsten Beobachtern einer oder der andere unter den verschieden gestalteten, sogenannten Saatgänsen mehrere Arten zu ahnen anfing, so hat sich doch keiner bestimmt darüber aussprechen können, weil es fast allen an einer hinlänglichen Anzahl frischer Exemplare und an Gelegenheit gefehlt hat, die Deutschland durchwandernden Scharen dieser Gänse oft wiederholt und unter verschiedenen Umständen zu beobachten. Sowie mir nun dieses gelungen ist, darf ich mit Sicherheit behaupten, daß diese meine Ackergans keine klimatische oder Altersverschiedenheit von meiner Saatgans, sondern eine eigene selbständige Art ist.« Hinweise auf Intermediärformen fehlen bei Naumann, wenn man nicht aus dem »verschieden gestalteten« darauf schließen will.

Das führt zu der Frage, woher es kommt, daß die Mehrzahl der gegenwärtig in Mitteleuropa erscheinenden Saatgänse zu einer Intermediärform gehört. Unterarten sind morphologisch immer dann eindeutig unterscheidbar, wenn die Brutareale durch natürliche Grenzen voneinander getrennt sind und die Tiere gesondert wandern und überwintern. Wenn Vögel, die zu verschiedenen Unterarten gehören, während der Wanderungen oder im Winterquartier zusammentreffen, dann bleibt das für den Status jeder Unterart nur so lange bedeutungslos, wie es nicht zu Anpaarungen und Neuverpaarungen kommt. Geschieht das, wie es für Wildgänse zu erwarten ist, dann muß sich früher oder später der Differenzierungsprozeß umkehren. Das vollzieht sich im Falle der beiden Unterarten der Saatgans, seitdem durch den gemeinsamen Aufenthalt in einem Überwinterungsgebiet die Voraussetzungen für die Vermischung gegeben sind.

Gänse mit *Anser fabalis fabalis*-Merkmalen treten im Winter nur im westlichen Teil des Überwinterungsgebietes (Niederlande) regelmäßig auf. Das läßt darauf schließen, daß die Unterart *Anser fabalis fabalis* nur im äußersten Westen des Verbreitungsgebietes, also im Norden von Fennoskandinavien und Karelien, brütet. Für diese Auffassung spricht die ausschließliche Anwesenheit der Nominatform auf dem Mauserplatz Sippmitkjaure in Jämtland, wo sich Gänse aus Norwegen und Schweden sammeln (Curry-Lindahl, 1948) und die Zugehörigkeit der in Schweden rastenden und überwinternden Saatgänse zum *Anser fabalis fabalis*-Typ oder zu Intermediärformen (Nilsson und Persson, 1984). Nach Osten folgt die Mischpopulation, wobei die *Anser fabalis rossicus*-Merkmale um so deutlicher hervortreten, je weiter östlich die Brutgebiete liegen. Schließlich dominieren die *Anser fabalis rossicus*-Merkmale. Nach Keve und Mikuska (1973) gehören die in Ungarn und Nord-Jugoslawien überwinternden Saatgänse zur Unterart *Anser fabalis rossicus,* was frühere Feststellungen von Johansen (1962) bestätigten.

Die auf Johansen (1959) zurückgehende Auffassung, daß die Tundra-Saatgans nördlich von der Wald-Saatgans *(Anser fabalis fabalis)* brüten soll, ist also unzutreffend. Sie ist ungeprüft in das Schrifttum übernommen worden. Obwohl widerlegt (Rutschke, 1979), taucht sie auch in neuerem Schrifttum immer wieder auf (Pirkola und Kalinainen, 1984). Die freudlose Diskussion sollte endlich beendet werden. In Anbetracht der Variabilität von Schnabelform und -zeichnung bleiben auch Zweifel an den von van den Bergh (1980) mitgeteilten Beobachtungen von Gänsen der Unterarten *Anser fabalis serrirostris* und *Anser fabalis johanseni.*

Nicht oder nicht mehr anerkannte Unterarten: In der Zeit um die Jahrhundertwende erschienen in Ungarn Saatgänse, die in der Farbe der Schnabelbinde (fleischfarben statt gelb) und der Füße (rot statt orange-gelb) vom Typus abwichen. Die ersten Berichte über Gänse mit diesen Merkmalen gehen auf Suschkin zurück, dessen Namen sie erhielten (Suschkingans). Sie wurden zunächst als eigene Art aufgefaßt. Suschkin sah am 4. Oktober 1891 im Gebiet bei Ufa riesige »den Himmel verdüsternde« Scharen dieser Gans (Grote, 1930). Stresemann (1929) vermutete das Brutgebiet dieser Art im Norden von Nowaja Semlja und Koguljew. Dementiew (1936) erkannte die Zugehörigkeit der Suschkingans zur Saatgans, wodurch sie in den Rang einer Unterart, später sogar in den Status einer Varietät, herabsank. Die Suschkingans nahm um die Jahrhundertwende im Überwinterungsgebiet auf der Pußta Hortobagy in Ungarn rasch zu. In der Zeit zwischen 1907 und 1911 stieg ihr Anteil an der Gesamtzahl der in diesem Gebiet überwinternden Gänse auf die Hälfte. Sie bevölkerte die Pußta zu Tausenden. So spektakulär wie die Suschkingans erschien, so schnell verschwand sie auch wieder. Bereits gegen Ende der 20er Jahre war der Rückgang beträchtlich (Schenk, 1929, 1929/30, 1930). In den 30er Jahren war sie bereits zu einer Rarität geworden. Die wenigen Einzelnachweise aus Deutschland sind bei Stresemann (1934) genannt. Seit den 30er Jahren gibt es nur noch ganz vereinzelt Nachweise (Lit. bei VAN IMPE, 1971). Mit der von VOOUS et al. (1973) stammenden Mitteilung scheint die rätselhafte Geschichte der Suschkingans abgeschlossen zu sein.

Die von BUTURLIN (1935) als *Anser »carneirostris«* beschriebene Variation der Nominatform hat nie Anerkennung gefunden, zumal die Beschreibung wenig präzise war (DELACOUR, 1951). Aus neuerer Zeit sind durch VAN IMPE (1975) Beobachtungen einiger Exemplare dieser Varietät mitgeteilt worden.

Lebensraum: Die Art brütet an verschiedenen Gewässern in den großen Sumpfniederungen der nordosteuropäischen und sibirischen Flüsse (Tundra), jedoch auch an kleineren Flüssen und Bächen, wo diese sumpfige Altwasser gebildet haben, sowie auf kleineren und größeren waldumstandenen Mooren (Taiga). Nach MINEEW (1981) lebt sie in Nordsibirien und auf der Bolschesemelskaja Tundra an Flüssen, Flußarmen und kleinen Seen. Die größte Siedlungsdichte erreicht sie an geeigneten Stellen in der Moos- und Flechtentundra, jedoch auch in der Strauchtundra. Gut besiedelt sind Teile der Kanin-Halbinsel, des Südteils von Nowaja Semlja, der Halbinsel Jamal und Westtaimyr. Im westlichen Teil des Verbreitungsgebietes (Fennoskandinavien) werden umwaldete Sphagnum-Moore und Sümpfe bevorzugt, insgesamt jedoch Habitate von unterschiedlicher Beschaffenheit genutzt.

Die Mauserplätze der auf der Halbinsel Kola brütenden Saatgänse liegen an verschiedenen Stellen längs der Weißmeerküste zwischen den Flüssen Woronja und Jokanga. Sie befinden sich im äußersten Norden des Verbreitungsgebietes, so daß alle Gänse, die diese Mauserplätze aufsuchen, eine im Frühsommer nordwärts gerichtete Wanderung vollziehen müssen. Rast- und Überwinterungsplätze befinden sich vorzugsweise an größeren Seen in Niederungslandschaften im zentralen und südöstlichen Europa, auf denen die Saatgänse in Scharen, die nach Tausenden zählen, übernachten. Von den Schlafplätzen her werden tagsüber Getreidesaaten oder Grünlandflächen zur Äsung angeflogen.

Fortpflanzung: Ab Mitte April treffen die Saatgänse an ihren Brutplätzen ein. Die Rückkehr kann sich in Abhängigkeit von der Witterung bis in den Mai hinein verzögern. Je nach Ankunftstermin verstreicht eine kürzere oder längere Zeit bis mit dem Nestbau begonnen wird. Die Differenz zwischen Ankunft und Einsetzen der Brutperiode ist bei dieser Art größer als bei anderen Gänsearten, was damit zusammenhängt, daß sie früher im Brutgebiet eintrifft als die anderen Arten.

Die Nester stehen an erhöhten Standorten (0,5 bis 1 m über der Umgebung) auf Baumstubben oder Bülten, mehr oder minder offen oder auch durch Gebüsch verdeckt. In Finnland werden die Nester nicht selten auf trockenem Waldboden bis zu 400 m entfernt vom nächsten Sumpfgebiet, in das nach dem Schlupf die Jungen geführt werden, gebaut (PIRKOLA und KALINAINEN, 1984). Die Nester stehen wohl immer einzeln. In gut besiedelten optimalen Habitaten wurden vereinzelt Nester gefunden, die weniger als 100 m voneinander entfernt angelegt waren. Gewöhnlich sind die Nester bis zu 2 km und weiter voneinander entfernt. Das Nest ist lediglich eine muldenförmige Vertiefung, die mit trokkenen Halmen und pflanzlichem Material anderer Art ausgelegt und auch mit Dunen ausgepolstert wird. Die zu Beginn der Brutzeit leicht gelblichen, mit fortschreitender Brutzeit schmutziggrauen Eier messen im Durchschnitt 85 mm × 55 mm, sind also etwas kleiner als die der Graugans und mit etwa 150 g (nach DEMENTIEW und GLADKOV, 1952, 125 g bei *Anser fabalis fabalis*) auch leichter.

Zum Vollgelege gehören 2 bis 8 Eier. Mehrfachgelege scheinen nicht vorzukommen. Das ist verständlich, denn die Nester stehen einzeln. Selbst Nachgelege werden nur ausnahmsweise angelegt. Nach 27 bis 29 Tagen Bebrütung schlüpfen die Gössel; im Süden des Verbreitungsgebietes im zweiten Junidrittel, weiter nördlich erst ab Ende Juni. Nach etwa zwei Monaten, frühestens also Mitte August, sind die Jungen voll flugfähig.

Bestandsentwicklung: Die in Südost-, Mittel- und Westeuropa im Herbst erscheinenden Saatgänse brüten in einer etwa 2500 km breiten Zone, die von Fennoskandinavien bis jenseits des Urals reicht. Wenn man bedenkt, daß es allein in der Autonomen Karelischen SSR und der Region um Murmansk 155 000 Seen gibt, die insgesamt eine Fläche von 25 000 km^2 bedecken, dann wird deutlich, wie außergewöhnlich schwierig es ist, zuverlässige Angaben über die Größe der Brutpopulation der Saatgans zu gewinnen. Trotzdem sind in den letzten Jahren durch sowjetische Ornithologen beachtliche Fortschritte erzielt worden (Tab. 1/1). Das betrifft vor allem Teile des westlichen Verbreitungsgebietes. Durch Bianki (1981) sind Verbreitung und Dichte auf der Halbinsel Kola kartiert worden (Abb. 1/4). In diesem Gebiet wurden Ende Juli vom Flugzeug aus die Mauserplätze der Saatgänse aufgesucht und dabei 1975 24 000 und 1976 36 000 mausernde Gänse festgestellt. Es fehlen allerdings Angaben darüber, ob die Mauserplätze nach der Brutzeit auch von den Brutvögeln mit den diesjährigen Jungvögeln aufgesucht werden, weshalb es nicht ohne weiteres möglich ist, aus diesen Ansammlungen auf den Gesamtbestand in diesem Gebiet zu schließen. In der Murmansk-Region befinden sich die Mauserplätze der Saatgans längs der Küste der Barents-See.

Durch Mineev (1981) wurden erstmals Angaben über den Brutbestand der im Gebiet zwischen Petschora und Ural (Bolschesemelskaja-Tundra) vorkommenden Gänse mitgeteilt, und zwar unterteilt nach verschiedenen Zonen und Biotopen in diesem riesigen Gebiet. Der Totalbestand der in der Bolschesemelskaja-Tundra brütend und mausernd festgestellten Saatgänse lag 1973 bei 115 000, 1974 bei 129 000 und 1975 bei 175 000 (vgl. Tab. 1/1). In der Bolschesemelskaja-Tundra, die von der Petschora im Westen bis an die Ausläufer des Urals im Osten reicht, brütet die Saatgans vor allem im maritim beeinflußten Teil der Tundra. In großer Dichte wird sie an

Tabelle 1/1
Gesamtbestand an Wildgänsen in Teilen der Tundra der UdSSR nach Mineev, 1981; Kriwenko, 1984)

Art	1973[1)]	1974[1)]	1975[1)]	1984[2)]
Saatgans	114,9	128,7	174,5	650,0
Bleßgans	38,3	41,4	56,7	900,0
Zwerggans	3,6	4,0	5,4	120,0
Graugans	?	?	?	0,12
Rothalsgans	?	?	?	32,0
Ringelgans	?	?	?	135,0

1) Bolschesemelskaja Tundra (Brut- und Mauservögel)
2) Mittlere Region der UdSSR (vor Jagdbeginn)
Angaben in Tausend

großen Flüssen und ihren Seitenarmen gefunden. Das Brutgebiet reicht jedoch auch weit in die südlich anschließende Waldtundra hinein (Mineev, 1981).

Über die Größe des im Herbst in Europa erscheinenden Saatgansbestandes herrschte Ungewißheit, bis es der »Arbeitsgruppe Gänse« des Internationalen Büros für Wasservogelforschung gelang, an international vereinbarten Terminen in den europäischen Ländern, in denen Gänse überwintern, Zählungen durchzuführen. Von besonderer Bedeutung sind die Ergebnisse der November-Zählungen, weil die Gänse um diese Zeit die Brutgebiete und Sammelplätze im Norden verlassen und sich auf den Rast- und Überwinterungsplätzen in Mittel-, Südost- und Westeuropa eingefunden haben. Für den November 1977 und 1978 sind die Ergebnisse durch Fog (1982 a) zusammengestellt worden (Tab. 1/2). In der Aufstellung fehlen Angaben aus der BRD, Österreich, Bulgarien und Rumänien. In diesen Ländern tritt die Saatgans zwar in geringerer Anzahl auf als in den erfaßten, trotzdem bleibt für den Gesamtbestand eine nicht zu vernachlässigende Dunkelziffer. In Polen befinden sich gut besetzte Herbst-Rastplätze im westlichen Teil des Landes. Allein in Słonsk (untere Warta) rasten bis zu 40 000 (Majewski, 1983b). In der BRD sind die Rastplätze im Frühherbst nur schwach besetzt. Sie werden erst stärker aufgefüllt, wenn bei Winterbeginn in Polen und in der DDR rastende Gänse weiterziehen. Nahezu artreine Saatgansbestände. (Bleßgansanteil 2 bis 3 %) rasten und überwintern in der Donauniederung zwischen Bratislava und Szob (Grenzgebiet ČSSR und Ungarn). Dort wurden zu Anfang der 70er Jahre über 20 000, 1978/79 etwa 30 000 Saatgänse festgestellt (Randik, 1983). Über die Anzahl der in Jugoslawien überwinternden Saatgänse herrschte lange Zeit Unklarheit (Keve und Mikuska, 1973). Aus neueren Arbeiten geht hervor, daß dort etwa 10 000 Saatgänse überwintern (Mikuska, 1982; Mikuska und Kutuzowic, 1982). Aus Albanien ist die Überwinterung auf mehreren küstennahen Plätzen bekannt, genaue Angaben fehlen (Nowak, 1980).

Insgesamt darf mit einem durchschnittlichen Herbstbestand von 250 000 bis 350 000 Saatgänsen in West-, Mittel- und Südosteuropa gerechnet werden. Vergleicht man diese Zahl mit den Feststellungen sowjetischer Autoren, die den Brutbestand in dem Gebiet, das von Karelien im Westen bis zum Ural im Osten reicht, ermittelten, dann ergeben sich zwar Schwierigkeiten, weil Bianki (1981) nur Zahlen für mausernde Gänse nennt, nicht aber wie Mineev (1981) den Gesamtbestand beziffert, doch insgesamt eine relativ gute Übereinstimmung.

Tabelle 1/2
Herbst- und Mittwinterbestand der Saatgans in Europa (nach Fog, 1982 a)

	November 1977	Januar 1978	November 1978	Januar 1979
Schweden	42 000	24 000	60 000	12 000
Dänemark	1 000	3 000	1 000	2 000
Polen	26 000	10 000	38 000	–
DDR	90 000	40 000	110 000	4 000
Niederlande	473	29 000	160	10 000
Ungarn	39 000	25 000	84 000	7 000
Summe	198 473	131 000	293 160	125 000

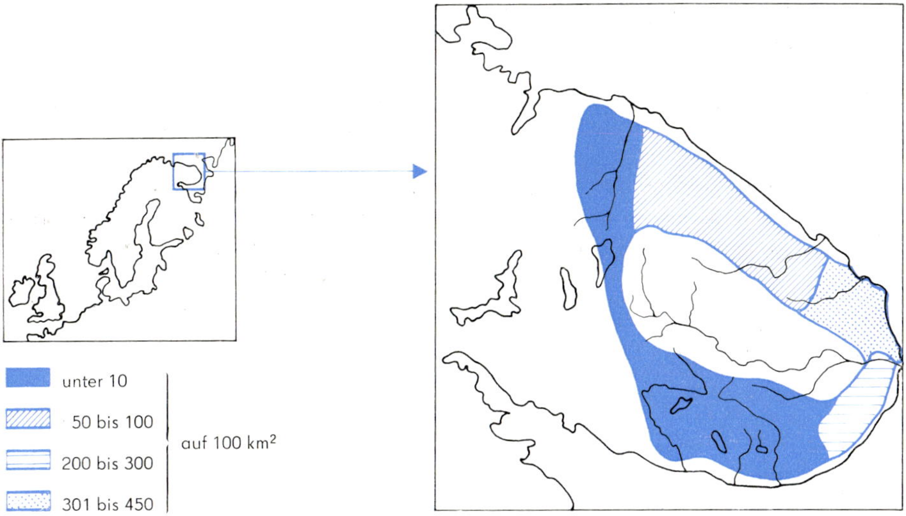

Abb. 1/4
Brutverbreitung und Mauserplätze der Saatgans *(Anser fabalis)* auf der Halbinsel Kola (nach BIANKI, 1981, verändert)

Bei Eintritt winterlichen Wetters wandern die in Mitteleuropa rastenden Saatgänse nach Westeuropa (Niederlande, Belgien, Frankreich, westliche BRD), (Abb. 1/5), was durch Ringfunde und Sichtbeobachtungen halsbandmarkierter Gänse sehr gut belegt ist. Westwärts wandern auch die im Herbst in Südwestschweden rastenden Gänse, sobald Schnee und Kälte die Lebensbedingungen erschweren (MARKGREN, 1963; MATHIASSON, 1963). Die Anzahl der in den Niederlanden überwinternden Saatgänse ist in den letzten Jahren kontinuierlich gestiegen. Im Januar 1981 war dort nahezu der Hauptteil der Nordsee-Ostsee-Population konzentriert. Von den insgesamt 103 000 ermittelten Gänsen zählte VAN DEN BERGH (1983) 89 400 zur Tundra-Saatgans *(Anser fabalis rossicus)* und 13 600 zur Wald-Saatgans *(Anser fabalis fabalis)*.

Da zum niederländischen Winterbestand die in der Tabelle 1/2 nicht erfaßten, in Belgien und Frankreich überwinternden Saatgänse zugerechnet werden müssen, ergibt sich eine gute Übereinstimmung zwischen dem Novemberbestand in Mittel- und Nordeuropa und dem Januarbestand in Westeuropa. In Ungarn nimmt der Bestand von November bis Januar ab, weil die Gänse bei Wintereinbruch den Zug in West- und Südwestrichtung fortsetzen. Der dadurch in Jugoslawien und Italien zu erwartende Anstieg ist jedoch bisher nicht durch Zahlenangaben belegt.

Bestandsveränderungen und deren Ursachen: Angaben über das Auftreten und die Häufigkeit der Saatgans findet man bereits bei den Altmeistern der mitteleuropäischen Ornithologen (BECHSTEIN, 1795; NAUMANN, 1820–1844). Versucht man jedoch, die Bestandsentwicklung seit dieser Zeit zu rekonstruieren, dann ergeben sich unüberwindliche Schwierigkeiten. Diese rühren von der geringen Aussagekraft und Verläßlichkeit quantitativer Angaben aus älterer Zeit her. Wenn BECHSTEIN (a. a. O.) schreibt, daß die Saatgans in der Umgebung von Waltershausen/Thüringen »in einem Bezirk von etlichen Meilen millionenweise« auftrat, dann kann es sich nur um einen Irrtum oder um eine gewaltige Übertreibung handeln. Das gilt in gleicher Weise von den weniger bestimmten, jedoch ähnliche Assoziationen hervorrufenden »ungeheuren Mengen«, von denen NAUMANN (a. a. O.) berichtet. Bei ihm heißt es: »... auch in unserem Anhalt, wo wir sie alljährlich zu vielen Tausenden sehen, wo sie auf manchen Plätzen sich in Wolken gleichenden Scharen versammeln, so alle Jahre wieder erscheinen und seit undenklichen Zeiten in denselben Massen erschienen, ohne daß man wie bei vielen anderen Vogelarten eine merkliche Zu- oder Abnahme der Anzahl verspürt«. BAUER und GLUTZ VON BLOTZHEIM (1968) schließen aus diesen und anderen Angaben auf einen starken Rückgang, dessen Ursachen sie im Verschwinden geeigneter Lebensräume, vor allem der Hutweiden und feuchten Wiesenflächen zurückführen. Zwar sind diese Lebensräume in der Tat in Mitteleuropa beträchtlich geschrumpft, doch durch nichts ist bewiesen, daß sie den Saatgänsen bessere Lebensbedingungen boten als die gut bestockten Getreidesaaten in unseren Tagen. Zweifel sind schon deshalb berechtigt, weil sie im Köthener Land schon seinerzeit vor allem auf Getreidesaaten weideten. Einen weiteren Grund für den Rückgang sehen BAUER und GLUTZ VON BLOTZHEIM (a. a. O.) im Verlust vieler Schlafplätze durch fortschreitende Melioration und Beunruhigung. Diese Ansicht läßt sich ebenfalls nicht bestätigen. Saatgänse benötigen für die Übernachtung große Wasserflächen, möglichst ohne Waldgürtel. Derartige Gewässer sind in Mitteleuropa reichlich vorhanden und längst nicht alle, die als Schlafplätze für Gänse geeignet erscheinen, werden von diesen auch genutzt. Die Gänse dürften gegenwärtig eher weniger als früher beunruhigt werden, weil viele Schlafgewässer als Schutzgewässer ausgewiesen und für die Jagd gesperrt sind.

Die Ursachen für den Rückgang, falls dieser überhaupt stattgefunden hat, müssen also woanders gesucht werden. BAUER und GLUTZ VON BLOTZHEIM (a. a. O.) erwähnen die populationssenkende Wirkung übertriebener Nutzung der Brutbestände durch Eiersammeln und Einfangen flugunfähiger Gänse, worauf auch von PUSTSCHENKO (in DEMENTIEW und GLADKOW, 1952) hingewiesen wurde. Für die Periode der Erschließung und Besiedlung der nordöstlichen Landesteile des früheren Rußlands in der zweiten Hälfte des 19. und im beginnenden 20. Jahrhundert, als Schutzgesetze noch fehlten und sich in den Weiten des Nordens kaum hätten durchsetzen lassen, trifft das ganz sicher zu. Der mit der zunehmenden menschlichen Besiedlung angestiegene Eiweißbedarf wurde auch unter Nutzung der Wildgänse gedeckt, zumal die Eier und die Mausergänse leicht erlangbar sind. In den letzten Jahrzehnten wurden jedoch strenge Schutzmaßnahmen ergriffen, was ganz sicher zum Anstieg des Bestandes beigetragen hat.

In Mecklenburg, wo die Saatgans bis in die 30er Jahre hinein die dominierende Gänseart war, begnügte sich KUHK (1939) ebenfalls noch mit der unbestimmten Angabe, daß sie noch in diesem Jahrhundert in »unzähligen Scharen« rastete. Das »unzählige« läßt keinen Vergleich mit der gegenwärtigen Situation zu (SCHRÖDER, 1971; HOLZ, 1973; KLAFS und STÜBS, 1977). Erst seit Ornithologen mit guten Ferngläsern ausgerüstet, selbst an kalten Wintertagen oft stundenlang an Äsungsflächen oder Schlafplätzen ausharren, um die Gänsebestände genau zu erfassen, gibt es verläßliche Angaben.

Alte Quellen lassen sich auch deshalb nur begrenzt nutzen, weil die Kenntnisse von der Biologie überwinternder Gänse aus verständlichen Gründen unzulänglich

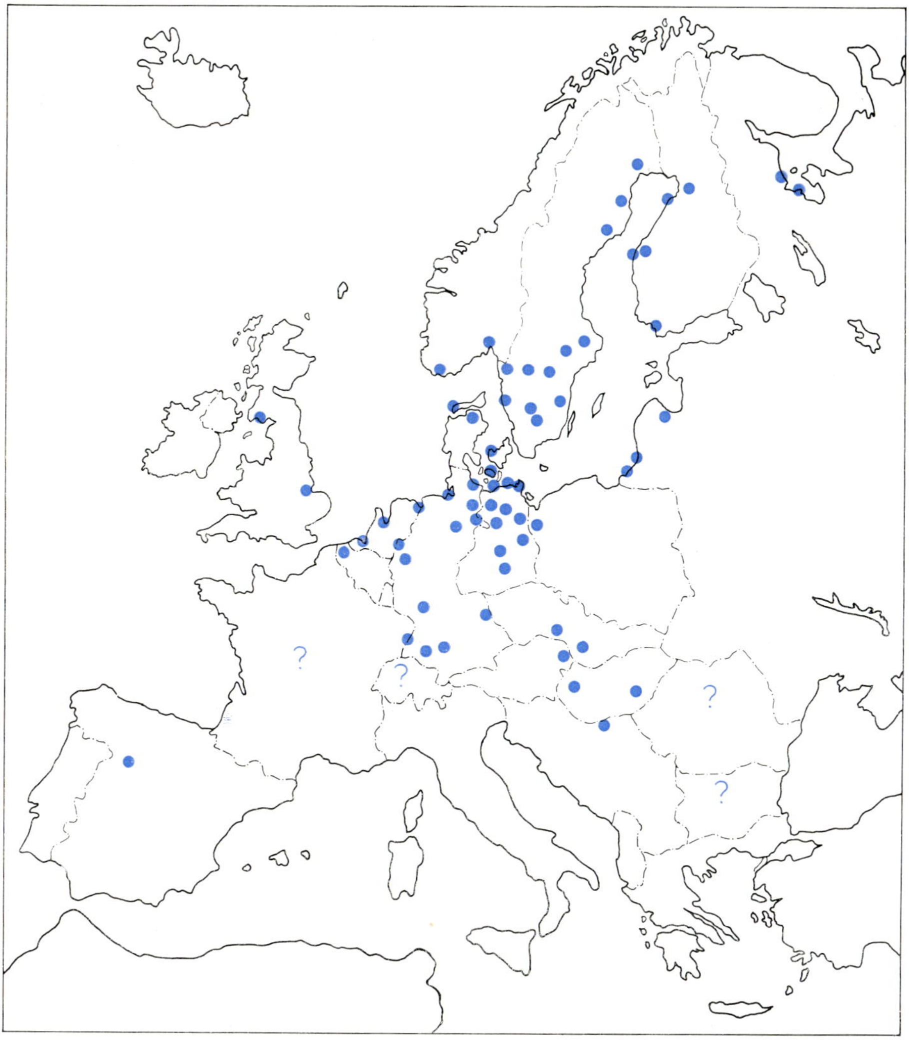

Abb. 1/5
Rast- und Überwinterungsgebiete der Saatgans *(Anser fabalis)* in Skandinavien, Mittel- und Westeuropa

waren. Es war nicht bekannt, daß die Gänse regelmäßig zwischen Schlaf- und Äsungsplätzen hin und her fliegen, weshalb aus der täglichen Beobachtung wandernder Gänse fälschlich auf den »Durchzug ungeheurer Scharen« geschlossen werden konnte.

So wird wohl ungewiß bleiben, ob sich seit Beginn des vorigen Jahrhunderts drastische Veränderungen des Saatgansbestandes in Europa vollzogen haben. Bemerkenswert ist allerdings, mit welcher Kontinuität die Gänse an bestimmten Rast- und Überwinterungsgebieten festgehalten haben. Dazu liefern die alten

Quellen gut verwertbare Hinweise. NAUMANNS Feststellungen über die Gänse im Köthener Land passen recht gut zu den heutigen Verhältnissen. Noch überzeugender sind Angaben für das Gebiet um den Gülper See (Bezirk Potsdam, DDR), wo gegenwärtig im Herbst regelmäßig 20 000 bis 30 000 Saat- und Bleßgänse rasten und im Herbst 1982 maximal 42 000 und im Herbst 1984 etwa 50 000 festgestellt wurden. Über dieses Gebiet schreibt BEKMANN (1751): »... sollen sonderlich die wilden Gänse in dem Ländchen Rhinow (der Gülper See liegt 3 km von Rhinow entfernt, E. R.) in sehr großer Menge sich befinden ...« Seit Beginn der regelmäßigen Zählungen in der DDR, die in der Mitte der 60er Jahre begonnen wurden, nahm der Bestand zu (NAACKE, 1973, 1976). Von etwa 100 000 Saatgänsen zu Beginn der 70er Jahre stieg er auf 150 000 bis 200 000 zu Anfang der 80er Jahre. Nicht an allen Herbst-Rastplätzen wurde die Populationszunahme in gleicher Weise spürbar. Neben Plätzen mit überdurchschnittlicher Zunahme wie dem Gülper See (LITZBARSKI und LOEW, 1976, RUTSCHKE und SCHIELE, 1978/79), (Abb. 1/6) gibt es andere mit nur leichtem Anstieg, unverändertem Bestand und auch solche mit Bestandsabnahme. Daraus geht hervor, daß regionale Befunde nicht vorschnell verallgemeinert werden dürfen. Im Falle des Gülper Sees liegen die Ursachen für die Zunahme nicht allein im Anstieg der Gesamtpopulation, sondern in den verbesserten Bedingungen im Gebiet. Besonders bedeutsam dürfte sein, daß nach erfolgtem Jagdverbot die ständige Beunruhigung entfallen ist.

Eine bemerkenswerte Zunahme vollzog sich auch auf den Rastplätzen am Nieder-

Abb. 1/6
Entwicklung des Herbstbestandes der Saatgans und Bleßgans *(Anser fabalis* und *Anser albifrons)* im Naturschutzgebiet Gülper See, DDR

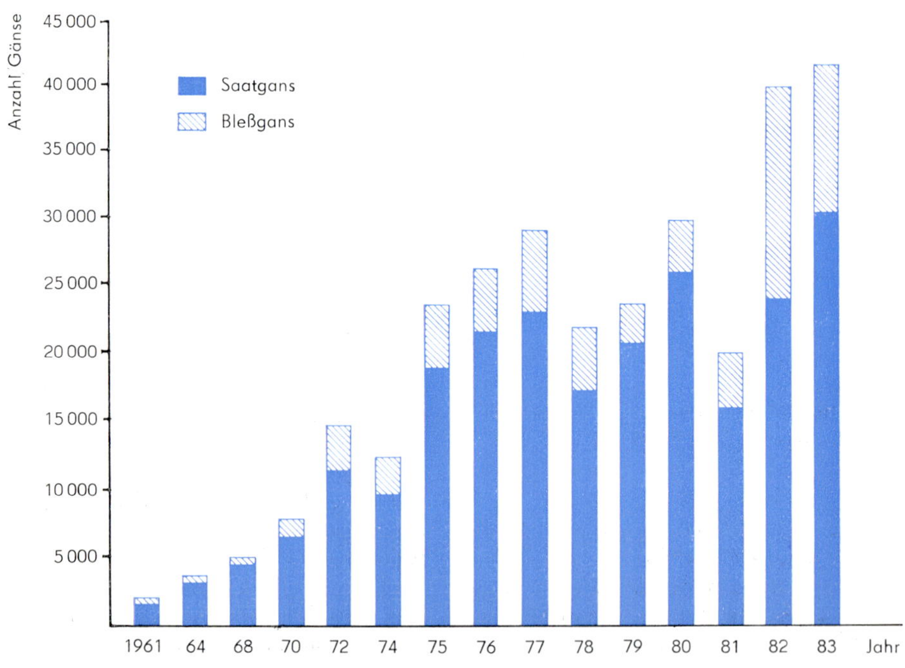

rhein im Grenzgebiet zwischen der BRD und den Niederlanden (Eberhardt, 1979; Mooij, 1982; Müller, 1982). Bis zum Ende der 50er Jahre rasteten in diesem Gebiet nur 1000 bis 1500 Gänse (fast ausschließlich Saatgänse). Mit Beginn der 60er Jahre stellten sich zunehmend mehr Gänse ein, und 1969/70 konzentrierten sich dort bereits maximal 10 000 Tiere. Die Zunahme hielt in den 70er Jahren an, und im Winter 1980/81 wurde ein Maximum von 35 000 Saatgänsen erreicht. Die Ursache für die drastische lokale Zunahme im Bereich der Stromaue des Rheins ist vor allem in der fehlenden Beunruhigung durch Bejagung zu suchen. Wenige Kilometer weiter westlich, auf holländischem Gebiet, wo die Jagd erlaubt ist, fehlen vergleichbar große Ansammlungen, obgleich die Lebensbedingungen gleichfalls günstig sind.

Zwei Komplexe von Faktoren sind es, die die Bestandszunahme der Saatgans bewirken. Der eine betrifft die verschiedenen Maßnahmen, die in der Sowjetunion zum Schutz der Wildgänse ergriffen wurden. Dazu gehören das Verbot der Frühjahrsjagd, das Verbot des Eiersammelns und des Einfangens flugunfähiger Gänse zu Speisezwecken. Ein zweiter Komplex betrifft die veränderte Situation an den Rast- und Überwinterungsplätzen in Mittel- und Westeuropa. Die jagdlichen Regelungen sind insgesamt restriktiv (Verbot der Jagd an vielen Schlafgewässern, Begrenzung in der Tageszeit und der Anzahl Gänse je Jäger). In der DDR steht eine nicht unbeträchtliche Anzahl von Schlafgewässern unter Naturschutz. Ferner dürfte die winterliche Mortalität ganz wesentlich durch die günstigeren Ernährungsbedingungen auf den Äsungsflächen in den Herbst- und Winterquartieren abgenommen haben. Diesem Sachverhalt verdanken die Gänse eine bessere Kondition zu Beginn des kräftezehrenden Frühjahrszuges, was sich besonders zu Anfang der Brutzeit positiv auswirkt. Die Gänse profitieren also von den erheblichen Ertragssteigerungen, die in allen Ländern mit intensiver Landwirtschaft in den letzten Jahrzehnten erzielt wurden. Sie finden im Herbst Erntereste (Mais, Kartoffeln, Rüben) in größerem Umfang als früher und können auf Wintersaaten weiden, die infolge Düngung und zeitiger Bestellung bereits so dicht bestockt sind, daß es praktisch keinen Nahrungsmangel gibt.

Die Wirkung jedes Einzelfaktors auf den Reproduktionserfolg und damit die »Fitness der Population« läßt sich schwer abschätzen. Sie ergänzen sich und bewirken in ihrer Gesamtheit die positive Entwicklung, die sich gegenwärtig eindeutig belegen läßt.

Wanderungen: Dem Herbstzug gehen Wanderungen zu Sammelplätzen voraus, die nur unzureichend bekannt sind. Von diesen spätsommerlichen Flügen zu den Sammelplätzen ist der Mauserzug der Nichtbrüter zu unterscheiden, der bereits im Frühsommer erfolgt. Allerdings sind die Mauserplätze der Nichtbrüter und die Spätsommer-Sammelplätze teilweise identisch. Wie groß die Einzugsgebiete für die Sammel- und Mauserplätze sind, blieb bisher unerforscht. Für die in der Nähe der Küste des Weißen Meeres gelegenen Nichtbrüter-Mauserplätze schließt Bianki (1981) nicht aus, daß die Gänse aus Gebieten stammen, die östlich bis zum Ponoi-Fluß reichen.

Die auf der Halbinsel Kola brütenden Saatgänse sammeln sich im Spätsommer im Müdungsgebiet der Onega am Weißen Meer zwischen Bjelomorsk und der Maloschuiska-Station. Unmittelbar im Küstengebiet bevorzugen die Gänse Grasland, im Binnenland die Moostundra. Bianki (a. a. O.) berichtet von Zehntausenden, die in diesem Sammelweiter südlich und westlich beheimatete gebiet erscheinen. Es ist offen, ob auch

Gänse zunächst in das Onega-Gebiet ziehen. Ende September erreichen die Ansammlungen gewöhnlich das Maximum, und um diese Zeit beginnt auch der Abzug.

● Herbstzug – Noch in den 50er Jahren war es nicht möglich, die Wanderungen der Saatgans in Mitteleuropa richtig einzuschätzen (z. B. RINGLEBEN, 1957), weil entsprechende Untersuchungen fehlten. Seither ist viel über dieses Problem gearbeitet worden, so daß sich ein hinreichend befriedigendes Bild entwerfen läßt. Die Saatgänse haben, wenn sie von den in Nordosteuropa gelegenen Sammelplätzen aufbrechen, bis zu den in Mitteleuropa gelegenen Rastplätzen etwa 2000 km zurückzulegen. Bei einer durchschnittlichen Fluggeschwindigkeit von 60 km/h benötigen sie dafür 35 Flugstunden. Zwar ist nicht genau bekannt, ob diese Strecke im Nonstop-Flug durchflogen wird, doch dafür spricht, daß Zwischenrastplätze nicht bekannt sind. In der Estnischen SSR, wo von der Entfernung her Zwischenrastplätze durchaus zu erwarten wären, ziehen die Gänse Ende September/Anfang Oktober durch, ohne zu rasten (KUMARI, 1981; SHELNIN, 1981).

Von der Intensität des Durchzuges erhielt ich bei einem Aufenthalt in Tallinn eine Vorstellung. Am 10. 10. 1974 zogen Zehntausende Saatgänse in etwa 800 Meter Höhe in südwestlicher Richtung längs der Ostseeküste in unterschiedlich großen Trupps an der Stadt vorbei. In nicht abreißender Folge erschien laut rufend Flug auf Flug. Der Durchzug hielt auch nach Einbruch der Dunkelheit an.

In Mitteleuropa treffen zunächst einzelne Gänse und kleine Trupps ein. Die ersten erscheinen bereits in der zweiten Septemberhälfte (RUTSCHKE, 1977), ihnen folgt um die Monatswende September/Oktober (1981/82) oder in der ersten Oktoberdekade (1979) die Masse der Gänse. Innerhalb weniger Stunden, längstens in ein bis zwei Tagen, sind die großen Rastplätze besetzt. In der DDR verteilen sich die Gänse auf etwa 50 Rastplätze (RUTSCHKE, 1973). In der BRD liegen die wichtigsten an der Unterelbe, an Nieder- und Oberrhein und im Dollart-Emsland-Bereich (westlich von Emden) (MOOIJ, 1979). Im Dollart wurden maximal 12 000 Saatgänse festgestellt (GERDES und REEPMEYER, 1983).

Der weitere Ablauf des Herbstzuges läßt sich weitaus schwerer beurteilen. Mit Sicherheit erfolgt noch im November erneuter Zuzug. Er ist jedoch weniger auffällig, weil er von Wanderungen zwischen den Rastplätzen verdeckt wird (LITZBARSKI, 1979; RUTSCHKE, 1977) und der Weiterzug in Richtung Westen und Südwesten diskontinuierlich fortgesetzt wird.

Die endgültigen Überwinterungsplätze befinden sich in West- und Südwesteuropa (STICHMANN und TIMMERMAN, 1965; TIMMERMAN, 1976, 1981; TIMMERMAN et al., 1976). Kleinere Kontingente an Saatgänsen wandern bis nach Frankreich (FOURNIER et al., 1983) und Spanien zur Überwinterung (DEL PORTILLO YRAVEDRA, 1982; OTERO, 1983; Abb. 1/7). Sie treffen dort erst in der zweiten Dezemberhälfte, in manchen Jahren sogar erst Anfang Januar ein und bleiben bis etwa Mitte Februar. Sie rasten gemeinsam mit Graugänsen auf relativ flachgründigen Salzgruben-Gewässern, in deren Nähe sich die Äsungsflächen befinden (etwa 6 km entfernt). Der Winterbestand in Frankreich und Spanien unterliegt in Abhängigkeit von den Witterungsbedingungen in Mitteleuropa starken Schwankungen (zwischen 9 000 und 25 000 bis 30 000, FOURNIER et al., 1983). In Spanien erscheinen zwischen 400 und 6 000 (OTERO, 1983).

● Frühjahrszug – Die in Mittel- und Westeuropa überwinternden Saatgänse ziehen auf direktem Wege in die Brut-

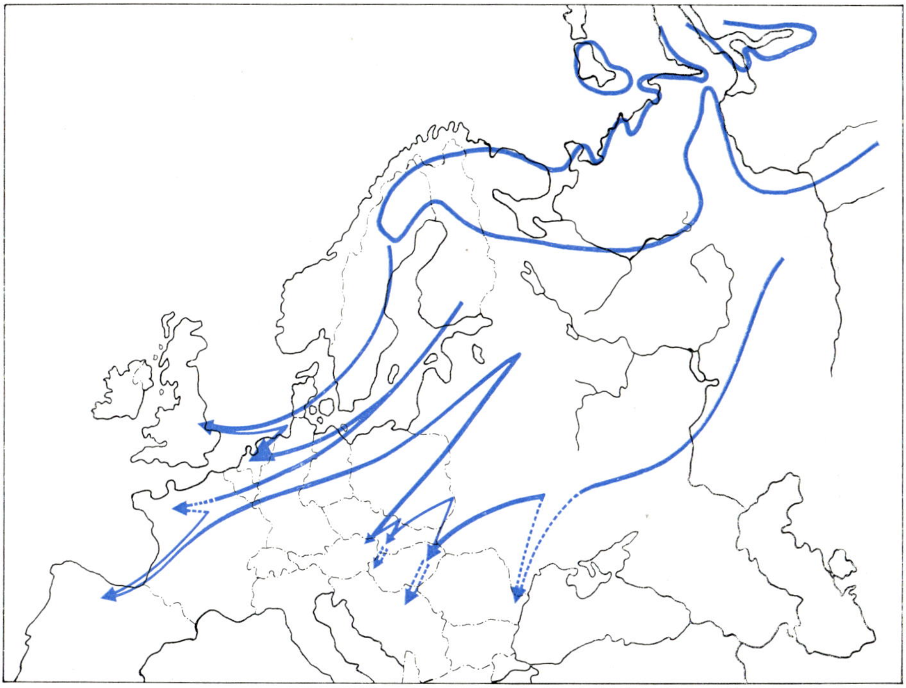

Abb. 1/7
Herbstzug der Saatgans *(Anser fabalis)* im europäischen Teil des Brutgebietes
Die Pfeile kennzeichnen die Hauptrichtungen des Zuges.

gebiete, denen sie sich wie die Bleßgänse etappenweise nähern. Das stufenweise Voranschreiten des Zuges ist jedoch weniger deutlich, was unter anderem mit der größeren räumlichen Ausdehnung der Überwinterungsgebiete zusammenhängt. Es erstreckt sich von Ost nach West über ein etwa 800 km breites Gebiet. Der Beginn des Frühjahrszuges und dessen zeitlicher Verlauf ist stark an den Witterungsverlauf gebunden. Er setzt nach milden Wintern bereits Ende Februar ein, nach kalten erst in der zweiten Märzhälfte. Dabei handelt es sich möglicherweise um Durchzügler, die aus Frankreich kommen, denn die Winterquartiere in den Niederlanden und am Niederrhein (BRD) sind um diese Zeit bereits geräumt.

In Abhängigkeit von den Witterungsbedingungen, die sie unterwegs antreffen, werden Zwischenrasten eingelegt. Die aus Westeuropa kommenden Gänse gelangen dabei auch an Plätze, an denen Artgenossen überwintern, so daß es lokal zu größeren Ansammlungen kommen kann. Der Abzug erfolgt schubweise und zieht sich in manchen Jahren lange hin, kann aber auch relativ schnell erfolgen. In manchen Jahren verweilen größere Trupps (bis 500 Gänse) bis Mitte April an den Rastplätzen.

Nach dem Aufbruch aus Mitteleuropa legen sie wahrscheinlich zunächst eine größere Strecke im Nonstop-Flug zurück bis die Zwischenrastplätze in Karelien und im Gebiet des Weißen Meeres erreicht sind. Von dort aus fliegen sie zu den Brutplätzen, sobald die Witterungsbedingungen den Beginn des Brutgeschäftes erlauben. Die mehrwöchige Rast ist eine der Ursachen für die Häufung von Frühjahrsnachweisen in diesem Gebiet. In Karelien treffen die ersten Saatgänse in der Regel ab Anfang April ein (Erstnachweise Ende März im Kaliningrader Gebiet, LEBEDEWA, 1979). Nördlich von Archangelsk wurden rund 40 % der Gänse wiedergefunden, die in den Niederlanden beringt wurden, 11 % im Norden von Tjumen, 28 % auf Jamal. Der Frühjahrszug der Pannonischen Winterpopulation verläuft ebenfalls schubweise. Wichtige Zwischenrastplätze befinden sich südöstlich und östlich von Moskau bis in das Gebiet von Gorki (an der Oka, Wjatka und Kama). Dort verweilen die Gänse je nach den Witterungsbedingungen mehrere Tage oder auch mehrere Wochen. Sie ziehen dann weiter zu den großenteils jenseits des Urals gelegenen Brutplätzen.

Diese Beschreibung steht in gewissem Widerspruch zu der bei LEBEDEWA (1979) wiedergegebenen Karte mit Nachweisen von Saatgänsen, die im Winter in den Niederlanden beringt wurden. Die Karte läßt zwei Häufungen von Frühlingsnachweisen (Mai bis Juni) erkennen. Eine belegt die beschriebene Nordwestroute der Ostsee-Nordsee-Population, die durch die baltischen Sowjetrepubliken zum Weißen Meer und von dort weiter nordwestwärts führt. Problematisch ist der Nachweis von niederländischen Saatgänsen am Mittel- und Unterlauf des Ob. Sie befinden sich also jenseits des Urals, und es gibt Nachweise, die noch weiter östlich liegen. Es ist falsch, aus diesen Nachweisen darauf zu schließen, daß ein nennenswert großer Teil der in Westeuropa überwinternden Saatgänse so weit östlich zieht, weil es sich nur in wenigen Fällen um Nachweise von Gänsen handelt, die im unmittelbar auf die Beringung folgenden Frühjahr erbracht wurden. Liegt zwischen Beringung und Ringfund eine erneute Überwinterung, dann muß diese nicht in Westeuropa, sondern kann auch im pannonischen Becken erfolgt sein, weil viele Gänse die Überwinterungsquartiere wechseln. In der DDR beringte Saatgänse wurden in folgenden Wintern sowohl in Westeuropa wie in Ungarn beobachtet. Der Wechsel der Winterquartiere kann durch die Verpaarung von Tieren verursacht sein, die aus verschiedenen Brutgebieten stammen. Es läßt sich jedoch nicht ausschließen, daß auch während des Winters Wanderungen von Westeuropa in das pannonische Bekken erfolgen. BUKER et al. (1984) wiesen Ende Februar in Ungarn halsbandmarkierte Saatgänse nach, deren Code kurze Zeit zuvor am Niederrhein abgelesen wurde.

Kurzschnabelgans
Anser brachyrhynchos (BAILLON)
Pink-footed Goose
Oie à bec court
Копоткоклювый

Kennzeichen: Die Kurzschnabelgans ist vom Farbeindruck und der Körpergestalt her eine kleinere Form der Saatgans. Die Kopffärbung ist allerdings noch dunkler als bei dieser, und der Hals wirkt heller. Bessere Kennzeichen sind der kurze schwarz-rosa gezeichnete Schnabel und die rosafarbenen Füße. Der Schnabel ist deutlich kürzer als der Kopf, und der Winkel zwischen Stirn und Schnabelwurzel etwas kleiner als bei der Saatgans, so daß der Schnabel etwas höher gestellt wirkt. Kurzer Schnabel und dessen Färbung sind die sichersten Feldkennzeichen.

Stimme: Im Fluge zweisilbiger Rufe wie bei der Saatgans, doch mit deutlich höherer Frequenz, fast wie bei der Bleßgans, doch ohne deren »Geklingel«.

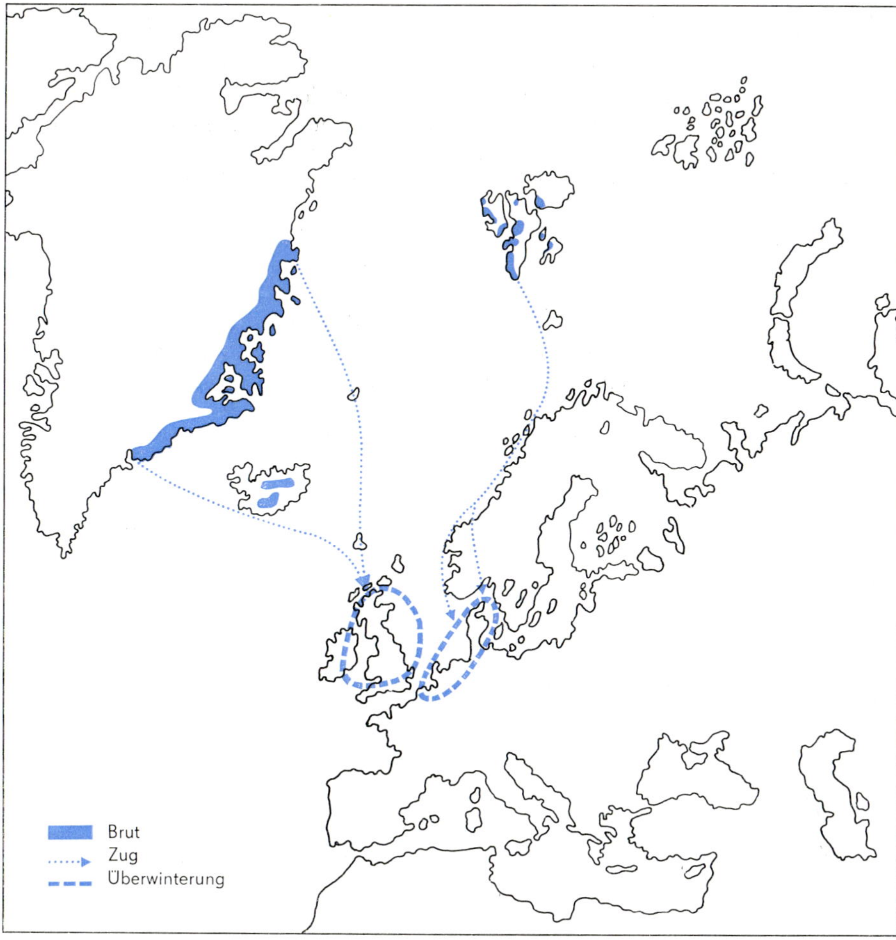

Abb. 1/8
Brutverbreitung (Zug und Überwinterung) der Kurzschnabelgans *(Anser brachyrhynchos)* (nach LEBRET et al., 1976)

was bei enger Fassung des Artbegriffes die Abtrennung als gute Art rechtfertigt. Diese Auffassung, die sich durchgesetzt hat, war lange umstritten.

Verbreitung: Die Brutgebiete der Kurzschnabelgans liegen auf Ostgrönland, Island und Spitzbergen, sind also deutlich gegen die der Saatgans abgesetzt (Abb. 1/8).

Sie besiedelt ein Areal, das westlich an das der Unterarten der Saatgans anschließt. Die geographische Isolation begünstigte den Differenzierungsprozeß,

Lebensraum: Übersichtlichkeit und Vegetationsreichtum als Nahrungsgrundlage für die heranwachsenden Gössel sind Anforderungen, die die Brutplätze unbedingt erfüllen müssen. Die Nester stehen an den unterschiedlichsten Standorten, und zwar sowohl in Sümpfen und Mooren der Tundra wie auf trockenen Standorten und sogar auf Felsklippen.

Fortpflanzung: Auf Island treffen die Kurzschnabelgänse schon in der ersten Maihälfte ein; auf Grönland und Spitzbergen erst in der zweiten. Die extrem unterschiedliche Vegetationsentwicklung ist wohl die Ursache für die hohe Siedlungsdichte in nahrungsreichen Gebieten, wo es zu kolonieartigem Brüten kommt. Die Nester stehen oft frei und ungedeckt, und mancherorts werden jährlich aufeinanderfolgend die gleichen Stellen gewählt, so daß horstartig erhöhte Nistplätze entstehen. Die flache Nestmulde wird mit Flechten, Moos und anderen Pflanzenteilen ausgelegt und auch mit Dunen ausgepolstert. Die weißlich-gelben Eier sind mit etwa 80 mm × 52 mm deutlich kleiner als die der Saatgans und mit etwa 110 bis 140 g auch leichter als diese. In Eigröße und -masse bestehen signifikante Unterschiede je nach der Herkunft. Zum Vollgelege gehören 3 bis 7 Eier. Mehrfachgelege sind nicht selten, insbesondere wenn die Nester kolonieartig gehäuft angelegt werden. Die Eiablage beginnt auf Island bereits ab Mitte Mai, auf Spitzbergen mindestens 14 Tage später. Der Schlupf der Küken erfolgt nach 28 Tagen Bebrütungszeit. Die Flugfähigkeit ist nach 7 bis 8 Wochen erreicht, so daß auf Island bereits ab Mitte August, auf Spitzbergen erst Anfang September die Aufzucht der Jungen beendet ist.

Bestandsentwicklung: Kaum eine andere Gänseart ist über Jahrzehnte hinweg in ihrer Bestandsentwicklung so genau verfolgt worden wie die Kurzschnabelgans (Ogilvie und Boyd, 1975 b). Das wurde durch die konzentrierte Brutverbreitung und die Gliederung in zwei geographisch gut unterscheidbare Winterpopulationen begünstigt. Bei Expeditionen englischer und skandinavischer Wissenschaftler gelang es, den Brutbestand recht genau zu erfassen, wodurch der Vergleich mit Zählungen in den Überwinterungsgebieten möglich war.

Zu Anfang der 50er Jahre, als in England die jährlichen Bestandserfassungen der Kurzschnabelgans einsetzten, überwinterten dort 30 000 Tiere (Grönland-Island-Population). Bis 1975, also innerhalb von nur 25 Jahren, verdreifachte sich der Bestand. Gegen Ende der 70er Jahre kam es infolge schlechter Bruterfolge in drei aufeinanderfolgenden Jahren (1975 bis 1977) zwar zu einer Abnahme auf 69 000 (Angaben nach Owen, 1980), doch seitdem vollzog sich erneut eine Zunahme (Bestand November 1982: 90 000 Tiere, Salmon, 1983). Ein bedeutender Rastplatz befindet sich an der Küste von Lancashire nördlich von Liverpool. Seit Anfang der 80er Jahre rasten in diesem Gebiet etwa 20 000 Kurzschnabelgänse, also etwa ein Viertel der gesamten in Großbritannien überwinternden Population (Forshaw, 1983).

Dänischen Ornithologen ist es zu danken, daß der Bestand der Spitzbergen-Population, die im Herbst in Dänemark erscheint, seit Beginn der 30er Jahre bekannt ist (Abb. 1/9). In der Zeit zwischen 1930 und 1960 lag er unter 10 000 Individuen. Die zu Anfang der 60er Jahre einsetzende, schnell voranschreitende Zunahme führte zu einem Bestand von 27 000 bis 29 000 Kurzschnabelgänsen am Ende der 70er Jahre (Madsen, 1982). Damit hat sich innerhalb von 20 Jahren auch diese Population nahezu verdreifacht.

Im Herbst rasten sie in Dänemark auf wenigen Plätzen längs der Nordseeküste, an denen die Jagd in kontrollierter Form stattfindet. Im Frühjahr, wenn die Jagd verboten ist, verteilen sie sich auf mehr Plätze im Küstengebiet. Bedeutende Rastplätze in Dänemark sind Filso, Vest Stadil Fjord und Ballum. Auf den dänischen Rastplätzen halten sich die Kurzschnabelgänse in großer Anzahl im Oktober und von Februar bis April auf. In den Wintermonaten sind nur kleine Kontingente anwesend (Madsen, 1982). Pa-

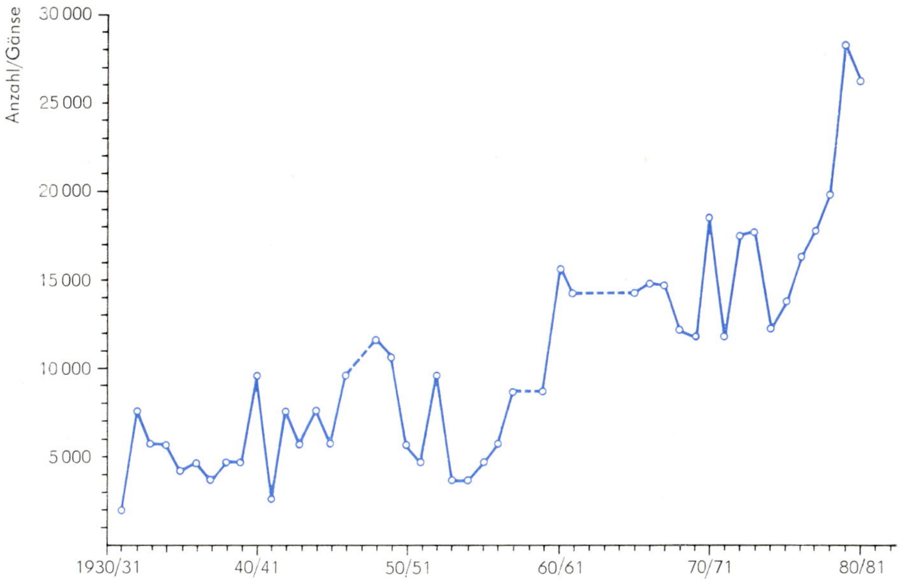

Abb. 1/9
Höchstwerte des Bestandes der in Dänemark durchziehenden und rastenden Kurzschnabelgänse *(Anser brachyrhynchos)* 1930 bis 1980 (nach Madsen, 1982)
– – – unvollständige Angaben

rallel zu den Untersuchungen in Dänemark wurde der Bestand auf den Überwinterungsplätzen in der BRD und in Holland kontrolliert.

Die Ursachen für den Bestandsanstieg dürften eher in veränderten Rast- und Überwinterungsbedingungen als in geänderten Brutbedingungen zu suchen sein. Die in Dänemark rastenden Kurzschnabelgänse der Spitzbergen-Population stellten sich in ihrer Ernährung weitgehend auf Getreidesaaten und Grünland, also auf kalorische hochwertige Nahrung um. In den Winterquartieren an der Nordseeküste der BRD und in den Niederlanden wurde die Bejagung eingeschränkt oder gänzlich verboten. Der Anstieg der Grönland-Island-Population läßt ähnliche Ursachen vermuten (Ogilvie, 1982 b). Viele Rastplätze in England erhielten den Status von Schutzgebieten. Die Bejagung wurde eingeschränkt oder völlig eingestellt. Die beträchtliche Ertragssteigerung im Gersten- und Kartoffelanbau in Schottland kommt den Gänsen direkt zugute (ergiebigere »Nachlese«).

Im Gegensatz zu diesen günstigen Bedingungen und der dadurch bewirkten geringen Wintersterblichkeit steht die Abnahme des Bruterfolges, die in beiden Populationen mehrfach deutlich hervortrat. Sie läßt sich nicht allein aus Störungen durch menschliche Aktivität und ungünstige Witterungsbedingungen erklären. Ogilvie (1982 b) hält es für denkbar, daß mit dem erreichten Stand der Populationsentwicklung die verfügbaren Nistplätze besetzt sind und die hohe Populationsdichte begrenzend wirkt. Das wird für die Island-Population auch von Gardarsson (1972) vermutet.

Wanderungen: Die beiden Brutpopulationen wandern auf getrennten Routen, so daß sie auch außerhalb der Brutzeit nicht zusammentreffen.

● Herbstzug – Die auf Ostgrönland brütenden Kurzschnabelgänse ziehen zunächst nach Island und dann vereint mit den isländischen nach Nord- und Ostschottland. Kleinere Trupps fliegen auch nach Irland. Ein bevorzugter Rastplatz befindet sich am Solway-Firth in Zentralschottland. Im Hochwinter zieht ein Teil der Population bis nach Mittel- und teilweise sogar bis Südengland. Die Kurzschnabelgänse der Spitzbergen-Population wandern zunächst südwärts zur norwegischen Küste und dann weiter längs der Küste. Die Herbst-Rastplätze befinden sich an der Westküste Dänemarks, wo sie Anfang Oktober eintreffen (Fog, 1977). Ende November bis Anfang Dezember, gewöhnlich wohl mit Eintritt kalter Witterung, setzen sie den Zug längs der Nordseeküste fort bis die definitiven Winterquartiere im Wattenmeer Ostfrieslands und der Niederlande erreicht sind. Bei kalter Witterung ziehen sie sogar bis an die belgische und nordfranzösische Küste. In den 60er Jahren befanden sich die wichtigsten Überwinterungsplätze auf der Insel Föhr, am Westufer des Jadebusens, am Dollart und im Überschwemmungsgebiet bei Leer (Bauer und Glutz von Blotzheim, 1968). In den letzten 30 Jahren hat sich das Bild stark gewandelt. Die Rastplätze im Emsland verwaisten durch die Anlage des Leda-Sperrwerks (Atkinson-Willes, 1960), die Föhrer Marsch verlor ihre Bedeutung, wohl infolge zunehmender Erschließung, nur am Jadebusen hielten sich die Kurzschnabelgänse (Hummel, 1980).

Der zeitliche Verlauf des Herbstzuges stimmt in beiden Populationen weitgehend überein. Kleine Trupps brechen bereits Mitte September auf und erscheinen wenige Tage später in Schottland bzw. in Dänemark und weiter südwestlich. Der Abflug der großen Scharen erfolgt jedoch erst Anfang/Mitte Oktober. In Dänemark konzentrieren sich die Gänse an wenigen Plätzen längs der Küste.

● Frühjahrszug – Die in den Niederlanden überwinternden Kurzschnabelgänse treten den Heimzug bereits im Februar an, sobald mildes Wetter die Wanderung zuläßt. Sie suchen zunächst wie im Herbst die Rastplätze im Wattenmeer vor der Küste Ostfrieslands auf und ziehen dann entweder längs der Nordseeküste nach Dänemark oder überqueren die Deutsche Bucht in direktem Zug zu den Zwischenrastplätzen in Dänemark (Hummel, 1980). Der relativ starke Zug der Kurzschnabelgans über die offene See wurde bei Radar-Untersuchungen durch Jellman (1979) bestätigt. Ein bedeutender Frühjahrsrastplatz in der BRD befindet sich auf dem Rodenas-Vorland im Grenzgebiet zwischen der BRD und Dänemark. Dort sammelten sich am 17. 4. 1977 12 000 Kurzschnabelgänse (Busche, 1977) = 80 % des Gesamtbestandes der Spitzbergen-Population.

Mitte April brechen die Kurzschnabelgänse zur letzten Etappe des Heimzuges auf. Sie fliegen längs der norwegischen Küste nach Spitzbergen.

Die im Emsland (Dollart) gelegenen Rastplätze (Ringleben, 1950) werden seit der Trockenlegung auch während des Frühjahrszuges nicht mehr aufgesucht (Gerdes et al., 1978). Ende März bis Anfang April erfolgt der Abflug in Richtung Norden. Er führt zunächst durch das norwegische Binnenland und dann wie im Herbst längs der Küste weiter nach Norden bis nach Spitzbergen, wobei nochmals eine Zwischenrast auf den Lofot-Inseln eingelegt wird.

Der Heimzug der in England und Schottland überwinternden Kurzschnabelgänse erfolgt auf der gleichen Route wie der Wegzug. Er entspricht im zeitlichen Ablauf etwa dem für die Spitzbergen-Population beschriebenen und wird mit Frühjahrsbeginn durch eine zunächst sehr allmählich erfolgende Nordverlagerung eingeleitet.

Bleßgans
Anser albifrons (Scopoli)
White-fronted Goose
Oie rieuse
Белолобый гусь

Kennzeichen: Die Bleßgans ähnelt in Färbung und Habitus der Saatgans, ist also viel dunkler als die Graugans und auch kleiner als diese. Die Altvögel sind von Saatgänsen leicht durch die weiße Stirnblesse zu unterscheiden, im Fluge durch die unregelmäßig schwarz gestreifte, treffend als »getigert« (»Tigergans«) bezeichnete Unterseite. Ein weiteres wichtiges Kennzeichen ist der orangerote Schnabel, an dem auch Jungvögel leicht erkennbar sind. Die Flügelmaße liegen mit 370 bis 430 mm Länge etwas unter denen der Saatgans. Die Masse variiert jahreszeitabhängig. Sie unterschreitet jedoch kaum 2 kg und beträgt maximal 3 kg.

Stimme: Im Flug helle »klingelnde« zweisilbige Rufe etwa wie Kli-lick, kil-lik und ähnlich. Hastige Gänserufe, in denen das »i« überwiegt, stammen von der Bleßgans. In den Stimmen der Graugans und der Saatgans dominiert das »a«.

Verbreitung: Das Brutgebiet der Bleßgans liegt in den arktischen Zonen Eurasiens und Nordamerikas (Abb. 1/10). Nach Süden wird die Verbreitung etwa durch die 10 °C-Juli-Isotherme und nach Norden durch die 4 °C-Juli-Isotherme begrenzt. Das ist der Grund, weshalb das atlantisch beeinflußte Fenno-Skandinavien sowie Island und Spitzbergen nicht von der Bleßgans besiedelt sind.

Unterarten: Das Brutgebiet der Nominatform *Anser albifrons albifrons* reicht vom Weißen Meer im Westen bis zur Kolyma in Sibirien. Nach Osten schließt sich *Anser albifrons frontalis* an, deren Brutgebiet über Nordostsibirien bis nach Alaska und Nordwestkanada reicht. Diese Unterart ist brauner getönt als die Nominatform und auch etwas größer als diese. Beide Merkmale sind bei *Anser albifrons gambelli* noch ausgeprägter. Die Brutgebiete dieser im Vergleich zur vorgenannten Unterart seltenen Form sind unzureichend bekannt. Delacour und Ripley (1975) beschrieben für Nordamerika eine weitere Unterart *(Anser albifrons elgasi* = Tule-Bleßgans), die noch dunkler ist als *Anser albifrons frontalis.* Owen (1980), der wohl beste Kenner der Bleßgans, schloß sich den Kritikern an, die diese Unterart nicht akzeptieren. Geographisch isoliert ist die auf Westgrönland vorkommende *Anser albifrons flavirostris,* die der eurasischen Unterart nähersteht als den nordamerikanischen Unterarten, obwohl das Gefieder wie bei diesen dunkler ist. Durch den gelben Schnabel ist die grönländische Unterart gut von der Nominatform zu unterscheiden. Ihre Brutgebiete befinden sich an der Westküste Grönlands, in einem Gebiet, das von Nuk (Godthab), (64° N) bis nach Upernavik (73° N) reicht (Salomonsen, 1950), (Abb. 1/11).

Lebensraum: Die Brutplätze liegen überwiegend in der arktischen Tundra, wo diese gänzlich frei oder lediglich von Sträuchern bedeckt ist. Hier erreicht sie mit 1 Brutpaar/10 ha die größte Siedlungsdichte (Uspenski, 1965). In der maritimen Subzone der Bolschesemelskaja-Tundra brütet sie vorzugsweise an den zahllosen kleinen Seen, die nicht mehr als 0,1 bis 0,5 km^2 Fläche bedecken (Mineev, 1981). Die Nester werden in der Nähe von Gewässern angelegt. Sie stehen gewöhnlich an trockenen, erhöhten Standorten. Die Rast- und Überwinterungsplätze in Mitteleuropa sind weitgehend mit denen der Saatgans identisch, mit der sie auch gemeinsam auf Seen

Abb. 1/10
Brutverbreitung der Bleßgans *(Anser albifrons)* im Gesamtareal ihres Vorkommens (nach PHILIPPONA, 1972)

übernachtet. Gegen Ende der Überwinterung werden flachgründig überschwemmte Niederungen bevorzugt. Zur Nahrungssuche wird Grünland häufiger aufgesucht als von der Saatgans.

Fortpflanzung: Ab Mitte Mai treffen die Bleßgänse an ihren Brutplätzen ein. Die Ankunft kann sich bis Anfang Juni ver-

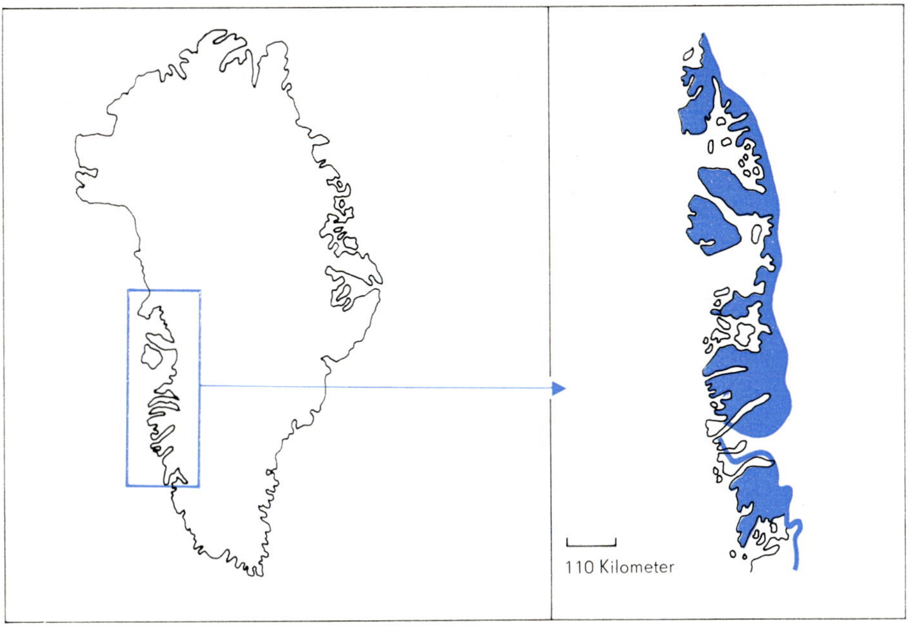

Abb. 1/11
Verteilung der Brutvorkommen der Bleßgans *(Anser albifrons)* auf Grönland (nach STROUD, 1982)

zögern (insbesondere in den nördlichsten Teilen des Verbreitungsgebietes). Die Grönland-Bleßgänse verbringen bis Ende Mai getrennt voneinander oder in kleinen Trupps lebend den größten Teil des Tages mit Nahrungsuche (STROUD, 1982). Abends sammeln sich die Gänse eines größeren Gebietes in noch gänzlich oder teilweise zugefrorenen Sumpfgebieten. Hauptnahrungspflanzen vor der Brutzeit sind Tannwedel *(Hippuris vulgare)*, Schmalblättriges Wollgras *(Eriophorum angustifolium)* und Wurzeln verschiedener Gräser.

Mit dem Nestbau wird Anfang Juni begonnen, sobald die Schneedecke abschmilzt. Die Nester bestehen aus Pflanzenmaterial, das aus der unmittelbaren Umgebung stammt. Bereits vor der Eiablage wird damit begonnen, die Nester mit Dunen auszupolstern (TUGARINOW, 1941). Sie stehen gewöhnlich in der Nähe eines Gewässers, jedoch meistens einzeln und nur ausnahmsweise kolonieartig gehäuft wie bei anderen Gänsearten. Der Nestbau obliegt dem Weibchen. Die gelblichweißen Eier ähneln denen der Graugans, sind aber kleiner als diese (im Mittel 79 × 52 mm mit erheblichen Abweichungen nach oben und unten). Zum Vollgelege gehören 4 bis 7 Eier. In der Größe variieren die Eier erheblich, was wohl vor allem in unterschiedlichen Ernährungsbedingungen begründet ist. Vollgelege werden ab Mitte Juni gefunden. Die Bebrütung dauert unter günstigen Bedingungen 23, unter ungünstigen 28 Tage. Ab Mitte Juli schlüpfen die Jungvögel. Über die Dauer der Aufzucht der Jungen bis zum Flüggewerden gehen die Angaben stark auseinander. Das ist verständlich, wenn man bedenkt, daß sich die extrem unterschiedlichen Witterungsbedingungen im arktischen Klimabereich zwangsläufig auf die Jungenaufzucht auswirken. Im Mittel dauert das Jungenwachstum 7 bis 8 Wochen. Die Nichtbrüter und die im Brutgeschäft gestörten Tiere sammeln sich ab Mitte Juni und wandern in Trupps unterschiedlicher Größe an ruhige Plätze, an denen die Schwingenmauser erfolgt, die etwa Anfang August abgeschlossen ist.

Bestandsentwicklung: Zwar erfolgten in einigen Teilen des Brutgebietes Untersuchungen über Brutdichte und Bestand (Mineev, 1981), doch sie reichen nicht aus, um den Gesamtbestand abschätzen zu können. Das wurde auf einfachere Weise durch Zählungen in den Überwinterungsgebieten erreicht. Sie sind vor allem von Ornithologen in der BRD, der DDR und den Niederlanden durchgeführt worden. Zu Anfang der 60er Jahre, als mit den regelmäßigen Zählungen in diesem Gebiet (Ostsee-Nordsee-Population) begonnen wurde, wurde der Bestand auf 50 000 bis 60 000 Tiere geschätzt. Seitdem gab es einen Anstieg, der zunächst nur wenig spürbar war, seit Mitte der 70er Jahre jedoch deutlich hervortrat. Ende der 70er Jahre wurde der Bestand bereits auf 250 000 Individuen geschätzt, und die Tendenz ist steigend.

Die Entwicklung des Bestandes in der Pannonischen Winterpopulation ist nicht so gut erforscht. Bleßgänse gehörten bereits im vorigen Jahrhundert als häufige Art zu den »gewaltigen Gänsescharen«, die die Hortobágy-Pußta in Ostungarn bevölkerten. Über kopfstarke Bleßgansscharen wurde auch in den 20er Jahren dieses Jahrhunderts berichtet (Nagy, 1923/24; Szomjas, 1925/26), und auch zu Beginn der 40er Jahre war die Art in Ostungarn noch durchaus häufig (Udvardy, 1942), in den 50er und 60er Jahren erfolgte jedoch eine starke Abnahme (Sterbetz, 1967 a). Neuerdings entwickelt sich die Pannonische Winterpopulation wieder positiv (Sterbetz, 1976). Aus den Jahren, in denen sich in Ungarn die Abnahme vollzog, gab es große Ansammlungen (40 000 bis 50 000) in Österreich am Neusiedler See. Das läßt darauf schließen, daß die Überwinterungsplätze zeitweilig verlagert und die Bestandsveränderung in der Pannonischen Winterpopulation lediglich vorgetäuscht wurde. Derartige Irrtümer sind so lange möglich, wie zeitlich und räumlich aufeinander abgestimmte Bestandserfassungen fehlen. Sie sind jedoch bisher im pannonischen Raum und weiter südöstlich nicht durchgeführt worden, so daß sich ein verläßliches Bild über Bestandsveränderungen im Gesamtgebiet nicht gewinnen läßt.

Ende der 30er Jahre soll der Bestand allein auf der Hortobágy-Pußta bei einigen Hunderttausend gelegen haben (Nagy, 1938). Mitte der 60er Jahre wurden dort 50 000 bis 60 000 ermittelt (Philippona und Lebret, 1967). Es ist durchaus denkbar, daß sich in früherer Zeit die Gänse lokal konzentrierten und an anderen Plätzen ausblieben. Mit lokalen Schwankungen, die sich bei großräumiger Betrachtung als zufällig erweisen und nichts über die allgemeine Trendentwicklung aussagen, ist jeder vertraut, der sich in die Populationsbiologie und das Verhalten der Gänse vertieft.

Viele Zahlenangaben aus der ersten Hälfte dieses Jahrhunderts lassen sich zur Beurteilung der Bestandsentwicklung nur begrenzt verwerten, weil verläßliche Angaben über den Termin der Beobachtung fehlen. Oft läßt sich nicht mehr ermitteln, ob die Mitteilungen den beginnenden Einflug im Herbst, den Winter oder den Vorfrühling betreffen. Das ist jedoch wichtig, weil die Gänse bei der Ankunft im Herbst nicht selten zunächst in großen Mengen zu bevorzugten Rastplätzen fliegen, von denen aus sie sich später über ein großes Gebiet verteilen. Wird der Bestand zu Beginn des Einfluges an einigen bestimmten Plätzen ermittelt, dann ergibt sich gewöhnlich ein ganz anderes Bild als wenige Wochen später, ohne daß sich am Gesamtbestand der Population etwas geändert hat. Nur durch synchrone Kontrolle an allen Rastplätzen läßt sich dieser Mangel beheben.

Schwierigkeiten für die Bestandserfassungen ergeben sich auch aus der nach Frost und Schnee einsetzenden Winterflucht. In kurzer Zeit können Gebiete verlassen sein, die kurze Zeit zuvor gut mit Gänsen besetzt waren. Ein Beobachter, der ein bestimmtes Gebiet nur gelegentlich aufsucht, kann so sehr leicht zu völlig falschen Vorstellungen gelangen. In den letzten Jahren haben holländische Ornithologen versucht, durch synchrone Zählungen an den wichtigsten Rastplätzen in Ungarn das Zahlendurcheinander zu entwirren. In der Zeit zwischen Oktober und Dezember 1980 wurden 72 250 Bleßgänse festgestellt (Lebret, 1982 a). Dieser Wert ist zu niedrig, weil nicht alle Plätze aufgesucht wurden und an einigen Stellen die Erfassung unvollständig blieb.

Wie weit die Angaben über den Bestand in Ungarn auseinandergehen, zeigen die Ergebnisse, die in Kardoskut, einem der bedeutendsten ungarischen Überwinterungsplätze, ermittelt wurden. Nach van den Bergh (Lebret, 1982 a) hielten sich dort Ende 1980 etwa 26 000 Bleßgänse auf, nach Sterbetz (mdl. Mitteilung) waren es 80 000. Das sind mehr Gänse, als von holländischen Wissenschaftlern in Ungarn insgesamt festgestellt wurden.

Zur Pannonischen Population gehören auch die am Neusiedler See (etwa 3500) und die in der ČSSR und in Jugoslawien rastenden Bleßgänse (etwa 15 000 bis 20 000). Der gegenwärtige Gesamtbestand der Pannonischen Winterpopulation dürfte mit 100 000 Tieren real eingeschätzt sein.

Die Zahlenangaben über die in Südostrumänien und in Bulgarien überwinternden Bleßgänse (Pontische Winterpopulation) sind ebenfalls sehr unbestimmt. Nach Talpenau (1963) waren es zu Beginn der 60er Jahre zwischen 20 000 und 100 000. Verwirrung entstand durch eine Mitteilung über 500 000 Bleßgänse in diesem Gebiet, die von Hafner und Johnson (1969) stammt. Da zu keiner Zeit und von keinem anderen Beobachter vergleichbar große Ansammlungen festgestellt wurden, handelt es sich bei diesen Angaben um einen Irrtum. Michev et al. (1983) beziffern den durchschnittlichen Mittwinterbestand in Bulgarien mit 66 000 (Schwankungsbreite 98 000 1978, etwa 43 000 1981). Die starken Fluktuationen sind nicht Ausdruck von Populationsveränderungen, sondern unterschiedlichen Zugverhaltens in Abhängigkeit von den Witterungsbedingungen. Der überwiegende Teil überwintert am Schwarzen Meer (etwa 66 %). Gut besuchte Überwinterungsplätze in Bulgarien sind außerdem der Schabla-See, Srebana-See und Malko Scharkowo. Die Bestandsermittlungen aus den letzten Jahren lassen darauf schließen, daß im westlichen Schwarzmeergebiet mit 80 000 bis 120 000 Bleßgänsen gerechnet werden darf.

Die Anatolische Winterpopulation ist Ende der 60er Jahre in mehreren aufeinanderfolgenden Jahren kontrolliert worden, wobei eine Zunahme von 60 000 auf 100 000 Bleßgänse erfolgte.

Für die Kaspische Population liegen keine Bestandsangaben aus neuerer Zeit vor.

Wanderungen: Nach der Art der Wanderungen lassen sich die in Eurasien brütenden Bleßgänse in zwei Gruppen teilen: eine westliche, die etwa von der Kanin-Halbinsel bis zum Jenissej verbreitet ist, und eine sich östlich anschließende, deren Brutverbreitung bis zur Kolyma reicht. Die zur ersten Gruppe gehörenden Gänse wandern im Herbst in südwestlicher Richtung und überwintern in West-, Zentral- und Südosteuropa sowie in Vorderasien. Die im östlichen

Teil des Verbreitungsgebietes brütenden Gänse ziehen in südlicher oder sogar südöstlicher Richtung und erscheinen zur Überwinterung in Südost- und Ostasien. Sie bleiben in der nachfolgenden Darstellung unberücksichtigt. Die Bleßgänse fliegen zu Ausgang des Sommers zu zentralen Sammelplätzen, deren Lage auf der Kanin-Halbinsel und in der Bolschesemelskaja Tundra recht gut bekannt ist. Es fehlen jedoch genaue Angaben über die Größe der Ansammlungen an diesen Plätzen, die Dauer des Aufenthaltes und den zeitlichen Verlauf des Wegzuges.

● Herbstzug – Die nordosteuropäisch-westsibirischen Bleßgänse ziehen auf verschiedenen Zugrouten nach Europa (Abb. 1/12). Die aus dem westlichen Teil des Verbreitungsgebietes stammenden wandern von Rastplätzen, die im Gebiet des Weißen Meeres liegen, über das Festland zur Ostseeküste, die sie im Bereich des Finnischen Meerbusens erreichen. Der überwiegende Teil wählt dann einen Kurs, der längs der Südostküste der Ostsee oder küstennahe südwestwärts führt. Nur ein kleiner Teil hält nach Erreichen der Ostseeküste einen nördlichen Kurs bei und erreicht nach Durchquerung Südfinnlands Südschweden und Dänemark. Die Herbst-Rastplätze dieser Gänse befinden sich im Norden der DDR, vor allem im Küstengebiet (Holz, 1973; Holz in Klafs und Stübs, 1977; Rutschke, 1973) und in geringerem Umfange auch in Schleswig-Holstein (Dien et al., 1967). Mit Einbruch kalter Witterung ziehen sie weiter westwärts zu den in den Niederlanden, zum Teil auch in Südwestengland (im Herbst 1982 etwa 600 an

Abb. 1/12
Herbstzug der Nordsee-Ostsee-Population der Bleßgans *(Anser albifrons)*

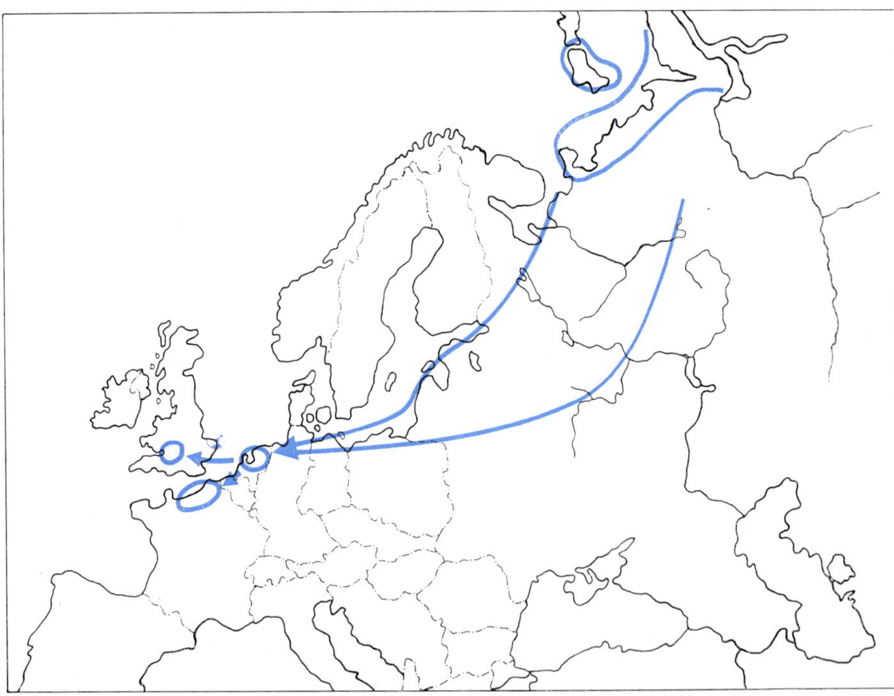

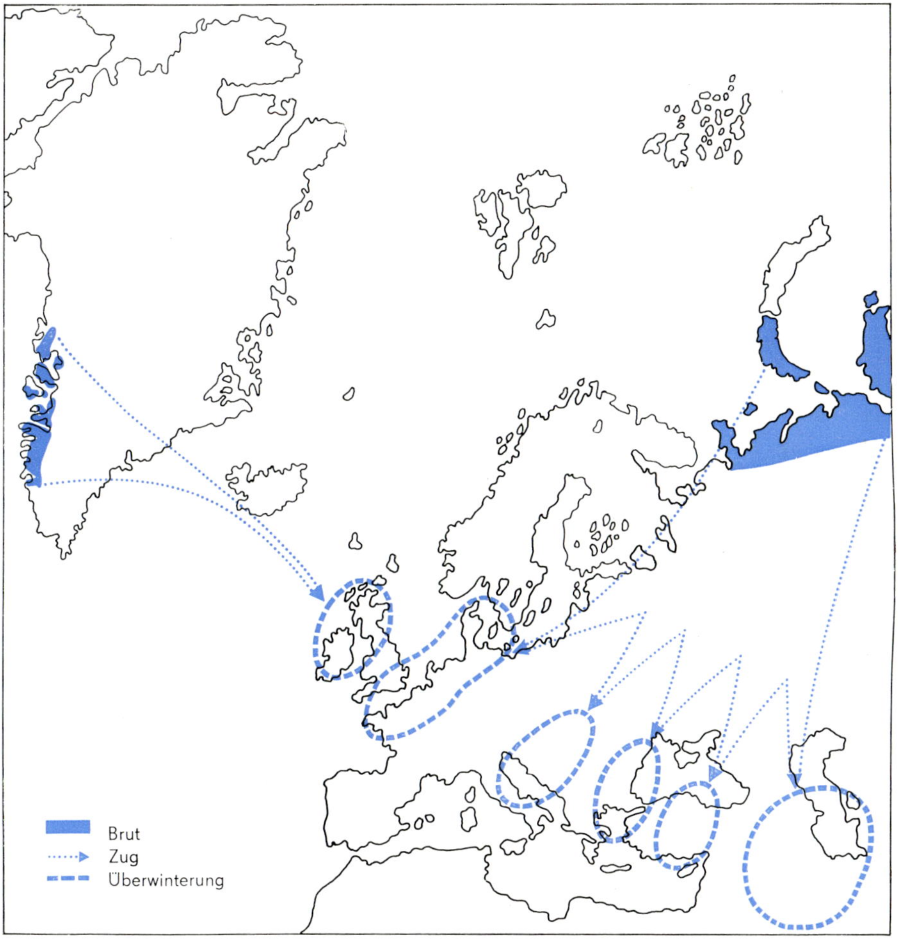

Abb. 1/13
Überwinterungsgebiete der Bleßgans *(Anser albifrons)* in West-, Mittel- und Südosteuropa (nach LEBRET et al., 1976)

drei Plätzen, davon 300 bei Slimbridge, OGILVIE, 1983), und Nordfrankreich gelegenen definitiven Winterquartieren (Abb. 1/13). Die auf dieser Route wandernden Bleßgänse sind einem Vorschlag von ISAKOW (1967) folgend von PHILIPPONA (1972) und anderen Autoren als Ostsee-Nordsee-Population bezeichnet worden. Die Anwendung des Populationsbegriffs auf eine Wander- und Rastgemeinschaft von Vögeln ist zwar problematisch, weil nicht sicher ist, ob alle zur »Population« gehörenden Tiere aus einem Brutareal stammen. Die damit ausgedrückte Abgrenzung ist jedoch eindeutig und sachlich gerechtfertigt.

Die weiter östlich beheimateten Bleßgänse erreichen die Herbst- und Winterquartiere auf einem quer durch den östlichen Teil des europäischen Kontinents führenden Weg. Ihre Herbst-Rastplätze liegen in Südostösterreich, dem Süden der ČSSR, vor allem jedoch in Ungarn,

Nordjugoslawien und in Albanien. Für diese Gruppe ist die Bezeichnung »Pannonische Population« vorgeschlagen worden und hat sich weitgehend durchgesetzt.

Eine dritte Teilgruppe, die noch weiter östlich brütet, erreicht Südosteuropa im Schwarzmeer-Gebiet. Sie wandert längs der Westküste des Schwarzen Meeres bis nach Ost- und Südostrumänien, wo sich die Herbst-Rastplätze befinden. Im weiteren Winterverlauf ziehen diese Gänse, die als Pontische Population bezeichnet werden, bis nach Bulgarien und Griechenland.

Auf der anatolischen Hochebene in der Türkei befinden sich an einigen Seen Rastplätze der Bleßgans, die in den 60er und zu Anfang der 70er Jahre gut untersucht wurden (Anom. 1970; Dijksen et al., 1972). Sie bilden die Anatolische Population. Noch weiter östlich rasten und überwintern Bleßgänse im Süden des Kaspischen Meeres und im Norden des Iran (Kaspische Population).

Nicht alle 5 Überwinterungsgebiete der Bleßgans sind so eindeutig voneinander getrennt wie das der Ostsee-Nordsee-Population von den übrigen.

Die im Norden der britischen Inseln überwinternden Bleßgänse gehören zur Unterart *Anser albifrons flavirostris*, die auf Grönland brütet. Die aus dem nördlichen Teil des Verbreitungsgebietes stammenden überwintern in Irland, die aus dem südlichen Teil kommenden in Schottland. Sie verteilen sich in Schottland auf 23 und in Irland auf 41 Überwinterungsplätzen (Ruttledge und Ogilvie, 1979). In Irland ging die Zahl der Überwinterer zurück, in Schottland nahm sie leicht zu. Der Winterbestand in Großbritannien liegt gegenwärtig zwischen 6500 und 7500 (Ogilvie, 1983).

Populationsökologisch sind die eurasischen Bleßgänse deshalb von besonderem Interesse, weil sie eine einheitliche Brutpopulation bilden, die sich während der Wanderung in Populationen aufgliedert, die danach in getrennten Gebieten überwintern. Der erste Schritt zur Aufgliederung in Wanderpopulationen erfolgt bereits nach Beendigung der Brutperiode, wenn sich die Gänse an den großen Sammelplätzen konzentrieren. Diese liegen oft Hunderte Kilometer voneinander entfernt, und es können Zehntausende Gänse sein, die sich an diesen »Startplätzen« für die Wanderung sammeln. Das Sammeln beginnt ab Mitte August, sobald die Jungen flügge sind, und verläuft nach dem gleichen Prinzip wie im Abschnitt auf Seite 149 beschrieben wird. Zunächst finden sich die Gänse eines kleinen Gebietes an lokalen Sammelplätzen ein. Sie fliegen gemeinsam zu Zwischen-Sammelplätzen und von dort aus zu den großen Sammelplätzen.

Das Prinzip des schrittweisen Sammelns aller Gänse eines größeren Gebietes an einem Hauptsammelplatz läßt verstehen, weshalb zur Zeit des Sammelns in ganz verschiedener Richtung ziehende Gänse gesehen werden können. So müssen die Gänse, deren Brutplätze westlich eines Haupt-Sammelplatzes liegen, zunächst in östlicher Richtung wandern. Sie überfliegen später, wenn der südwestwärts gerichtete Wegzug beginnt, noch einmal ihr Brutgebiet. Der Flug zum Sammelplatz erfolgt entsprechend auch aus anderen Richtungen.

Die Bildung der Sammelplatz-Gemeinschaften ist etwa Anfang September abgeschlossen. Bis zum Abflug rasten alle an der späteren Wanderung beteiligten Vögel gemeinsam. Das dauert allerdings nur wenige Wochen, weil die Zeit bis zum Einbruch des arktischen Winters kurz ist. Geht man davon aus, daß alle Bleßgänse der nordosteuropäisch-westsibirischen Population etwa in Südwestrichtung ziehen, dann wird sofort verständlich, weshalb die Sammelplatz-Gemeinschaften in ganz verschiedenen Gebieten Zentraleuropas eintreffen. Das

Brutgebiet, aus dem die 5 Winterpopulationen kommen, erstreckt sich in der Länge über etwa 3000 km (zwischen 45° E und 115° E). Diese Längsausdehnung entspricht fast genau der Entfernung zwischen der am weitesten westlich (in den Niederlanden) und der am weitesten östlich (im Hochland der Türkei) überwinternden Teilgruppe. Die Wegstrecke von den Brutgebieten zu den Winterquartieren ist also für alle Teilpopulationen etwa gleich lang, wenn man voraussetzt, daß die Wandergemeinschaften ohne Umwege ins Winterquartier ziehen. Nur die im Süden des Kaspischen Meeres überwinternden Bleßgänse haben einen weiteren Weg als die anderen, falls sie wirklich – was umstritten ist – von Taimyr kommen.

● Frühjahrszug – Der Frühjahrszug der Ostsee-Nordsee-Population ist in den letzten Jahrzehnten gut untersucht worden, wobei Ringfunde der fast 1200 Bleßgänse, die in der Zeit von 1950 bis 1975 in den Niederlanden beringt wurden, die wichtigsten Anhaltspunkte lieferten. Sobald mit milderen Westwetterlagen in Westeuropa der Vorfrühling beginnt, räumen die Bleßgänse die Überwinterungsplätze. In der Regel geschieht das in der zweiten Februarhälfte oder Anfang März. Ganz plötzlich brechen die Gänse in Scharen auf, die nach Zehntausenden zählen. Die in Nordholland und an der Nordseeküste der BRD überwinternden ziehen küstennah oder über der offenen See ostwärts bis sie die Elbmündung erreichen, die ihnen dann als Leitlinie für den südostwärts gerichteten Zug zu den Zwischenrastplätzen

Abb. 1/14
Hauptrastgebiete der Nordsee-Ostsee-Population der Bleßgans (*Anser albifrons*) während des Frühjahrszuges

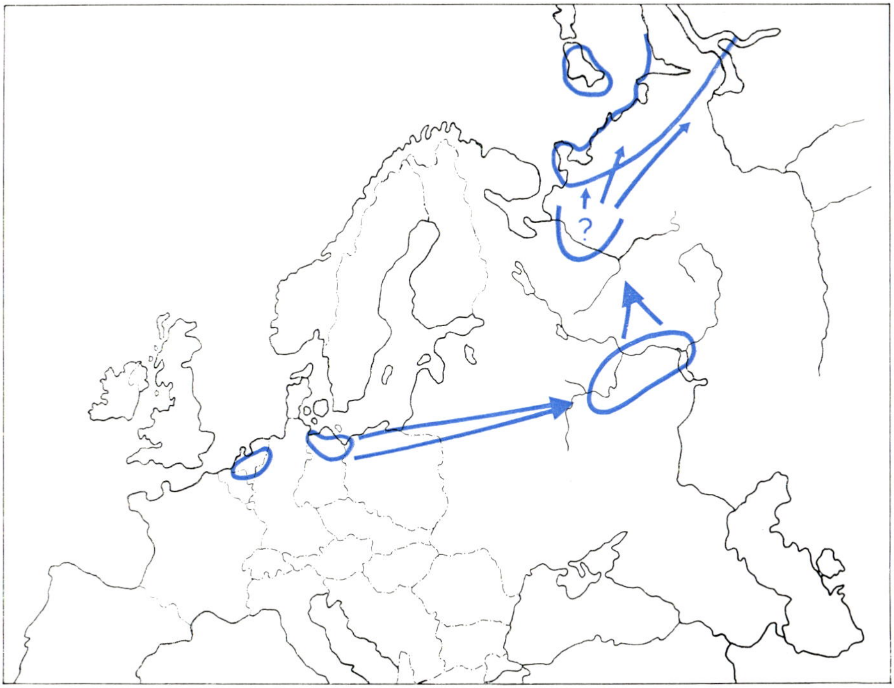

im Elb-Havel-Gebiet dient (Jellmann, 1979; Hummel, 1981). Auf den Zwischenrastplätzen im Elb-Havel-Gebiet halten sich im März kurzfristig bis zu 50 000 Bleßgänse auf. Ähnlich große Ansammlungen gibt es auch auf den Zwischenrastplätzen an der Unteren Oder. Der Aufbruch zum Weiterzug erfolgt sehr plötzlich und in großen Scharen bei Eintritt milder Witterung. Innerhalb weniger Tage sind die Zwischenrastplätze verlassen.

Beim Weiterzug durch die VR Polen wird die Ostrichtung beibehalten, so daß nach Durchquerung des westlichen Teils der UdSSR das Wolga-Bassin im Gebiet Rjasan erreicht wird. In der zweiten Aprilhälfte befindet sich die Masse der Bleßgänse an der Oka und ihren Nebenflüssen (Abb. 1/14). Dort und im Wolga-Wjatka-Bassin rasten die bis Anfang Mai. Um diese Zeit und etwas später sind auch die nördliche Dwina und ihre Nebenflüsse erreicht.

Die Wiederfunde in den Niederlanden beringter Bleßgänse zeigen, daß im Wolga-Oka-Gebiet bereits eine beträchtliche Auflockerung der in Westeuropa auf engen Raum konzentrierten Population erfolgt ist. Die Auffächerung setzt sich in der Schlußphase der Wanderung, in der die Gänse nordostwärts ziehen, weiter fort. Der Abflug aus den Gebieten, in denen letztmals für längere Zeit gerastet wird, erfolgt auf etwa 63° bis 65° nördlicher Breite, und der Zug wird jenseits des Polarkreises bei etwa 68° nördlicher Breite beendet. Der letzte Streckenabschnitt ist etwa 1600 bis 2000 km lang.

Vielleicht wird in der Nähe der Brutgebiete nochmals eine kurze Zwischenrast eingelegt, wenn die Witterungsbedingungen ungünstig sind. Darauf lassen Frühjahrsbeobachtungen schließen, die von der unteren Sewernaja Dwina und deren Mündungsgebiet bei Archangelsk stammen. Entsprechende Beobachtungen liegen von der Niederung des Mesen vor. Dort ist die Westgrenze des Brutgebietes nahezu erreicht.

Mitte Mai erreichen die Bleßgänse die Tundra. Spätestens Ende Mai sind alle Bleßgänse an den Brutplätzen eingetroffen. Nachweise in den Niederlanden beringter Gänse liegen von der Mündung des Ob und des Irtysch, der Taimyr-Halbinsel und von Nowaja Semlja vor.

Zwerggans
Anser erythropus (L.)
Lesser White-fronted Goose
Oie naine
Пискулька

Kennzeichen: Die Zwerggans ist in Habitus und Färbung der Bleßgans sehr ähnlich, jedoch kleiner als diese. Sie wirkt »rundköpfiger« als die anderen grauen Gänse, was durch den kurzen hohen Schnabel betont wird. Die Stirnblesse reicht bei ihr bis in Augenhöhe, ist also ausgedehnter als bei der Bleßgans. Bei Altvögeln umschließt ein auffälliger gelber Ring die Augen, der selbst bei Betrachtung mit dem Fernglase auffällt. Die Färbung des Federkleides stimmt weitgehend mit der der Bleßgans überein, jedoch ist die schwarze Streifung der Bauchseite weniger ausgeprägt, Kopf und Hals wirken insgesamt etwas dunkler, und Vorderrücken und Schultern sind brauner getönt als bei der Bleßgans. Flügellänge: 32 bis 40 cm, Schnabellänge: 3,1 bis 3,3 cm, Masse: 1,5 bis 2,0 kg.

Stimme: »Klingelnd« wie bei der Bleßgans, doch höher und die Einzellaute in schnellerer Folge.

Verbreitung: Die europäischen Brutgebiete befinden sich in der subarktischen Zone Fennoskandinaviens und der Tun-

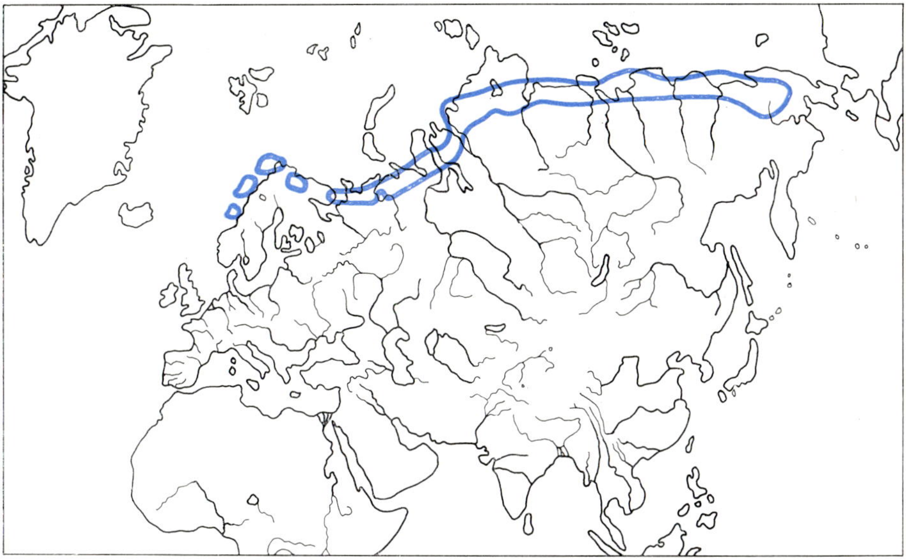

dra im nord-westlichen Teil der UdSSR (Abb. 1/15). Sie reichen von dort über den Ural hinweg bis nach Sibirien. Einige Vorkommen liegen weiter südlich als die der Bleßgans. Im allgemeinen überlappen jedoch die Vorkommensgebiete beider Arten. Die Zwerggans kommt innerhalb ihres riesigen Verbreitungsgebietes nur lückenhaft vor und ist viel seltener als die Bleßgans.

Lebensraum: Obwohl sich die Verbreitungsgebiete von Bleß- und Zwerggans überschneiden, sind sie ökologisch deutlich voneinander getrennt. Die Zwerggans bevorzugt ein bergiges bis felsiges Habitat (bis 700 m Höhe) mit Krautweide *(Salix herbacea)* und anderen Sträuchern. Das Habitat der Bleßgans sind die ausgedehnten, flachen Niederungen der offenen Tundra.

Fortpflanzung: Die Nester werden unter Sträuchern oder Gebüsch angelegt. Wie bei der Bleßgans befinden sie sich nicht immer in unmittelbarer Gewässernähe. In Sibirien wurden Nester an felsigen Ufern von Bergseen gefunden. Zwerggänse brüten sehr vereinzelt. Die Ablage der gelb-weißen, leicht glänzenden Eier beginnt in Sibirien Anfang Juni, in Lappland in der dritten Maidekade. Zum Vollgelege gehören 3 bis 5 Eier. Die Bebrütung dauert 25 bis 26 Tage. In 6 bis 7 Wochen haben die Jungen die Flugfähigkeit erreicht.

Abb. 1/15
Brutverbreitung der Zwerggans *(Anser erythropus)* im Gesamtgebiet ihres Vorkommens

Bestandsentwicklung: Noch vor wenigen Jahrzehnten gehörte die Zwerggans zu den häufigen Gänsearten, die in ihrem hauptsächlichen Überwinterungsgebiet, dem Pannonischen Becken, zu Zehntausenden erschien. Diese Situation hat sich gründlich gewandelt. Innerhalb von 15 Jahren ging der Winterbestand in Ungarn auf etwa 5000 zurück. In den Jahren von 1971 bis 1980 lag der Durchschnitt der im gesamten Gebiet festgestellten Zwerggänse bei 3600 mit deutlicher Tendenz zu weiterer Abnahme

(STERBETZ, 1983). Die Rastplätze befanden sich in einer schmalen Zone östlich der Theiß (STERBETZ, 1982). Bekannte Rastplätze waren früher die Hortobágy-Pußta, Biharugra, Kardoskut, Nagyszénás und Csabacsüd. STERBETZ (a. a. O.) kommt aufgrund von Literaturstudien und eigenen Beobachtungen zu der Feststellung, daß vor Einsetzen des Rückgangs zu Beginn der 50er Jahre im östlichen Ungarn etwa 80 000 bis 100 000 Zwerggänse überwinterten. Der Rückgang der Art führte auch zum Fehlen von Überwinterern in Albanien (NOWAK, 1980). In der Zeit von 1960 bis 1980 verschwand die Art aus großen Teilen des ehemaligen Verbreitungsgebietes in Fennoskandinavien und wurde im Gesamtgebiet zu einer äußerst seltenen Art (s. Abb. 1/17). Zu Anfang der 50er Jahre wurden während des Frühjahrszuges noch bis zu 1000 Tiere beobachtet, zu Beginn der 70er Jahre erschienen nur noch einzelne (SOIKKELI, 1973). Welche Dramatik hinter diesen Zahlen steckt wird deutlich, wenn man die heutige Situation mit der zu Anfang des Jahrhunderts vergleicht. Nach MERIKALLIO (1915) zogen alljährlich Zehntausende während des Frühjahrszugs längs der finnischen Westküste nordwärts.

Über extreme Bestandsveränderungen liegen auch aus früheren Zeiten Hinweise vor, obwohl die Zahlen nie so stark zurückgingen wie gegenwärtig. Die Populationsveränderungen wurden in den Überwinterungsgebieten immer eher bemerkt als in den Brutgebieten. Durch die Zusammenstellung von STERBETZ (1968) wird das für den Zeitraum von 1898 bis 1949 eindrucksvoll belegt. In unregelmäßigen Abständen gab es insgesamt 10mal regelrechte Invasionen, die weit über dem Durchschnitt aller sonstigen Jahre lagen.

Nach NORDERHAUG und NORDERHAUG (1982) liegen die Ursachen des Rückgangs der Zwerggans nicht in gesunkenen Reproduktionsraten, denn der gegenwärtige Durchschnitt an Jungvögeln im Brutjahr (4,1 bis 6,0) entspricht den aus den ersten Jahrzehnten des Jahrhunderts bekannten Werten. Als die Population gut entwickelt war, setzte die Bejagung dem weiteren Wachstum Grenzen und trug vielleicht auch zum Rückgang bei. Die Verluste durch die Jagd spielten jedoch in den letzten Jahrzehnten keine Rolle mehr. Der gegenwärtige drastische Rückgang wird nicht von einer einzelnen Ursache, sondern durch ein ganzes Bündel unterschiedlicher Ursachen hervorgerufen. Besonders negativ wirken sich Störungen im Brutgebiet, an den Mauserplätzen und auf Rast- und Überwinterungsplätzen aus. Hinzu kommen Veränderungen in den Biotopen und die Zunahme des Rotfuchsbestandes in gebirgigen Gebieten.

Im östlich anschließenden Verbreitungsgebiet im europäischen Teil der UdSSR und in Sibirien erfolgte ebenfalls eine drastische Abnahme. Noch in den 60er Jahren wurde der Bestand im hauptsächlichen Winterquartier dieser Population am Kaspischen Meer zwischen 25 000 und 50 000 Vögel geschätzt, und nach BAUER und GLUTZ VON BLOTZHEIM (1968) überwinterten in den 30er Jahren etwa 30 000 Zwerggänse am südöstlichen Ufer des Kaspischen Meeres. In dem riesigen Gebiet der Bolschesemelskaja-Tundra, also dem größten Teil des in der UdSSR gelegenen Teils des nordosteuropäischen Brutgebietes der Art, lag der Brutbestand von 1973 bis 1975 nur zwischen 3000 und 5000 Individuen jährlich (MINEEV, 1981).

Infolge des drastischen Rückgangs auf weniger als 500 Tiere beschlossen Finnland, Norwegen und Schweden 1975 ein Projekt zur Rettung der Zwerggans in Skandinavien. Bereits eingeleitet wurde die Auswilderung künstlich erbrüteter Zwerggänse. Seit 1977 werden in Westeuropa (Niederlande, Großbritannien, BRD) künstlich erbrütete Zwerggänse an

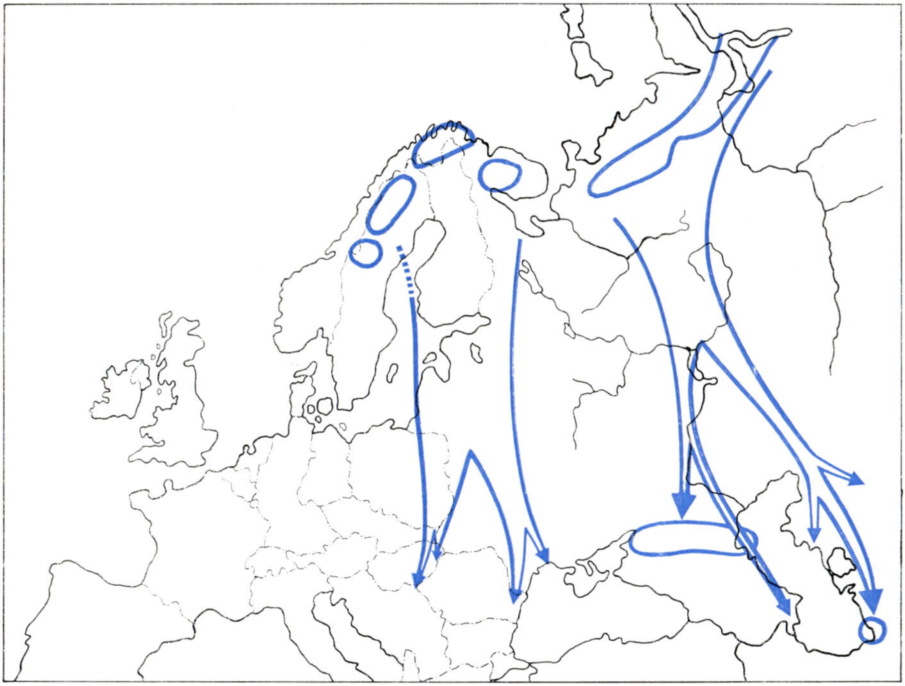

vier geeigneten Plätzen in Schweden ausgesetzt. Bis 1979 kamen 70 Tiere zur Auswilderung, wobei in früheren Jahren bei Versuchen zur Wiederausbreitung der Saatgans und zur Einbürgerung der Graugans gewonnene Erfahrungen genutzt wurden. Dabei wurden Eier von in Gefangenschaft gehaltenen Grau- und Saatgänsen gegen Eier aus Nestern freilebender Kanadagänse ausgetauscht. Nach dem Schlupf dienten die Kanadagänse als Brut- und Stiefeltern. Sie wurden zur Zeit der Mauser eingefangen, was leicht gelingt. Damit war es möglich, die fast erwachsenen Saat- bzw. Graugänse auszusondern und an für die Wiedereinbürgerung geeigneten Plätzen freizulassen. Seit 1974 wurden über 100 Saatgänse mit dieser Methode aufgezogen (VON ESSEN, 1982).

Dieses Verfahren dient im Falle der Zwerggans nur als Modell. Die Eier sind zu klein für die Kanadagans, weshalb

Abb. 1/16
Herbstzug der Zwerggans *(Anser erythropus)* im europäischen Teil ihres Verbreitungsgebietes

Weißwangengänsen die Rolle der Stiefeltern zugewiesen wurde. Im Frühjahr 1981 erfolgte erste Versuche ergaben nur zwei erfolgreich aufgezogene junge Zwerggänse; die anderen Gelege gingen durch Einwirkungen verschiedener Art zugrunde. Einigen künstlich erbrüteten Zwerggänsen wurden Gössel von Weißwangengänsen zugesellt. Sowohl die Gössel wie die Zieheltern tolerierten die artfremden Gänse. Es bleibt abzuwarten, ob es mit diesem Experiment, das vom schwedischen Jagdverband und vom World Wildlife Fund finanziert wird, gelingt, den Rückgang der Zwerggans aufzuhalten.

Wanderungen: In der Zeit als die Zwerggans in Fennoskandinavien ein häufiger Vogel war, wurden ihre Wanderungen sehr genau untersucht. Trotz der drastischen Abnahme entspricht das heutige Bild prinzipiell dem früheren.

● Herbstzug – Von den Brutgebieten in Norwegen und Nordschweden wandern sie längs der Flußtäler zunächst in Richtung auf den Bottnischen Meerbusen (Südostrichtung), wo sie mit den aus Finnland kommenden Tieren zusammentreffen. In südwärts gerichtetem Zug fliegen sie dann bis in die Pannonische Tiefebene, wo sie überwintern (STERBETZ, 1968) oder teilweise bis nach Jugoslawien und Albanien weiterziehen (Abb. 1/16).

● Frühjahrszug – Im Frühjahr erreichen die heimkehrenden Gänse von den Überwinterungsgebieten im Pannonischen Becken kommend die Südküste Finnlands, nachdem sie den Golf von Finnland überquert haben. Der größte Teil der Ankömmlinge zieht dann längs der finnischen Westküste nordwärts, der kleinere wandert in breiter Front durch das Binnenland bis in das Gebiet des Weißen Meeres (Abb. 1/17). Sie treffen frühestens in der zweiten Aprilhälfte, gewöhnlich Anfang Mai in Finnland ein und erscheinen Mitte Mai bis Anfang Juni an den Brutplätzen. Die Wanderungen der weiter östlich brütenden Population sind weniger gut erforscht. Ein wichtiges Überwinterungszentrum befindet sich in Küstengebieten des Kaspischen Meeres. Wahrscheinlich sammeln sich dort alle Gänse, die innerhalb des von der Onega im Westen und der Chatanga im Osten reichenden Brutgebietes leben. Über Sammelplätze im Brutgebiet, Zwischenrast-Plätze und Mauserstationen liegen im Schrifttum keine Angaben vor. Der Abzug aus den Brutgebieten beginnt Ende August bis Anfang September. Ohne längeren Aufenthalt an Zwischenrastplätzen ziehen die Gänse bis in die definitiven Winterquartiere.

Nach Zentral- und Westeuropa gelangen nur ausnahmsweise einzelne Exemplare, wohl ausnahmslos solche, die sich auf gemeinsamen Rastplätzen Bleß- und Saatgänsen anschlossen und dann mit diesen weiterzogen. Seit dem rapiden Bestandsrückgang der Art gehören derartige Nachweise zu den seltenen Ausnahmen.

Im Brutgebiet treffen die Zwerggänse ab Mitte Mai ein. Die Zeitdifferenz zwischen dem Abflug aus den Winterquartieren und der Ankunft läßt darauf schließen, daß der Zug durch Pausen unterbrochen wird. An den Zwischenrastplätzen im südlichen Skandinavien erscheinen sie in nur kleinen Trupps bereits Mitte April. Sie bleiben dort bis die nur wenige hundert Kilometer entfernten Brutplätze schneefrei sind.

Abb. 1/17
Frühjahrszug der Zwerggans *(Anser erythropus)* in Fenno-Skandinavien und Brutver-Breitung (nach NORDERHAUG und NORDERHAUG, 1982)

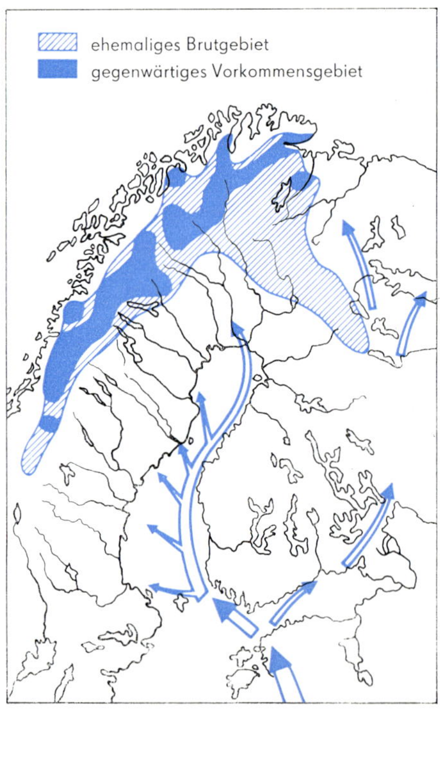

Graugans
Anser anser (L.)
Greylag Goose
Oie cendrée
Серый гусь

Kennzeichen: Die Graugans ist die größte und zugleich schwerste europäische Gänseart. Das graue Gefieder, das einen leichten Stich ins Bräunliche aufweist, ist heller als bei den anderen »grauen Gänsen«. Im Fluge bei gutem Licht sind die silbergrauen Vorderflügel im Kontrast zum hellen Grau des Körpers sowohl bei Draufsicht wie bei Sicht von unten sehr auffällig und ermöglichen eine leichte Unterscheidung von den verwandten Arten. Im Fluge sind auch die leuchtend weißen Ober- und Unterschwanzdecken sichtbar, doch dieses Merkmal teilt die Graugans mit den anderen Arten der Gattung. Die Flügellänge beträgt bei Männchen 450 bis 480 mm, bei Weibchen 430 bis 460 mm. Die Masse der Ganter beträgt 3 bis 4 kg, die der Gans $2^1/_2$ bis $3^1/_2$ kg. Sie unterliegt jahreszeitlichen Veränderungen.

Der kräftige Schnabel ist bei der Nominatform orangegelb und bei der östlichen Unterart *(Anser anser rubrirostris)* rosarot gefärbt. Kopf und Hals sind grau mit leicht brauner Tönung. Die Halsfedern sind streifig angeordnet, weshalb der Hals gerillt wirkt, ein Merkmal, das sich auch bei den anderen Arten der Gattung *Anser* findet. Schwarze Flecke auf der gesamten aschgrauen Unterseite der Altvögel rühren von unregelmäßig verteilten dunklen Federn her. Die Beinfarbe ist rot bis orange.

Stimme: Die bekannteste Lautäußerung ist das bekannte »ga-ga-ga-ga-gah«, das dem Geschnatter der Hausgangs, die von der Graugans abstammt, entspricht. Außerdem sind zahlreiche andere Laute beschrieben worden (Warnlaute, Stimmfühlungslaute, Triumphgeschrei).

Verbreitung: Das Brutgebiet der Graugans reicht von Island und Nordschottland im äußersten Westen längs der norwegischen Westküste, wo die Nordgrenze der Verbreitung unter dem Einfluß des Golfstromes bis über den Polarkreis steigt, über Dänemark und Südschweden nach Mitteleuropa hinein. Die BRD ist nur im äußersten Norden, die DDR und Polen sind fast vollständig, Österreich, die ČSSR, Ungarn und die Balkan-Halbinsel an geeigneten Orten, bewohnt (Abb. 1/18). Das Brutgebiet setzt sich nach Osten durch den mittleren und südlichen Teil der europäischen UdSSR fort und reicht in Asien bis an die Küste des Stillen Ozeans (Abb. 1/19).

Unterarten: Trotz des ausgedehnten Brutgebietes werden nur zwei Unterarten unterschieden: die im Westen des Verbreitungsgebietes beheimatete Nominatform *Anser anser anser* und die in Osteuropa lebende Unterart *Anser anser rubrirostris*. Eine Übergangszone, die in Ungarn und Südösterreich (Neusiedler See) beginnt und bis ans Schwarze Meer reicht, verbindet als Mischpopulation beide Unterarten miteinander.

Im Verbreitungsgebiet von *Anser anser anser* ist die Island und Nordschottland bewohnende Population ganzjährig von der kontinentaleuropäischen getrennt. Letztere haben entweder auf Mauserplätzen oder im Überwinterungsgebiet die Möglichkeit zur Verpaarung mit Artgenossen aus dem gesamten Verbreitungsgebiet. Der damit verbundene Genaustausch wirkt der Entstehung von Unterarten entgegen.

Lebensraum: In Mitteleuropa bewohnt die Graugans vorzugsweise eutrophe Gewässer mit ausgedehnten Schilfbeständen, in denen die Nester angelegt werden.

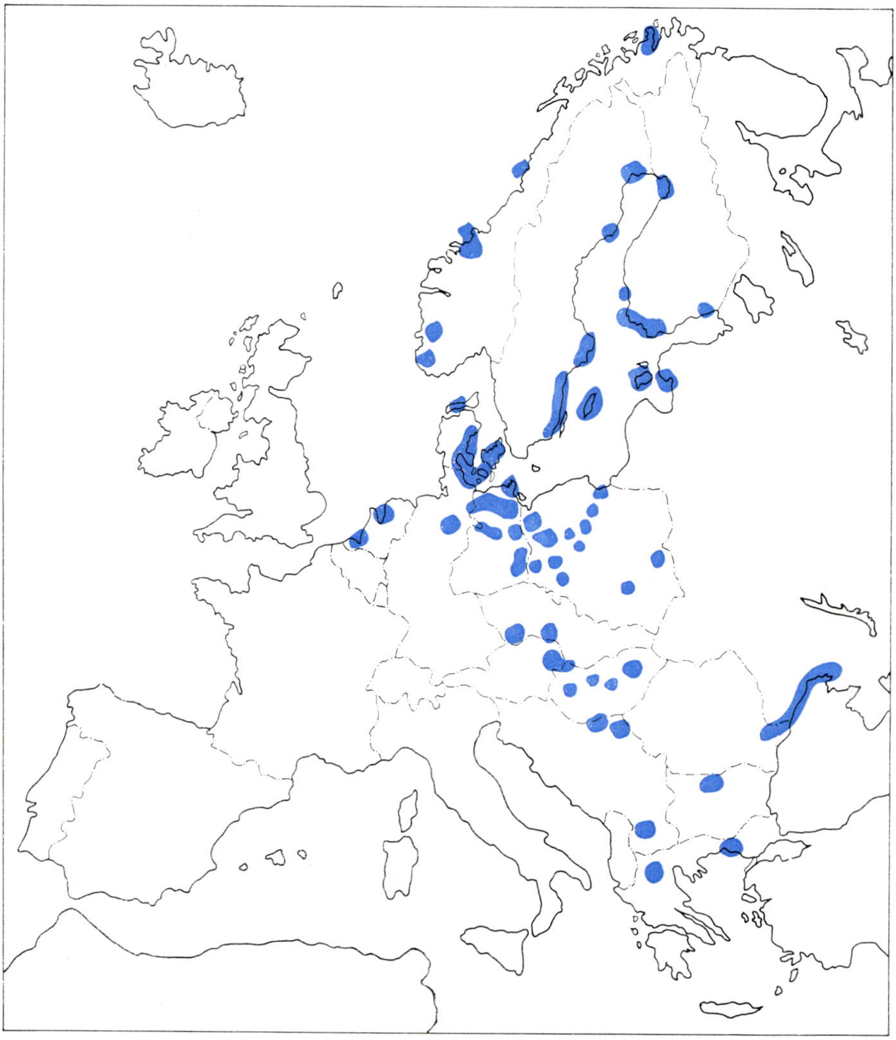

Abb. 1/18
Brutvorkommen der Graugans *(Anser anser)* in Skandinavien, West-, Mittel- und Südosteuropa (Island und Großbritannien nicht berücksichtigt)

Die Art ist jedoch in der Wahl der Nistplätze äußerst anpassungsfähig. Auf Inseln im Krakower Obersee (DDR/Bezirk Schwerin) brütet sie auch in der Strauchschicht von Laubholzbeständen. In den Überschwemmungsgebieten in Südmähren nistet sie regelmäßig auf Kopfweiden. Wenn Predatoren fehlen, wie an der südschwedischen Küste und auf Inseln vor der Küste der Estnischen SSR, dann werden die Nester freistehend auf Felsklippen angelegt. Wichtig für die Ansiedlung sind bestimmte Voraussetzungen für die Aufzucht der Jungen. Für diese muß zumindest während der ersten Lebenstage ausreichend Deckung

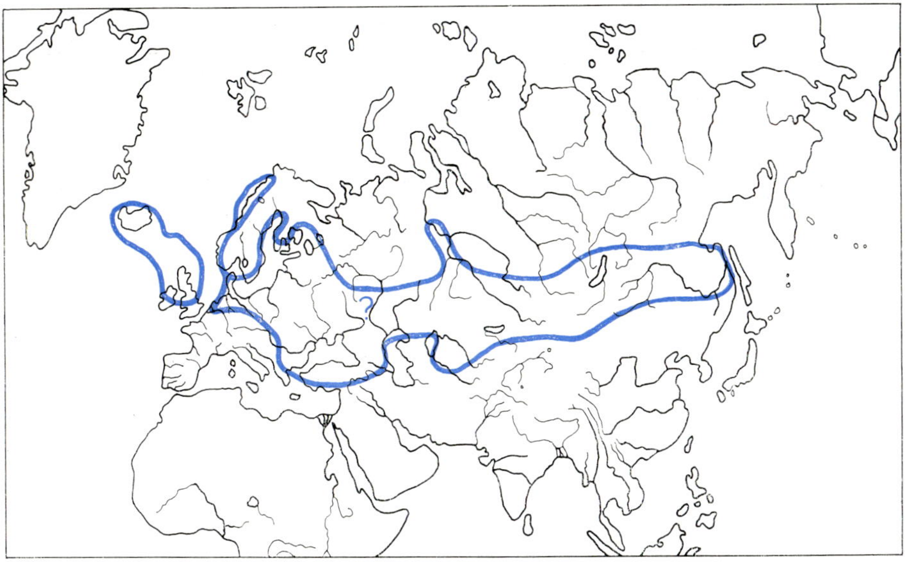

Abb. 1/19
Brutverbreitung der Graugans *(Anser anser)* in Europa und Teilen Asiens

vorhanden sein. Da die Jungen sehr frühzeitig Gras äsen, sind in Ufernähe geeignete Äsungsplätze erforderlich. Dieses Erfordernis begrenzt die Ansiedlung an Stellen, die ansonsten optimale Nistplätze sein könnten. Die Rast- und Sammelplätze, an denen sich Graugänse außerhalb der Brutzeit zusammenscharen, befinden sich durchweg an größeren Gewässern, auf denen sie gemeinsam übernachten. In deren Nähe (Ufer) müssen übersichtliche Wiesen oder Weiden, also ergiebige Äsungsplätze vorhanden sein.

Fortpflanzung: In Mitteleuropa treffen die Brutpaare ab zweite Februarhälfte im Brutgebiet ein. In Abhängigkeit von den Witterungsbedingungen im Vorfrühling vergehen mehrere Wochen bis mit dem Nisten begonnen wird. Vor Ende März sieht man nur ausnahmsweise einzelne Paare beim Nestbau, und an Plätzen, wo Graugänse in größerer Anzahl brüten, gibt es auch Ende April noch Paare, die sich erst zu dieser Zeit zum Nisten entschließen. Wo Graugänse einzeln brüten, gehören zur Nestumgebung feste Reviere, die vom Ganter verteidigt werden. Wo sie kolonieartig dicht brüten, wird nur die unmittelbare Nestumgebung verteidigt. Selbst an einem Brutplatz kann es sowohl getrennte Reviere wie kolonieartige Ansiedlungen geben (Rutschke, 1982; Warthold, 1983).

Aus Pflanzenteilen der unmittelbaren Umgebung wird ein umfangreicher Bau zusammengefügt, der einen Durchmesser bis zu einem Meter erreichen kann. Die Unterschiede in der Nestgröße und -form sind jedoch beträchtlich. Am größten sind Bauten im dichten Schilfbestand, am kleinsten auf Felsklippen oder im Gebüsch angelegte. Im Überschwemmungsgebiet der Dyja in Südmähren (ČSSR) brüten die Graugänse überwiegend in Kopfweiden (Kux und Hudéc, 1970), wodurch sie sich an die besonderen Verhältnisse dieses Gebietes angepaßt haben.

Vereinzeltes Brüten auf Bäumen wurde neuerdings im Norden der DDR festgestellt (HAUFF et al., 1983). Die Brutpaare benutzten alte Greifvogelhorste in 14 Meter Höhe.

Zum Vollgelege gehören 4 bis 9 Eier, grauweiß und glanzlos. Bei der Untersuchung von 453 Gelegen ermittelten HUDÉC und KUX (1971) als Durchschnitt 5,75 Eier und 2 bis 11 Eier als Normalgelege. WARTHOLD (1983) nennt 6,51 Eier als mittlere Gelegegröße (n = 49 Vollgelege). Die Durchschnittsmasse liegt zwischen 150 und 200 g, bei etwa 9 cm Länge und 6 cm Breite. In Gebieten mit hoher Siedlungsdichte und bei kolonieartigem Brüten legen mehrere Weibchen nicht selten in ein Nest. Gelege mit Eizahlen über 12 entstehen wohl immer auf diese Weise.

Die Eiablage beginnt sobald die Witterungsbedingungen es erlauben, jedoch in der Regel erst im letzten Märzdrittel; bei sehr spätem Einzug des Frühlings ab Mitte April, und unter sehr ungünstigen Bedingungen erst ab Monatsende. Selbst in einer Brutperiode variiert der Termin der Ablage des ersten Eies beträchtlich. Als Extrem ermittelten KUX und HUDÉC (1970) 2 bis 5 Monate (25. 2. bis 12. 5.). Die Bebrütung beginnt erst, wenn das letzte Ei gelegt ist.

Tabelle 1/3
Häufigkeit der Graugans in Europa (nach HUDÉC, 1984 und anderen im Text genannten Autoren)

Land/Gebiet	Brutpaare	Nichtbrüter	Sommer- und Herbstbestand
Britische Inseln und Irland			90 000
Belgien	30	75	210
Niederlande	250	625	1 750
BRD	1 000	2 000	7 000
Dänemark	2 000	5 000	14 000
Norwegen	(3 000)	7 500	21 000
Schweden	2 000	4 250	32 900
Finnland	250	625	1 750
NW UdSSR	1 200	3 000	8 000
Polen	1 150	3 000	8 000
DDR	3 000	7 500	21 000
ČSSR	500	1 000	3 500
Österreich	450	900	3 150
Ungarn	750	1 500	5 250
Jugoslawien	80	160	360
Albanien	?	?	?
Rumänien	(3 000)	6 000	21 000
Bulgarien	30	60	210
Griechenland	10	20	70
Schwarzes Meer und Asowsches Meer	2 000		13 000 KRIWENKO, 1981
Kaspisches Meer mit Wolgadelta	12 000	25 000	60 000 KRIWENKO, 1981
Manytsch-Gebiet, westlich und östlich	800		22 000 KRIWENKO, 1981

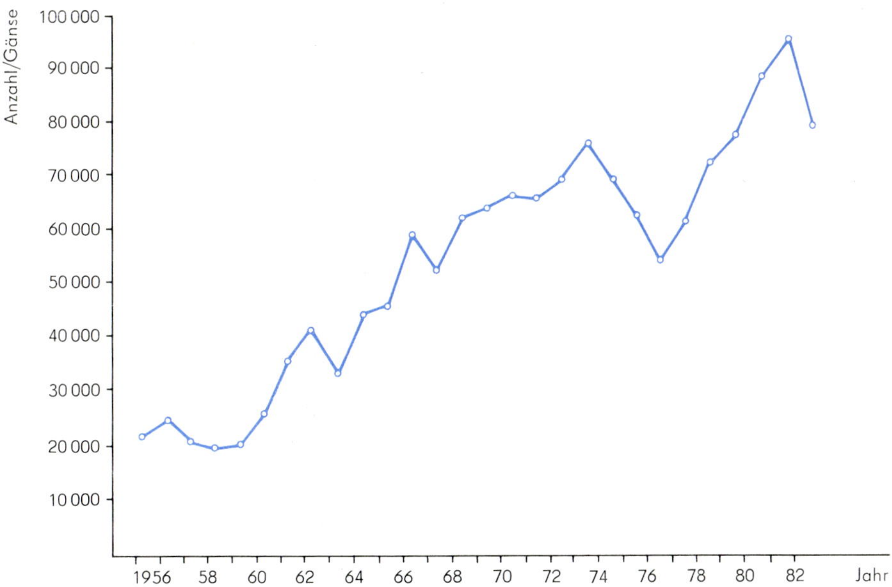

Abb. 1/20
Bestandsentwicklung der Graugans *(Anser anser)* in Großbritannien (nach OGILVIE, 1982)

Sie dauert 28 bis 29 Tage. Es brütet das Weibchen, das auch den Nestbau überwiegend allein ausführt. Der Schlupf der Jungen erfolgt gewöhnlich innerhalb eines Tages. Die Eltern verlassen nach dem Schlupf des letzten Gössels die unmittelbare Nestumgebung, bleiben aber in den ersten Tagen mit den Jungen in schützender Deckung. Nach etwa 8 Wochen, bei ungünstigen Witterungs- und Ernährungsbedingungen erst nach 10 Wochen, sind sie voll flugfähig.

Bestandsentwicklung: Die Untersuchungen der letzten Jahre erlauben es, ein hinreichend verläßliches Bild über den gegenwärtigen Bestand der Graugans in Europa zu entwerfen und die Trends der Bestandsentwicklung zu skizzieren. Wissenschaftler in vielen europäischen Ländern arbeiteten in einem von HUDÉC und dem Autor geleiteten Programm als »Arbeitsgruppe Graugans« des Internationalen Büros für Wasservogelforschung (IWRB) zusammen. Die von HUDÉC (1984) erfolgte Zusammenstellung ist eines der Ergebnisse dieser Zusammenarbeit (Tab. 1/3).

Am besten überschaubar ist die Bestandsentwicklung in der Island-Großbritannien-Population, weil sie von der kontinental-europäischen abgetrennt ist. Die Population läßt sich in drei Untergruppen gliedern: eine isländische, eine in Nordwestschottland lebende und eine auf Einbürgerungen in verschiedenen Teilen Englands und Schottlands zurückgehende.

Der Bestand der Island-Untergruppe lag bei 26 000 im Jahr 1960, stieg bis 1973 auf 76 300 und erreichte damit einen Höchststand. Seitdem ist er leicht rückläufig (OGILVIE, 1982 a, c). Die in Südwest-Schottland brütenden Graugänse (Anfang der 70er Jahre etwa 130 Brutpaare und 600 Nichtbrüter) wurden 1930 eingebürgert. Sie stammen aus dem Brutgebiet der Hebriden (YOUNG, 1972).

Regelmäßige Zählungen des Graugansbestandes erfolgten in Großbritannien seit 1955. Zu dieser Zeit lag der Gesamtbestand bei etwa 26 000 Tieren. Er blieb zunächst bis zu Anfang der 60er Jahre konstant und begann dann anzusteigen, und zwar bis zur Mitte der 70er Jahre allmählich, seitdem in sprunghafter Form (Abb. 1/20). 1980 war er auf 90 000 Individuen angewachsen und übertraf damit erstmals den Bestand der Kurzschnabelgans, der bis dahin häufigsten Wildgans in Großbritannien. Er stieg 1981 auf 96 000 Individuen, ging aber 1982 beträchtlich zurück (80 000 Individuen), was durch unvollständige Erfassung und/oder hohe Mortalität verursacht sein kann (Ogilvie, 1983).

Die in West-, Nord- und Zentraleuropa brütenden Graugänse lassen sich nach ihrem Zugverhalten in zwei Populationen gliedern. Zur ersten gehören die Brutvögel der BRD, Fennoskandinaviens, der baltischen Republiken der UdSSR und der östlich anschließenden Teile der RSFSR, des nördlichen Polens und der DDR. Diese Gänse sammeln sich im Ostseeraum und ziehen auf einer atlantiknahen Route nach Spanien zur Überwinterung. Sie bilden die Baltische Population (bei Hudéc, 1984, Atlantische Population). Zur zweiten kontinentaleuropäischen Population gehören die Brutvögel aus dem südlichen Teil Polens, der ČSSR, Österreichs und Jugoslawiens. Sie sammeln sich im Pannonischen Bekken und werden deshalb als Pannonische Population bezeichnet. Ihre Überwinterungsgebiete liegen in Nordafrika, vor allem in Tunesien.

● Baltische Population – Das Verbreitungsgebiet dieser Population reicht gegenwärtig westlich bis in die Niederlande, seitdem sie dort zu Beginn der 50er Jahre in der Umgebung der Noordoostpolder wieder zu brüten begann. Seit 1909 fehlte die Graugans als Brutvogel in den Niederlanden (Rooth et al., 1981). Eine größere Ansiedlung etablierte sich in den neuen Poldern in Flevoland. Sie wuchs bis zu Beginn der 80er Jahre auf 200 Brutpaare an. Weitere 30 Paare brüten an Plätzen verschiedener Art. Hinzu kommen etwa 70 Paare, die künstlich angesiedelt wurden (Gesamtbestand 1980: 320 Brutpaare, Dubbeldam und Poorter, 1982).

In Belgien ist die Graugans 1954 im Zwin bei Knogge erfolgreich angesiedelt worden. 1962 wurden 150 freifliegende Gänse festgestellt (Bauer und Glutz von Blotzheim, 1968).

In der BRD brütet die Art bodenständig nur in Schleswig-Holstein, doch in verschiedenen anderen Gebieten in Norddeutschland befinden sich Ansiedlungen, die auf Ausbürgerungen zurückgehen (Dümmer, Riddagshäuser Teiche bei Braunschweig). Erfolgreich verlief auch die Einbürgerung im Nahetal (Rheinland-Pfalz, Bitz, 1981). Die ersten Wiedereinbürgerungen in der BRD wurden durch Berndt und Frantzen (1968) beschrieben. Neuansiedlungen in neuerer Zeit erfolgten bei Hannover sowie an den Meißendorfer Teichen und am Entenfang Boye bei Celle (Hummel, 1982 a). In Schleswig-Holstein verläuft die Entwicklung leicht rückläufig, in künstlichen Ansiedlungen nehmen die Bestände zu. Der Gesamtbestand in der BRD wurde auf 5000 (etwa 10 000 Brutpaare) geschätzt (Hummel, 1982 b).

In Dänemark sind neben der Wildpopulation ebenfalls künstliche Ansiedlungen vorhanden, so in der Nähe von Kopenhagen. Die Wildpopulation erreicht hohe Siedlungsdichten besonders in den östlichen Landesteilen, auf den Inseln Sjaelland, Lolland, Falster und Fyn. Die Bestandsentwicklung verläuft ungleichmäßig. Neben Plätzen, an denen der Brutbestand rückläufig und die Art sogar verschwunden ist, gibt es andere, an denen sie rasch zunimmt (Fog et al., 1984). Das trifft besonders für kleine

Inseln in Seen und Teichen zu. Insgesamt breitet sie sich aus und nimmt zu. Der Brutbestand liegt bei 2825 bis 3000 Paaren. Der Sommerbestand (Brutvögel, diesjährige Jungen, Nichtbrüter) wurde in der Mitte der 70er Jahre auf 19 000 bis 22 000 beziffert (Fog, 1983).

Norwegen ist vor allem längs der Nordseeküste besiedelt. Unter dem Einfluß des Golfstromes findet die Art zusagende Lebensbedingungen bis jenseits des Polarkreises. Zwar fehlen landesweite Zählungen, doch mit 2000 Paaren ist der Bestand eher zu niedrig als zu hoch angesetzt (Fog et al., a. a. O.).

In Schweden verursachte starker Jagddruck bereits in der Mitte des vorigen Jahrhunderts einen drastischen Rückgang, und die Art verschwand von vielen angestammten Plätzen (Curry-Lindahl, 1959). Diese Entwicklung, die noch in den ersten Jahrzehnten dieses Jahrhunderts anhielt, war Anlaß zu Wiedereinbürgerungsversuchen am Kalmarsund um 1930. Sie blieben jedoch ohne Einfluß auf die Populationsentwicklung. Zu Beginn der 50er Jahre lag der Brutbestand bei 200 bis 300 Paaren, woran sich bei in die 60er Jahre nichts änderte. Mitte der 60er Jahre setzte eine Ausweitung des Verbreitungsgebietes verbunden mit einem allgemeinen Populationsanstieg ein (Karlsson et al., 1982). Der Wiederanstieg ist die Folge von erneuten Aussetzungen und verbesserten Schutzbedingungen. Der Brutbestand wurde zu Anfang der 80er Jahre auf 2000 Paare geschätzt (Nilsson, 1982). Die meisten Brutvorkommen befinden sich in Südschweden und längs der Ostküste. Zu einem bedeutenden Brutplatz entwickelte sich das Gebiet am Kalmarsund (von Essen und Beinert, 1982).

In Finnland, wo die Graugans ihres Vorkommens auf den der Süd- und Westküste vorgelagerten Inseln wegen als »Meergans« bezeichnet wird, vollzog sich seit der zweiten Hälfte des vorigen Jahrhunderts eine Bestandsabnahme, verursacht durch die industrielle Entwicklung (Holzindustrie!), intensivierte Fischwirtschaft und Jagd. Bereits zu Anfang dieses Jahrhunderts war die Graugans von vielen angestammten finnischen Brutplätzen verschwunden. Diese Entwicklung setzte sich bis in die Mitte dieses Jahrhunderts fort. Zu Anfang der 50er Jahre waren nur noch 200 Paare vorhanden (Grenquist, 1956). Seitdem nimmt der Bestand zwar leicht zu, doch ein prinzipieller Wandel hat sich nicht vollzogen. Nach Blomqvist und Tenovuo (1980) lag der Brutbestand 1980 im südwestlichen Inselgebiet bei 150 bis 200 Paaren, zuzüglich 30 bis 60 Paare im Südwesten. Die leichte Zunahme betrifft nur den südwestlichen Landesteil. Nach Lampio (1982) und Fog et al. (1984) gehörten zu Anfang der 80er Jahre 285 bis 385 Paare zum Brutbestand in Finnland.

In der Estnischen SSR brüten Graugänse ebenfalls auf den der Küste vorgelagerten Inseln und Schären. Kumari (1981) bezifferte den Bestand in der Matsalu-Bucht (Estland) etwa auf 300 Paare. Er ist seit Ende der 70er Jahre stabil, nachdem seit der 1957 erfolgten Einrichtung des Naturschutzgebietes Matsalu-Bucht eine starke Zunahme erfolgte (Paakspu, 1972). Dieses Gebiet dient im Spätsommer als Sammel- und Rastplatz, an dem sich bis zu 3000 Graugänse einfinden. Bedeutende Graugans-Brutplätze in der Estnischen SSR befinden sich ferner auf kleinen Inseln vor der Westküste der Insel Saaremaa (Aumees, 1972).

In der Lettischen und der Litauischen SSR gehört die Graugans zu den seltenen Brutvögeln. Im östlich anschließenden Leningrader Gebiet liegt der Bestand bei 800 Paaren. Dort befinden sich auch die am weitesten nordöstlich gelegenen Vorkommen, denn nach Bianki (1981) kommt sie auf der Kola-Halbinsel nicht mehr als Brutvogel vor. Um so überraschender ist es, daß Graugänse in Trupps von einigen Hundert auf Inseln in der Onega-Mündung erscheinen, also in Gebieten, wo im Herbst auch Saat- und Bleßgänse in großen Scharen rasten und durchziehen.

Im nördlichen und mittleren Teil Polens dürften etwa 900 Paare brüten. Der Bestand nimmt zu (GROMADZKI und WIELOCH, 1983 a, b).

Die in der DDR in mehrjährigen Abständen durchgeführten Erfassungen des Brutbestandes ergaben eine steigende Tendenz (NAACKE, 1971, 1982; RUTSCHKE et al., 1982). 1982 wurden etwa 3000 Brutpaare festgestellt. Brutpaare, diesjährige Jungvögel und Nichtbrüter ergeben einen Gesamtwert von 15 000 Graugänsen.

Diese Übersicht läßt darauf schließen, daß zur Baltischen Population zu Anfang der 80er Jahre etwa 15 000 Brutpaare gehörten. Rechnet man die diesjährigen Jungvögel und die Nichtbrüter hinzu, dann ergibt sich ein Gesamtbestand von etwa 80 000 Individuen. Trotz lokaler Abnahme und Stagnation ist die Tendenz der Populationsentwicklung positiv. Die Zunahme der Graugans wird selbst an so entlegenen, vom Festland weit entfernten Punkten wie der Insel Helgoland als steigende Beobachtungshäufigkeit spürbar (VAUK und BRUNS, 1983).

● Pannonische Population – Verläßliche Angaben über den Brutbestand der pannonischen Population liegen nur aus der ČSSR, Österreich und Ungarn vor. In der ČSSR brüteten 1982 etwa 500 Paare (HUDÉC, 1984), in Österreich etwa 450 Paare (HUDÉC, 1984) und in Ungarn etwa 350 bis 400 Paare (STERBETZ und SCHMIDT, 1984). Zu dieser Population gehören ferner etwa 200 in Südpolen und etwa 100 in Jugoslawien (MIKUSKA, 1973) brütende Graugänse. Diese Angaben lassen darauf schließen, daß zur Pannonischen Population 2000 bis 3000 Brutpaare gehören. Bei Einbeziehung der diesjährigen Jungvögel und der Nichtbrüter ergibt das einen Sommerbestand von maximal 20 000 Tieren. Nach NOWAK (1980) brüten in Albanien nur an Gewässern im Grenzgebiet zu Griechenland wenige Paare. In Griechenland ist die Art ein verbreiteter, jedoch insgesamt seltener Brutvogel. Die in diesem Gebiet vorkommenden Graugänse lassen sich nicht eindeutig einer bestimmten Population zuordnen. Vielleicht bilden sie mit den in Rumänien (1000 Brutpaare, HUDÉC und ROOTH, 1970) und Bulgarien lebenden eine eigene Population.

● Schwarzmeer-Asowsches Meer-Population – In den zentralen Teilen der Russischen Föderativen Sowjetrepublik (RSFSR) kommt die Art nur sporadisch als Brutvogel vor und ist auch auf dem Zuge nicht häufig. HUDÉC und ROOTH (1970) haben versucht, das zuvor unklare Bild zu entwirren. Neuere Angaben, die ein besseres Verständnis ermöglichen, liegen nicht vor. Gut besetzte Brutvorkommen befinden sich am Schwarzen Meer und am Asowschen Meer und am Manytsch. Der Bestand dürfte bei 2000 Paaren liegen (NASARENKO und NIKOLAJEWSKI, 1981). Ein großer Teil der Nichtbrüter dieser Population mausert in den ausgedehnten Sumpf- und Niederungsgebieten, die sich östlich an das Asowsche Meer anschließen. Dort wurden in den letzten Jahrzehnten durch Anlage von Reisfeldern und den Bau von Bewässerungsanlagen die Brutmöglichkeiten für die Graugans verringert, so daß die Population abnahm (KRIWENKO, 1981).

● Kaspische Population – Nach Osten schließt sich an die Schwarzmeer-Asowsches Meer-Population ein Brutgebiet mit starken Brutvorkommen im Wolga-Delta und in Kasachstan an. Allein im Wolgadelta brüteten 1970 11 300 Paare (KRIWENKO und KRIWONOSSOW, 1972),

Abb. 1/21
Herbstzug der in Nordeuropa und im nördlichen Mitteleuropa brütenden Graugänse *(Anser anser)*, Nordsee-Ostsee-Population

worin sich ein leichter Anstieg im Vergleich zu den Vorjahren ausdrückt. Als Rastgebiet während des Durchzuges hat das Gebiet an Bedeutung verloren. Zur Schwingenmauser (Nichtbrüter) finden sich bis zu 25 000 Graugänse ein. Ein großer Mauserplatz für Graugänse befindet sich im Tal des östlichen Manytsch (zwischen Asowschem und Kaspischem Meer). Dort wurden bis zu 9000 Graugänse festgestellt (Kriwenko, 1981). Mit Ausnahme des Wolgadeltas, wo der Bestand durch die großen Schutzgebiete und durch Anbringung künstlicher Nisthilfen in den 60er Jahren angestiegen ist, nimmt die Graugans im Gebiet des Kaspischen Meeres stark ab. Die wichtigste Ursache dafür sind Trockenlegungen von Sumpfgebieten (Isakow, 1972; Winogradow, 1972).

● Westsibirische Population – Zu dieser Population gehören die Gänse, die im westlichen Sibirien und der nördlichen Hälfte von Kasachstan bis zum Ostrand der Turgai-Senke brüten. Der Bestand in Nordkasachstan wurde in der Mitte der 50er Jahre auf 8000 bis 10 000 Brutpaare geschätzt und ging innerhalb eines Jahrzehnts auf 1200 bis 1500 Paare zurück nachdem mit der Intensivierung der Landwirtschaft in Kasachstan begonnen wurde. Seit Mitte der 60er Jahre verschwand die Art von den meisten Gewässern, an denen sie zuvor regelmäßig brütete.

Außerdem nahm der Jagddruck zu. In den 5 Jahren zwischen 1964 und 1969 stieg die Anzahl der Jäger von 5800 auf 8944 (Drobowzew, 1972).

Wanderungen: ● Herbstzug – Über die Zugbewegungen der in Nordwest-Schottland brütenden Graugänse ist wenig bekannt. Ein Haupt-Sammelplatz befindet sich am Loch Druidibeg. Er wurde 1958 unter Schutz gestellt (Ogilvie, 1982 a). Die auf Island brütenden Graugänse treffen im Herbst in der zweiten Oktoberhälfte auf den britischen Inseln ein. Auf dem europäischen Kontinent erfolgt der Abflug in die Winterquartiere von Sammelplätzen, an denen sich die Gänse im Sommer und Herbst aufhalten. Maximal rasten in Schleswig-Holstein von Mitte August bis Mitte September 6000 bis 8000 Graugänse (Hummel, 1982). Der weitere Weg führt die in den Niederlanden rastenden Graugänse über Belgien und Frankreich nach Südspanien.

Die im Binnenland der DDR und in Westpolen übersommernden Gänse ziehen im Spätsommer (August bis Mitte September) zunächst zur Ostseeküste der DDR. Dort treffen sie auf Gänse, die aus Schweden, Finnland und den baltischen Sowjetrepubliken in das gleiche Sammelgebiet ziehen. Nach einer Zeit gemeinsamer Rast, die bis Ende Oktober dauert, wandern sie westwärts bis in die Niederlande (Abb. 1/21). Dort vereinigen sie sich mit den skandinavisch-westdeutschen Graugänsen und fliegen mit diesen über Frankreich nach Südspanien. Die aus Südpolen, der Tschechoslowakei und Österreich stammenden Gänse der Pannonischen Population sammeln sich in der ungarischen Ebene, wohin möglicherweise auch aus den westlichen Teilen der RSFSR stammende Gänse ziehen. Diese Gänse wandern über Jugoslawien und Italien nach Nordafrika.

Die in Mitteleuropa brütenden Graugänse wandern also auf zwei verschiedenen Routen in getrennte Winterquartiere, wobei die Zugrichtungen mehrfach gewechselt werden. Die in den mittleren Teilen der DDR brütenden Graugänse schlagen zunächst einen Nordkurs ein (bis zur Ostsee), ziehen dann mit allen anderen dort versammelten Gänsen bis in die Niederlande westwärts und schließlich auf südwestlichem, zuletzt südlichem Kurs nach Südspanien. Die sich in der pannonischen Tiefebene sammelnden Gänse wandern nach Nordafrika, wohl immer bei Einhaltung der Südwestrichtung.

Wo die Grenze zwischen den Brutgebieten der beiden Populationen verläuft, die im Herbst auf so unterschiedlichen Routen wandern, läßt sich gegenwärtig nicht sicher entscheiden. Sichtnachweise von halsbandmarkierten Tieren aus dem Süden der ČSSR und aus Österreich an den nordafrikanischen Überwinterungsplätzen lassen keinen Zweifel daran, daß alle mährischen und österreichischen Gänse zur pannonischen Population gehören (Hudéc, 1984; Dyck, 1984). Die Grenze liegt also nördlicher. Möglicherweise ziehen schon die in Südböhmen (nördliche ČSSR) brütenden nach Spanien (Hudéc, 1984), wandern also zunächst mit den im Binnenland der DDR brütenden Gänsen nordwärts zur Ostsee. Die südlich davon brütenden ziehen im Unterschied dazu zunächst nach Süden bzw. Südosten.

Die definitiven Winterquartiere der Baltischen Population liegen in den Marasmas des Guadalquivir in Südspanien. Seit Mitte der 70er Jahre stiegen die Winterbestände in diesem Gebiet auf 70 000 bis 90 000 (Castroviejo, persönliche Mitteilung). Im Spätherbst 1980 waren es 80 000. Damit war dort die Baltische Population nahezu vollständig versammelt. In den letzten Jahren sind die Winterbestände in Spanien rückläufig, weil ein Teil der Gänse auf den Herbst-Rastplätzen in den Niederlanden verbleibt und dort auch überwintert, so daß neben dem spanischen auch das niederländische Überwinterungsgebiet Ausgangspunkt für den Heimzug sein kann.

Der Abflug in die Winterquartiere erfolgt nicht von den Brutgebieten, sondern von Sammelplätzen aus, die im Laufe des Spätsommers von immer mehr Gänsen aufgesucht werden. Sie befinden sich im Bereich der mittleren Ostsee (Raum Rügen-Hiddensee) und an verschiedenen Plätzen im Küstenbereich der Nordsee und in den Niederlanden. Im Gebiet Rügen/Hiddensee wurden im September Ansammlungen bis zu 35 000 Graugänse beobachtet. Ein Teil der Brutpopulation weilt um diese Zeit noch immer an Rastplätzen im Heimatgebiet. So rasteten beispielsweise am Gülper See (DDR/Bezirk Potsdam) im Oktober 1981 noch etwa 4000 Graugänse. Die aus Nordskandinavien und Schleswig-Holstein stammenden Gänse sammeln sich in Dänemark und ziehen dann längs der Nordseeküste nach den Niederlanden, wo sie bis spät in den Herbst hinein rasten.

Im zeitlichen Ablauf des Herbstzuges haben sich in den beiden letzten Jahrzehnten bemerkenswerte Änderungen vollzogen. Anfang der 60er Jahre brachen die Graugänse Ende August bis Anfang September zur Wanderung auf. Seither wird der Abflug immer weiter in den Herbst verlegt. Seit Anfang der 80er Jahre verweilen noch Ende Oktober und Anfang November große Scharen in Mitteleuropa. Zunehmend versuchen Graugänse in der DDR und in der BRD zu überwintern. In den Wintern 1977/78 und 1978/79 wurden in der BRD an verschiedenen Plätzen Überwinterer festgestellt. Bevorzugte Überwinterungsplätze sind die Elbmündung und die ostfriesische Küste an der Nordsee. Eingebürgerte Graugänse bleiben möglichst lange im Brutgebiet oder in dessen Nähe. Die Grauganspopulation der Riddagshäuser Teiche bei Braunschweig (BRD) zog erst am 3. 1. ab (Sprötge, 1980).

Als Ergebnis der Tendenz, die Herbstwanderung abzukürzen und in der Nähe der Brutgebiete zu überwintern, ist die Graugans in den Niederlanden sogar zu einem häufigen Überwinterer geworden. Im Dezember 1980 wurden 17 000 und im Januar 1981 10 000 Graugänse festgestellt, großenteils im Süden des Landes gen (van den Bergh et al., 1983). Die in Norwegen brütenden Graugänse brechen nach wie vor bereits Ende August zum Herbstzug auf wie aus den Ankunftsdaten in Dänemark hervorgeht (Fog, 1977).

Wichtigster Überwinterungsplatz der Pannonischen Population ist der Ischkeul-See in Tunesien. Dort überwinterten 1978 und 1979 9000 bis 10 000 Graugänse (Smart, 1982). Die tunesischen Winterquartiere wurden schon in den 20er Jahren dieses Jahrhunderts erwähnt (Blanchet, 1955) und in den folgenden Jahrzehnten wiederholt bestätigt (Heim de Balsac und Maynaud, 1962). In den letzten 20 Jahren erfolgten dort Untersuchungen durch Smart (a. a. O.). Die meisten halten sich am Ischkeul-See in Tunesien und im Gebiet von Qued el Kebir (Mekhada) in Algerien in unmittelbarer Nähe der tunesischen Grenze auf (1977 bis 5000 und 1978 bis 8000). Die Gänse der Schwarzmeer-Asowsches Meer-Population wandern über die Lebjashin-Inseln, die Ufer der Tendrabucht und des Jagorlyz-Kiliman, den Unterlauf des Dnepr und des Donaudeltas bis in die Gewässer der rumänischen Dobrudscha (Ardamatskaja, 1970; Talpeanu, 1971). Von dort aus ziehen sie in manchen Wintern bis an die Schwarzmeerküste Bulgariens. In schneereichen, kalten Wintern verläuft der weitere Weg zunächst längs der Schwarzmeerküste Bulgariens, dann von Burgas ins Landesinnere und schließlich bis nach Griechenland und in die Türkei. Außerdem existiert eine zweite Route, auf der die Graugänse das Schwarze Meer östlich umfliegen und in Kleinasien überwintern. Die Herbstwanderung treten diese Gänse abhängig von den Witterungsbedingungen im Oktober, teilweise auch erst im November, an. In milden Wintern verbleiben einige Hundert an der Nordküste des Schwarzen Meeres.

Ein wichtiger Sammelplatz für noch weiter östlich beheimatete Graugänse ist das Wolgadelta. Von dort ziehen die Gänse entlang der Westküste des Kaspischen Meeres nach Aserbaidshan (Isakow, 1968). Bis zu 13 000 bleiben in Dagestan, ein Teil zieht weiter bis an das Südufer des Kaspischen Meeres (Iran) und bis zum Irak. Seit der Verschlechterung der Überwinterungsbedingungen in Aserbaidshan (Flußregulierungen, Melioration, Ackerbau) ziehen die meisten weiter südwärts. In diesem Gebiet überwintern auch Gänse, die am Uferlauf des Ob brüten (Braude, 1972), also zur Westsibirischen Population gehören. Die Gänse dieser Population wandern auf der Aral-Turgai-Trasse. Vom Unterlauf des Turgai gelangen sie in nach Tausenden zählenden Scharen über den Unterlauf des Syrdarja und Amudarja in den Irak und Iran oder entlang der Flußtäler zu den Stauseen Mittelasiens (Isakow, 1968; Auesow und Bikbulatow, 1972).

Ein Teil der zur Westsibirischen Population gehörenden Graugänse zieht vom Unterlauf der Turgai nach SW zum nordöstlichen Ufer des Kaspischen Meeres und an dessen östlichem Ufer weiter südwärts. Teilweise überqueren sie das Kaspische Meer und überwintern in Aserbaidshan gemeinsam mit Gänsen aus dem Wolga-Gebiet. In das Wolga-Gebiet selbst gelangen sie nicht.

● Frühjahrszug – Die in Südspanien überwinternden Graugänse beginnen Anfang Februar, in manchen Jahren bereits Ende Januar den Heimzug. Sie wandern wahrscheinlich auf der gleichen Route wie im Herbst zunächst nach Westeuropa (Niederlande), wo sie – abhängig von den Witterungsbedingungen – eine kürzere oder längere Rast einlegen. Dann wenden sie sich ostwärts. Etwa im Gebiet der Elbmündung teilt sich der Weg. Die skandinavischen ziehen nordwärts, die in Westpolen und im Binnenland der DDR brütenden südostwärts, die in den baltischen Republiken der UdSSR brütenden behalten den Ostkurs bei (Abb. 1/22).

Bei spätem Abflug aus Spanien zieht ein Teil der Gänse in nordostwärts gerichtetem Direktflug in die Brutgebiete. Diese Route ist kürzer und kann bei einer durchschnittlichen Reisegeschwindigkeit von 60 km in 30 Stunden als Nonstopflug zurückgelegt werden. Möglicherweise fliegen nur die Brutpaare auf dem direkten Wege in die Brutgebiete. Für diese Annahme spricht, daß die Brutpaare ohne die vorjährigen Jungen und zeitlich vor diesen im Brutgebiet eintreffen. Vielleicht kehren die Nichtbrüter auf einem gesonderten Weg, möglicherweise über Raststationen in küstennahen Teilen Westeuropas, in die Brutgebiete zurück.

Abb. 1/22
Frühjahrszug der in Spanien und Nordafrika überwinternden Graugänse *(Anser anser)*

Die Gänse der Schwarzmeer-Asowsches Meer-Population wandern im Frühjahr wahrscheinlich längs der gleichen Route wie im Herbst. Für die weiter östlich beheimateten ist das Wolgadelta ein wichtiger Zwischenrastplatz während des Frühjahrszuges. Dort sammeln sich um diese Zeit bis zu 100 000 Graugänse (Kriwonossow, 1970). Die Gänse aus dem Ural-Wolga-Gebiet ziehen im Frühjahr bis zum Syrdarja zunächst gemeinsam mit Gänsen der Westsibirischen Population, die auf der Aral-Turgai-Route wandern, nachdem zuvor zumindest teilweise gemeinsam überwintert wurde. Beringungsergebnisse ergaben, daß Verbindungen zwischen der im Wolgadelta und dem Gebiet am Asowschen Meer lebenden Gänse existieren (730 km Entfernung), was mit den am Manytsch gelegenen Mauserplätzen zusammenhängen dürfte.

● Mauserzug nichtbrütender Graugänse – Die noch nicht fortpflanzungsfähigen Gänse der mitteleuropäischen Population wechseln ihre Schwingen an Plätzen, die westlich und nördlich ihrer Brutheimat liegen. Dieses Gebiet erreichen sie in einer nord- bzw. nordwestwärts gerichteten Wanderung, zu der sie Ende Mai aufbrechen. Der Mauserzug der mitteleuropäischen Graugänse, an dem neben den nicht fortpflanzungsfähigen Tieren auch beim Brutgeschäft gestörte Altvögel teilnehmen, war bis Mitte der 60er Jahre nicht bekannt. Er wurde durch PALUDAN (1965) erstmals beschrieben, der nichtflügge Mausergänse in großer Anzahl (703 Gänse) auf dem dänischen Mauserplatz Vejlerne beringte. Die Ringfunde lehrten, daß ein Teil dieser Gänse in die DDR, nach Polen und sogar in die ČSSR zog.

HAACK und RINGLEBEN (1972) studierten den Mauserzug genauer, wobei sie sich neben der Auswertung von Ringfunden auch auf Sichtbeobachtungen stützten. Seither sind durch Beringungen in der ČSSR, der DDR, Polen und Schweden weitere Einsichten gewonnen worden, die das Bild abrunden.

Die in Norwegen, Dänemark, Schweden und in den baltischen Sowjetrepubliken ansässigen Populationen führen nur lokale Mauserzüge durch. In Norwegen befindet sich ein Mauserplatz auf einer Insel im Ranafjord, wo sich jährlich etwa 1000 Mausergänse sammeln (LUND, 1963, 1971). Er wird von mitteleuropäischen Graugänsen nicht aufgesucht. Neuerdings wurde ein in Westpolen in Odernähe gelegener Mauserplatz bekannt (MAJEWSKI, 1981, 1983; GROMADZKA und MAJEWSKI, 1984).

Bevor die Nichtbrüter zum Mauserzug aufbrechen, sammeln sie sich an bestimmten Plätzen, nachdem sie sich zuvor in kleinen Trupps im Brutgebiet oder in dessen Nähe aufhielten (Abb. 1/23). An den Sammelplätzen finden sich die Gänse eines größeren Gebietes ein. In der DDR gibt es acht Nichtbrüter-Sammelplätze, auf denen sich von Mitte April bis Ende Mai jeweils einige hundert Nichtbrüter aufhalten. Ende Mai brechen die Gänse eines Rastplatzes in gemeinsamem Flug zu den Mauserplätzen auf.

Einer der bekanntesten Mauserplätze für südskandinavische und mitteleuropäische Nichtbrüter befand sich bei Vejlerne in Nordwestjütland. Dort sammelten sich in den 50er Jahren bis zu 3000 Graugänse zur Mauser (PALUDAN, 1965). Dieser Mauserplatz hat seine Bedeutung eingebüßt und wird nur noch von der lokalen Population aufgesucht. An seine Stelle sind kleinere im Südosten des Landes getreten (FOG, 1977), an denen wie früher in Vejlerne mitteleuropäische Nichtbrüter erscheinen.

Ende der 50er Jahre entwickelte sich am IJsselmeer in den Niederlanden ein Mauserplatz, wo sich bis zu 5000 Nichtbrüter einstellten. Neben der großen Zahl der sich dort sammelnden Gänse sind zwei Dinge bemerkenswert: das Tempo, in dem sich die neue Tradition herausbildete und die Lage. Der Mauserplatz befand sich außerhalb des geschlossenen Brutareals der Art. Er ist inzwischen bedeutungslos geworden, genauso wie der ebenfalls im Südwesten der Niederlande gelegene Mauserplatz Ventjagersplaten mit etwa 1000 Mausergänsen. Ein neuer befindet sich in der Phragmites-Marsch des neuen IJsselmeerpolders in Südflevoland, dem Oestvaardersplassen. Mehr als 6000 Nichtbrüter sammeln sich in diesem Gebiet. In der kurzen Zeit zwischen dem Eintreffen im Gebiet und dem Beginn der Schwingenmauser ernähren sich die Gänse vor allem

Abb. 1/23
Mauserzug der in Mitteleuropa brütenden Graugänse *(Anser anser)*

auf Grünland, mit Einsetzen der Mauser vom Schilf, wenn sie sich infolge der Flugunfähigkeit darin verstecken.

Seit Beginn der 50er Jahre mausern Nichtbrüter an verschiedenen Stellen längs der Küste von Gotland, wodurch ein Mausergebiet von überregionaler Bedeutung entstand. In den 60er Jahren erschienen etwa 4000 bis 5000 Gänse in diesem Gebiet. Die Tradition hat sich gefestigt, und im Juni 1976 wurden dort 5380 Mausergänse festgestellt (Fog et al., 1984). Der bedeutendste Platz, die Inseln bei Rone, wurden inzwischen der Mausergänse wegen zum Naturschutzgebiet erklärt (von Essen und Beinert, 1982).

Neben den auf Gotland befindlichen Mauserplätzen gibt es in Schweden zwei weitere, die allerdings nur regional bedeutsam sind (Hudiksvall an der Küste des Bottnischen Meerbusens und am Takern-See im Landesinnern mit je etwa 200 Mauserplätzen. Durch ANDERSSON (1969) wurde bekannt, daß bis etwa 1910 auf Hallands Väderö, einer Insel vor der südwestschwedischen Küste, ein bedeutender Mauserplatz bestand.

Ab Mitte Juli verlassen die Gänse die Mauserplätze und kehren wahrscheinlich auf direktem Wege in die Brutheimat zurück. Dort suchen sie jedoch nicht das unmittelbare Brutgebiet auf, sondern Sammelplätze, an die inzwischen auch die Brutvögel mit den diesjährigen Jungen gewandert sind. Auf dem Sommer-Sammelplatz am Gülper See (DDR, Bezirk Potsdam) sind die zurückkehrenden Nichtbrüter ab zweite Julihälfte nachweisbar (Halsband-Ablesungen). Die Rückkehr ist indirekt an der innerhalb weniger Tage erfolgenden Bestandszunahme erkennbar. 1981 stieg der Sammelplatzbestand in den Tagen vom 22. 7. bis 24. 7. von 2000 auf 6000 Vögel.

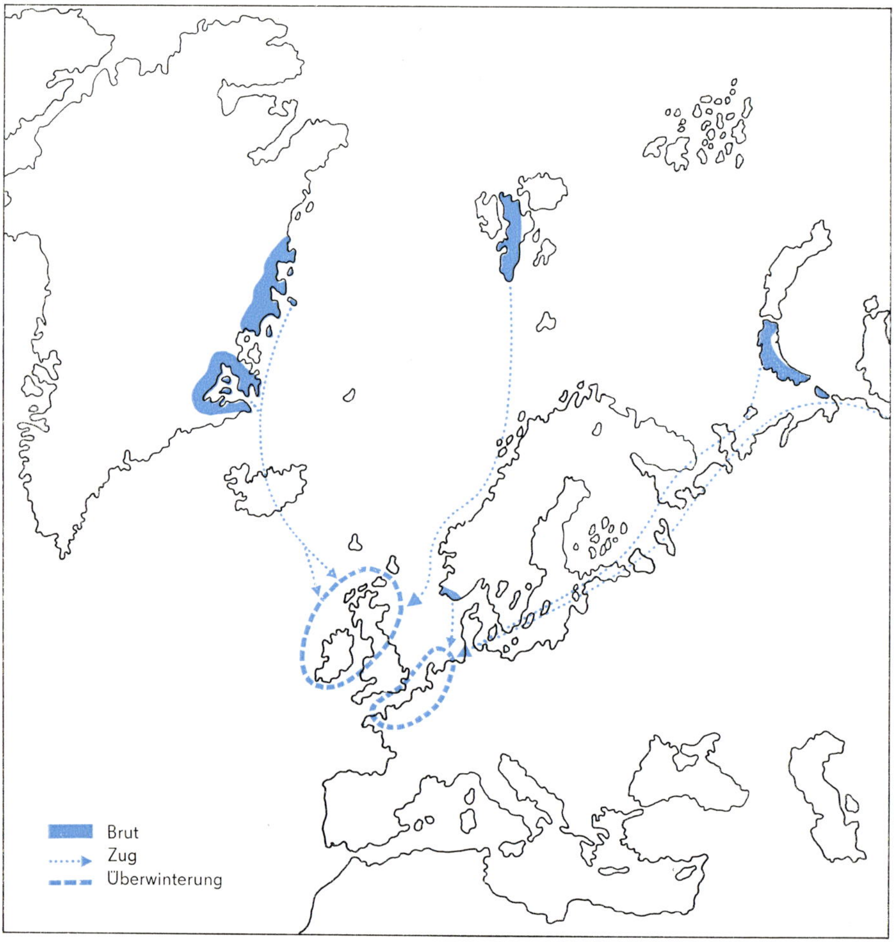

Gattung Branta

Die Gänse der Gattung *Branta* unterscheiden sich auf den ersten Blick von denen der Gattung *Anser* durch die auffälligere Färbung. Letztere werden der schlichten Gefiederfärbung wegen »graue«, erstere als »bunte« Gänse bezeichnet. Die Buntheit bezieht sich allerdings mit Ausnahme der Rothalsgans lediglich auf lebhafte Schwarz-Weiß-Kontraste des Gefieders. Die Bezeichnung wurde gewählt, um den Unterschied zu den grauen Gänsen zu betonen. Zur Gattung *Branta* gehören in Eurasien vier Arten, von denen eine, die Kanadagans, ursprünglich nur in Nordamerika heimisch war. Zwei Arten, die Ringelgans *(Branta bernicla)* und die Weißwangengans *(Branta leucopsis)* sind in ihrer Lebensweise in starkem Maße an das Meer gebunden. Deshalb werden sie auch als Meergänse bezeichnet.

Weißwangengans
Branta leucopsis (Bechstein)
Barnacle Goose
Bernache nonnette
Белошекая казарка

Kennzeichen: Das Gefieder der Weißwangengans kontrastiert in ähnlicher Weise schwarz-weiß wie bei der Kanadagans, doch sie ist kleiner als jene und mit ausgeprägterer Weißfärbung am Kopf. Brust und gesamte Unterseite sind weiß bis hellgrau, der Rücken blaugrau, Bürzel und Schwanz schwarz gefärbt. Weitere Merkmale sind der kleine und kurze blaugraue Schnabel und die schwarzen Füße. Im Jugendkleid sind die kontrastierenden Färbungen weniger ausgeprägt. Die Rückenfedern sind grau bis graubraun, die Unterseite gelblich-weiß gefärbt. Die insgesamt »verwaschen« wirkende Färbung des Jugendkleides ist auch im 1. Jahreskleid noch nicht vollständig verschwunden, so daß sich vorjährige Jungvögel und Altvögel gut unterscheiden lassen. Flügellänge: ♂♂ 40 bis 43 cm; ♀♀ 38 bis 41 cm. Die Masse unterliegt starken Veränderungen in Abhängigkeit von Brutzeit, Mauser und Überwinterung. In England gewogene Überwinterer waren im Durchschnitt $1^1/_2$ kg bis 2 kg schwer.

Abb. 1/24
Verbreitungsgebiet, Zugwege und Überwinterungsgebiete der Weißwangengans *(Branta leucopsis)* in Europa (nach Lebret et al., 1976, verändert)

Stimme: Kennzeichnend ist ein einsilbiger, kurzer Flugruf, der sich mit »gock« beschreiben läßt und bellend wirkt. Das Geschrei im Verband auffliegender Weißwangengänse hört sich wie der »Lärm einer Meute kleiner Hunde« an (Bauer und Glutz von Blotzheim, 1968). Leisere und klangvollere Laute wie »hoog« oder »toong« und ähnlich sind bei der Nahrungssuche und Gefiederpflege zu hören.

Verbreitung: Die Art ist subarktisch verbreitet. Sie kommt jedoch nur in drei Gebieten vor, so daß sich drei geographisch getrennte Populationen unterscheiden lassen: die Grönland-, Spitzbergen- und Nordwestsibirische Population. Auf Grönland brütet sie in einer schmalen Küstenzone im Osten des Landes, die von 70° N bis 77° N reicht. Die Brutplätze befinden sich unmittelbar an der Küste und an den Fjorden, die sich ins Landesinnere hineinziehen. Das Verbreitungsgebiet der Spitzbergen-Population reicht von 77° N bis 80° N und be-

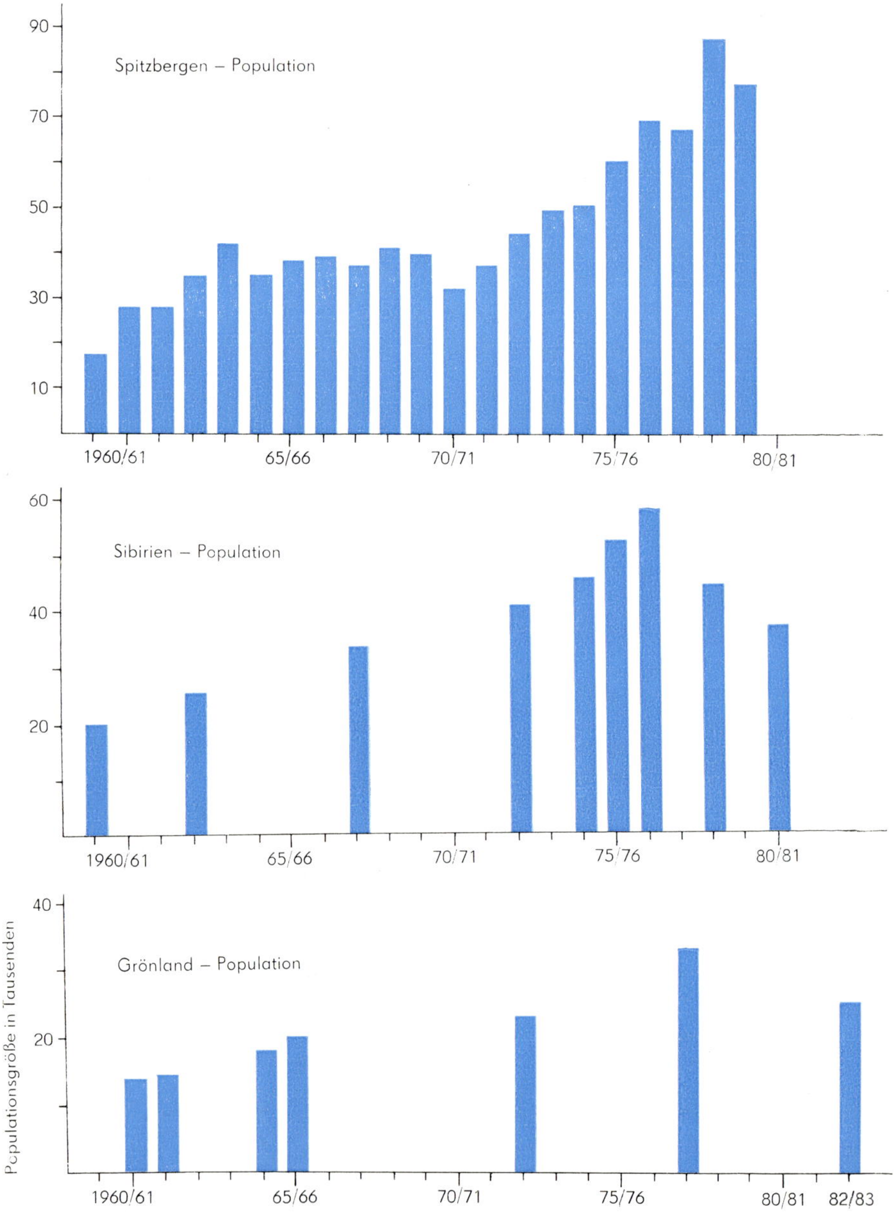

Abb. 1/25
Bestandsentwicklung der Weißwangengans *(Branta leucopsis)* (Angaben nach Ebbinge, 1982; Ogilvie, 1983)

trifft Spitzbergen und benachbarte Inseln, vor allem jedoch die Westküste Spitzbergens (Abb. 1/24). In Nordwestsibirien bewohnt die Weißwangengans die Westküste des Südteils von Nowaja Semlja nordwärts bis zur Pjankow und die Ostküste bis zur Mündung des Kasakow. Weitere Brutplätze befinden sich auf Waigatsch und an einigen Stellen auf dem sibirischen Festland.

Lebensraum: Die Weißwangengans ist eine echte »Meergans«, deren Brutplätze ausnahmslos auf Felsen oder Felsklippen in Küstennähe oder der Fjorde und Buchten liegen, die die Küste gliedern. Meist befinden sich die Nester weniger als 1 km vom Wasser entfernt. Die Nahrung wird in der Vegetation längs der Küste und Flußtäler gesucht. Während der Wanderungen und im Winterquartier bevorzugt sie Plätze in der Nähe von Meeresbuchten.

Fortpflanzung: Nach OWEN (1980) treffen die Weißwangengänse erst Ende Mai an den Brutplätzen ein, nach USPENSKI (1965) auf Nowaja Semlja zwischen dem 15. und 25. Mai. Unverzüglich nach der Ankunft beginnen sie mit dem Nestbau, der nur wenige Zeit in Anspruch nimmt, weil lediglich eine flache Mulde geformt wird. Diese wird mit Dunenfedern ausgekleidet. Die Nester stehen an Kanten und Vorsprüngen freistehender Felsen, Felsklippen und steil abfallenden Felswänden (bis 50 m hoch) und sind auf diese Weise sicher vor Raubfeinden, vor allem dem Polarfuchs, geschützt. Auf Inseln und Felsplateaus im Mündungsgebiet der Flüsse und vor der Küste, die einen guten natürlichen Schutz bieten, nisten die Gänse auch auf Felsklippen in geringer Höhe. Da es an derartigen Nistplätzen mangelt, stehen die Nester an solchen Stellen kolonieartig gehäuft. Sonst brütet die Art einzeln.

OWEN et al. (1978) fanden bei minimal 2 Meter Nestabstand bis zu 20 Nester auf einer weniger als 1 ha großen Fläche. Weißwangengänse nisten auch in Kolonien anderer Meeresvögel, so der Trottellumme *(Uria aalge)* und Dreizehenmöwe *(Rissa tridactyla)*. Rund um das Nest setzen die Weibchen während der Bebrütung den Kot ab, so daß es schließlich von einer dicken Kotlage umgeben ist.

Die im Durchschnitt 75 mm mal 50 mm großen grauweißen, grobkörnigen Eier variieren in der Größe erheblich. Zum Vollgelege gehören 3 bis 5 Eier, doch sind Abweichungen nach unten (2) und oben (bis 7) nicht selten. Die Eiablage erfolgt täglich.

Da mit der Eiablage bereits wenige Tage nach dem Eintreffen, also ab Ende Mai, begonnen wird, beginnt die Bebrütung bereits am Ende der ersten Junidekade. Sie dauert 24 bis 25 Tage. Die ersten Jungen schlüpfen Anfang Juli, wenn die arktische Vegetation sich voll entfaltet hat. Der Schlüpfvorgang zieht sich bis anderthalb Tage hin. Die zuerst geschlüpften Gössel bleiben im Nest bis alle anderen geschlüpft sind. Erst nach dem völligen Abtrocknen verlassen sie mit dem Weibchen das Nest. Die an steilen Felshängen erbrüteten Gössel stürzen aus bis zu 30 m Höhe ins Meer, was sie gewöhnlich unbeschadet überstehen. Die Flugfähigkeit ist nach etwa 7 Wochen erreicht. Die Jungen bleiben auch danach im Familienverband.

Bestandsentwicklung: Weißwangengänse der nordosteuropäisch-westsibirischen Population erschienen noch zu Anfang dieses Jahrhunderts in großen Mengen in den Überwinterungsgebieten, vor allem in Dänemark und im deutsch-niederländischen Wattenmeer.

In den 30er und in den 40er Jahren nahm ihre Anzahl spürbar ab, was wohl in erster Linie auf starken Jagddruck in den Überwinterungs- und Brutgebieten sowie auf Absammeln der Gelege und Fang mausernder Tiere zurückzuführen war. Mitte der 50er Jahre mehrten sich die Stimmen, die besseren Schutz für die Art forderten und schließlich auch erreichten. Seither hat sich ein erfreulicher Wandel vollzogen (Abb. 1/25). Den Tiefpunkt der Populationsentwicklung markieren die weniger als 20 000 Vögel, die zu Anfang der 50er Jahre zur nordosteuropäisch-westsibirischen Population gehörten. Innerhalb von 15 Jahren wuchs die Population relativ schnell, so daß der Winterbestand in der Saison 1976/77 bereits 54 000 Individuen umfaßte, sich also mehr als verdoppelt hatte. In den letzten Jahren ist er wieder zurückgegangen. 1981/82 gehörten etwa 40 000 Individuen zu dieser Population (Ebbinge, 1982).

In den beiden anderen Populationen vollzogen sich in den letzten 20 Jahren gleichfalls drastische Bestandsveränderungen. Zur ostgrönländischen Population gehörten Ende der 50er Jahre 8300 Individuen (Boyd, 1961). Der Bestand vergrößerte sich in knapp 15 Jahren auf 25 000 (Ogilvie und Boyd, 1975 a; Ogilvie, 1978), stieg 1978 noch weiter an und hat sich zu Anfang der 80er Jahre eingependelt (Salmon, 1983; Ogilvie, 1983). Der Anstieg in den 70er Jahren ist besonders bemerkenswert, weil die in Schottland überwinternden Weißwangengänse jagdbar sind (2 Monate Jagdzeit).

Die im westlichen Teil der Spitzbergen-Inselgruppe brütenden Weißwangengänse waren Ende der 40er Jahre auf ein für den Fortbestand gefährliches Minimum von 300 Individuen zurückgegangen. Die völlige Verschonung von der Jagd im Brutgebiet und im Winterquartier im Solway Firth in Schottland erbrachte die Wende. Bereits zu Anfang der 60er Jahre war der Bestand auf 3000 bis 4000 Individuen angewachsen. Mitte der 70er Jahre gehörten etwa 7000 Tiere zur Population. Zählungen zu Beginn der 80er Jahre ergaben 8500 Tiere (Salmon, 1983).

Zur Gesamtpopulation der Weißwangengans gehörten zu Anfang der 80er Jahre etwa 75 000 Individuen.

Wanderungen: ● Herbstzug – Die drei Populationen erreichen die vor den Küsten Islands, Großbritanniens und Westeuropas gelegenen Überwinterungsgebiete auf getrennten Routen. Die Angehörigen der nordost-europäisch-westsibirischen Population sammeln sich bis Ende August und brechen etwa ab Mitte September zum Zuge auf. Vor Einsetzen der Wanderung befinden sich große Ansammlungen auf Nowaja Semlja, Mitte September auch auf der Kanin-Halbinsel (Bianki, 1981).

Die Weißwangengänse ziehen zunächst west-südwestwärts zur Südküste des Weißen Meeres und dem Onega-Meerbusen und von dort aus über Südkarelien zum Finnischen Meerbusen, den die Vorhut bereits in der zweiten Septemberhälfte erreicht. Erstbeobachtungen vor der Küste der Estnischen SSR erfolgen bereits Mitte September (Kumari, 1971, 1972). Das Hauptkontingent erreicht den Finnischen Meerbusen ab Mitte Oktober, bei spätem Wintereinbruch im Norden erst im November. Die meisten Weißwangengänse setzen den Zug längs der finnischen Küste fort und überqueren die Ostsee auf einer Route, die an den Küsten der Insel Gotland und der südschwedischen Küste endet. Von dort fliegen sie nach kurzem Zwischenaufenthalt an Bornholm und den dänischen Inseln vorbei zu den Küsten Südwest-Jütlands und des Wattenmeeres vor den Küsten der BRD und der Niederlande (Abb. 1/26). Nur ein kleiner Teil nimmt einen Weg, der längs der Südküste des Finnischen Meerbusens an den Inseln Hiiumaa und Saaremaa vorbei über die Ostsee nach Südschweden führt, wo sie wieder mit den anderen Wandergruppen zusammentreffen, spätestens geschieht das im Wattenmeer vor der Küste der BRD.

Dort stieg der im Herbst 1968 ermittelte Bestand auf über 60 000 Tiere. Sie beweideten nicht mehr ausschließlich die Seegrasbestände, sondern wichen auf die

Salzwiesen des Küstenvorlandes und kleine Trupps sogar auf Felder aus (HUMMEL, 1982 b). Im Laufe des Winters verlagern sie ihre Aufenthaltsorte weiter westwärts, teilweise bis in den Süden der Niederlande und vor die belgische und französische Küste.

Der Herbstzug der grönländischen Weißwangengänse setzt Anfang September ein, nachdem sich die Tiere, beginnend in der zweiten Augusthälfte, auf Sammelplätzen eingefunden haben. Sie ziehen zunächst nach Nordisland, wo sie sich etwa 6 Wochen aufhalten. Mitte Oktober setzen sie die Wanderung fort, die über Nordirland nach Nordwest- und Westschottland führt. Der Hauptteil trifft in der zweiten Oktoberhälfte an den dort befindlichen Überwinterungsplätzen ein.

Die Weißwangengänse der Spitzbergen-Population bleiben nach Bildung von Sammelplatzgemeinschaften bis in die zweite Septemberhälfte auf Spitzbergen. Dann verlassen sie das Gebiet auf einer Route, die nach Überquerung des Europäischen Nordmeeres zunächst längs der norwegischen Küste verläuft. Von dieser

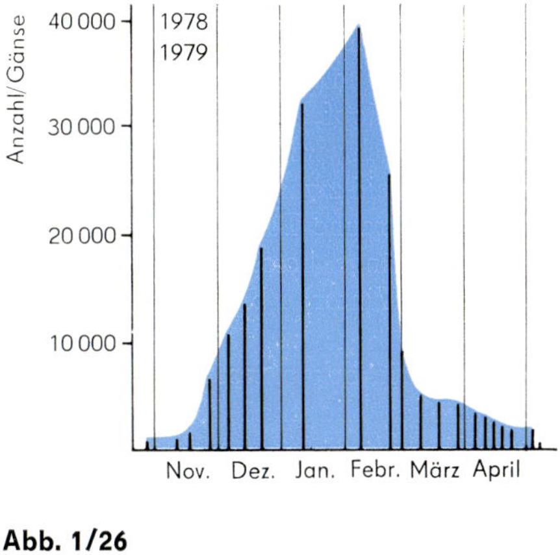

Abb. 1/26
Bedeutung des Deltagebietes im Südwesten der Niederlande für die Überwinterung der Weißwangengans *(Branta leucopsis)* (nach ROOTH et al., 1981)

starten sie zu einem Flug über die Nordsee an die Ostküste Schottlands. Ihre Winterquartiere liegen jedoch an der Westküste. Dort treffen sie nach einem Überlandflug bereits Anfang Oktober ein und verteilen sich auf drei Rastplätzen, an denen sie während des ganzen Winters bleiben. Der bekannteste befindet sich am Solway Firth.

Im Vergleich zu den im Wattenmeer überwinternden sibirischen Weißwangengänsen wechseln die aus Spitzbergen stammenden die Winterquartiere nur wenig. Allenfalls findet eine Verlagerung nach Süden statt.

● Frühjahrszug – Der Frühjahrszug der drei Populationen verläuft prinzipiell in gleicher Weise wie der Herbstzug, nur in umgekehrter Richtung. In den Niederlanden beginnt der Heimzug bereits Ende Februar. Er wird jedoch zunächst durch Zwischenaufenthalte an weiter östlich gelegenen Plätzen des Wattenmeeres unterbrochen. Ein wichtiger Frühjahrs-Rastplatz befindet sich an der Elbmündung, wo sich im Frühjahr 1978 über 14 000 Weißwangengänse einstellten (HUMMEL, 1981). Erst Ende April erfolgt der Abflug der Hauptscharen aus dem westdeutsch-dänischen Küstengebiet. Ein Teil der aus den Niederlanden kommenden Weißwangengänse wählt den Weg über das offene Meer, wie Beobachtungen über Helgoland ziehender Scharen beweisen (HUMMEL, 1981). Anfang Mai treffen die Hauptscharen auf den Zwischenrastplätzen im Finnischen Meerbusen ein. Die Vorhut erscheint auf der Insel Saaremaa (vor der Küste der Estnischen SSR) schon Ende März bis Anfang April. Auf den Zwischenrastplätzen bleiben die Hauptscharen bis in die zweite Maihälfte hinein (Abb. 1/27). Vor der estnischen Küste rasten 15 000 bis 22 000 Vögel (LEITO, 1981). In raschem Weiterzug wird dann das Festland überquert. In den Tagen zwischen dem 12. und 20. Mai erscheinen die ersten An-

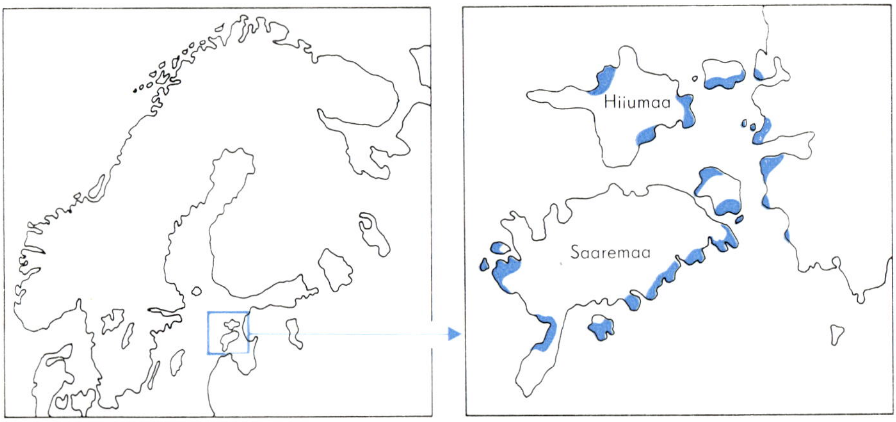

Abb. 1/27
Rastplätze der Weißwangengans *(Branta leucopsis)* auf Inseln vor der Küste der Estnischen SSR (nach Kumari, 1971, verändert)

kömmlinge auf der Kanin-Halbinsel, zwischen dem 20. und 25. folgen dann die Haupttrupps. Verspätete Durchzügler erscheinen noch bis Anfang Juni.

Nordschottland und die Hebriden werden von den dort überwinternden Weißwangengänse erst Anfang Mai verlassen. Vom Solway Firth ziehen sie Mitte April bis Anfang Mai ab. Wiederum wird die Nordsee überflogen und danach der Zug an Rastplätzen im Schärenbereich der norwegischen Ostseeküste für 2 bis 3 Wochen unterbrochen. Die Reststrecke bis Spitzbergen wird im letzten Maidrittel im Nonstop-Flug zurückgelegt.

Ringelgans
Branta bernicla (L.)
Brent Goose
Bernache cravant
Герная казарка

Kennzeichen: Bei der Ringelgans, einer auffällig kleinen und sehr dunklen gefärbten Gänseart sind Kopf, Hals und Vorderbrust schwarz, ein schmaler weißer Fleck an jeder Halsseite ausgenommen. Die beiden Flecken sehen aus der Ferne wie ein Ring aus, was der Art den Namen Ringelgans eingetragen hat. Die dunkelgraue, leicht braun getönte Rükkenfärbung ist bei der atlantischen Unterart, deren Unterseite ebenfalls grau gefärbt ist, farblich nur wenig abgesetzt. Schnabel und Füße sind schwarz. Im Jugendkleid fehlen die weißen Ringelflecken am Hals. Erst im Winter während der Kleingefiedermauser treten sie hervor und sind im folgenden Frühjahr gut erkennbar. Kopf, Hals und andere im Alterskleid schwarze Körperpartien sind im Jugendkleid zwar auch dunkel gefärbt, jedoch die braune Tönung ist ausgeprägter. Flügellänge beträgt 31 bis 35 cm, Masse (im Winter) 1 bis 1,5 kg.

Stimme: Die bekannteste Lautäußerung sind dunkel klingende Rufe wie »rott, rott«. Sie haben der Art auch den Namen »Rottgans« eingetragen. Seltener sind zweisilbige, schrill klingende hohe Rufe.

Verbreitung: Die Art ist zirkumpolar verbreitet (Abb. 1/28). Sie wird in drei

Unterarten gegliedert, die durch Übergänge miteinander verbunden sind. Die westlichsten Brutvorkommen der dunkelbäuchigen nordosteuropäisch-westsibirischen Nominatform *(Branta bernicla bernicla)* befinden sich auf der Jamal-Halbinsel. Weitere Vorkommen liegen auf den der Küste Westsibiriens vorgelagerten Inseln in der Kama-See und in einer gewissen Konzentration auf der Taimyr-Halbinsel und Sewernaja Semlja. Weiter östlich schließen sich die Brutvorkommen der noch dunkleren *Branta bernicla nigricans* an. Bei dieser Unterart umschließen die beiden weißen Flekken den Hals fast vollständig, die Rükkenfärbung ist brauner als bei der Nominatform, und die Flanken sind schwarzweiß gebändert. Das Brutgebiet erstreckt sich längs der Küsten Zentral- und Ostsibiriens bis nach Alaska. Einige Autoren trennen die in Ostsibirien vorkommenden helleren Ringelgänse als *Branta bernicla orientalis* von denen des Beringmeeres ab und bezeichnen nur letztere als *Branta bernicla nigricans.* Diese Auffassung hat sich jedoch nicht allgemein durchgesetzt. In Nordamerika, und zwar an einigen Stellen auf Inseln der kanadischen Arktis, überschneiden sich die Vorkommensgebiete von *Branta bernicla nigricans* und der nordamerikanisch-atlantischen Unterart *Branta bernicla hrota.* Letztere ist hellbäuchig. Ihr Rücken ist brauner getönt als der der anderen Unterarten.

Das Verbreitungsgebiet von *Branta bernicla hrota* reicht über die arktische Küste des nordamerikanischen Kontinents bis in die westkanadische Arktis (Victoria Island, Barry Island, Prinz Patrick-Island, Ellesmeer Island) bis nach Grönland, Spitzbergen und Franz-Joseph-Land.

Lebensraum: Die Ringelgans brütet an der offenen Küste und an Strommündungen der Arktis. Sie ist zwar viel ausgeprägter als andere Gänsearten ans Meer gebunden, doch zur Brutzeit werden auch Inseln in Seen im Deltagebiet der großen sibirischen Ströme und im Binnenland aufgesucht, wobei sie sich jedoch niemals weit von der Meeresküste entfernt. Die Bindung an das Meer bleibt auch während der Wanderungen und im Überwinterungsgebiet erhalten, wenngleich im Winterquartier neuerdings zur Nahrungssuche zunehmend landwirtschaftliche Kulturen aufgesucht werden.

Fortpflanzung: Die Nester stehen auf dem flachen Boden meist in unmittelbarer Wassernähe, auf Barry Island auch weiter von diesem entfernt (Boyd und Maltby, 1979). Sie werden sowohl auf sandigem wie auf steinigem Grund und auch inmitten der Tundra-Vegetation angelegt. Zum Bau des anspruchslosen Nestes findet die verfügbare Vegetation der Nestumgebung (Flechten, Moose, Gräser) Verwendung. Auf sandigem Untergrund wird vielfach nur eine flache Mulde gedreht, die mit Dunen ausgepolstert wird. Die Paare brüten kolonieartig gehäuft, jedoch auch einzeln. Übergänge verbinden die beiden Extreme. Die glanzlosen, grauweißen Eier messen durchschnittlich 75×48 mm, variieren jedoch beträchtlich. Die Eiablage beginnt unmittelbar nach dem Eintreffen im Brutgebiet, spätestens eine Woche danach, an den meisten Plätzen in Sibirien ab Mitte Juni.

Den Beginn der Eiablage beeinflussen die Witterungsbedingungen sehr stark. Die vor der Küste Alaskas brütenden Ringelgänse legen in günstigen Jahren bereits ab Anfang Juni (frühester Termin 20. Mai, Micklesen, 1975). Zum Gelege der Atlantischen Ringelgans gehören 3 bis 6 Eier, durchschnittlich 4,5 (Owen, 1980). Die jährlichen und regionalen Abweichungen sind erheblich. Die Brutdauer beträgt 21 bis 26 Tage, gewöhnlich 24. Ob es Unterschiede zwischen

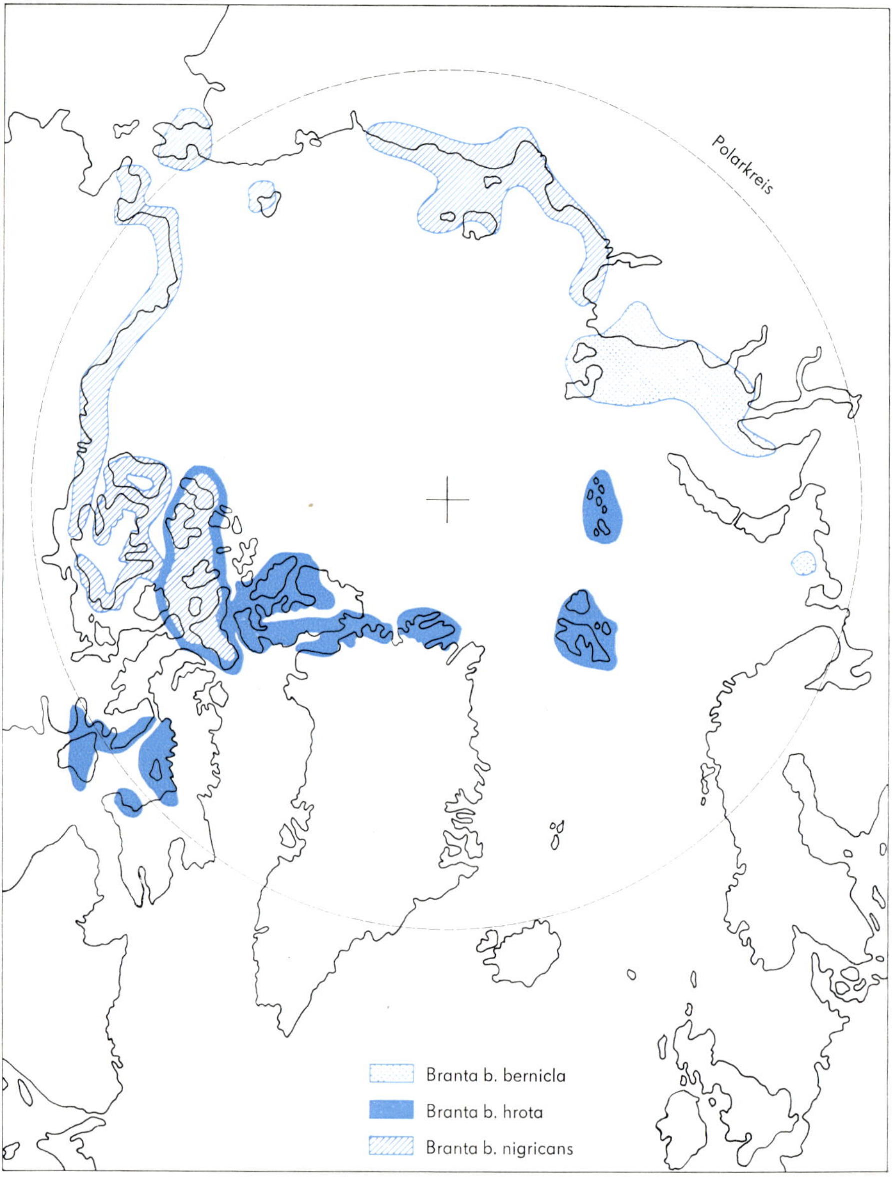

Abb. 1/28
Brutverbreitung und Unterarten der Ringelgans *(Branta bernicla)* (nach PROKOSCH, 1981)

den Unterarten gibt, ist nicht bekannt. Zwischen Schlupf und Flüggewerden verstreichen bei der Atlantischen Ringelgans 6 bis 7 Wochen, bei *Branta bernicla nigricans* vor Alaska nur 6 Wochen. In Slim-

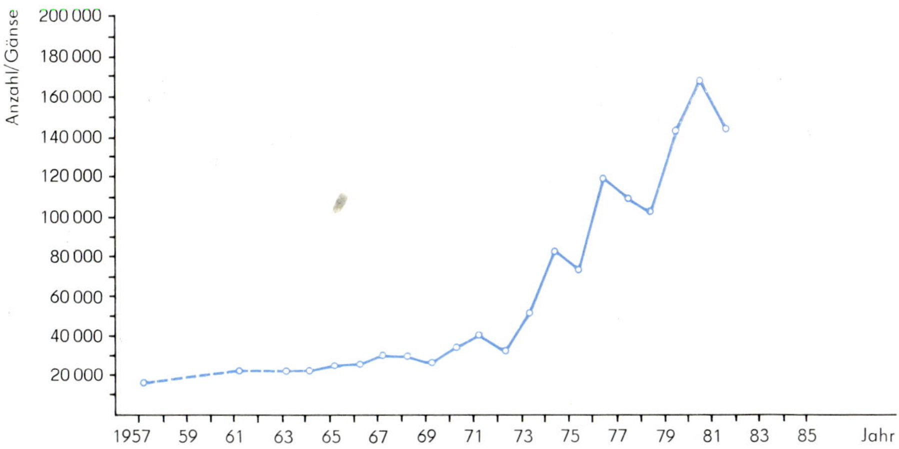

Abb. 1/29
Bestandsentwicklung der Sibirischen Ringelgans *(Branta b. bernicla)* (nach St. Joseph, 1982)

bridge/Großbritannien aufgezogene Ringelgänse waren nach 40 bzw. 39 Tagen flügge (Owen, 1980).

Bestandsentwicklung: Die Ringelgans gehörte im vorigen Jahrhundert zu den häufigsten Wintergästen im Wattenmeer der Nordsee und der westlichen Ostsee. Noch zu Anfang dieses Jahrhunderts wurden vor den dänischen Inseln und im Wattenmeer Tausende ohne negative Auswirkungen auf den Bestand geschossen. Das änderte sich zu Beginn dieses Jahrhunderts. Schon in den 20er Jahren häuften sich Klagen über die Abnahme, und in den 30er Jahren brach der einstmals so reiche Bestand fast vollständig zusammen und schrumpfte bis auf wenige Tausend Tiere (Salomonsen, 1958). Allgemein wurde akzeptiert, daß die Ursache für den katastrophalen Rückgang im weitgehenden Verschwinden der wichtigsten Nahrungsquelle, des Seegrases (*Zostera marina*) zu suchen ist.

Am Bestand der Ringelgans änderte sich bis Anfang der 50er Jahre nur wenig. Er umfaßte weniger als 10 000 Tiere. Dann setzte eine zunächst allmähliche, in späteren Jahren sich beschleunigende Zunahme ein, die im Jahrzehnt zwischen 1970 und 1980 anhielt und 1982 zu einem Bestand von über 200 000 Individuen führte (Ogilvie, 1983). Davon überwinterten 92 600 in England.

● Ursachen für die Bestandsveränderungen – Über die Ursachen der plötzlichen und so drastisch verlaufenen Zunahme ist viel gerätselt worden. Das Seegras hat sich zwar wieder ausgebreitet, nimmt jedoch längst nicht die Flächen ein, die es ehemals besiedelte (Prokosch, 1981), und in der südwestlichen Ostsee wird das vorhandene Seegras von den Ringelgänsen als Nahrung kaum genutzt. Über Veränderungen im Brutgebiet sind wir nur unzureichend informiert. Mit Sicherheit darf man davon ausgehen, daß sich das Verbot der Frühjahrsjagd in der UdSSR, das Verbot des Eiersammelns und die Einrichtung von Schutzgebieten positiv auf die Populationsentwicklung auswirkten. Der Jagddruck im Winterquartier, der die Population über Jahrzehnte hinweg dezimierte, ließ Anfang der 50er Jahre, als die Naturschutzbewegung in Dänemark, der BRD und in den Niederlanden zu erstarken begann, beträchtlich nach, wenngleich in Däne-

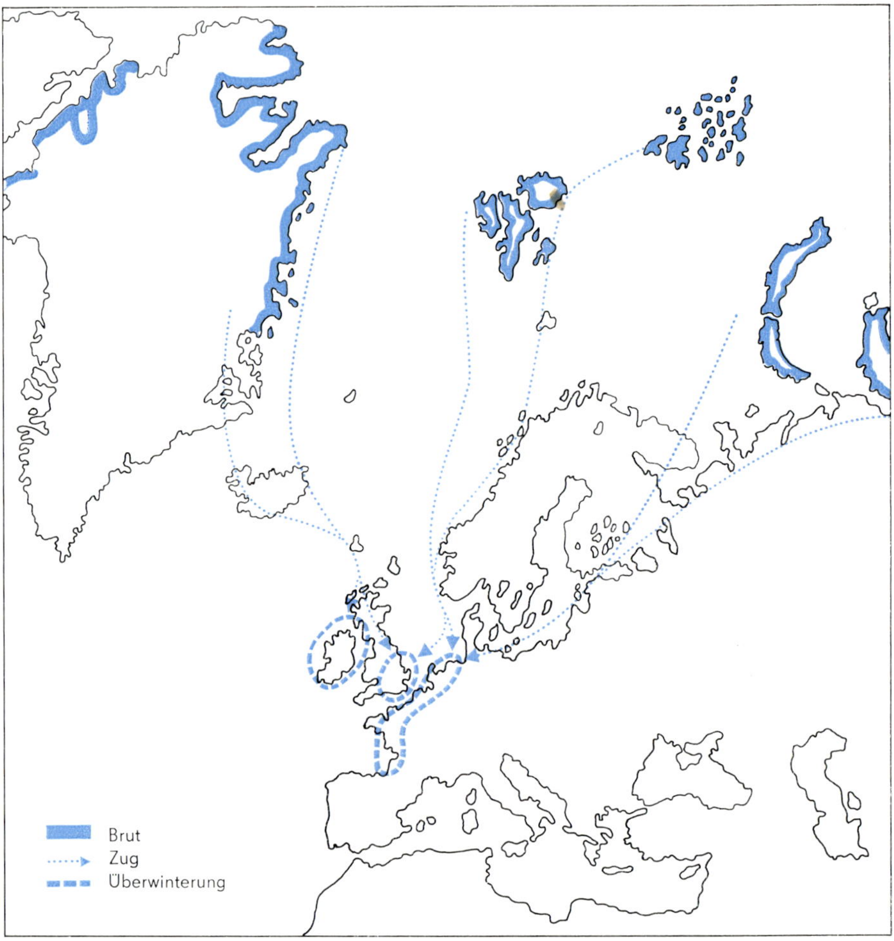

Abb. 1/30 a
Brutgebiete (a), Zugwege und Rast- und Überwinterungsgebiete der in Westeuropa überwinternden Ringelgänse *(Branta bernicla)* (nach LEBRET et al., 1976, verändert) und Verteilung (b) der Überwinterungsplätze (nach OWEN, 1980; ST. JOSEPH, 1982)

mark erst 1972 und in Frankreich 1966 die Jagd auf Ringelgänse eingestellt wurde. Allein in Dänemark wurden nach offizieller Statistik vor Schließung der Jagd jährlich etwa 9 % des Gesamtbestandes abgeschossen (PROKOSCH, 1981).

Ursache für das Verschwinden des Seegrases war ein seuchenhaft auftretender Pilz *(Layrinthula)*, dem die Seegrasbestände in weiten Teilen der östlichen Ostsee und der Nordsee zum Opfer fielen. Neuerdings wird bezweifelt, ob der Zusammenhang zwischen der Abnahme des Seegrases und dem Rückgang der Ringelgänse so eindeutig ist wie bisher angenommen wurde (OGILVIE, 1979). Wahrscheinlich kamen die starke Bejagung und ungünstige klimatische Bedingungen als weitere bestandsmindernde Faktoren hinzu. Keinesfalls dürfte es

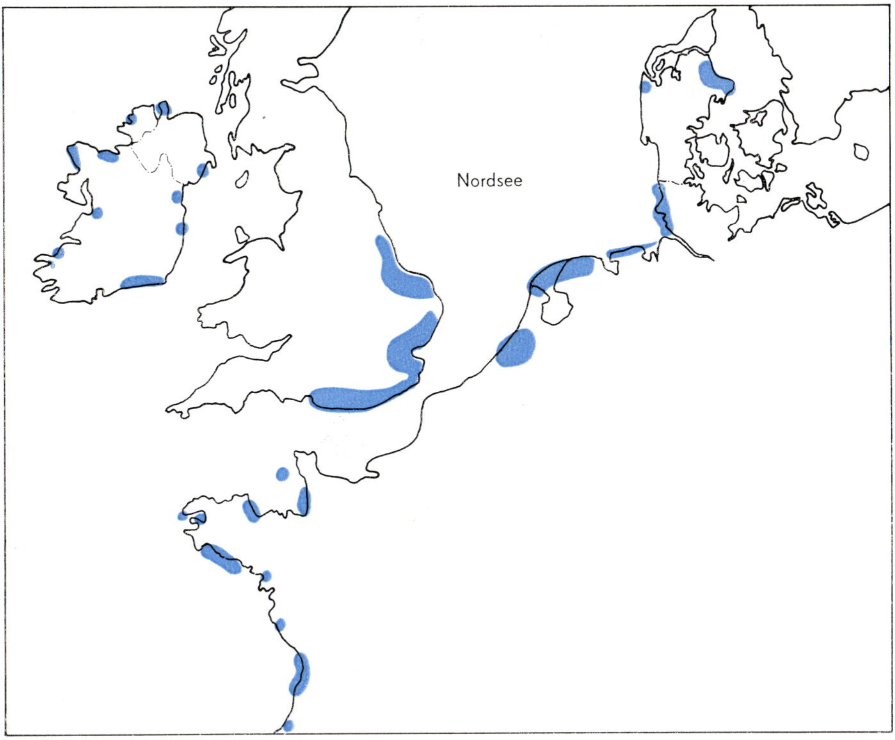

Abb. 1/30 b

Zufall sein, daß das drastische Populationswachstum unmittelbar nach dem Jagdverbot in Dänemark einsetzte. Ein weiterer wichtiger Faktor für die Populationszunahme dürfte die Umstellung auf neue Nahrungsquellen im Überwinterungsgebiet sein. Die Ringelgänse haben es »gelernt«, terrestrische Lebensräume zu nutzen. Nach der Ankunft im Herbst äsen sie zunächst auf Salzwiesen im unmittelbaren Küstenbereich, später auch auf landeinwärts gelegenen landwirtschaftlichen Kulturflächen. Der bessere Ernährungszustand mindert die Mortalität und verbessert die für den Heimzug und das Brutgeschäft wichtige Frühjahrskondition (St. Joseph, 1979 a, b). Seit Beginn der 80er Jahre verzeichnete man keine Bestandszunahme, weil sicher mit nunmehr annähernd 200 000 Tieren die Umweltkapazität für die Population ausgeschöpft ist. Über die auf Spitzbergen und Franz-Joseph-Land lebende Population der weißbäuchigen Ringelgans *(Branta bernicla hrota)* fehlen zuverlässige Angaben aus früherer Zeit. Zu Anfang der 30er Jahre wurde der Bestand an den dänischen Überwinterungsplätzen auf 4000 Individuen geschätzt. Ein Jahrzehnt später war er auf 2500 bis 3000 Tiere zurückgegangen, und zu Anfang der 7er Jahre gehörten zu dieser Population nur noch 1600 Tiere (Owen, 1980). Erst als sehr strenge Schutzmaßnahmen eingeleitet wurden, begann sie in der Mitte der 70er Jahre wieder zu wachsen. Schlechte Brutergebnisse bewirkten jedoch einen erneuten Rückgang, so daß die Population gegenwärtig kaum aus mehr als 2000 Tieren besteht (St. Joseph, 1982). Zur Ostgrönland-Population, die an den Küsten

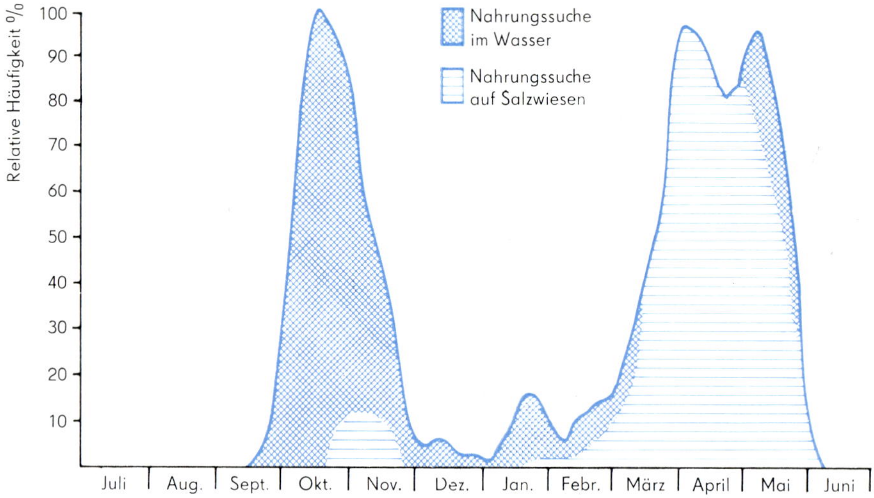

Abb. 1/31
Verlauf des Durchzuges der Sibirischen Ringelgans *(Branta b. bernicla)* durch das Nordfriesische Wattenmeer im Herbst und Frühjahr und Verteilung auf verschiedene Nahrungshabitate während des Aufenthalts (nach PROKOSCH, 1981)

Irlands überwintert, gehörten in den 60er Jahren zwischen 6000 und 12 000 Individuen. Bei einer Zählung im Jahre 1975 wurden 12 000 Tiere festgestellt (BOYD, 1979). Dieser Bestand hielt sich bis Ende der 70er Jahre, ist aber rückläufig, denn 1982 waren es nur etwa 8500 (OGILVIE, 1983).

Wanderungen: ● Herbstzug – Die Wanderungen kaum einer anderen Gänseart sind so gut erforscht und bekannt wie die der Ringelgans. Es ist das das Verdienst einer vom Internationalen Büro für Wasservogelforschung (IWRB) eingesetzten »Brent Goose Research Group« (Forschungsgruppe Ringelgans), in der Wissenschaftler aus Großbritannien, den Niederlanden, der BRD und Dänemark zusammenarbeiten. Wichtige Erkenntnisfortschritte brachte ein 1972 von A. K. M. ST. JOSEPH in Großbritannien gestartetes Programm, bei dem einer größeren Anzahl von Ringelgänsen farbige Fußringe angelegt wurden. Die gleiche Methodik wurde auch bei den im Wattenmeer vor der Küste der BRD überwinternden Ringelgänsen erfolgreich angewandt (PROKOSCH, 1981).

Die nordosteuropäisch-sibirischen (dunkelbäuchigen) Ringelgänse verlassen

Abb. 1/32
Verteilung der Sibirischen Ringelgänse *(Branta b. bernicla)* im Wattenmeer der Nordsee während der Frühjahrsrast (nach PROKOSCH, 1981)

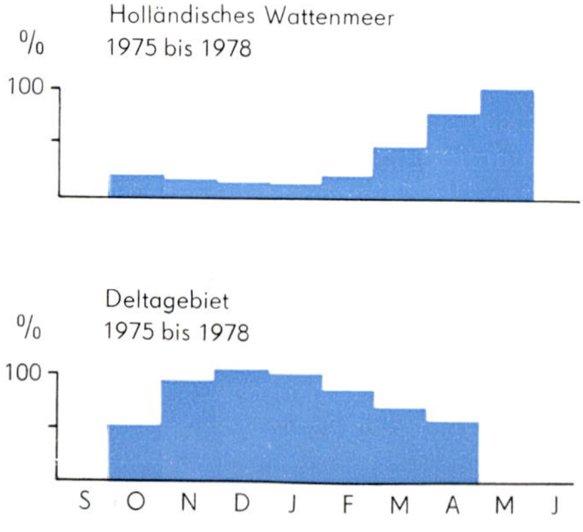

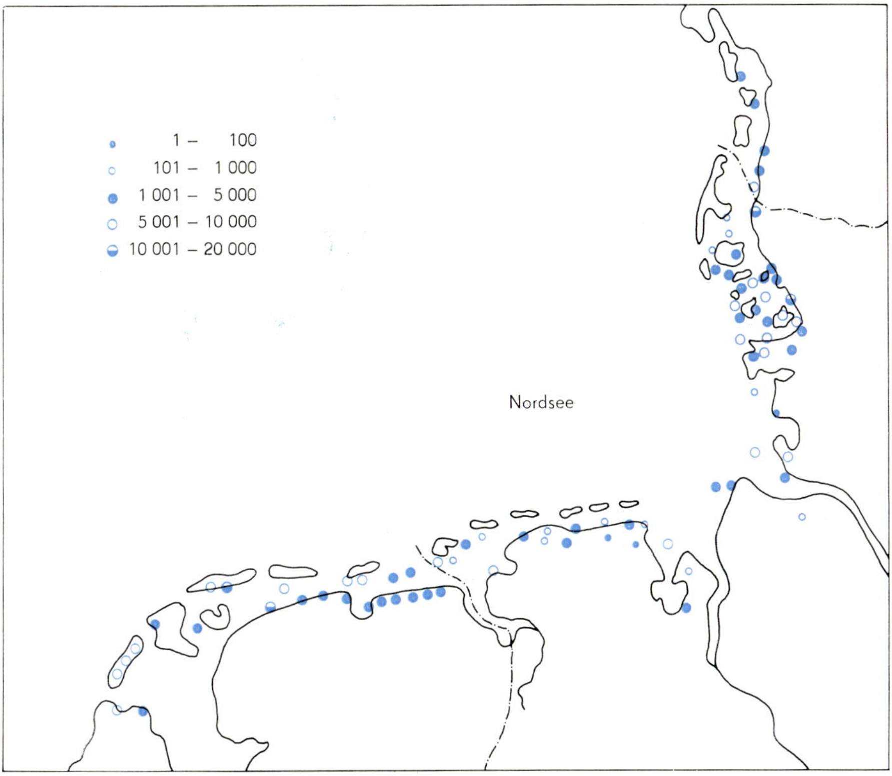

Abb. 1/33
Verlauf der Rast und Überwinterung der Sibirischen Ringelgänse *(Branta b. bernicla)* in den beiden bedeutenden Rast- und Überwinterungsgebieten an der Nordseeküste der Niederlande (nach Rooth et al., 1981)

Mitte August die Brutplätze und ziehen nach regionaler Sammlung im Bereich von Meeresbuchten oder Mündungen größerer Flüsse ab Anfang September westwärts bis an die südlichen Küsten des Weißen Meeres, wo sie ab Mitte September in größeren Scharen eintreffen. Sie halten sich bevorzugt in einem 80 km langen Wattengebiet im Westen der Onega-Bucht auf (Bianki, 1979) und verweilen bis der Einbruch kalter Witterung den Weiterzug erzwingt. Die meisten ziehen über Land durch das südliche Karelien zum Nordufer des Finnischen Meerbusens, weiter längs der Finnischen Südküste, überqueren die Ostsee, fliegen dann längs der südostschwedischen Küste, erreichen die Inseln Öland und Bornholm und schließlich die Küste vor dem dänischen Festland (Abb. 1/30). Ein kleiner Teil wählt eine südlichere Route, die über den Onega- und Ladogasee an die südliche Küste des Bottnischen Meerbusens der Estnischen SSR führt, von wo aus nach Flug über die Ostsee ebenfalls die südostschwedische Küste und schließlich die dänischen Ostseegewässer erreicht werden.

Der Zug verläuft insgesamt stark gebündelt und mit Ausnahme der Überquerung Südkareliens und der Ostsee immer in Küstennähe. Bis in den Dezember hinein verbleibt die Mehrzahl der Ringelgänse in den dänischen Küstengewässern. Nur kleine Trupps rasten weiter östlich, so im Bereich der Wismar-Bucht an der Ostseeküste der DDR (Nehls, 1977). Mit Eintritt kälterer Witterung setzen alle Ringelgänse die Wanderung westwärts zum nord-, später ostfriesischen Wattenmeer fort. Im Verlaufe des Winters werden das niederländische Wattenmeer und sogar die belgische und französische Nordseeküste erreicht (Kuyken und Desmet, 1982). Die wichtigsten regelmäßig aufgesuchten Überwinterungsplätze befinden sich im Wattenmeer vor der Küste der BRD und den Niederlanden, im Delta-Gebiet an der Südwestküste der Niederlande, an der westfranzösischen und der Ostküste Englands (Abb. 1/31). Kleine Kontingente wandern auch nach Südwestengland. Die beiden Populationen der hellbäuchigen Unterart *Branta bernicla hrota* wandern auf getrennten Routen. Die auf Westgrönland brütenden brechen Ende August bis Anfang September auf und überqueren in südostwärts gerichtetem Zug das grönländische Inlandeis, ziehen an der Südwestküste Islands vorbei und erreichen mit Südsüdwestkurs das nordwestirische Küstengebiet, wo sie den Herbst und Vorwinter über verweilen. Bereits Mitte September treffen die ersten vor den Küsten Irlands ein, die letzten spätestens Mitte Oktober. Im Verlaufe des Winters setzen sie die Wanderung ostwärts bis in die Irische See oder nordostwärts zu den Hebriden fort.

Die Spitzbergen und das Franz-Joseph-Land bewohnende Population verläßt Ende August die Brutgebiete. Der Zug verläuft zunächst südwärts bis in die Nähe der nordnorwegischen Küste und dann küstennahe bis in das südwestliche Küstengebiet (Jaeven), wo die ersten ab Mitte September eintreffen. Dort rastet der Hauptteil einige Wochen und zieht dann ins Kattegatt vor der Ostküste Dänemarks. Die Erstankömmlinge in

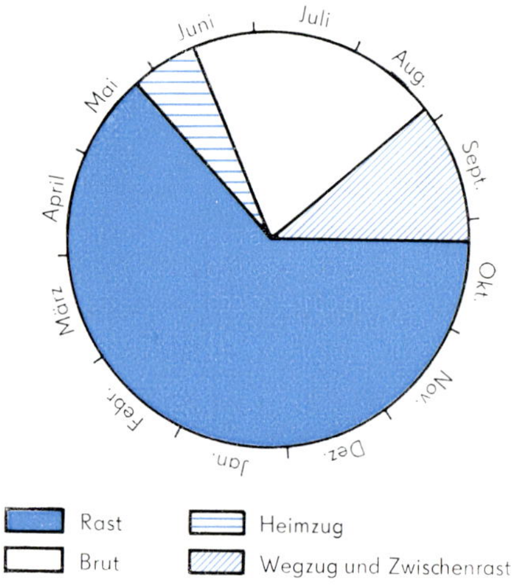

Abb. 1/34
Aktivitäten der Sibirischen Ringelgans *(Branta b. bernicla)* im Jahresverlauf (nach Prokosch, 1981, verändert)

Dänemark erscheinen vor denen der sibirischen Unterart. Den Winter verbringen die hellbäuchigen Ringelgänse vor der Küste Südostenglands, die sie westwärts über die Nordsee erreichen. Dort bleiben sie bis in den März hinein. Gelegentlich überwintern kleinere Trupps auch vor der niederländischen Küste.

● Frühjahrszug – Der Frühjahrszug der beiden Populationen der Unterart *Branta bernicla hrota* verläuft etwa auf den gleichen Routen wie der Herbstzug, nur in umgekehrter Richtung. Das trifft auch für den Frühjahrszug der dunkelbäuchigen Ringelgänse zu. Er beginnt bei einsetzender milder Witterung mit einer langsam voranschreitenden Ostverlagerung, die bis Anfang Mai nicht über das ost- und nordfriesische Wattenmeer hinausführt (Abb. 1/32). Erst im April und Mai tritt die Bedeutung des Wattenmeeres voll hervor (Abb. 1/33). Dann sammeln sich bis zu 45 000 Ringelgänse im Gebiet des niederländischen Wattenmeeres. Dort und in den östlich anschließenden Teilen (BRD, Dänemark) rastet um diese Zeit nahezu die gesamte Population der sibirischen Ringelgänse. Gegen Ende der ersten Maidekade verlassen sie sehr plötzlich und in großen Scharen die Küsten Mitteleuropas und fliegen zunächst nordwärts längs der jütländischen Küste, umrunden diese südlich des Skagerrag, wenden sich dann südostwärts, wobei das Kattegatt überflogen wird, und ziehen dann längs der schwedischen Südküste ostwärts (WIRDHEIM, 1981). Nach dem Flug über die Ostsee wird die Küste im Gebiet des Finnischen Meerbusens erreicht, wo sie an gut bekannten Plätzen auf Inseln vor der Küste der Estnischen SSR eine Rast einlegen. In der zweiten Maihälfte setzen sie den Zug in die Brutgebiete fort. Sie überfliegen den Nordteil des Ladogasees und erreichen das Weiße Meer im Gebiet der Onega-Bucht. Beobachtungen aus der Nähe von Archangelsk, der Mündung des Mesen und Anfang Juni von der Kanin-Halbinsel kennzeichnen den weiteren Verlauf der Wanderroute, von der nur wenige Ringelgänse abweichen. Deshalb erscheinen nur ausnahmsweise einzelne Tiere im Binnenland. In der Abbildung 1/34 ist der Jahreszyklus der sibirischen Ringelgans als Übersicht dargestellt.

Rothalsgans
Branta ruficollis (PALLAS)
Red-breasted Goose
Bernache à cou roux
Краснозобая казарка

Kennzeichen: Die Rothalsgans ist die kleinste in Europa vorkommende Wildgans. Infolge ihrer auffallenden Musterung und Färbung ist sie mit keiner anderen Gänseart verwechselbar. Am Kopf befindet sich zwischen Schnabel und Auge ein großer weißer Fleck. Die rostroten Wangen sind von einem weißen Ring eingefaßt, der sich als weißes Band beiderseits des Halses fortsetzt. Der übrige Kopf und der kurze Schnabel sind schwarz, der kurze kräftige Hals, der die Gans gedrungen wirken läßt, ist wie die Vorderbrust rostrot gefärbt. Diese Musterung kontrastiert lebhaft zu der ansonsten glänzend schwarzen Färbung des Rückens und dem hinteren Teil der Brust, die an den Flanken durch einen breiten weißen Streifen unterbrochen ist. Die auffällige Färbung wird durch den schneeweißen Bauch und die schwarzen Füße betont. Das Jugendkleid entspricht weitgehend dem Alterskleid, doch alle rotbraunen Abschnitte wirken blasser, und an den Kopfseiten kann das Rotbraun völlig fehlen. Der weiße Fleck beiderseits des Vorderkopfes ist noch mit grauen Federn durchsetzt, daher weniger scharf abgesetzt und »verwaschen« wirkend. Die Flügellänge beträgt 35 cm, die Masse 1,3 bis 1,4 kg.

Stimme: Hohe schrill oder quietschend wirkende zweisilbige kurze Rufe wie »i-i« oder »ki-kwi«. Sehr verschieden von der Stimme anderer Gänse.

Verbreitung: Das ehedem zusammenhängende Verbreitungsgebiet im Norden Westsibiriens wird nur noch in Teilen bewohnt, so daß sich drei Populationen unterscheiden lassen (Abb. 1/35). Die westlichste besiedelt den Südwestteil der Jamal-Halbinsel, die zweite brütet wenige Hundert Kilometer weiter östlich in einem Gebiet, das von den Meeresbuchten des Ob und Jenissej umschlossen (Gydan-Halbinsel) wird, und die dritte und zugleich größte bewohnt Teile von Taimyr (ISAKOW, 1979).

Lebensraum: Das Brutgebiet befindet sich in der Waldtundra, reicht jedoch nach Norden auch in die Strauchtundra

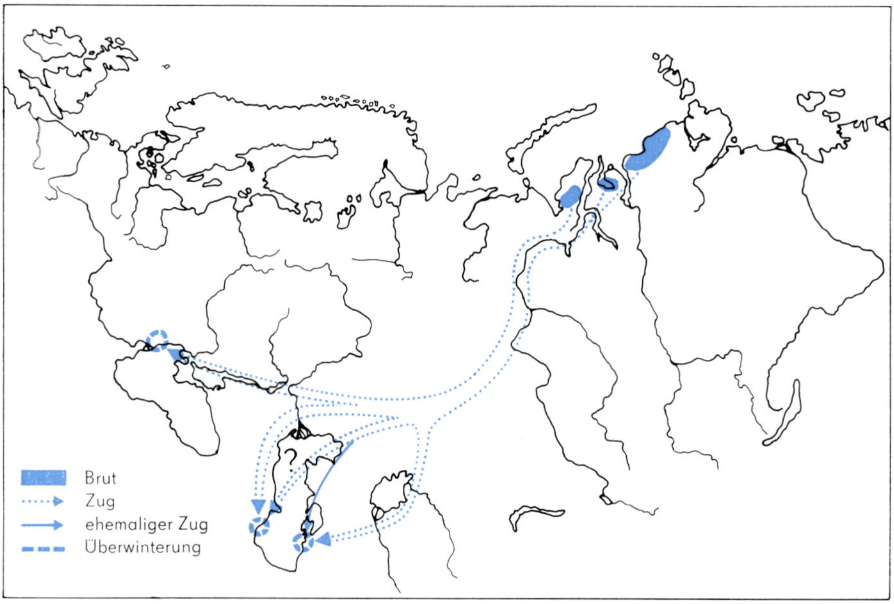

Abb. 1/35
Brutgebiete, Zugwege (Herbstzug) und Überwinterungsgebiete der Rothalsgans *(Branta ruficollis)*

hinein (insbesondere auf Taimyr). Der verbreiteten Ansicht, daß Rothalsgänse Vögel der Waldtundra sind, stehen die Feststellungen von Kretschmar (1965) gegenüber. Er fand bei vierjährigen Beobachtungen (1960 bis 1963) Brutplätze ausschließlich an Flußmündungen im Bereich der Polartundra zwischen 72° und 73° N. Auf West-Taimyr wurde die Rothalsgans nirgends weiter südlich angetroffen. Sie brütet nicht selten koloniеartig, gehäuft an denUferhängen in Flußtälern, sofern Buschwerk und dichter Grasbewuchs vorhanden sind. Gelegentlich befinden sich die »Kolonien« auch auf felsigem Untergrund. Naumow (nach Johansen, 1959) fand am oberen Rand eines Flußufers auf der Gydan-Halbinsel sechs Nester auf 60 bis 70 m Strecke. Das Brüten in der Nähe von Greifvogelhorsten, insbesondere des Wanderfalken *(Falco peregrinus),* aber auch des Rauhfußbussards *(Buteo lagopus),* das im älteren Schrifttum erwähnt wird, bezeichnet Kretschmar (a.a.O.) als »rätselhaft«. Es bestätigt aber den Sachverhalt ausdrücklich. Gewöhnlich wird vermutet, daß damit ein erhöhter Schutz für die Gänse verbunden ist, weil Greifvögel in der Nähe des Horstes bekanntlich nicht jagen. Dieser Gedanke ist jedoch abwegig, weil Rothalsgänse nicht zur Beute des Wanderfalken und schon gar nicht des Rauhfußbussards gehören. Eine Erklärung könnte die von Kretschmar (a.a.O.) mitgeteilte Beobachtung bieten, daß der in der Nähe brütende Wanderfalkenterzel bei Annäherung eines Menschen an brütende Rothalsgänse lange vor diesen auffliegt. Der Vorteil läge dann in der frühzeitigen Warnung. Vielleicht handelt es sich auch nur um ein zufälliges Nebeneinanderbrüten an besonders günstigen vegetationsreichen Stellen der Tundra, die auch von den Beutetieren der Greifvögel dicht besiedelt werden. Mit der Problematik hat sich GROTE (1939) näher befaßt.

Einfacher erklärbar ist das Einwohnen von einzelnen Rothalsgans-Paaren in Kolonien von Silber- und Eismöwen, das KRETSCHMAR (1965) ebenfalls erwähnt. Analoges Verhalten zeigen verschiedene Entenarten, für die bewiesen wurde, daß mit dem besseren Schutz vor Predatoren der Fortpflanzungserfolg begünstigt wird. Rothalsgänse, die in Möwenkolonien brüten, zeigen durch ihr Verhalten, daß sie der Schutzwirkung der Kolonie vertrauen. Sie lassen den Menschen dicht an das Nest heran und fliegen erst bei Berührung ab.

Fortpflanzung: Wie die beiden anderen *Branta*-Arten trifft die Rothalsgans erst Anfang bis Mitte Juni im Brutgebiet ein (KRETSCHMAR, a.a.O.). Nach der Ankunft zerstreuen sich die Wandergemeinschaften in kleine Trupps. Der Nestbau richtet sich in starkem Maße nach den Gegebenheiten des Standortes. Auf Sandbänken und an steilen Ufern von Flußtälern ist das Nest häufig nur eine einfache Bodenvertiefung ohne sonstige Unterlage. KRETSCHMAR (a.a.O.) fand sogar Eier, die einfach auf dem Boden lagen. An Stellen, wo Gebüsch von Polarweiden, Zwergbirken oder Gras vorhanden ist, wird als Nest ein umfangreicher Bau mit 15 bis 20 cm Durchmesser der Nestmulde errichtet.

Die Eier sind breitoval. Ihre Farbe wurde von einigen Autoren als weiß bis olivgelb, von anderen als schmutziggrün bezeichnet. Zum Vollgelege gehören 4 bis 6 Eier. Die Ablage erfolgt ab Mitte Juni. Sie beginnt unmittelbar nach dem Eintreffen im Brutgebiet. Bei Bebrütung im Brutschrank schlüpfen die Jungen nach 25 Tagen. KRETSCHMAR (1965) vermutet, daß die Brutdauer im Freiland 23 bis 25 Tage dauert. Nach dem Schlupf der Jungen sitzen die Gössel zunächst auf dem Nest und werden vom Weibchen gehudert. Am zweiten Tag werden sie von den Eltern auf das Wasser geführt, verbleiben aber in Nestnähe. Bis zum Flüggewerden sind die Familien ortstreu. In der zweiten Augusthälfte, nicht selten erst Anfang September, können die Jungen fliegen.

Rothalsgänse sind nach KRETSCHMAR (a.a.O.) im Unterschied zu anderen Gänsearten außerordentlich zutraulich und lassen sich als Jungvögel leicht einfangen. Sie werden dann schnell zahm. Vielfach halten die ansässigen Bewohner als Wildvögel eingefangene Rothalsgänse in völliger Freiheit. Ohne daß ihnen die Flügel verschnitten werden, bleiben sie bei den Menschen. Gelegentlich schließen sich an den Menschen gewöhnte Rothalsgänse den Artgenossen selbst dann nicht mehr an, wenn diese im Herbst zur Wanderung aufbrechen.

Bestandsentwicklung: Unbezweifelbar besiedelte die Rothalsgans in früherer Zeit ein ausgedehnteres Brutgebiet als gegenwärtig und kam dementsprechend häufiger vor. Rückschlüsse auf die Bestandsgröße in der ersten Hälfte dieses Jahrhunderts lassen sich nicht ziehen, weil die alten Quellen zu ungenau sind. Erst in der Mitte der 70er Jahre gelang es, relativ genaue Zahlen zu ermitteln, und zwar durch Kombination von Zählungen im Brutgebiet, Erfassung des Durchzuges an wichtigen Rastplätzen und Zählungen an den wichtigsten Überwinterungsplätzen. Dabei ergab sich ein im Vergleich zu früheren Schätzungen drastischer Rückgang. Im wichtigsten Brutgebiet auf Taimyr fand man nur noch 13 000 bis 15 000 Tiere (WINOKUROW, 1977), und auf Jamal nach DANILOW et al. (1981) 100 Brutpaare. Die Gesamtanzahl betrug 1977/78 22 000 bis 27 000 Vögel (WINOKUROW, 1982). Noch Mitte der 50er Jahre überwinterten in Aserbaidshan etwa 60 000 Tiere, nahezu die gesamte Brutpopulation. Der Gesamtbestand dürfte nur wenig größer gewesen sein. Bereits diese Zahl war Ausdruck drastischen Bestandsrückgangs, auf dessen erschreckendes Tempo bereits damals hingewiesen wurde. Er setzte sich fort, so daß in der ersten Hälfte der 60er Jahre (Feststellungen im Winterquartier) nur noch mit 50 000 Rothalsgänsen gerechnet wurde (USPENSKI, 1966). In den folgenden Jahren ging es noch schneller abwärts bis zu den für die Mitte der 70er Jahre genannten Zahlen. Die Feststellungen im Brutgebiet wurden bei Zählungen der in den Niederungen des Manytsch (westlich des Kaspischen Meeres) rastenden bestätigt (20 000 Individuen). Ihnen zuzurechnen sind die 3000 bis 5000 Tiere, die auf einem nordwestlichen Kurs in das Winterquartier ziehen. Damit war der Bestand so bedrohlich abgesunken, daß energische Maßnahmen zur Rettung eingeleitet wurden. Sie sind erfolgreich, wobei sich die sehr strengen Schutzmaßnahmen in den Brutgebieten besonders günstig auswirken (WINOKUROW, 1982).

Wanderungen: Die Rothalsgänse wandern längs einer Route, deren grober Verlauf bereits durch MENZBIER (1893) beschrieben wurde. Seither sind die Kenntnisse vertieft und verfeinert und zusammenfassend erneut von GROTE (1939) dargestellt worden. Die Art gehört zu den wenigen Vögeln, die große Teile ihres Wanderwegs in schmaler Front, geleitet durch die Stromtäler des Ob, Irtysch und Tobol, zurücklegen.

● Herbstzug – In der ersten Septemberhälfte verlassen die Rothalsgänse ihre Brutgebiete und fliegen zunächst zu Sammelplätzen. Über deren genaue Lage und die mit dem Sammeln verbundenen Zugbewegungen fehlen im Schrifttum Hinweise. Ende September beginnt der eigentliche Herbstzug. Die auf Taimyr brütenden ziehen zunächst zum Unterlauf des Jenissej, überqueren südwärts fliegend die Tundra bis zum Unterlauf des Ob, wo sich ihnen die Gänse von Jamal und der Gydan-Halbinsel anschließen. Geeinsam geht es dann längs der Stromtäler des Ob, Irtysch und Tobol südwärts nach Nordkasachstan. Dort befinden sich Rastplätze an den Flußmündungen des Ubagan, Ulkajak, Inges und Kumyk, die sowohl im Herbst wie im Frühjahr aufgesucht werden. In diesem Gebiet teilen sich die Zugwege. Ein relativ kleiner Teil der Gänse wandert zum unteren Syrdarja, zieht östlich des Aralsees bis zum Amudarja und dann weiter bis an das Südufer des Kaspischen Meeres (MOROSKIN, 1976). Dort überwintern sie. In strengen Wintern setzen kleine Trupps die Wanderung bis in den Iran und in den Irak hinein fort (Lit. bei STERBETZ und SZIJJ, 1968; ISAKOW, 1972). Das Hauptkontingent der Gänse wendet sich nach Erreichen Nordkasachstans südwestwärts, überquert den Ural-Fluß und die Wolga und zieht am Wolgadelta vorbei zum Westufer des Kaspischen Meeres bis zur Kirow-Bucht, wo sich die Überwinterungsplätze befinden. Herbstrastplätze gibt es außerdem im westlichen Manytsch-Gebiet. Von den in westlicher Richtung wandernden Gänsen zweigt sich eine größere Gruppe ab, die den Westkurs beibehält, das Asowsche Meer erreicht (LYSENKO, 1975) und nördlich des Schwarzen Meeres in die Dobrudscha in Rumänien wandert. Dort wurden Ende der 60er und Anfang der 70er Jahre zwischen 3000 und 9000 Rothalsgänse festgestellt (SCOTT, 1970). Seither haben sich besonders niederländische Ornithologen darum bemüht, den Winterbestand in Rumänien zu erfassen. Die jährlichen Schwankungen sind beträchtlich, doch einige Tausende überwintern regelmäßig im Schwarzmeergebiet bei Istria und Sinve (PUSCARIU, 1983). Kleinere Verbände setzen die Wanderung fort und werden dann in Bulgarien (IVANOV und

Pomakov, 1983) und sogar in der Türkei festgestellt (Sterbetz und Szijj, a.a.O.).

Das verstärkte Auftreten in Bulgarien fällt zeitlich mit dem Erscheinen an der rumänischen Schwarzmeerküste zusammen. Bis zu Anfang der 50er Jahre war sie selten, später gab es dann regelmäßig Einflüge. In größerer Anzahl erscheinen sie erst im Januar und verweilen dann bis in den Februar hinein, vereinzelt sogar bis Mitte März (18. 3. 1976: 1500, Ivanov und Pomakov, a.a.O.). Der Winterbestand fluktuiert noch stärker als in Rumänien. Starke Ansammlungen wurden 1979 (etwa 15 000) und 1980 (etwa 16 500) festgestellt. Der überwiegende Teil überwintert am Schabla-See. Regelmäßig besucht werden ferner der Durankulak-See und der Šrebana-See (Ivanov und Pomakov, a.a.O.). An beiden Seen bestehen günstige Überwinterungsbedingungen, und die Winterweizenfelder im Küstenbereich bieten günstige Ernährungsmöglichkeiten. Selbst nach stärkerem Schneefall bleibt unmittelbar an der Küste ein schmaler Streifen schneefrei. Die Ursachen für den Vorstoß eines Teils der Rothalsgänse nach Südosteuropa sind viel diskutiert worden. Wahrscheinlich sind sie auf Veränderungen an den traditionellen Überwinterungsplätzen in Aserbaidshan, wie Trockenlegungen, Flußregulierungen und andere Formen verstärkter Nutzung, zurückzuführen.

● Frühjahrszug – Im Frühjahr fliegen die Rothalsgänse die gleiche Route wie im Herbst. Wichtigste Sammelplätze, an denen sich die aus den drei Überwinterungsgebieten kommenden zusammenfinden, liegen im Manytsch-Becken. Dort rasten sie witterungsbedingt für kürzere oder längere Zeit. Da sie aus den Winterquartieren schon Ende März abziehen und die Ankunft im Brutgebiet erst Anfang Juni erfolgt, werden wahrscheinlich noch an anderen Plätzen Zwischenrasten eingelegt. Nach Taimyr wandern sie nicht dem Jenissej folgend, sondern vom Unterlauf des Ob kommend zur Jenissejbucht, dann weiter zum Mittellauf der Pjassina und zum Oberlauf der Agapa und Pura.

Beobachtungen in Mitteleuropa: In Ungarn wurde die Rothalsgans in der ersten Hälfte dieses Jahrhunderts nur selten beobachtet, und immer nur einzeln oder in kleinen Trupps. In den letzten Jahrzehnten häuften sich die Feststellungen (Sterbetz, 1976) infolge der Überwinterung am Westufer des Schwarzen Meeres. Gewöhnlich halten sich die in Ungarn erscheinenden an Plätzen mit natürlicher Steppenvegetation auf, wie das auch von der Zwerggans bekannt ist. Gelegentlich wurden sie auch auf Weizenfeldern gesehen (Sterbetz, 1975). Einzelne Rothalsgänse und kleine Trupps gelangen gelegentlich inmitten von Bleß- und Saatgansscharen bis nach Mittel- und Westeuropa. Wahrscheinlich handelt es sich um Tiere, die bereits in der Nähe der Brutgebiete von den Artgenossen getrennt wurden, sich anderen Arten anschlossen und in deren Gesellschaft in Gebiete gelangen, die nicht dem Zugschema der Art entsprechen. Außerdem kann es sich auch um Zooflüchtlinge handeln.

Kanadagans
Branta canadensis (L.)
Canada Goose
Bernache du Canada
Канадская казарка

Kennzeichen: Die Kanadagans ist kräftiger und etwas größer als die Graugans. Im Gelände ist sie für den Beobachter durch die kontrastreiche Schwarzweißfärbung sehr auffällig. Der schwarze Kopf mit dem breiten, bis in Augenhöhe reichenden weißen Kehlfleck und der gleichfalls schwarze Hals sind scharf gegen die weißgraue, leicht bräunliche Brust- und Körperfärbung abgesetzt. Die Oberseite ist graubraun, die Unterseite hellgrau mit geringeren Braunanteilen gefärbt. Die Brust-, Bauch- und Rückenfedern enden mit breiten weißen Säumen, wodurch das Gefieder der Altvögel schwach quer gebändert wirkt. Bei Jungvögeln fehlt dieses Merkmal, so daß das Gefieder insgesamt »verwaschener« aussieht, außerdem ist die Unterseite heller als bei Altvögeln. Die Füße und der Schnabel sind schwarz. Im Fluge lassen sich Kanadagänse durch Größe und helle Vorderbrust gut von Weißwangen- und Ringelgänsen unterscheiden.

Stimme: Stimmäußerungen der Kanadagänse sind nur selten zu hören. Im Flug äußert sie einen zweisilbigen Ruf, der sich mit »aag-ong« beschreiben läßt. Das »ong« liegt deutlich höher als die erste Silbe.

Verbreitung: Das natürliche Verbreitungsgebiet umfaßt weite Teile des nördlichen Nordamerikas. In Europa ist sie auf den britischen Inseln und in Skandinavien Brutvogel. Keine andere Gans ist so erfolgreich als Wildvogel in anderen Regionen der Erde eingebürgert worden wie die Kanadagans. Sie kommt als weit verbreiteter Brutvogel in Neuseeland (Bestand etwa 20 000) vor und ist fester Bestandteil der europäischen Fauna geworden. Die Einbürgerung in Großbritannien reicht bis ins 17. Jahrhundert zurück. Heute brütet sie an einigen Stellen in Südschottland. In manchen Gebieten hatten sich als Folge der Einbürgerung von Angehörigen unterschiedlicher Unterarten Subpopulationen herausgebildet, die stellenweise noch gegenwärtig existieren (Ogilvie, 1977), jedoch als Folge der raschen Ausbreitung zu einer Mischpopulation verschmelzen. In Skandinavien hat sie sich nach wiederholter Aussetzung in weiten Teilen des südlichen und mittleren Schwedens angesiedelt und kommt als Brutvogel auch an einigen Plätzen in Dänemark und Norwegen vor (Lund-Tangen, 1974, Abb. 1/36). Erste Bruten in Schleswig-Holstein erfolgten im Sommer 1978 (Hummel, 1981).

Unterarten: Die Art ist in zahlreiche Unterarten aufgegliedert, die zum Teil durch Übergänge verbunden sind, weshalb eine allseits akzeptierte Gliederung nicht erreicht ist. Die Unterarten unterscheiden sich in Größe, Färbung und auch im Zugverhalten voneinander. Die Größenunterschiede sind mit der geographischen Breite der Verbreitung korreliert. Entgegen der Bergmannschen Regel leben die kleineren Unterarten weiter nördlich als die größeren. Letztere können die kalten nordamerikanischen Winter besser überstehen als erstere und überwintern deshalb in geringerer Entfernung von den Brutgebieten. Das bewirkt das »Froschsprung-Phänomen«: Die im Norden brütenden kleinen Unterarten überfliegen zur Überwinterung Brut- und Winterquartiere der größeren und überwintern weiter südlich als diese. Die skandinavischen Kanadagänse stammen wahrscheinlich von *Branta canadensis canadensis* ab, einer im östlichen Teil Nordamerikas verbreiteten Unterart.

Lebensraum: Im europäischen Brutgebiet stimmt das Habitat zur Brutzeit teilweise mit dem der Graugans überein. Die Art brütet an Seen, in Sumpfvegetation und träge fließenden Flußabschnitten fernab menschlicher Siedlungen, jedoch als Kulturfolger auch in Parkgewässern und Teichen in unmittelbarer Nähe des Menschen. Außerhalb der Brutzeit sammeln sich Kanadagänse in großen Scharen an Gewässern mit freien, übersichtlichen Uferpartien. Die ersten Ansiedlungen in England erfolgten an Parkgewässern, von denen aus Kiesgru-

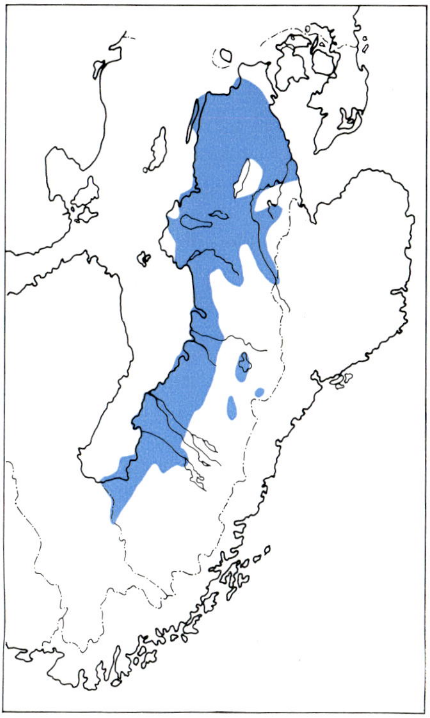

Abb. 1/36
Brutverbreitung der Kanadagans *(Branta canadensis)* in Schweden (nach FABRICIUS, 1983)

ben-Restgewässer und künstliche Stauseen besiedelt wurden, sofern diese durch Inseln, flache Landzungen oder ähnliche Plätze zum Nestbau geeignet waren. In Schweden bevorzugt sie Brutplätze auf kleinen Inseln in Seen, Flüssen und Gewässer in Küstengebieten. Die Habitatstruktur ist offener als bei der Graugans, so daß sich nur eine teilweise Überlappung mit deren ökologischer Nische ergibt. Zum Habitat der Saatgans, die Waldseen im nördlichen Schweden bewohnt, ist der Abstand noch größer. Am weitesten entfernt ist das Habitat-Schema der Zwerggans, die an Bergseen im hohen Norden lebt.

Fortpflanzung: Infolge der beträchtlichen klimatischen Unterschiede innerhalb des ausgedehnten Verbreitungsgebietes der Art in Nordamerika, daraus resultierenden Differenzen der Aufenthaltszeit im Brutgebiet und der Größenunterschiede zwischen den Unterarten, gibt es erhebliche Variationen in der Brutbiologie. Diese betreffen den Legebeginn, die Gelegegröße, die durchschnittliche Eimasse und andere brutbiologische Daten. Das überrascht wenig, wenn man bedenkt, daß Angehörige verschiedener Unterarten an der Begründung europäischer Populationen beteiligt sind. Obwohl die Geschlechtsreife erst im 3. Lebensjahr eintritt, erfolgt die Verpaarung gewöhnlich bereits im zweiten. Verpaarte, aber noch nicht geschlechtsreife Kanadagänse begründen bereits Reviere und bauen Nester. Sogar Kopulationen wurden beobachtet, doch erst im dritten Lebensjahr sind die Brutversuche erfolgreich. Wie in Nordamerika werden die Nester auch in Großbritannien und in Schweden bevorzugt auf kleinen Inseln in Seen und Teichen zumeist in unmittelbarer Nähe des Wassers angelegt. Zwar werden Standorte an gut durch Sumpfvegetation und Sträuchern gedeckten Biotopen bevorzugt, doch nicht selten stehen die Nester gut zugänglich und völlig offen selbst in der Nähe menschlicher Siedlungen.

Die Größe und Masse der schlankovalen gelblichweißen Eier variiert beträchtlich entsprechend der Unterart-Zugehörigkeit. Variabel ist auch die Gelegestärke. In Europa gehören 4 bis 6 Eier zum Normalgelege, Abweichungen nach oben und unten sind nicht selten. Geht das erste Gelege verloren, dann werden häufig, jedoch nicht immer, Nachgelege gezeitigt. Bei der in Europa eingebürgerten großen Unterart 28 bis 30 Tage, bei den kleineren in Nordamerika ansässigen Unterarten 24 bis 26 Tage. Die Jungen verbleiben bis zum Beginn der nächsten Brutperiode bei den Eltern und werden von beiden Partnern gemeinsam betreut. Etwa 2 bis 3 Wochen nach dem Schlupf der Jungen setzt bei den Eltern die Schwingenmauser ein, die mit einer 4- bis 5wöchigen Periode der Fluglosigkeit einhergeht. Die Eltern sind wieder flugfähig, wenn die Jungen im Alter von 7 bis 8 Wochen flügge sind. In Nordamerika sind die Jungvögel der nördlich brütenden kleinen Unterart als Anpassung an die kürzere Vegetationsperiode in höheren Breiten eher flügge als die in weiter südlich gelegenen Gebieten brütenden größeren Unterarten.

Verlauf der Einbürgerung in Europa: Großbritannien – Die Einbürgerung von Kanadagänsen in Großbritannien begann im 17. Jahrhundert. Sie wurden vor allem auf Parkgewässern ausgesetzt. Da sie standorttreu blieben, kam es kaum zu nennenswerten Verwilderungen. Erst in diesem Jahrhundert erfolgten zunehmend Bruten fernab menschlicher Siedlungen, parallel dazu wuchs der Bestand. Eine 1953 durchgeführte Zählung ergab 2200 bis 4000 Exemplare (BLURTON JONES, 1956). Erst als zu Anfang der 50er Jahre die Populationszunahme einsetzte, wurde die aktive Förderung durch den Menschen eingestellt. Ende der 60er Jahre wurden 10 500 Tiere gezählt. 1976 waren es bereits 19 400 (OGILVIE, 1977). Die jährliche Zuwachsrate betrug zwischen 1953 und 1976 7 % bis 9 %. Die Entwicklung verläuft innerhalb des Verbreitungsgebietes sehr ungleichmäßig. Neben Plätzen, an denen die Umweltkapazität für die Art erreicht zu sein scheint, gibt es andere, an denen die Population noch immer kräftig wächst.

Skandinavien – Die Einbürgerung auf dem europäischen Kontinent läßt sich auf BENGT BERG zurückführen, der Ende der 20er Jahre Zuchten mit dem Ziele aufnahm, die Nachkommen in die freie Wildbahn auszusetzen, womit zu Anfang der 30er Jahre begonnen wurde. Der Versuch verlief erfolgreich, bereits 1933 gab es die erste Freilandbrut an der Küste des Kalmarsundes (Südostschweden), doch trotz weiterer Aussetzungen in diesem Gebiet und an anderen Stellen in Südschweden verlief die Populationsentwicklung zunächst nur zögernd. Daran änderte sich auch in den 40er und 50er Jahren trotz wiederholter Aussetzungen nichts. Die Vermehrungsrate blieb gering, und das Experiment schien zu mißlingen. Nach 30 Jahren, zu Anfang der 60er Jahre, gab es etwa 150 Paare. Dann aber änderte sich das Bild, und die Population begann exponentiell zu wachsen. Es bestätigte sich die für das Wachstum tierischer Populationen bekannte Gesetzmäßigkeit, derzufolge auf eine Phase allmählichen Anfangswachstums rasche Zunahme erfolgt.

Bestandsentwicklung: Mit 3000 Brutpaaren (Gesamtbestand etwa 15 000 Tiere, einschließlich Nichtbrüter) hatte sich bis Mitte der 70er Jahre eine stabile Population entwickelt, deren weiteres Wachstum gegenwärtig durch jagdliche Nutzung gebremst wird. Trotzdem hält es weiterhin an. 1982 wurde die Population auf 30 000 Individuen geschätzt (FABRICIUS, 1983). Damit ist die Kanadagans zur häufigsten und am weitesten verbreiteten Wildgans in Schweden geworden. Infolge der starken Zunahme wurde 1970 zunächst in zwei Provinzen (Örebro und Västmanland) die Bejagung gestattet, und wenige Jahre danach auch in anderen Gebieten freigegeben. Gegenwärtig ist die Art in ganz Südschweden jagdbar, und am Ende der 70er Jahre wurden jährlich über 2500 erlegt.

Die Kanadagans besiedelt in Schweden zahlreiche Gewässer im Süden des Landes, vor allem im Landesinneren, jedoch auch an der Küste. Zunächst bewohnte sie nur den Ostteil des Landes. Zu Beginn der 70er Jahre drang sie bis zur Südwestküste vor. Im Norden erreichte sie die Nordspitze des Bottnischen Meerbusens, wo sie die Grenze nach Finnland überschritt. Von Värmland aus siedelte sich die Art in Norwegen an, von Südwestschweden aus im Gebiet der dänischen Inseln. Nach der erfolgreichen Einbürgerung in Schweden erfolgten allerdings auch in Norwegen Aussetzungen. 1963 wurden zunächst 14 aus Schweden importierte Tiere in Meräker in der Nähe von Trondheim in die freie Wildbahn entlassen, weitere folgten. Um die Ansiedlung zu erleichtern, wurden künstliche Nist-Plattformen aus Holz gebaut und auf Pfähle oder Baumstämme gestellt (Lund-Tangen, 1974).

Mit dem Populationswachstum begann ein Teil der Kanadagänse Wanderungen durchzuführen, die prinzipiell denen anderer nordeuropäischer Vogelarten entsprechen. An 5304 Gänsen, die zwischen 1960 und 1978 beringt wurden, konnte im Detail verfolgt werden, wie Wandertraditionen entstehen (Fabricius, 1983). Zunächst waren es einzelne Tiere und kleine Trupps, die unmittelbar vor Beginn der exponentiellen Wachstumsphase über die Ostsee und Dänemark nach Süden und Südwesten vorstießen und bis ins mitteleuropäische Binnenland zogen. An der Ostseeküste der DDR erschienen die ersten zu Beginn der 50er Jahre. Zu Anfang der 60er Jahre waren sie dort bereits eine regelmäßige Erscheinung. Erste Binnenland-Beobachtungen stammen aus den frühen 60er Jahren (Creutz, 1975). Seitdem häuften sich Meldungen aus der BRD und der DDR. Trotzdem kann man nicht sagen, daß die Art im mitteleuropäischen Binnenland zu einem regelmäßigen Wintergast geworden ist. Die meisten unterbrechen den Zug im Küstengebiet der DDR, besonders in Flachwasserzonen zwischen Hiddensee und Rügen, wo sich Mitte der 70er Jahre bis zu 500 Kanadagänse ansammelten. Weitere regelmäßig besuchte Überwinterungsplätze in der DDR sind die Wismar-Bucht und der Greifswalder Bodden zwischen der Halbinsel Zudar und Wolgast. Aus gewissermaßen »Versuchsflügen« kleiner Gruppen und Einzeltiere ist im Verlaufe von 20 Jahren eine Wandertradition entstanden, die sich wie folgt beschreiben läßt. Die Mehrheit der in Schweden brütenden Kanadagänse wandert im Herbst südwestwärts. Sie überwintern zum Teil bereits in Südostschweden, jedoch auch in Dänemark und an der Ostseeküste der DDR und der BRD. Die Winterquartiere liegen überwiegend außerhalb des Brutgebietes (Abb. 1/37). Im Frühjahr (März und April) kehren sie in nordwärts gerichtetem Zug an die Brutplätze zurück. Ein spezieller Mauserzug der Nichtbrüter wurde bisher nicht festgestellt.

Kleine Trupps und einzelne Tiere ziehen im Winter bis weit in das nordwestliche Binnenland der BRD und neuerdings vereinzelt bis in die Niederlande (Dirksen, 1980). Im strengen, schneereichen Winter 1978/79 wurden in der BRD zwischen 600 und 1300 Kanadagänse festgestellt (Hummel, 1982 b). Dieser Form der Wanderung, die der in der nordamerikanischen Heimat entspricht, folgen jedoch nicht alle Tiere. Ein Teil ist nach wie vor standorttreu und andere wandern nur kurze Strecken. Mit der Populationszunahme wuchs jedoch die Anzahl der Überwinterer an der Südküste der Ostsee, und viele dehnten die Aufenthaltsdauer aus. Anfänglich trafen die ersten Trupps im Oktober oder November ein. Im Januar, spätestens im Februar, verringerte sich ihre Anzahl durch den einsetzenden Heimzug. Gegenwärtig erscheinen große Scharen bereits im Spätsommer. Sie verweilen während des ganzen Herbstes, überwintern und bleiben bis in den Mai und Juni hinein. Kanadagänse sind jetzt an bestimmten Plätzen des Küstengebietes der südlichen Ostsee ganzjährig vorhanden.

Bisher ist nicht bekannt, ob es sich bei

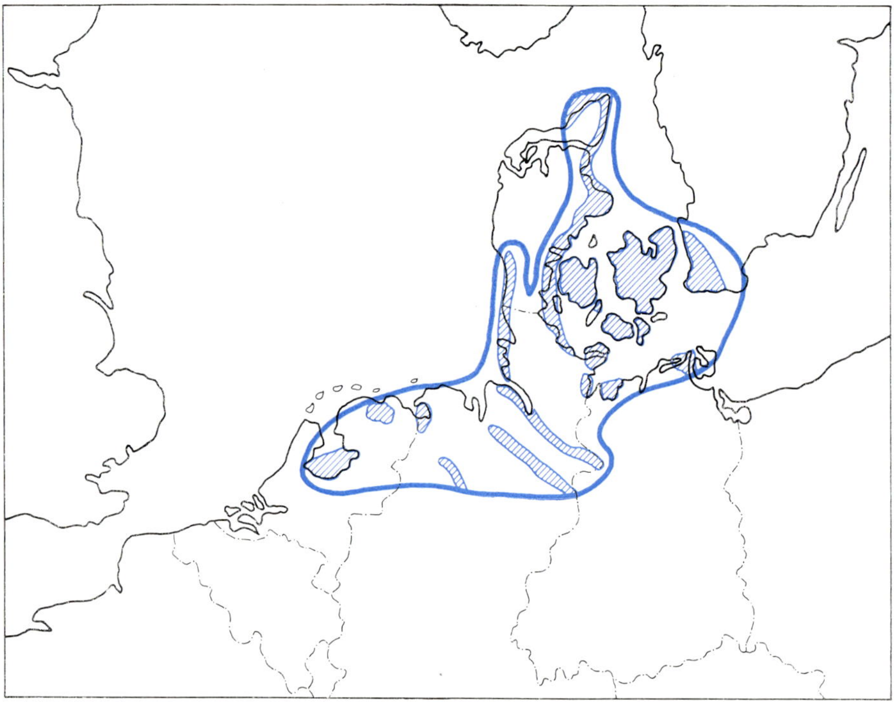

Abb. 1/37
Hauptüberwinterungsgebiet der in Skandinavien brütenden Kanadagänse *(Branta canadensis)* außerhalb des geschlossenen Brutareals

Übersommerern um noch nicht fortpflanzungsfähige Tiere handelt und ob mit der Übersommerung eine Schwingenmauser verbunden ist. Sucht man nach einer Erklärung für das weite Spektrum im Wanderverhalten der Art, dessen Extreme Standorttreue und weite Wanderzüge sind, dann bietet sich am ehesten ein Polyethismus an, der sich mit der Populationszunahme voll entfalten konnte. Das variable Zugverhalten deutet darauf hin, daß die Selektion auf wenige Verhaltensmuster noch nicht erfolgt ist. Das kann in Anbetracht des kurzen Zeitraums seit Beginn der Populationszunahme nicht anders sein. Es bleibt abzuwarten, in welcher Weise kalte Winter und andere extreme Umwelteinflüsse eine Selektion bewirken werden.

Mit der Herausbildung einer Übersommerungstradition südlich des Verbreitungsgebietes rückte die Möglichkeit der erfolgreichen Ansiedlung in Mitteleuropa näher. Es war nur eine Frage der Zeit, bis Wilkens (1977) über die erste erfolgreiche Brut in Niedersachsen (BRD) berichten konnte.

In England wurde in den frühen 60er Jahren erstmals festgestellt, daß ein Teil der Gänse einen Mauserzug durchführt, der für einige Tiere eine Wanderung über mehrere hundert Kilometer bedeutet (Walker, 1970). Der Mauserplatz befindet sich am Beauty Firth/Invernesshire. In Kanada gehört der Mauserzug zur Biologie der Art (Zicus, 1981).

Die erfolgreiche Einbürgerung der Kanadagans in Schweden setzte voraus, daß sie eine freie ökologische Nische besetzen konnte. Vom Habitat her waren die Voraussetzungen günstig, weil die allgemeinen Bedingungen (Vegetation, Wasser, Klima) weitgehend mit denen der kanadischen Heimat identisch sind. Die einzige Konkurrentin, die einheimische Graugans, war zu Beginn der Ansiedlung der Kanadagans nur spärlicher Brutvogel oder fehlte in den betreffenden Gebieten. Außerdem gibt es einige wichtige Unterschiede in den Umweltansprüchen. Infolge ihres langen Halses können die zur Unterart *Branta canadensis canadensis* gehörenden Tiere in Tiefenzonen gründelnd Nahrung aufnehmen, die der Graugans nicht zugänglich sind. Ein anderer Unterschied ist die Besiedlung von Plätzen mit wenig Grasvegetation, die von der Graugans, die terrestrische Vegetation bevorzugt, gemieden werden. Letztere bevorzugt flache eutrophe Seen mit offenem Grasland in der Nähe.

Unterschiede bestehen auch in der Scheu dem Menschen gegenüber. Die Kanadagans meidet den Menschen nur wenig, geeignete Brutplätze in dessen Nähe, an denen die Graugans fehlt, werden bevorzugt.

Beim Vergleich der Entwicklung der britischen und der schwedischen Population schneidet die schwedische besser ab, was wohl in den günstigeren ökologischen Voraussetzungen begründet ist. Trotz Jagdverbots und intensiven Schutzes wuchs die Population in England in 300 Jahren nur langsam und erreichte mit etwa 10 000 Individuen eine Bestandsgröße, die in Schweden bereits 40 Jahre nach der Einbürgerung erreicht war.

Gefangenschaftsflüchtlinge und Irrgäste

In Mittel- und Westeuropa gibt es in großer Anzahl Liebhaber, die Wassergeflügel in Volieren oder Teichanlagen verschiedenster Größe halten. Ihre Anzahl nimmt ständig zu. Zwar werden Enten bevorzugt, doch in größeren Anlagen werden auch Gänse gehalten und gezüchtet. Das trifft insbesondere für die vielen Heimat-Tiergärten zu, deren Anzahl ebenfalls zunimmt.

Bei dieser Situation läßt sich nicht ausschließen, daß es immer wieder einzelnen Tieren gelingt, aus der Gefangenschaft zu entweichen. Treffen sie auf wildlebende Artgenossen oder Artverwandte, dann schließen sie sich diesen an. Das geschieht nicht selten, wie aus vielen dazu vorliegenden Berichten hervorgeht. Mit einiger Regelmäßigkeit gelangten in den letzten Jahren die Schneegans *(Anser anser caerulescens)* und die Streifengans *(Anser indicus)* zur Beobachtung. Beide Arten sind aufgrund ihrer auffälligen Färbung unverwechselbar.

Die Schneegans stammt aus Nordamerika, wo sie natürlicherweise in zwei Farbvarianten (Phasen) auftritt. Die eine ist bis auf die schwarzen Handschwingen und die aschgrauen Handdekken schneeweiß, die andere bis auf den weißen Kopf und Hals sowie den hellen und weißen Hinterbauch blaugrau gefärbt. Das Brutgebiet reicht über Nord-Alaska westwärts bis zur Wrangel-Insel, wo sich große Brutvorkommen befinden. Wahrscheinlich brütet die Art noch an einigen anderen Plätzen in Nordost-Sibirien. In Ostsibirien und im östlichen Teil des nordamerikanischen Verbreitungsgebietes brüten nur weiße Tiere. Weiter östlich folgt eine Mischzone, in der die dunkle Farbvariante in zunächst geringer, sich nach Osten häufender Anzahl neben der weißen vorkommt.

Die Wanderungen der ostsibirischen Schneegänse sind in den letzten Jahren durch die Zusammenarbeit sowjetischer und US-amerikanischer Zoologen genau erforscht worden. Sie bieten den seltenen Fall, daß eine Art, deren westliches Verbreitungsgebiet zoogeographisch zu Eurasien und damit zur Palaearktis gehört, nach Nordamerika wandert (Sladen und Kistschinski, 1981). 1970 betrug die Brutpopulation auf der Wrangel-Insel etwa 120 000 Tiere. Durch ungünstige Brutbedingungen in vier aufeinanderfolgenden Jahren sank der Bestand 1976 auf 46 000. Schutzmaßnahmen in der UdSSR und in den USA ließen den Bestand bis 1979 wieder auf 84 000 ansteigen (Sladen und Kistschinski, 1981).

Im Februar 1974 wurde begonnen, den in Kalifornien überwinternden Schneegänsen farbige Plaste-Halsbänder (grün) anzulegen, was in den folgenden Wintern fortgesetzt wurde, so daß bis zum Frühjahr 1976 361 Schneegänse in dieser Weise markiert waren. Zusätzlich erhielten 100 in Alaska mausernde Schneegänse blaue Halsbänder. Zeitgleich starteten sowjetische Zoologen auf der Wrangel-Insel ein Beringungsprogramm. Bereits 1974 erhielten 526 Tiere Leichtmetall-Fußringe, von denen 178 zusätzlich durch orangefarbene Halsbänder und 250 mit einem Farbstoff an einer gut sichtbaren Stelle des Gefieders gekennzeichnet wurden. 1975 markierte man auf der Wrangel-Insel erneut etwa 1000 und 1976 etwa 500 weitere Schneegänse in ähnlicher Weise wie 1974. In wenigen Jahren lagen über 1000 Sichtnachweise der gekennzeichneten Tiere vor. Sie erlaubten es, die Wanderungen der sibirischen Schneegänse in Nordamerika gut zu rekonstruieren. Die Gänse der Wrangel-Insel-Population wurden in Alaska, Britisch-Kolumbien, Oregon, Kalifornien und Nevada gesehen. Die meisten wandern längs der Westküste Nordamerikas, doch einzelne dringen weit nach Osten in das Landesinnere vor.

Vereinzelt gelangen aus Nordamerika stammende Schneegänse nach Grönland. Sie wandern im Herbst mit den grönländischen Bleßgänsen und Kurzschnabelgänsen bis nach Schottland und Irland, ausnahmsweise bis nach England. Bei den vielen Berichten über einzelne Schneegänse in den in Mittel- und Westeuropa überwinternden Saat- oder Bleßgansscharen oder in Verbänden von Graugänsen, die sich in den letzten Jahrzehnten häuften, handelt es sich wohl immer um Gefangenschaftsflüchtlinge (Zusammenstellung bis Mitte der 60er Jahre bei Bauer und Glutz von Blotzheim, 1968). In einigen Fällen gelang es, diese an den Fußringen als solche zu erkennen (Naacke und Rutschke, 1983).

Obwohl sich Schneegänse in der Färbung erheblich von den »grauen Gänsen« unterscheiden, werden sie in deren Ansammlungen problemlos geduldet. Nur ausnahmsweise wahren die Seltlinge einen erkennbaren Abstand von den anderen Gänsen. Es gibt Beispiele dafür, daß sich einzelne Schneegänse wochenlang in Gesellschaft von Graugänsen aufhielten. Im Frühjahr 1980 bebrütete eine einzelne Schneegans auf einer Insel im Plöner See (Schleswig-Holstein, BRD) ein Gelege mit vier Eiern. Es wurde verlassen, als die in der Nähe brütenden Graugänse ihre Jungen zu führen begannen (Vauk und Kuschert, 1981).

Da Gänsearten in der Gefangenschaft relativ leicht kreuzbar sind, kommt es vor, daß auch Bastarde in die freie Wildbahn gelangen. Die Bestimmung derartiger Tiere bereitet zumeist große Schwierigkeiten. Über einen besonders extremen Fall des Auftretens einer Gruppe von 5 Gänsen, die als Bastarde von Weißwangengänsen und Schneegänsen (dunkle Phase) angesprochen wurden, berich- Lebret (1983).

Die Streifengans *(Anser indicus)* entspricht vom Habitus her der Graugans, ist aber wesentlich kleiner und graziler als diese. Das Weiß des Kopfes, das durch zwei dunkle Streifen unterbrochen ist, erstreckt sich als breites Band beiderseits des Halses, eingefaßt von dunklen Federpartien. Der übrige Körper ist hell silbergrau gefärbt, abgesehen von brauner Tönung im Bereich der Flanken und der hinteren Körperhälfte. Der hellgelbe Schnabel und die gelben Füße sind weitere Merkmale, die im Felde sofort auffallen. Das Verbreitungsgebiet erstreckt sich über die Mongolische Volksrepublik und Teile Zentralchinas und des östlichen Tibet und reicht im Westen bis zum Altai und Pamir. Die Überwinterungsgebiete befinden sich in Tibet und Indien.

Streifengänse lassen sich gut in Gefangenschaft halten und züchten, was in Europa in vielen zoologischen Gärten und Tierparks seit der Jahrhundertwende üblich ist. In Schweden wurden am Kalmarsund in den 30er Jahren Einbürgerungsversuche unternommen. Sie haben nicht zur Begründung einer dauerhaften Population, wohl aber zu zahlreichen Beobachtungen einzelner Tiere, die sich durchziehenden Saat- und Bleßgänsen anschlossen, geführt. Da die Art in Tiergärten häufig freifliegend ansässig ist, gelangen außerdem einzelne Tiere immer wieder in die freie Wildbahn. Gelegentlich sind Streifengänse so vertraut, daß sie sich einfangen lassen (RUTSCHKE, 1983 b).

2

Biologie

Körperbau und Bewegung

Gedrungener Körperbau, langer Hals und mittellange Beine verleihen den Gänsen das typische Aussehen, das sie auf den ersten Blick von anderen Vögeln unterscheidet. Gleichwohl gibt es innerhalb der Ordnung der *Anseriformes,* der gänseartigen Vögel, zu der neben den Gänsen die Enten, Schwäne, Pfeif- und Spaltfußgänse gehören, nicht wenige Arten, deren systematische Zuordnung keineswegs leicht ist.

Gänse sind auf dem Lande wie auf dem Wasser gleichermaßen gut zu Hause, suchen das Land aber häufiger auf als die meisten anderen Vertreter der Ordnung Anseriformes. Ihre kräftigen, leicht schrägeinwärts gestellten Beine verleihen ihnen gute Beweglichkeit. Schon die frisch geschlüpften Gössel sind zu schnellem Lauf und rascher Flucht befähigt. Beim Gehen wird der Schwerpunkt von einem auf das andere der weit seitlich ansitzenden Beine verlagert, wodurch der leicht watschelnde Gang sich langsam bewegender Gänse entsteht (Abb. 2/1). Gänse können jedoch auch sehr schnell laufen, wobei sie durch Flügelschlagen das Vorankommen beschleunigen. Ruhende Gänse verlagern den Schwerpunkt häufig auf ein Bein und ziehen das andere ein. In dieser Haltung, Kopf und Hals zurückgelegt und den Schnabel im Gefieder versteckt, können sie lange ausharren.

Auf dem Wasser bewegen sich Gänse schwimmend fort. Dazu benutzen sie die Beine, die wie bei der Fortbewegung an Land alternierend nach hinten und wieder nach vorn bewegt werden. Beim Schlag nach hinten werden die Zehen gespreizt, so daß die zwischen diesen befindliche Schwimmhaut voll ihre Ruderwirkung entfaltet. Beim langsamen Schwimmen genügt die Bewegung von Lauf und Fuß, um den Körper voranzubringen.

Beim schnellen Schwimmen werden Ober- und Unterschenkel in die Bewegung einbezogen, so daß ein stärkerer Schlag entsteht, der bessere Beschleunigung bewirkt (Abb. 2/2). Die Beinbewegung dient nur der Fortbewegung, das Schwimmen selbst beruht auf der geringeren spezifischen Masse des Gänsekörpers im Vergleich zum Wasser.

Zur Wasserfestigkeit tragen Bauweise und Anordnung der Körperfedern viel stärker bei als die wasserabweisende Wirkung des Bürzeldrüsenfettes (Rutschke, 1960). Die Brust- und Bauchfedern sind sehr stark gekrümmt und mit den Spitzenteilen fest aufeinandergespannt, so daß eine glatte Oberfläche entsteht (Abb. 2/3). Die Einzelfedern sind gegeneinander nur schwer verschiebbar, weil mikroskopisch kleine Fortsätze an den Federstrahlen (Radii) der einen Feder zwischen die Äste der darüberliegenden Feder greifen. Die feinen Fortsätze sind so bemessen und angeordnet, daß sie insgesamt ein Maschenwerk von hoher Regelhaftigkeit bilden. Die mikroskopisch kleinen Lücken zwischen den Teilchen sind genauestens auf die Oberflächenspannung des Wassers abgestimmt, so daß dieses bei Benetzung abperlt und nicht durchnässend ins Gefieder dringt.

Das Bürzeldrüsenfett, das mit dem Schnabel in täglich wiederholter zeitaufwendiger Zeremonie in den Federn verteilt wird, sichert die Schmiegsamkeit und Haltbarkeit der feinen Strukturelemente. Es ist gewissermaßen ein Kosmetikum, dessen die Gänse unabdingbar bedürfen, um die Wasserfestigkeit nicht zu verlieren.

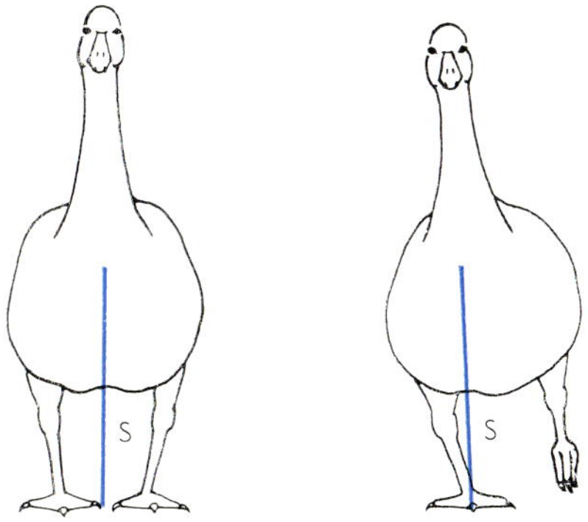

Abb. 2/1
Schreitbewegung der Graugans *(Anser anser)* Durch Schrägstellung der Beine wird erreicht, daß der Fuß jeweils senkrecht unter dem Körperschwerpunkt aufgesetzt wird. Daraus erklären sich sowohl der »watschelnde« Gang der Gänse wie ihre Fähigkeit, lange Zeit auf einem Bein stehen zu können (nach Hudéc und Rooth, 1970)

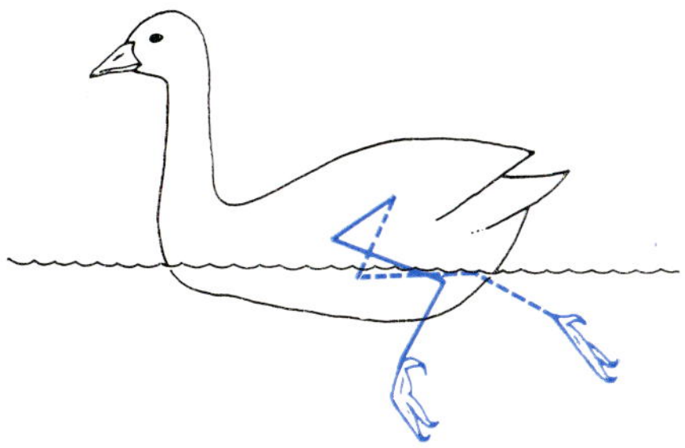

Abb. 2/2
Bewegungsform der Graugans *(Anser anser)* beim Schwimmen (nach Hudéc und Rooth, 1970)

Der kahnförmige Körper der Gans ist als Anpassung an das Schwimmen aufzufassen. Wie das breite Ruderboot des Anglers, dem es auf sichere Gleichgewichtslage und weniger auf die Schnelligkeit des schlanken Sportbootes oder Kanus ankommt, bietet der in stabiler Lage auf dem Wasser ruhende Gänsekörper für Wind und Wellenschlag nur wenig Angriffsfläche. Zwar suchen Gänse bei heftigem Wind schützende Uferpartien auf, doch das Schwimmen selbst ist bei starkem Wellengang nicht beeinträchtigt. Gänse tauchen nur ausnahmsweise und bleiben nur kurzzeitig unter Wasser. Bei drohender Gefahr, etwa beim Angriff durch einen Flugfeind, tauchen sie jedoch so rechtzeitig und geschickt, daß es dem Angreifer, etwa einem Seeadler, wohl nur ausnahmsweise gelingt, eine unverletzte Gans zu erbeuten.

Der Flug der Gänse ist ein gut fördernder Kraftflug. Schneller Höhengewinn und rasche Wendemanöver im Fluge sind Gänsen im allgemeinen nicht möglich. Beim Anflug an das Schlafgewässer lassen sie sich aus größerer Höhe trudelnd bis wenige Meter über dem Wasser fallen und setzen nach Wiedergewinn der Gleichgewichtslage im flachen Gerade-

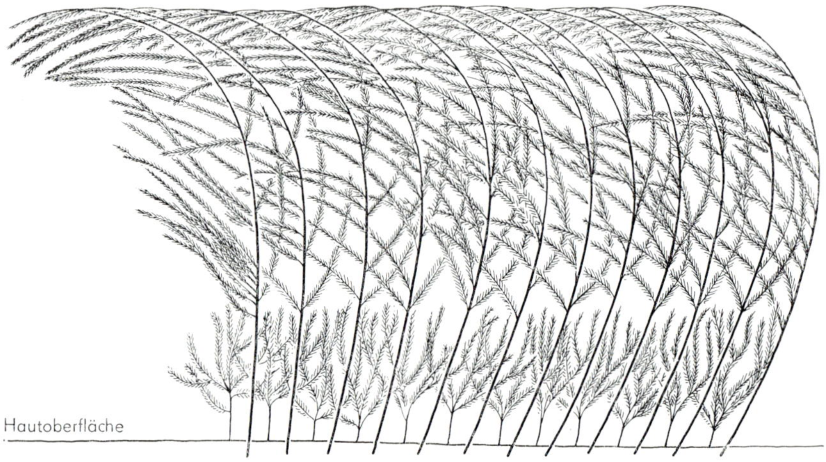

Abb. 2/3
Anordnung der Federn auf der Unterseite einer Gans (schematisch)
Infolge der Krümmung des Schaftes überdecken sich die Konturfedern mit ihren Spitzenteilen, so daß eine geschlossene Oberfläche entsteht. Die zwischen den Konturfedern stehenden Dunen schließen ein wärmedämmendes Luftpolster ein.

Abb. 2/4
Die Hand- und Armschwingen der Gänse sind unterseits in Schaftnähe mit einer silberglänzenden Schicht belegt (Glanzstreifen)
a – Feder einer Handschwinge,
b – Querschnitt durch Schaft und Äste,
c – Ast der Innenfahne in Schaftnähe
Die mikroskopische Betrachtung zeigt, daß diese Schicht aus lamellenartig verbreiterten, stark gekrümmten und dadurch aufeinander gespannten Ästung besteht. Der sich daraus ergebende aerodynamische Vorteil steht in Zusammenhang mit der hohen Flächenbelastung des Flügels der Gänse.

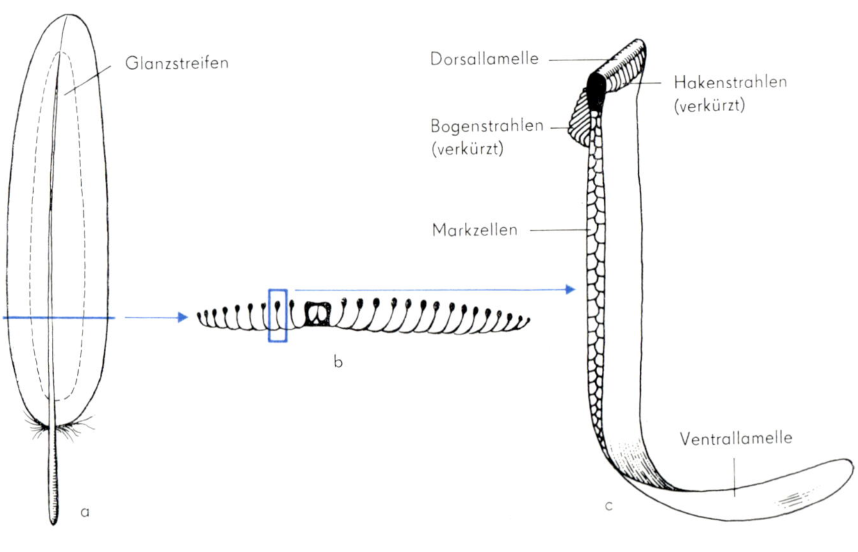

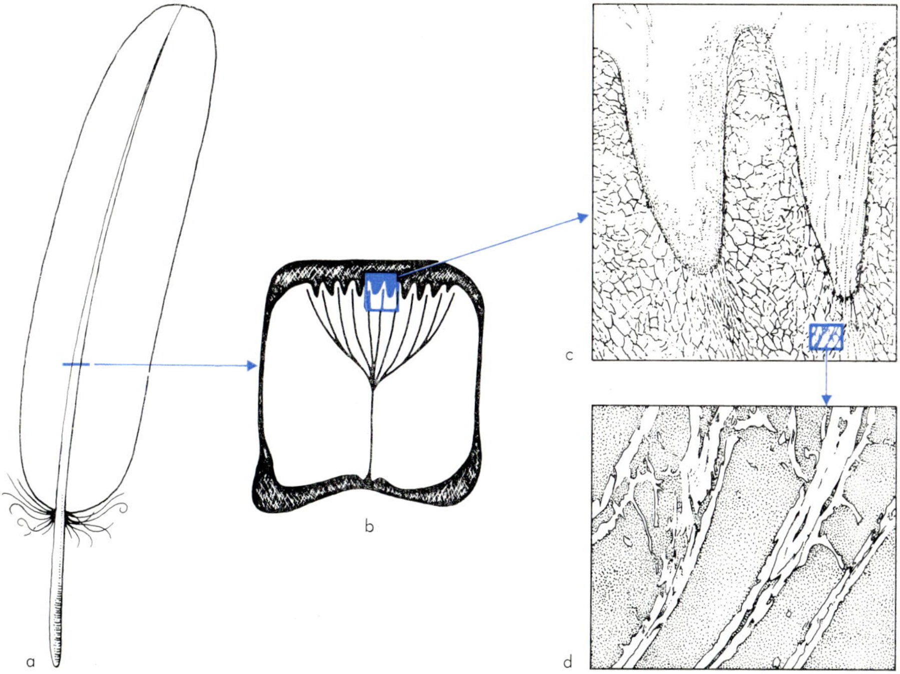

Abb. 2/5
Zur Statik des Schaftes der Schwungfeder einer Saatgans *(Anser fabalis)*
a – Schema einer Schwungfeder; die gestrichelte Linie kennzeichnet die Querschnittebene der Abb. 2/5 b
b – Querschnitt durch den Schaft,
c – Mikroskopische Struktur der Keratinlamelle an der Oberseite des Schaftinnern,
d – Ultrastruktur einer Keratinlamelle
Die Ober- und Unterseite ist durch zusätzliche Keratineinlagerungen verstärkt. Durch das Schaftinnere ziehen Keratinbänder, die die Biegefestigkeit bei vertikaler Beanspruchung erhöhen.

ausflug zur Landung an, bei der sie die Geschwindigkeit mit den herabhängenden, die Wasseroberfläche berührenden Füßen abbremsen. Das Abheben vom Wasser beim Start bereitet Gänsen einige Mühe, weshalb sie wohl immer gegen den Wind starten und zunächst geradeaus fliegen.

Dem kraftvollen Flug der Gänse sind die stabilen Hand- und Armschwingen bestens angepaßt. Das kommt in strukturellen Besonderheiten verschiedener Art zum Ausdruck. Unterseits fällt an den Schwingen ein Glanzstreifen auf, dessen Ausdehnung von den äußersten Hand- bis zu den inneren Armschwingen abnimmt. Er rührt von lamellenartig verbreiteten Ästen her, die sich überlappen, so daß die Schwingen unterseits mit einer luftundurchlässigen Schicht (Abb. 2/4) bespannt sind (RUTSCHKE, 1965). Gänse fliegen mit hoher Flächenbelastung, die Schwingen müssen daher biegsam und bruchfest sein.

Diese speziellen Anforderungen erfüllen die Gänseschwingen durch das Profil des Schaftes (Abb. 2/5) und die statisch günstige Anordnung des kompakten Keratins sowie durch Keratinlamellen im Schaftinnern (RUTSCHKE, 1966).

Sinnesleistungen

Bei den Gänsen steht wie bei der Mehrzahl der Vögel der Lichtsinn im Vordergrund. Das Verhalten wird in viel stärkerem Maße durch den Lichtsinn erzielte Informationen bestimmt als durch andere Sinnesorgane. Daraus erklären sich einige auffällige Ähnlichkeiten mit Verhaltensweisen des Menschen und anderer sich optisch orientierender Lebewesen. Diese Ähnlichkeit in der Sinneswelt bewirkt, daß uns Menschen diese Tiere vertrauter erscheinen als viele der uns stammesgeschichtlich näherstehenden Säugetiere. Gänse verfügen über ein sehr gutes Sehvermögen, das selbst den mit diesen Tieren gut Vertrauten immer wieder überrascht. Selbst kleinste Veränderungen in der Umwelt, wie leichte Bewegungen im Versteck oder eine in großer Ferne auftauchende Person, werden augenblicklich wahrgenommen, wie der Wechsel zur Wachsamkeitshaltung verrät. In dieser Hinsicht übertreffen sie die Leistungsfähigkeit des menschlichen Auges. Das wird durch einige Besonderheiten in der Bauweise der Netzhaut und der Verknüpfung der Stäbchen und Zapfen mit den ableitenden Nervenfasern erreicht. Beim Menschen wird nur an einer Stelle der Netzhaut, dem sogenannten »gelben Fleck« ein scharfes farbiges Bild entworfen, bei der Gans geschieht das auf einem großen Areal der Netzhaut. Die seitliche Anordnung der Augen bewirkt eine erhebliche Vergrößerung des Gesichtsfeldes, was eine panoramaartige Abbildung des Geländes zuläßt. Die frontale Augenstellung, die für die Greifvögel und Eulen und auch für den Menschen typisch ist, kennzeichnet den Beutegreifer, der zunächst die Entfernung zur Beute genauestens bestimmt, die Beute gewissermaßen »optisch greifen« muß. Die seitliche Augenstellung ist ein Merkmal »auf Flucht bedachter« Tiere, die den potentiellen Feind rechtzeitig erkennen müssen. Feinste Bewegungen können analysiert werden, weil die Verschmelzungsfrequenz für aufeinander folgende Bilder bei der Gans viel geringer ist als beim Menschen. Was uns als langsame, aber kontinuierliche Bewegung erscheint, wird von der Gans noch in einzelne Bilder aufgelöst.

Der Gehörsinn ist bei Gänsen ebenfalls erstaunlich gut ausgebildet. Optimal wahrgenommen werden Laute im Frequenzbereich zwischen 500 und 2000 Hz. Die biologische Bedeutung des Hörens liegt vor allem in der innerartlichen Verständigung, die in Anbetracht der ausgeprägten sozialen Strukturiertheit eine große Rolle spielt. Da die stimmlichen Äußerungen der Gänse im Vergleich zu denen der Singvögel relativ einfach sind, darf angenommen werden, daß Frequenzunterschiede und andere Lautmodalitäten im Bereich der optimalen Empfindlichkeit genauestens wahrgenommen werden. Wahrscheinlich kann auch die zeitliche Aufeinanderfolge besser aufgelöst werden als beim Menschen. Diese Leistungsparameter des Gehörsinns sind für das individuelle Erkennen bedeutsam.

Ein ausgeprägtes Riechvermögen wird Gänsen im allgemeinen abgesprochen, obwohl die anatomischen Voraussetzungen dafür gegeben sind (Bang und Cobb, 1968; Pearson, 1972). Nach Würdinger (1979) reagieren erwachsene Graugänse auf mit Duftstoffen imprägniertes Futter mit »Kopfschütteln«, was beweist, daß sie Pflanzendüfte wahrnehmen.

Im Brutschrank geschlüpfte Gössel reagieren bereits in der 11. Lebensstunde in gleicher Weise auf Düfte wie erwachsene Gänse. Junge Gänse gewöhnen sich rasch an einen Duftstoff, der ihnen häufig geboten wird.

Die Leistungen des Tastsinnes, der an

verschiedene in der Haut gelegene Sensoren gebunden ist, sollen an zwei Beispielen erläutert werden. Das eine betrifft die Schnäbel der Gänse, die besonders im Spitzenbereich und im Bereich der Schneiden mit Tastsinneseinrichtungen, den Herbstschen Körperchen, dicht besetzt sind. Dadurch ist es den Tieren möglich, Unterschiede in der Beschaffenheit der Nahrung genauestens zu identifizieren. Das andere betrifft die Fähigkeit, den Ordnungszustand des Kleingefieders, der, wie bereits erläutert, für die Wasserfestigkeit unabdingbar notwendig ist, über sensorische Einrichtungen zu ermitteln, die die Wurzeln (Papillen) der Fadenfedern umhüllen. Die Fadenfedern werden als zarter Flaum sichtbar, wenn man eine Gans rupft. Jeder Konturfeder ist eine Fadenfeder zugeordnet. Ändert sich die Lage der Konturfeder, dann bewirkt das eine Verbiegung der zugehörigen Fadenfeder, wodurch der tastempfindliche Bereich an deren Basis gereizt und dem Nervensystem mitgeteilt wird. Kleinste Verschiebungen in der Anordnung der Federn werden auf diese Weise registriert und durch Putzbewegungen mit dem Schnabel korrigiert.

Verhalten und Lernvermögen

Gänse verfügen über ein reichhaltiges Arsenal verschiedenster Bewegungs- und Verhaltensweisen, die angeboren sind. Viele davon, insbesondere die zum Funktionskreis der Fortpflanzung gehörenden, sind gut bekannt und genauestens beschrieben. Vieles geht auf Heinroth (1928) zurück, der die Verhaltensweisen der Graugans bei der Aufzucht von Gösseln und im Zoo kennenlernte. Anschaulich beschrieb er die mit dem »Triumphgeschrei« verbundene Gestik, und andere an die Fortpflanzung geknüpfte Verhaltensweisen, sowie das Repertoire der Bewegungsweisen und Verhaltensformen der Graugansküken.

Balz: Die zur Balz der Graugans gehörenden erblich fixierten Bewegungsformen sind durch Fischer (1965) beschrieben und durch Fotos und Skizzen belegt worden. Sie sind eines der wenigen wirklich gut analysierten Beispiele für erblich koordinierte, zu einer Handlungskette verknüpfte Verhaltensweisen (Abb. 2/6). Für die Schneegans *(Anser caerulescens)* und die Kanadagans *(Branta canadensis)* liegen vergleichbare Analysen vor.

Körperpflegeverhalten: Wildgänse verwenden einen großen Teil ihrer Zeit auf die Pflege ihres Körpers, vor allem des Gefieders. Neben der täglichen Sättigung dürfte ihr Wohlbefinden ganz wesentlich davon abhängen, daß sich das Gefieder jederzeit in tadellosem Zustand befindet. Nur mit einem peinlich genau geordnetem Federkleid können sie sich auf das Wasser begeben, ohne zu durchnässen. Das Federkleid schützt den Körper vor Wärmeverluste, und die Schwingen ermöglichen den Flug. Die Pflege des Körpers erfolgt durch Bewegungen, die arttypisch in gleicher, sich wiederholender Weise (ritualisiert) ausgeführt werden.

- Einfetten des Gefieders – Das Fett der Bürzeldrüse wird gewonnen, indem der Kopf beidseits mehrfach über diese hinweggerieben wird. Die auf diese Art eingefetteten Kopffedern dienen nun ihrerseits als »Putzmittel«, indem der Kopf abschnittsweise, in sich wiederholendem Vorgang, über alle Federpartien hinwegbewegt wird. Ein gleichmäßiges Verreiben des Sekrets wird erreicht, indem die Kopffedern mehrfach an der Bürzeldrüse nachgefettet werden. Gefangen gehaltene Graugänse fetten

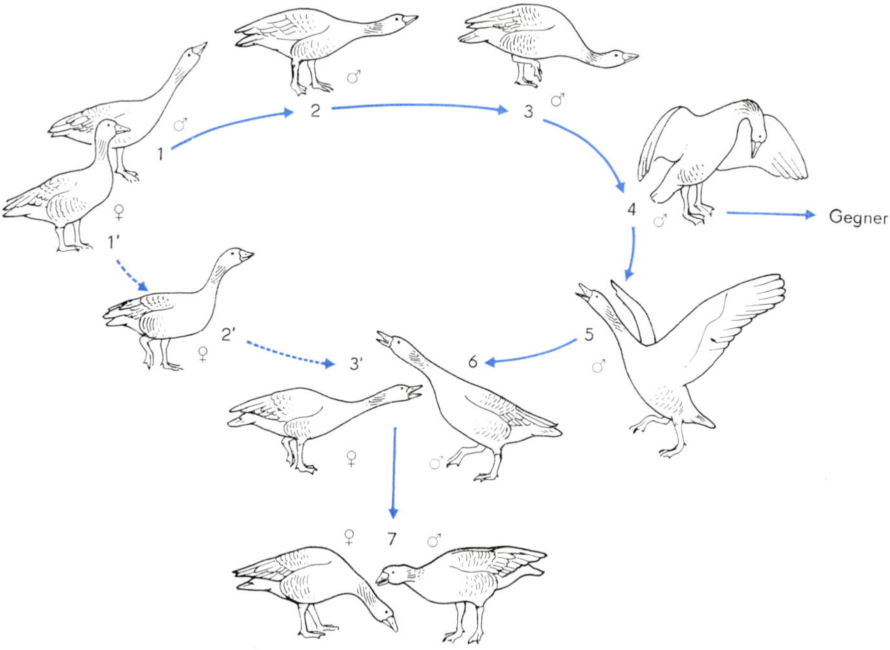

Abb. 2/6
Verhaltensritual der Graugans *(Anser anser)* (♂) bei der Abwehr eines Gegners (Triumphgeschrei) (nach Hudéc und Rooth, 1970, verändert)
1 – Ausgangssituation,
2, 3 – Angriff des Ganters,
4 – Wendung nach Vertreiben des Gegners,
5 – Rückkehr zur Gans,
6 – Gans und Ganter vereint nach erfolgreicher Abwehr des Gegners (»Rollen«),
7 – Abklingen der Erregung (Schnattern)

sich während des Tages mehrfach ein, Freilanduntersuchungen fehlen. Die Gössel entnehmen bereits wenige Tage nach dem Schlupf Sekret aus der Bürzeldrüse, fetten die Dunen jedoch durch Berührung mit dem Federkleid der Eltern ein.

● Ordnen des Gefieders – Die einzelne Feder kann ihre Aufgabe nur erfüllen, wenn ihre Einzelteile, die Äste, geordnet und die Verhakungsmechanismen der Strahlen intakt sind. Die dazu erforderliche Ordnung wird erreicht, indem jede Feder mit dem Schnabel von der Wurzel zur Spitze hin »beknabbert« wird. Dabei handelt es sich um sehr schnelle ruckweise erfolgende Bewegungen, die eine Glättung der Einzelfeder und deren Einordnung in das Federkleid bewirken. Diese Form der Gefiederpflege ist besonders häufig nach dem Baden zu beobachten.

Das Ordnen der Federn eines Flügels wird bei Graugänsen eingeleitet, indem der betreffende Flügel zunächst kräftig geschüttelt wird. Es ist denkbar, daß dadurch zunächst eine Lockerung der Deckfedern erreicht wird, die das nachfolgende Ordnen erleichtern.

● Baden – Zum Baden suchen Graugänse flaches Wasser auf. Sie beginnen das Bad, indem sie Kopf und Hals eintauchen und dann den Kopf so rasch fast senkrecht emporheben, daß das Wasser über den Körper abfließt. Diese Bewegung wird mehrfach wiederholt und besonders im Sommer in spielerisch heftiger Weise ausgeführt. Badebewegungen werden auch mit den Flügeln ausgeführt. Der Vogel neigt sich zur Seite, breitet den betreffenden Flügel aus und schlägt ihn heftig ins Wasser. In gleicher Weise wird mit dem anderen Flügel verfahren.

Nach erfolgtem Bade wird das Gefieder gesträubt, so daß der Vogel aufgeplustert aussieht. Mit kräftig schüttelnder Bewegung des ganzen Körpers wird das Wasser von den Federn gespritzt. Dieses »Sich-Schütteln« erfolgt auch beim Ordnen des Gefieders. In gleicher Weise werden auch einzelne Teile des Körpers »geschüttelt«, so Schwanz und Kopf.

Baden, Ordnen des Gefieders und Einfetten folgen zeitlich häufig aufeinander, ohne daß die Reihenfolge ganz streng eingehalten wird. Mit diesen drei Verhaltensweisen, die sich funktionell gut verstehen lassen, sind andere, weniger eindeutige Bewegungen verknüpft. Beim Ordnen der Federn kratzen sich Grau- und Saatgänse mit der Mittelzehe eines Fußes. Dazu wird der Fuß gehoben und nach vorn gelegt, zugleich wird der Kopf gesenkt und seitlich gedreht. Gekratzt wird vor allem im Kopf- und Halsbereich, jedoch auch an anderen Körperstellen, und zwar in Form einer sehr frequenten Bewegung.

Zur Körperpflege sind ferner das Reinigen der Füße durch Pickbewegungen mit dem Schnabel und das Schnabelwaschen zu rechnen. Der Schnabel wird gewaschen, indem er zunächst mehrfach ins Wasser getaucht, emporgehoben und dann der Kopf kräftig geschüttelt wird.

Ruhen und Schlafen: Ruhende oder schlafende Gänse sind auf den ersten Blick durch den im Rückengefieder steckenden Kopf zu erkennen.

Dazu drehen sie den Hals nach hinten und stecken Schnabel und Vorderkopf zwischen die zusammengelegten Flügel. Die Augen sind jedoch nie von Federn bedeckt, so daß beim Öffnen die Umgebung sofort gemustert werden kann. Die Schlafhaltung wird eingenommen, indem der Vogel auf einem Bein ruht und das andere ans Bauchgefieder zieht oder indem er sich hinsetzt.

Sonstige Verhaltensweisen: Vor oder nach Ruhepausen führen Graugänse mit einiger Regelmäßigkeit sehr auffällige, jedoch funktionell nicht eindeutig erklärbare Bewegungen aus. Dazu gehört das »Sich-Strecken«. Die stehende Gans hebt ein Bein und streckt es mit dem geöffneten Flügel der gleichen Seite weit zurück. Dabei wird das Körpergewicht kompensierend auf die andere Seite übertragen. Die Bewegung erinnert an die Reck- und Streckbewegungen, die wir nach dem Schlafen ausführen, um schneller beweglich zu werden. Wahrscheinlich bewirken sie eine Beschleunigung der Blutzirkulation. Vor oder nach Schlafpausen strecken Graugänse Hals und Kopf weit nach vorn, wobei der leicht aufwärts weisende Schnabel weit geöffnet ist. Die Bewegung erinnert an das Gähnen der Säugetiere.

Lernfähigkeit: Wie bei vielen Tieren so sind auch bei Gänsen prinzipielle Bewegungsformen wie Laufen, Schwimmen und Fliegen erblich fixiert und werden ohne Erfahrung beherrscht. Erblich festgelegt sind ferner die zur Nahrungsaufnahme gehörenden Bewegungsweisen und fast alles an Gesten, Posen und Bewegungsmustern, was zum Funktionskreis Fortpflanzung gehört (Abb. 2/7). In dieser Hinsicht unterscheiden sich Gänse nicht von anderen Vögeln, bei denen das zu den existentiellen Funktionen Nahrungserwerb und Fortpflanzung gehörende Verhalten großenteils erblich festgelegt ist.

Anders zu beurteilen sind jedoch jene Verhaltensweisen und zentralnervöse Leistungen, die den Kontakt zur Umwelt betreffen. Kenntnisse vom Brutplatz und der näheren Umgebung, der Beschaffenheit der Nahrung, der Lage von Sammel- und Rastplätzen, Wanderrouten und Überwinterungsquartiere werden erlernt. Selbst die Bindung der Partner aneinander und die der Kinder an die Eltern erfolgt in Form von Lernvorgängen. Gänse sind für eine Vogelart erstaunlich lernfähig. Das betrifft ihre Fähigkeit, neue Nahrungsquellen zu erschließen, geschützte Plätze aufzufinden und Feinde zu erkennen und abzuwehren.

Auch in der Reaktion auf Lärm zeigt sich die Lernfähigkeit der Gänse. Kraftfahrzeuge und landwirtschaftliche Maschinen stören sie nicht, und auch Flugzeuglärm wird toleriert. Selbst auf den heftigen Knall von Überschallflugzeugen reagieren sie nur dann, wenn sie diesen nur gelegentlich hören. An den Lärm und den Anblick von Kleinflugzeugen (Agrarflugzeuge) gewöhnen sich Gänse, und es trifft durchaus nicht zu, daß Kleinflugzeuge in jedem Falle »eine Gegend gänseleer fegen« wie SCHRÖDER (1974) schreibt. Auch hierbei spielt die Regelmäßigkeit des Ereignisses und die daraus folgende Gewöhnung die entscheidende Rolle (KÜHL, 1979). Dagegen werden ungewohnte heftige Geräusche mit sofortigem Auffliegen beantwortet. Auf Gewehrschüsse reagieren Gänse, die regelmäßig bejagt werden, mit unverzüglicher Flucht.

Wie schnell Gänse es lernen, ihren Vorteil zu nutzen, bewiesen Ringelgänse (Unterart *Branta bernicla hrota*), die vor der Küste von New Jersey überwintern. Dort näherten sie sich bis auf wenige Meter den Fischern, die von Booten aus Muscheln fischten und dazu Unterwasservegetation entfernen mußten, so daß diese oberflächennahe frei im Wasser flottierte. Die Gänse, die sonst diese Nahrungspflanzen tauchend weiden, wußten den Vorteil zu nutzen und ließen sich bei dieser vereinfachten Form des Weideganges durch die Anwesenheit der

Abb. 2/7
Paarungsverhalten der Graugans *(Anser anser)* (nach HUDÉC und ROOTH, 1970, verändert)
a – Paarungsaufforderung
b – Paarung
c – Paarungsnachspiel

Fischer und von den Booten startender Taucher nicht stören (KIRBY und OBRECHT, 1980).

Alles das legt die Frage nahe, weshalb gerade diese Tiere, deren Lernfähigkeit sich so auffällig von der anderer Tiere abhebt, das Schimpfwort »dumme Gans« erhielten. Eine einleuchtende Erklärung geht auf HEINROTH (1928) zurück. Er schreibt: »..., daß Vergleiche nur angestellt werden, wenn etwas Vergleichbares da ist und deshalb niemand von einer dummen Raupe sprechen würde. Die Gans aber, die mit ihren Verhaltensformen, ihren Familien und der daraus entsprechenden Anschlußbedürftigkeit in manchen Dingen den Herrinnen der Schöpfung ähnelt, aber ihnen im eigentlichen Denken ungemein nachsteht, reizt zum Vergleich. Man könnte es ihr also gewissermaßen zur Ehre anrechnen, in geistiger Beziehung überhaupt mit dem Menschen verglichen zu werden.«

Das erstaunliche Lernvermögen der Gänse ist von den Verhaltenswissenschaftlern zunächst wenig beachtet worden, obwohl HEINROTH (a. a. O.) ausdrücklich und mit warmen Worten darauf hingewiesen hat. Die Untersuchungen des Verhaltens waren weitgehend auf die Erforschung koordinierter Bewegungsabläufe und deren Modifikation durch äußere Reize gerichtet (z. B. LORENZ und TINBERGEN, 1938). Lernfähigkeit ist eine Eigenschaft, die bei allen sozial lebenden Wirbeltieren zu beobachten ist. Soziale Lebensweise und ein bestimmtes Maß an Lernfähigkeit bedingen einander. Deshalb überrascht es wenig, daß bei Gänsen differenzierte soziale Strukturiertheit mit ausgeprägter Lernfähigkeit korreliert ist. Es dürfte kein Zufall sein, daß der Mensch als lernfähigstes Lebewesen auch die kompliziertesten Sozialstrukturen ausgebildet hat.

Feindverhalten: Auf tierische Feinde reagieren Graugänse in sehr differenzierter Weise. Dem anfliegenden Seeadler suchen sie durch Auffliegen auszuweichen, der sitzende bleibt unbeachtet. Sowohl die auf dem Lande ruhenden wie die auf dem Wasser schwimmenden Gänse fliehen vor dem sich nähernden Seeadler. In großflächig verteilten Gänseansammlungen reagieren einzelne Trupps durch sukzessives Auffliegen. Dem schwerfällig fliegenden Seeadler gelingt es kaum eine erwachsene Gans zu erbeuten, wohl nur dann, wenn diese verletzt oder auf andere Weise geschwächt ist. Dagegen bedeutet der Seeadler für Graugansgössel eine ernsthafte Gefahr. An der Müritz (Mecklenburg, DDR) wurden einem Adlerpaar innerhalb eines Frühjahrs 26 Graugänse in der Beuteliste nachgewiesen (SCHRÖDER, 1974). Von den anderen einheimischen Greifvögeln haben nur Habicht und Wanderfalke Feindbedeutung. Auf den überhinfliegenden Habicht reagiert gewöhnlich nur ein Teil äsender Graugänse. SCHRÖDER (1974) berichtet, daß von 32 Graugänsen nur eine aufflog, als ein Habicht die Gruppe überflog. Ringelgänse, die während des Zuges an der Ostseeküste rasteten, fliehen vor jedem Greifvogel und anderen Großvögeln (KÖHLER, 1983). Sie fliegen vom Strand hinaus auf die offene See und kehren schwimmend zum Spülsaum zurück. Sie bleiben um so länger draußen, je intensiver die Störung war und umgekehrt.

Auf den sich nähernden Fuchs reagieren

Abb. 2/8
»Ersatzmütter« bei Graugansgösseln
Gänsegössel binden sich an die Eltern durch den Vorgang der Prägung. Sind in den Tagen nach dem Schlupf die natürlichen Eltern nicht vorhanden, kann die Bindung an beliebige Ersatzobjekte erfolgen.

Graugänse in ähnlich abgestufter Weise wie auf sich nähernde Menschen. Der Sicherheitsabstand kann wenige Meter betragen. Ein sich sichtbar im Gelände bewegender Fuchs bleibt zunächst unbeachtet. Am Tage dürfte es einem Fuchs kaum gelingen, gesunde Altvögel zu erbeuten.

Prägung: Jungen Gänsen ist die Kenntnis der Artmerkmale der Eltern nicht angeboren.

Die Bindung an diese entsteht durch einen spezifischen Lernvorgang, der als »Prägung« bezeichnet wird und sich in den ersten Lebenstagen vollzieht. Dabei werden die Form- und Farbmerkmale der Eltern und wahrscheinlich auch die individuellen Besonderheiten der Lautgebung erlernt, so daß die Eltern auch in einer größeren Gänseschar sicher herausgefunden werden. Wird Gösseln in der prägungslabilen Phase anstelle der Eltern ein Ersatzobjekt geboten, was eine Hühnerglucke, eine Brutente, eine Pute oder auch ein Mensch sein kann, dann erfolgt die Prägung auf dieses Objekt (Abb. 2/8). Die Prägung erfolgt irreversibel. Es ist also nach erfolgter Prägung auf ein fremdes Objekt nicht mehr oder nur schwer möglich, eine Bindung zu den leiblichen Eltern herzustellen. Bei der Aufzucht von Gänsen durch Hühnerglucken und Puten spielte die Nutzung der Prägung von jeher eine große Rolle. Die Gänse hütende »Gänseliesel«, der die Gänse willig folgen, wo immer sie hingeht, bringt das genauso zum Ausdruck, wie die Hühnerglucke, die mit Gänseküken umherzieht. Lorenz (1964) hat über diesen, jedem Bauern seit eh und je geläufigen Vorgang im Vokabular der Verhaltenswissenschaft in der Geschichte vom Graugansküken »Martina« berichtet.

Die prägungslabile Phase scheint nicht nur auf die ersten Lebenstage begrenzt zu sein, wie vielfach angenommen wird, denn häufig genug kommt es vor, daß sich bei Störungen von der Familie abgetrennte Küken anderen Familien anschließen. Wenn das in den ersten Lebenstagen geschieht, werden sie proplemlos von den Elterntieren geduldet. Der Anschluß an arteigene Familien ist nur dann nicht möglich, wenn eine Prägung auf »Eltern« mit artfremden Merkmalen erfolgte. Die Duldsamkeit der Eltern gegenüber Küken, die nicht zur eigenen Brut gehören, ist eine der Voraussetzungen für die Entstehung von »Kindergärten«, die sowohl bei Graugänsen wie bei anderen Gänsearten vorkommen.

Mauser

Unter dem Begriff Mauser werden die verschiedenen Formen des Federwechsels zusammengefaßt, die bei allen Gänsearten prinzipiell in gleicher Weise, in den Details jedoch artspezifisch verschieden, ablaufen. Die Besonderheiten sind Ausdruck von Anpassungen an die Lebensweise und an die jeweiligen ökologischen Bedingungen.

Frisch geschlüpfte Gössel tragen ein Dunenkleid, das den Körper größer erscheinen läßt als er in Wirklichkeit ist. Dunen sind schaftlose Federn. Im Unterschied zur Mehrzahl der Vögel besitzen die Dunen der Gänse- und Entenvögel einen kurzen Schaft, der in der Federpapille steckt. An ihm entspringen Äste, die mit mikroskopisch kleinen Fortsätzen, den Strahlen, besetzt sind. Äste und Strahlen sind so geordnet, daß dem Dunenkleid mechanische Stabilität und Wasserfestigkeit verliehen wird.

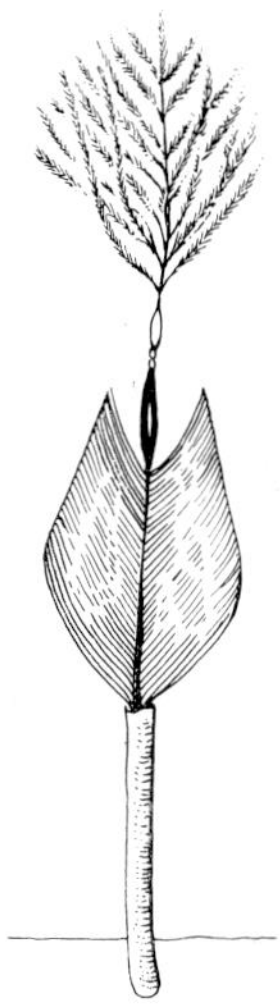

Abb. 2/9
Wachsende Feder des Juvenilkleides mit Dunenfeder an der Spitze (nach OWEN, 1980) Die Dunenfeder ist mit der Juvenilfeder fest verwachsen. Erstere wird von letzterer aus der Federpapille herausgeschoben.

Bei der Graugans wird das Dunenkleid in der 1. bis 3. Lebenswoche beginnend durch das Jugendkleid ersetzt. Der Wechsel beginnt im Schulter- und Schwanzbereich. Die Dunen werden von den sprießenden Federn des Jugendkleides aus den Papillen geschoben und bleiben zunächst auf den Spitzen der neuen Federn sitzen (Abb. 2/9). Beide Federgenerationen sind miteinander verwachsen. Erst nach einigen Wochen brechen die frei hervorstehenden Dunen von den Spitzen der nachrückenden Federn ab. Bei Graugänsen ist bereits nach 5 Wochen $^{3}/_{4}$ des Dunenkleides durch das Jugendkleid ersetzt, und nach 6 Wochen sind die Dunenfedern bis auf Reste am Hals und Hinterkopf verschwunden. Trotzdem ist die Flugfähigkeit noch nicht erreicht, weil die Arm- und Handschwingen bis zur vollständigen Ausformung längere Zeit benötigen. Ihr Wachstum setzt bereits in der 4. Lebenswoche ein, jedoch erst mit etwa 8 Wochen sind sie voll ausgewachsen. Fliegen können die Gänse bereits kurze Zeit vorher. Mit dem Erlangen der Flugfähigkeit ist der erste Gefiederwechsel, die Mauser vom Dunen- ins Jugendkleid, abgeschlossen.

Mauser vom Jugendkleid ins 2. Jahreskleid: Wenige Wochen nach dem Abschluß der Mauser ins Jugendkleid setzt die Mauser ins 2. Jahreskleid ein. Sie wird als Jugendmauser bezeichnet und zieht sich über den Herbst bis in den Winter hin. In ihrem Verlauf wird das gesamte Körpergefieder erneuert, nicht aber die Arm- und Handschwingen und die zugehörigen Deckfedern. Die neuen Federn führen bei den Arten der Gattung *Anser* zur Aufhellung des Rückengefieders, das im Jugendkleid bräunlich wirkt.

Jahresmauser: Ab dem 2. Kalenderjahr wechseln alle Gänsearten das Gefieder in Form einer Vollmauser, die mit dem Abwurf der Hand- und Armschwingen beginnt (Abb. 2/10). Die noch nicht fortpflanzungsfähigen und die im Brutgeschäft gestörten Gänse wandern dazu an besondere Mauserplätze (vgl. Abschnitt Populationsdynamik. Bei diesen Tieren erfolgt die Schwingenmauser ab Ende Mai/Anfang Juni, bei den Brutvögeln gewöhnlich erst ab Mitte Juni, nicht jedoch bevor die Jungen etwa 4 Wochen alt sind. Nach HEINROTH (1928) werfen bei der Graugans die Ganter die Handschwingen einige Tage später ab als die weiblichen Tiere.

Die neuen Schwingen wachsen täglich 9 bis 10 mm. Nach 5 Wochen sind sie vollständig erneuert. Während der Schwingenmauser sind die Gänse für mehrere Wochen flugunfähig. In der Dauer der Flugunfähigkeit unterscheiden sich die einzelnen Arten. Weißwangen-

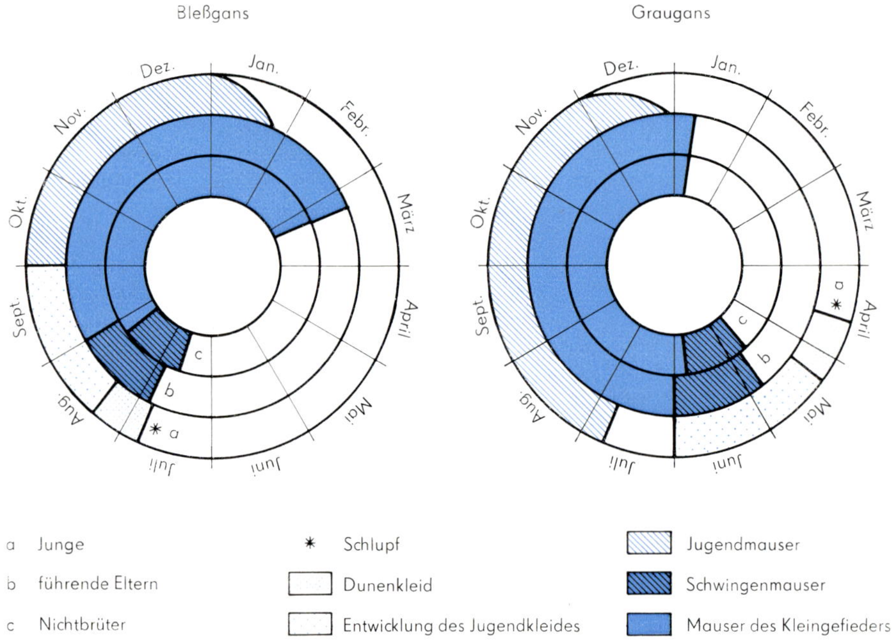

Abb. 2/10
Gefiederentwicklung, Dauer und Formen der Mauser bei Jung- und Alttieren der Graugans *(Anser anser)* in Mitteleuropa und der Bleßgans *(Anser albifrons)* in Nordeuropa

gänse können schon fliegen, wenn die Handschwingen 60 bis 70 % ihrer normalen Länge erreicht haben, Kanadagänse sind dazu erst in der Lage, wenn die Schwingen fast ausgewachsen sind. Insgesamt sind die Kenntnisse über die genaue Dauer der Flugunfähigkeit und die Geschwindigkeit des Wachstums der Handschwingen bei den einzelnen Arten unzureichend. Im allgemeinen haben die Altvögel die Flugfähigkeit wieder erreicht, wenn auch die diesjährigen Jungvögel flügge sind.

Zeitgleich mit dem Wechsel der Schwingen erfolgt die Erneuerung der Flügeldeckfedern, was sich über längere Zeit hinzieht. Erst nach Abschluß des Schwingenwechsels setzt die Erneuerung des Körpergefieders ein. Sie beginnt an der Unterseite, erfaßt jedoch bald auch den Rücken und andere Körperpartien sowie die Schwanzfedern. Es dauert bis in den Winter hinein (Dezember, sogar Januar) ehe die Kleingefiedermauser abgeschlossen ist. In nördlichen Gebieten verläuft die Mauser schneller und zeitlich genauer synchronisiert als in südlichen. Über die Regulation der Mauser durch äußere und innere Faktoren fehlen Untersuchungen. Wahrscheinlich spielen wie bei den Entenvögeln neben dem Licht als wichtigstem Umweltfaktor die Sexualhormone und das Schilddrüsenhormon die entscheidende Rolle. Der hohe Energieverbrauch während der Schwingenmauser zwingt die Gänse zu intensiver Nahrungsaufnahme. Nach EBBINGE et al. (1975) verwenden mausernde Weißwangengänse auf Spitzbergen 36 % der Tageszeit dafür. Trotzdem sind Gänse während der Mauser nicht in der Lage, ihre Körpermasse zu halten. Sie wiegen in dieser Phase weniger als zu irgendeiner anderen Zeit im Jahreszyklus. Von der Abnahme der Körpermasse ist bei der Kanadagans, der einzigen Art, die in dieser Hinsicht gut untersucht ist, besonders der Brustmuskel betroffen, wohingegen die Beinmuskulatur sogar zunimmt. Dieser Sachverhalt wurde von HANSON (1962) im Sinne einer Anpassung an den Federwechsel und die Flugunfähigkeit gedeutet. Das eingesparte Eiweiß des Brustmuskels dient zum Aufbau der neuen Federn, und durch die besser ausgebildete Beinmuskulatur wird die eingeschränkte Beweglichkeit wenigstens teilweise kompensiert.

Ernährung

Gänse ernähren sich von pflanzlicher Kost. Die Anatomie des Schnabels und der Verdauungsorgane und die Verdauungsphysiologie sind darauf abgestimmt. Trotzdem verschmähen sie auch tierische Nahrung nicht. HEINROTH (1928) stellte bei Graugans-Gösseln eine ausgesprochene Vorliebe für Ameisenpuppen fest. Sie fraßen auch die Fleischbrocken, die für junge Seeschwalben bestimmt waren. Die Aufnahme von fleischlicher Nahrung ist jedoch von untergeordneter Bedeutung. Möglicherweise spielt sie in bestimmten Phasen der Jugendentwicklung eine gewisse Rolle, denn es ist bekannt, daß Gössel Mückenlarven und auf dem Wasser treibende Insekten aufnehmen und auch nach Insekten schnappen, die in ihre Nähe kommen.

Abb. 2/11
Nahrungswahl durch in Gefangenschaft gehaltene Kurzschnabelgänse *(Anser brachyrhynchos)* und Weißwangengänse *(Branta leucopsis)* (nach OWEN, 1978/79)

Nahrungsaufnahme

Gräser, Kräuter und Pflanzenteile verschiedener Art, Getreidekörner und andere Sämereien bilden die Hauptnahrung der Wildgänse (Abb. 2/11). Körner und Samen werden mit dem Schnabel einfach aufgenommen, wenn diese oberflächlich zu finden sind. Komplizierter ist der Vorgang des Abbeißens und Abzupfens von Pflanzenteilen. Dazu ist der Schnabel in besonderer Weise spezialisiert. Bei allen Arten der Gattung Anser sind die Ränder des Oberschnabels in Form einer Zahnleiste ausgebildet, die die glatten, schneideartig scharfen Ränder des Unterschnabels überdeckt (Abb. 2/12 a und b). Gräser oder Halme werden mit dem Schnabel seitlich ergriffen, fest zwischen die Schnabelränder geklemmt und dann durch Heben des Kopfes abgezupft. Dabei tritt zusätzlich eine

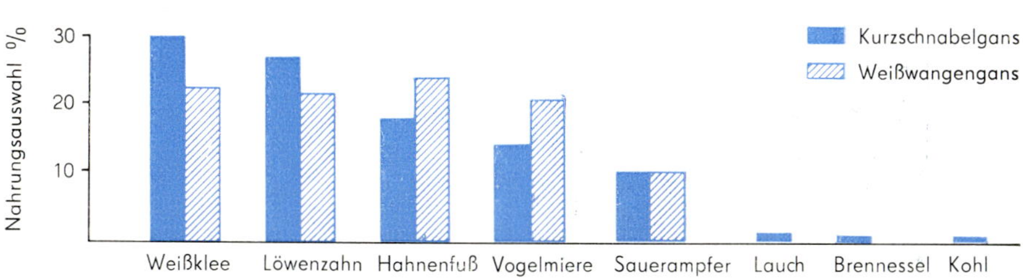

Schneidewirkung auf. Diese allein kann bei weichen Grünteilen die Abtrennung bewirken. Blattspitzen und sehr zartes sprießendes Grün werden mit der Schnabelspitze gefaßt und zupfend abgerissen.

An der Schnabelspitze überwölbt der Oberschnabel den Unterschnabel stärker als am Schnabelgrund. Bei den Gänsen der Gattung *Branta* sind Zahnleisten nur andeutungsweise ausgebildet. Die Schnäbel der verschiedenen Arten gleichen sich zwar prinzipiell, doch es gibt auffällige art- und unterartspezifische Unterschiede. Sie betreffen Größe, Form und die Ausbildung der Zahnlamellen. Besonders groß, klobig und mit harten Zahnlamellen ausgestattet sind die Schnäbel der Graugans, einer sibirischen Unterart der Saatgans *(Anser fabalis serrirostris)* und der Schneegans. Sie dienen zum Abschneiden der härteren Gräser, zum Abrupfen von Stengeln und Halmen und zum Beknabbern fester Kost wie Kartoffeln und Maiskolben.

Kürzer und feiner gezähnt sind die Schnäbel der Tundra-Saatgans *(Anser fabalis rossicus)* und der Kurzschnabelgans. Beide Arten sind in viel stärkerem Maße Weidegänger, die ihre vorzugsweise aus jungen Gräsern bestehende

Abb. 2/12
Länge der Schnäbel bei den europäischen Gänsearten (nach LEBRET et al., 1976) sowie Form des Schnabels (nach BAUER und GLUTZ v. BLOTZHEIM, 1968; OWEN, 1980)

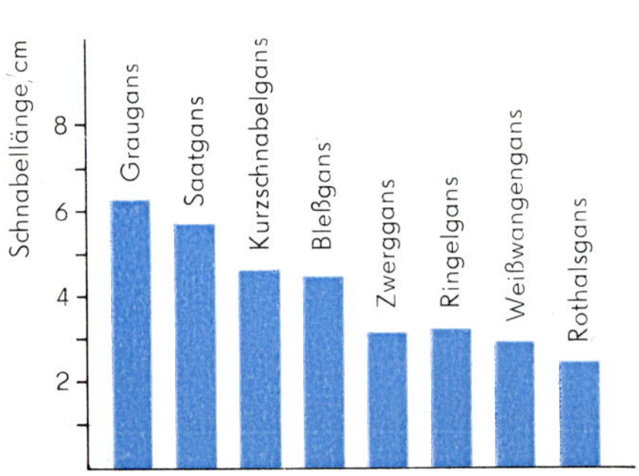

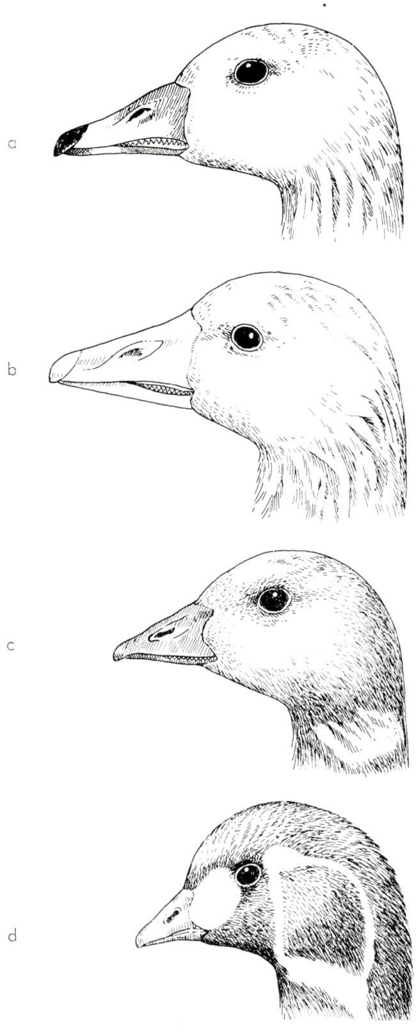

a – Saatgans: kräftiger, seitlich bezahnter Schnabel; geeignet zum seitlichen Abzupfen von kurzen Pflanzen und zur Körneraufnahme;

b – Graugans: Schnabel noch kräftiger und klobiger als der der Saatgans, jedoch funktionell weitgehend mit diesem übereinstimmend;

c – Ringelgans: kurzer, seitlich wenig bezahnter Schnabel;

d – Rothalsgans: kurzer, gedrungener Schnabel, vorzugsweise zur pickenden und zupfenden Nahrungsaufnahme;

Nahrung seitlich mit dem Schnabel rupfen. In gleicher Weise setzt die Bleßgans ihren Schnabel ein. Er ist besonders fein gezähnt. Bleßgänse holen gelegentlich frisch gedrilltes Getreide mit dem Schnabel grabend hervor. Dazu ist es erforderlich, die Getreidekörner mit dem Erdreich vermengt gewissermaßen aus der Erde herauszusieben. Die feingezähnten Schnabelränder sind dazu besonders geeignet. Der kurze kaum gezähnte Schnabel der Zwerggans ist im Vergleich zu den anderen Arten ein typischer Pickschnabel. Halme und Gräser werden mit der Schnabelspitze gefaßt und abgezupft. In dieser Weise weidet auch die kurzschnäblige Rothalsgans. Noch kürzere Schnäbel haben Weißwangen- und Ringelgans. Diese sind auf das Abzupfen von Unterwasservegetation spezialisiert.

Enge Beziehungen bestehen zwischen Schnabelbau und Ausbildung der Nackenmuskulatur. Diese ist besonders kräftig bei den Arten, die ihre Nahrung pickend und zupfend aufnehmen. Der Schnabelbau, die Techniken der Nahrungsaufnahme und die Bevorzugung bestimmter Nahrungspflanzen bilden eine sich wechselseitig bedingende Einheit.

Zwar ist der Schnabelbau sichtbarer Ausdruck für die Anpassung an unterschiedliche Nahrung, doch die Möglichkeiten zur Nutzung unterschiedlicher Nahrung sind bei allen Arten groß. Den evolutiven Prozeß, der die Anpassung bewirkte, beeinflußte die Ernährungsform während und außerhalb der Fortpflanzungsperiode. OWEN (1980) mißt der Ernährung außerhalb der Brutzeit besondere Bedeutung zu, wobei er unterstellt, daß sich die Ernährungsweise zur Brutzeit bei allen Gänsearten ähnelt. Das trifft zwar zu, doch die Nahrungspflanzen sind unterschiedlich, was die Technik des Nahrungserwerbs zwangsläufig beeinflußt und damit evolutive Bedeutung erlangen kann. Außerdem gibt es Arten, bei denen die Ernährungsform über das Jahr hinweg prinzipiell gleich bleibt. Die Saatgans ernährt sich in ihrer nordischen Brutheimat im Frühjahr und Sommer vom Grün sprießender Gräser. Wenn die Tiere im Herbst nach Mitteleuropa kommen, ernähren sie sich von junger Getreidesaat, also einer Nahrung, die sehr ähnlich beschaffen ist wie die zur Brutzeit bevorzugte. Im Winter und im Frühjahr bleiben sie bei der Ernährung von jungen Saaten, brauchen die Technik der Nahrungsaufnahme also nicht zu ändern. Über die Ernährung der Zwerggans liegen nur aus Ungarn Angaben vor. Sie stammen von STERBETZ (1978), der den Mageninhalt von 100 Zwerggänsen analysierte. Er fand überwiegend junge Blätter von Pflanzen der natürlichen Steppenvegetation. Die günstigen Ernährungsbedingungen auf abgeernteten Maisfeldern, die Saat- und Bleßgänse bestens nutzen, sind für die Zwerggänse bedeutungslos. Wahrscheinlich können sie die fest in den Maiskolben sitzenden Körner mit ihren relativ kleinen Schnäbeln nicht erfolgreich beknabbern. Ihre Nahrungsquellen sind die natürlichen Gräser, wie sie in Ungarn noch in Resten als Pußta in den Weiten der Ebene östlich der Theiß zu finden sind. Nur ausnahmsweise äsen sie auf Feldern mit junger Getreidesaat.

Die aus Grönland und Island im Herbst in Schottland eintreffenden Kurzschnabelgänse weiden unmittelbar nach dem Eintreffen auf Gerstestoppeln und abgeernteten Kartoffelfeldern. Im Winter ernähren sie sich von Getreidesaat.

Verdauungsorgane und Ernährungsweise

Die vegetarische Ernährung der Gänse, insbesondere die Bevorzugung von Gräsern und grünen Blatteilen, ist Ausdruck einer Spezialisierung, auf die die Bauweise des Verdauungstraktes abgestimmt ist. Merkmale dieser Angepaßtheit sind der lange, dehnbare Oesophagus, der kräftige Muskelmagen und die beiden gut ausgebildeten Blinddärme (Abb. 2/13).

Mit der Spezialisierung auf überall vorhandene, leicht erlangbare Pflanzenkost mußten die Gänse einen Nachteil in Kauf nehmen, der seinen Preis fordert. Grüne Pflanzenteile enthalten vergleichsweise zu tierischer Kost nur wenig Energie. Das hat zur Folge, daß sie im Verhältnis zur Körpermasse viel Nahrung aufnehmen müssen, was Zeit kostet. Sie sind deshalb zu rationeller Zeitökonomie gezwungen oder müssen sich in bestimmten Lebensphasen Energiereserven anlegen. Eine gewisse Zeitersparnis bei der Nahrungsaufnahme wird durch den Oesophagus erreicht, der als Speicherorgan dient, doch er kann nur 10 % des aufgenommenen Futters speichern. Die Funktion des Magens ist eine doppelte: Da er bei allen Arten als kräftiger Muskelmagen ausgebildet ist, dessen innere Wandung verhorntes Epithel schützend umkleidet, dient er einerseits der Zerkleinerung der aufgenommenen Nahrung, woran Sand und kleine Steine, die sich ständig im Mageninnern befinden, beteiligt sind. Durch knetende Bewegungen der Magenmuskulatur werden die Pflanzenteile zwischen den Steinen zerrieben. Andererseits wird im drüsigen Teil des Magens auch der chemische Aufschluß der Nahrung begonnen.

Im Dünndarm verlaufen die Verdauungsvorgänge in gleicher Weise wie sie von anderen Wirbeltieren bekannt sind. Die erhebliche Länge des Darmsystems im Vergleich zur Körpergröße ist ebenfalls ein Merkmal der Angepaßtheit an pflanzliche Nahrung.

Umstritten ist die Funktion der paarigen Blinddärme, die am Übergang vom Dünn- zum Dickdarm entspringen. Lange Zeit zweifelte niemand daran, daß sie der Verdauung von Zellulose dienen. Die Fähigkeit, Zellulose durch Spaltung in resorbierfähige Glukosemoleküle umzuwandeln, ist für Pflanzenfresser außerordentlich bedeutsam, weil in grünen Pflanzenteilen ein großer Teil der Energie als Zellulose gebunden ist.

Bei Wiederkäuern besorgen die zellulosespaltenden Pansenbakterien und bei vielen Nagern zellulosespaltende Blinddarmbakterien den Aufschluß. Den Bakterien in den Blinddärmen der Gänse wurde die gleiche Bedeutung beigemessen. Für diese Annahme sprachen die Befunde an Blinddärmen von Rauhfußhühnern, in denen zellulosespaltende Bakterien nachgewiesen wurden (McBee und West, 1969). Deren Blinddärme sind allerdings relativ und absolut weitaus länger als die der Gänse. Die Auffassungen von der Zelluloseverdauung in den Blinddärmen der Gänse gerieten ins Wanken, als es Mattocks (1971) und Marriot und Forbes (1970) nicht gelang, Zellulosespaltung und zellulosespaltende Enzyme in den Blinddärmen von Hausgänsen und Kap-Gänsen *(Cereopsis novae-hollandiae)* zu finden. Untersuchungen über den Energiehaushalt des Gänsekotes nährten die Zweifel, denn der überwiegende Teil der mit der Nahrung aufgenommenen Zellulose wird mit dem Kot ausgeschieden (Owen, 1975; Ebbinge et al., 1975; Rutschke und Schiele, 1978/79). Im Vergleich zu Säugetieren wandert die Nahrung ungewöhnlich rasch durch den Verdauungstrakt. Bei völlig leerem Darm erscheint der erste Kot durchschnittlich 44 Minuten nach der Fütterung (Mattocks, 1971). Die kurze Verweildauer läßt ebenfalls darauf schließen, daß die Zellulose nicht oder doch nur sehr unvollständig verwertet wird. Mattocks (a.a.O.) vermutet, daß die beiden langen Blinddärme lediglich als Speicher dienen, um die Verdauung in die Länge zu ziehen.

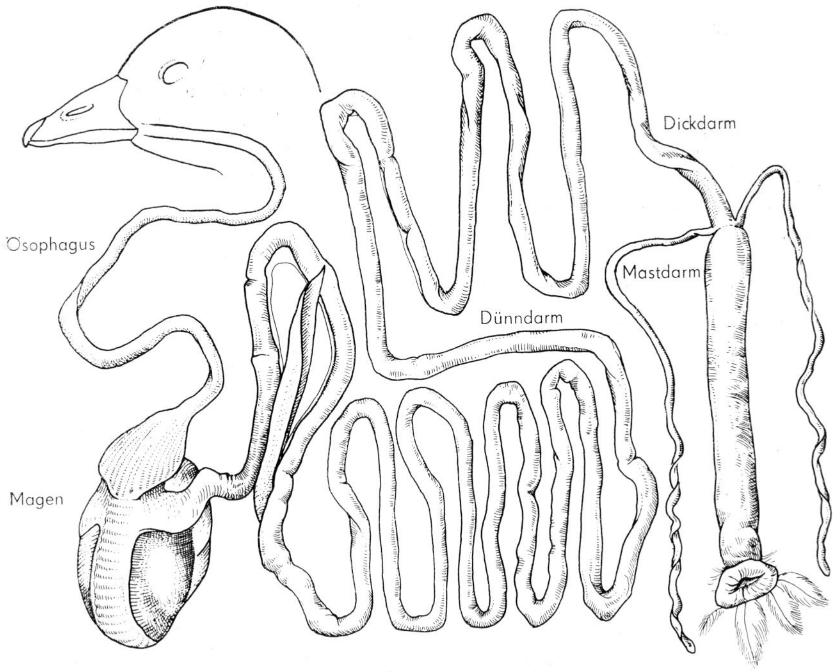

Abb. 2/13
Verdauungstrakt einer Gans, schematisch (nach OWEN, 1980)

EBBINGE et al. (1975) und OWEN (1975) benutzten die Zellulosefasern im Kot als natürlichen »Marker« für die Bestimmung der Futterausnutzung. Dabei wird durch Vergleich des Zellulosegehaltes im Futter und im Kot mittels folgender Formel

$$G_F - G_E \cdot \frac{\% \, Z_K}{\% \, Z_F}$$

G_F Masse des aufgenommenen Futters
G_E Masse der Exkremente
Z_K Zellulosegehalt im Kot
Z_F Zellulosegehalt im Futter

auf die Ausnutzung der Nahrung geschlossen.

Die Untersuchungen ergaben, daß der Energiegehalt zellulosehaltiger Nahrung, etwa winterlicher Getreidesaat, nur zu 25 % ausgenutzt wird. Der überwiegende Teil der in der Rohfaser vorhandenen Energie wird mit dem Kot ausgeschieden. Die schlechte Energieverwertung kompensieren die Gänse durch die Aufnahme großer Futtermengen. Saatgänse haben einen täglichen Futterverbrauch von 1 kg Frischfutter, was etwa einem Drittel der Körpermasse entspricht (RUTSCHKE und SCHIELE, 1978/79). Im Sommer und Frühherbst, wenn Körnernahrung die Stelle des Grünfutters antritt, geht die Nahrungsmenge zurück, weil das Futter auf Grund des relativ geringen Zellulosegehaltes bis zu 60 % ausgenutzt wird. Bedeutsam für die Ernährung ist also nicht der Energiegehalt der Nahrung schlechthin, sondern der Gehalt an metabolisierbarer Energie je Masseeinheit der Naßmasse des Futters. Dabei sind der Trockengehalt, der nutritive Wert und die Verdaulichkeit entscheidende Größen.

Ökologie der Ernährung

Qualität und Menge der aufgenommenen Nahrung hängen in starkem Maße von der Aktivität der Gänse im Jahreszyklus ab. Vor Beginn der energiezehrenden großen Wanderungen, also im Herbst und im Frühjahr, wird energiereiches Futter bevorzugt. Das sind im Sommer und Herbst Getreidekörner und Sämereien anderer Art und im Frühjahr das junge Grün von Wiesen, Weiden und Getreidesaaten, dessen Energiegehalt um diese Zeit vergleichsweise hoch ist. OWEN et al. (1977) wiesen an Weißwangengänsen nach, daß sie zwischen Pflanzen, deren Nährstoffgehalt durch künstliche Düngung erhöht wurde, und nährstoffärmeren, nicht gedüngten unterscheiden können. Bevorzugt werden Pflanzen mit dem höchsten Proteingehalt (Abb. 2/14). Die Gänse entscheiden sich für die mit Stickstoff gedüngten Pflanzen nicht auf den »ersten Blick«, sondern erst nach »Verkostung« der verschiedenen Futterproben. Sie wählen also mit Hilfe des Tast- oder Geschmacksinnes zwischen den Pflanzen, die sich im Wasser-, Faser- und Stickstoffgehalt unterscheiden. Bevorzugt werden die mit dem geringsten Fasergehalt. Sie haben zugleich den höchsten Stickstoff- und damit den höchsten Eiweißgehalt. Ob es Tast- oder Geschmacksempfindungen sind, die über die Wahl entscheiden, läßt sich nicht mit Bestimmtheit sagen. Vielleicht lassen sie sich sogar vom optischen Sinn leiten, denn gedüngte Pflanzen unterscheiden sich durch kräftigeres Grün von ungedüngten. Im Freiland werden saftig grüne Getreidesaaten weniger grünen stets vorgezogen. OWEN (1976), der die Experimente anstellte, hält die äußere Beschaffenheit der Blätter für entscheidend.

Der Nahrungsbedarf unterliegt im Jahresverlauf gesetzmäßigen Veränderungen. Bekannt ist der gesteigerte Bedarf im Spätsommer vor Beginn des Zuges. Gleichzeitig vollzieht sich eine hormonale Umstellung, die bewirkt, daß die aufgenommenen Kohlenhydrate leicht in Fett umgewandelt und in dieser Form gespeichert werden. Das wurde früher, als fette Gänse sich besonderer Wertschätzung als Weihnachtsbraten erfreuten, bei der Mast von Hausgänsen ausgenutzt. Sie erhielten in dieser Zeit kohlenhydratreiches Mastfutter (gekochte Kartoffeln, Getreideschrot).

Die im Spätsommer angelegten Fettdepots der Wildgänse sind Energiereserven, die während des energiezehrenden Zuges aufgebraucht werden. Wiegt man die Gänse unmittelbar nach dem Eintref-

Abb. 2/14
Nahrungswahl durch junge Weißwangengänse *(Branta leucopsis)*; (Englisches Raygras, *Lolium perenne*, unterschiedlich gedüngt) (nach OWEN et al., 1977)

0 – Kontrolle
1 – 1,5 g N/Versuchsfläche
2 – 3,0 g N/Versuchsfläche
3 – 4,5 g N/Versuchsfläche

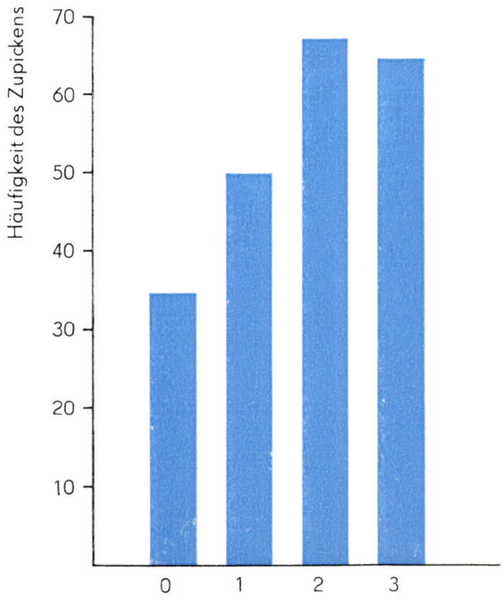

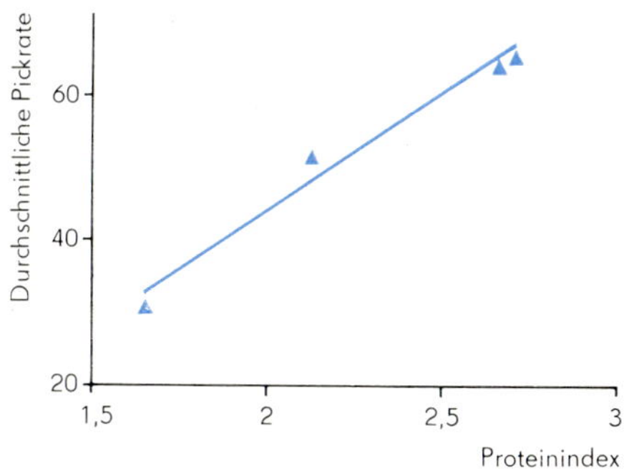

Abb. 2/15

Bevorzugung von Pflanzen mit hohem Anteil an verfügbarem Protein durch Weißwangengänse *(Branta leucopsis)*

Proteinindex = % Protein in der Pflanze × % Fragmentation (nach OWEN et al., 1977)

fen auf den Rast- und Überwinterungsgebieten, dann sind sie erheblich leichter als vor Beginn des Zuges. Der Masseverlust wird allerdings innerhalb kurzer Zeit ausgeglichen. Das wird erreicht, indem sie zunächst bis zu 10 Stunden täglich und länger fressen. Isländische Graugänse wiegen am wenigsten, wenn sie nach der Herbstwanderung in Schottland eingetroffen sind. Die Höchstmasse erreichen sie im Dezember, also im Verlaufe einer mehrmonatigen herbstlichen Mastperiode (MATTHEWS und CAMPBELL, 1969). Vom Witterungsverlauf des Winters hängt es dann ab, wie stark das Gewicht zurückgeht. Bei starker Kälte wird der Zeitfonds für die Nahrungsaufnahme ebenfalls erhöht, was sich durch den größeren Energiebedarf infolge stärkerer Wärmeabstrahlung leicht erklären läßt (EBENMAN et al., 1976).

Den Heimzug bereiten die Gänse in gleicher Weise durch verstärkte Nahrungsaufnahme vor wie den Herbstzug, was durch den relativ hohen Energiegehalt des wachsenden Getreides bzw. des jungen Grüns auf Wiesen und Weiden begünstigt wird (Abb. 2/15). Mit zunehmender Tageslänge steht außerdem mehr Zeit für die Nahrungsaufnahme zur Verfügung, was die Energiespeicherung gleichfalls fördert.

Der Ablauf des Zuges ist eng mit der Vegetationsentwicklung korreliert. Dadurch wird erreicht, daß die Gänse beim Eintreffen auf Zwischenrastplätzen oder im Brutgebiet eine sich entwickelnde Vegetation vorfinden. Trotzdem magern sie auch während des Frühjahrszuges ab, was nach OWEN und OGILVIE (1979) die auf Spitzbergen nach 1600 km Wanderung ankommenden Gänse rasch ausgleichen, indem sie täglich bis zu 17 Stunden weiden. Wichtigste Nahrungspflanzen für Bleß-, Zwerg-, Saat- und Rothalsgänse nach der Ankunft im Frühjahr auf Waigatsch sind Scheuchzers Wollgras *(Eriophorum scheuchzeri)*, Schmalblättriges Wollgras *(Eriophorum angustifolium)*, Seggen (*Carex* spec.) und Acker-Schachtelhalm *(Equisetum arvense)* (SCHARKOWA und BORSCHONOW, 1972).

Zu rationellen Formen der Energieaufnahme und -verwertung sind besonders die hocharktisch brütenden Gänse gezwungen. Einerseits sind ihre Wege zwischen Winterquartier und Brutgebiet besonders lang und andererseits ist die Zeit für das Brutgeschäft bemessen. DRENT et al. (1978/79) haben am Beispiel der Weißwangengans geklärt, wie eng der Ablauf des Zuges und die Verfügbarkeit von Nahrung zusammenhängen. Bevor die Gänse die Winterquartiere an der westeuropäischen Nordseeküste in der zweiten Märzhälfte verlassen, ernähren sie sich überwiegend von *Festuca.*

Untersuchungen der Intensität der Beweidung, der Pflanzenzusammensetzung, der Pflanzenbiomasse und des Eiweißgehaltes auf einer Fläche, die regelmäßig von Weißwangengänsen aufgesucht wurde, führten zu dem überraschenden Ergebnis, daß der Eiweißgehalt in *Festuca* durch wiederholte Beweidung ansteigt, weil sich eiweißreiches junges Pflanzengewebe regeneriert (YDENBERG und PRINS, 1981).

DUBBELDAM und POORTER (1982) sehen in der Beweidung durch Gänse einen Schlüsselfaktor für die Erhaltung des durch riesige Phragmites-Bestände gekennzeichneten Ökosystems Oost-Vaardersplassen, einem großen Feuchtgebiet in den Niederlanden. Dabei wirken verschiedene Faktoren zusammen. Die mausernden Gänse verhindern das Zuwachsen der offenen Flächen durch Schilf, das sie durch Einwirkungen verschiedener Art im Wachstum beeinträchtigen. Im Frühjahr fressen sie die Wurzelschößlinge und verhindern so deren Ausbreitung. Zugleich beknabbern sie Halme und Blätter, was die Pflanzen ebenfalls schädigt. Im Sommer, wenn das Gebiet als Sammelplatz für Graugänse dient, werden die frisch nachgewachsenen Halme und Blätter erneut beweidet. Im Herbst und Winter dienen den Gänsen Wurzeln und Rhizome dieser Pflanzen als Nahrung. Durch die sukzessive Nutzung bleibt der für das Ökosystem als Ganzes günstige Zustand, ein ausgewogenes Verhältnis von Schilf- und offenen Wasserflächen erhalten. Bei extremer Nutzung durch Gänse können natürliche Ökosysteme auch Schaden nehmen. Pflanzenassoziationen der Wollgras- und Moostundra auf Waigatsch werden im Frühjahr an Gänserastplätzen bis zu 20 %, in extremen Fällen bis zu 90 % zerstört (SCHARKOWA und BORSCHONOW, 1972).

Wenig analysiert ist bisher der Einfluß, der an Rastplätzen von der düngenden Wirkung des Gänsekots auf das Ökosystem ausgeht. 80 % des aufgenommenen Futters wird unverdaut, aber mechanisch stark zerkleinert in das Wasser abgegeben (OWEN, 1972 a), was den Stoff- und Energieumsatz im Ökosystem beträchtlich fördert.

Von der Nordseeküste fliegen Weißwangengänse je nach Populationszugehörigkeit zu Rastplätzen auf Island, im Norden Norwegens und in das nordöstliche Ostseegebiet, wo sie erneut mehrere Wochen verweilen. Hier finden sie um diese Zeit eine ähnliche Vegetation vor wie im Überwinterungsgebiet. Ihnen kommt zugute, daß sich die Pflanzen im Stadium ersten Wachstums befinden. Die Zellwände sind noch nicht durch Zelluloseeinlagerungen verhärtet, so daß der Zellinhalt den Verdauungssäften besser zugänglich ist.

Die dunkelbäuchigen Ringelgänse nutzen als wichtigste Nahrungsquelle die Seegrasrasen im Wattenmeer-Bereich der Nordseeküste, deren Vorkommen wesentlich die Verbreitung im Herbst und Winter bestimmen. Im Spätherbst und noch ausgeprägter im Winter kommen sie an Land und ernähren sich hauptsächlich auf Grünland (Gemeines Wiesen-Rispengras, *Poa pratensis,* und Englisches Raygras, *Lolium perenne).* Pflanzen der Salzwiesen, die die Vorländer der Küsten und Halligen bedecken (Meerstrands-Salzschwaden, *Puccinellia maritima,* Roter Schwingel, *Festuca rubra,* Strand-Wegerich, *Plantago maritima)* werden im Frühjahr aufgesucht und dann gegenüber den nicht vom Meer beeinflußten Binnenlandwiesen bevorzugt. Offensichtlich sind die Pflanzen für die Gänse besser verdaulich, denn DIKSTRA und DIKSTRA DE-FLIEGER (1977) stellten fest, daß auf den Salzwiesen je Zeiteinheit 70 % mehr Energie umgesetzt wird als auf den Süßgraswiesen der benachbarten Polderflächen.

Verändert hat sich auch die Ernährungsweise der dunkelbäuchigen Ringelgänse, die an der Südostküste Englands überwintern, seit deren Bestand in den letzten Jahrzehnten zunahm. Beim Eintreffen im Oktober dienten an der kontinentalen Nordseeküste Seegrasbestände als wichtigste Nahrungsquelle. Sobald diese stärker beweidet sind, beginnen die Gänse Grünalgen (vor allem *Enteromorpha* und *Klua*) zu fressen. Sind diese abgeweidet, dann kommen sie an Land und ernähren sich von Pflanzen der Salzmarsch-Vegetation. Ist diese erschöpfend ausgenutzt, dann fliegen sie schließlich auf die Getreidesaaten (CHARMAN und MACEY, 1978). An einem Rastplatz vor der südostenglischen Küste trat dieser Fall nicht vor Mitte Januar ein. Sie bevorzugen dann gedüngte Felder gegenüber ungedüngten, weil deren Nährstoffgehalt höher ist (WILLIAMS und FORBES, 1980). Die Ringelgänse versuchen jedoch, so lange wie möglich beim Seegras, ihrer Vorzugsnahrung, zu bleiben. Deshalb wandern sie nach dem Abweiden der großen Seegras-Rasen im Küstengebiet der Foulness-Inseln zunächst zur Küste von Kent und Essex, wo sie ebenfalls Seegras weiden, bevor sie, wie beschrieben, die Nahrung wechseln. WHITE-ROBINSON (1982) sieht drei Ursachen für die Umstellung der Ringelgänse auf die neue Ernährungsweise:

- die starke Zunahme der Population, die ein rasches Abweiden der ursprünglichen Nahrungspflanze *(Zostera)* zur Folge hat;
- die Umstellung in der Technik der Feldbestellung durch die Landwirtschaft, insbesondere die geringere Störung auf den jetzt größeren Äckern;
- die zunehmende Vertrautheit der Tiere, nachdem sie besser geschützt werden als in früherer Zeit.

Dem hohen Proteinbedarf der Gössel entsprechen die Graugans-Eltern, indem sie die Jungen schon wenige Tage nach dem Schlupf zum Weiden auf das Land führen, wo Wiesen mit Süßgräsern und Kräutern aufgesucht werden. Löwenzahn *(Taraxacum officinale)* wird von den Gösseln besonders bevorzugt.

Graugänse sind besonders anpassungsfähig an Kost verschiedenster Art, was ganz wesentlich dazu beiträgt, daß sich die Art in unserer Kulturlandschaft so erfolgreich behauptet. HUDÉC und ROOTH (1970) haben die Pflanzen, von denen sie sich regelmäßig oder gelegentlich ernähren, in einer mehrseitigen Tabelle zusammengestellt. Nach dem Flüggewerden der Jungen fliegen die in Mitteleuropa lebenden Graugänse auf Äcker in der Umgebung des Brutplatzes und äsen auf abgeernteten Grünfutterschlägen (Getreide, Klee, Luzerne). Finden sie noch nicht gemähte lagernde Getreideschläge, dann suchen sie diese auf und fressen die noch milchweichen Getreidekörner aus den Ähren. Nach der Getreideernte rückt Körnernahrung in den Vordergrund, wobei Gerste gegenüber anderen Getreidearten bevorzugt wird. In der Reihenfolge der Beliebtheit folgen Weizen, Hafer und Roggen. Wenn die Stoppelfelder umgebrochen sind, wechseln sie auf Äcker mit auflaufendem Wintergetreide über, suchen jedoch auch abgeerntete Maisäcker auf, wenn sie diese in der Nähe des Rastplatzes finden. Beliebt sind die nicht voll ausgereiften Maiskolben, aus denen die saftweichen Körner herausgefressen werden.

Wenn man die Ernährungsgewohnheiten der Graugans in verschiedenen Regionen des Verbreitungsgebietes miteinander vergleicht, tritt die Anpassungsfähigkeit noch deutlicher hervor. Die im Herbst in den Niederlanden rastenden ernährten sich bis in die Mitte der 60er Jahre vor allem von Binsen (*Juncus* spec.) und anderen Pflanzen der Uferzone von Gewässern, und nur ausnahmsweise beweideten sie Grünland oder abgeerntete Zuckerrübenfelder. Gegenwärtig sind noch nicht gemähte, lagernde Getreide-Binsen als Nahrungspflanzen belanglos geworden, und die Beweidung von Grünland ist zurückgetreten. Zur dominierenden Nahrung sind Zuckerrüben geworden (OUWENEEL, 1979), auch Bohnen- und abgeerntete Kartoffelfelder werden aufgesucht. Erst im Winter wechseln sie auf Grünland, das auch im Frühjahr Hauptnahrungsquelle bleibt (OUWENEEL, 1981; DUBBELDAM und POORTER, 1982).

Diese Umstellung in der Ernährungsweise vollzog sich, nachdem der Rastplatz Hollands Diep-Haringvliet, auf dem vor der Eindeichung zu beiden Zugzeiten maximal 8000 bis 10 000 Graugänse rasteten und bis zu 3000 bis 4000 überwinterten, eingedeicht wurde (OUWENEEL, 1974). Dadurch verschwanden die ausgedehnten Binsen-Riede, die den Gänsen als Nahrung gedient hatten. Gewöhnlich ist mit dem Verschwinden der Nahrungsquelle auch das Schicksal des Rastplatzes besiegelt. In dem Fall blieben wenigstens ein Teil der Gänse und stellten sich innerhalb weniger Jahre darauf um, vor allem Zuckerrübenfelder aufzusuchen. Auch die im Deltagebiet des Rheins im Süden der Niederlande in der Brackwasserzone des Küstengebietes (Ventjagersplaten und Benninger Stikken) rastenden Graugänse, nutzen optimal die Nahrungsquellen. Vor der Eindeichung dieses Gebietes waren es die Gezeiten, die die Nahrung und den Rhythmus der Nahrungsaufnahme bestimmen (ZWARTS, 1972; LOOSJES, 1974). Nur bei Ebbe wurde gefressen, wenn die Binsenwurzeln, die hauptsächlich als Nahrung dienten, erlangbar waren. Dabei gab es Unterschiede in der Nutzung der beiden Ebbe-Phasen. Die nächtliche wurde viel weniger – bei völliger Dunkelheit gar nicht – genutzt als die am Tage. An Stellen, wo das Wasser auch bei Ebbe noch 15 bis 30 cm stehenblieb, bedienten sie sich einer besonderen Technik, um an die Wurzeln zu gelangen. Durch Trampeln mit den Füßen wurde der Untergrund gelockert, die Wurzeln lagen dann frei und konnten leicht verzehrt werden. Im Herbst und Winter fressen sie im Tagesdurchschnitt 0,8 kg Wurzelstücke (LOSJES, 1974). Aus dieser Zahl läßt sich der Gesamtverbrauch errechnen und in Beziehung zur vorhandenen Futtermasse setzen. In Übereinstimmung mit dem Ergebnis waren keine sichtbaren Schäden zu verzeichnen.

Die in Mitteleuropa rastenden und überwinternden Bleß- und Saatgänse ändern ihre Ernährungsweise ebenfalls entsprechend dem sich ändernden Nahrungsangebot. Wenn die ersten großen Scharen Ende September/Anfang Oktober eintreffen, finden sie gelegentlich noch Getreidestoppeln und abgeerntete Maisfelder vor, die dann jeder anderen Nahrung vorgezogen werden. Beliebt sind auch frisch gedrillte Getreidefelder. Wenn die Körner schlecht eingearbeitet sind oder gar oberflächlich liegenbleiben, dann ist die Futtersuche für die Gänse einfach. Bleßgänse holen gelegentlich auch eingedrillte Körner hervor. Mit dem Schnabel durchfurchen sie die Drillreihen und sieben dabei die Körner aus dem Erdreich heraus. Bei nasser Erde sind die Köpfe nicht selten mit Sand beschmutzt, so daß die Blessen kaum erkennbar sind. Zur Zeit der Kartoffelernte suchen Bleß- und Saatgänse gelegentlich auch diese Äcker auf, um Nachlese zu halten. Kleine Knollen werden ganz verschluckt, größere beknabbert. Ab Mitte Oktober weiden beide Arten nur noch auf Getreidesaat. Diese ist auch im Winter die wichtigste Nahrungsquelle. Erst im Frühjahr ändern sich die Nahrungsansprüche beider Arten. Bleßgänse suchen häufiger Wiesen und Weiden auf, Saatgänse bleiben auf Getreidesaat.

In Ungarn sind abgeerntete Maisfelder eine wichtige Futterquelle für Saat- und Bleßgänse (STERBETZ, 1978). Die Gänse rasten im Herbst bevorzugt an Plätzen, in deren Nähe Mais angebaut wird. Dort können sie sich monatelang günstig ernähren. Da der Mais mit großen Maschinen geerntet wird, bleiben viele verwertbare Reste auf den Feldern.

Es gibt so viele Beispiele für die Fähigkeit der Gänse, sich an neue Ernährungsmöglichkeiten anzupassen und entsprechende Traditionen zu entwickeln, daß es ganz unmöglich ist, sie hier alle aufzuführen. Das mögliche Nahrungsspektrum ist gewöhnlich viel weiter als lokale und jahreszeitlich begrenzte Untersuchungen vermuten lassen. So ernähren sich Kurzschnabelgänse in England vorzugsweise auf Stoppelfeldern oder von liegengebliebenen Kartoffeln, in den Niederlanden jedoch von Gras und in der BRD von Getreidesaaten (TIMMERMAN, 1977). Die Anpassungsfähigkeit an die Ernährungsmöglichkeiten, die die verschiedenen Rastplätze bieten, belegen auch Untersuchungen an im Frühjahr in Dänemark durchziehenden Kurzschnabelgänsen. Im Gebiet um Fiils, wo im April 1979 etwa 8000 Gänse rasteten, ernährten sie sich vorzugsweise von junger Getreidesaat und gingen nur ausnahmsweise auf Grasland. Am Nissum-Fjord ästen die rastenden Kurzschnabelgänse (etwa 2500 Tiere) vorzugsweise auf Weideland, das intensiv von Kühen beweidet wurde. Bei Harboor Tange (etwa 2000 Tiere) ernährten sie sich von der Grasvegetation der Salzmarsch (FRUZINSKI, 1977).

Bisher ist wenig untersucht worden, ob die sich ändernde Ernährungsweise lediglich die Folge des veränderten Nahrungsangebotes ist oder ob sie auch von unterschiedlichem Nährstoffbedarf im Jahreszyklus abhängt. THOMAS und PREVETT (1980) stellten fest, daß die wichtigste Nahrungspflanze der in der James-Bay (Ontario, Kanada) im Spätsommer rastenden Schnee- und Kanadagänse, das Pfeilgras *(Triglochin maritima)*, ein für das Wachstum günstiges Lysin- und Arginin-Verhältnis besitzt. Ernährungsphysiologisch ungünstig ist in dieser Pflanze der geringe Gehalt an Cystin und Methionin. Diese Aminosäuren sind für die Bildung des Federkeratins wichtig. Den Mangel kompensieren die Gänse durch Aufnahme weichhäutiger Evertebraten. Einen positiven Einfluß von tierischem Eiweiß auf die Entwicklung der Jungen und den Wechsel des Federkleides fanden auch KRAPU und SWANSON (1975) und WESSELS und FISCHER (1965).

Die Entfernung, die rastende oder überwinternde Gänse zurücklegen müssen, um vom Schlafplatz zum Nahrungsgebiet zu gelangen, ist für die Nahrungswahl ebenfalls bedeutsam. Liegen diese in der Nähe, dann tragen die kurzen Flugzeiten erheblich zur Energieeinsparung bei. Im günstigsten Falle sind nur einige hundert Meter zu fliegen, doch es werden auch über 10 km, in Extremfällen bis zu 30 km zurückgelegt. In der DDR liegen die Nahrungsgebiete gewöhnlich nicht weiter als 10 km vom Schlafplatz entfernt. Da von Saat- und Bleßgänsen Getreideschläge genutzt werden, sind gewöhnlich so viele potentiell nutzbare Flächen in der Nähe vorhanden, daß diese selbst nach wochenlangem Aufenthalt Zehntausender Gänse nur ausnahmsweise überweidet werden. Selbst bei Störungen ist in kurzem Flug ein neuer Platz erreicht. Bleiben die Gänse unbehelligt, dann werden die Felder zwar intensiver beäst als Plätze, an denen sie häufig gestört werden, doch auch diese verlassen sie, bevor die erlangbare Blattmasse knapp wird und fliegen zu ergiebigeren Nahrungsgründen.

Bei der Ankunft im Herbst sind es immer die nahe beim Schlafplatz gelegenen Felder, die zunächst beweidet werden. Bleiben die Gänse dort ungestört, dann werden diese optimal abgeweidet. Sie nutzen den Vorteil der günstigeren Energiebilanz und vermeiden energiezehrende Flüge, wo immer möglich. Beim Fliegen steigt der Energieverbrauch bei Gänsen auf das 12fache des Grundumsatzes (TUCKER, 1969; LEFEBRE, 1964), beim Fressen, verbunden mit sehr langsamer Fortbewegung, nur um das Doppelte. Besonders im Hochwinter, wenn günstigenfalls acht Stunden Tageslicht zur Nahrungssuche zur Verfügung stehen, begünstigt sparsamer Energieverbrauch die Erhaltung der

Kondition, zumal die größere Differenz zwischen Körper- und Umgebungstemperatur den Energieverbrauch erhöht.

Mit der Energiebilanz hängt es auch zusammen, daß die kritische Distanz, von der ab Gänse bei Annäherung auffliegen, im Winter zurückgeht. Sie entschließen sich später zum Auffliegen als im Herbst. Ist die Störung unbedeutend, dann fliegen sie nur wenige hundert Meter weit und fallen sofort wieder ein oder versuchen das Auffliegen zu vermeiden, indem sie sich gehend vom sich nähernden Objekt fortbewegen. Dabei wird das Tempo der Ausweichbewegungen dem Tempo der Annäherung angepaßt.

Trotz weiter Flüge kann die Energiebilanz bei diesen Flügen zum Äsungsgebiet günstiger sein als auf Feldern in der Nähe des Schlafplatzes, dann nämlich, wenn durch weite Flüge wirklich ungestörte Plätze erreicht werden. An weiter entfernten Stellen ist auch in geringerem Maße mit Predatoren zu rechnen, die von den großen Gänsescharen in der Nähe von Schlafgewässern angelockt werden. Vorteilhaft dürfte weiterhin sein, daß der Jagddruck, der in der Nähe von Schlafplätzen verständlicherweise besonders hoch ist, in größerer Entfernung geringer ist. Die durchschnittliche Entfernung von Rastplätzen in der DDR dürfte trotzdem nur bei 4 bis 6 km liegen, was auch für Schweden zutrifft (EBENMAN et al., 1976).

Neben den genannten Faktoren spielt natürlich die Ergiebigkeit und die Getreideart eine entscheidende Rolle für die Wahl des Nahrungsplatzes. Weizensaat wird Roggensaat vorgezogen. OWEN (1972 b) ließ Bleßgänse auf fünf verschiedenen Pflanzenassoziationen weiden und stellte an der Dichte der Kotablagerungen fest, welche bevorzugt wird. Aus dem Protein-, dem Kohlenhydrat- und dem Fasergehalt der Pflanzen errechnete er den »nutritiven Indexwert« der Pflanzengesellschaft nach der Formel

$$\text{Indexwert} = \frac{\%\ \text{Protein} \times \%\ \text{Kohlenhydrat.}}{\%\ \text{Fasergehalt}}$$

Bleßgänse weideten vorzugsweise, wenngleich nicht ausschließlich, auf Vegetation mit Indexwert.

Fortpflanzung und Sozialverhalten

In den letzten Jahren entwickelte sich ein neuer Zweig biologischer Forschung, die Soziobiologie, die sich die Aufgabe gestellt hat, die Gesetzmäßigkeiten aufzuklären, die in Tiergemeinschaften bestehen, und die Mechanismen aufzufinden, die deren Stabilität und Dynamik bewirken. Wildgänse sind bevorzugte Studienobjekte soziobiologischer Forschung. Das kommt nicht von ungefähr, sondern ist in der Vielfalt und Verschiedenartigkeit der bei ihnen auftretenden Sozialstrukturen begründet. Wildgänse sind gesellige Tiere. Nur in einer kurzen Phase ihres Lebens, nämlich unmittelbar nach dem Schlupf aus dem Ei, sind sie ohne Bindung an Artgenossen. Wenige Stunden später wird mit der Prägung auf die Eltern der erste soziale Kontakt hergestellt. Im späteren Leben treten solitäre Phasen nicht mehr auf.

Wildgänse leben in verschiedenartigen Gemeinschaften zusammen. Leicht überschaubar und in der Funktion eindeutig sind Brutpaar und Familie. Sie werden als geschlossene Verbände bezeichnet, weil sie aus einer definierten Mitgliederzahl bestehen, sich kennen und nicht beliebig austauschbar sind. Bei Gänsen sind Brutpaar und Familie stabile und dauerhafte Gemeinschaften. Andere Formen der Vergesellschaftung sind die Nichtbrüter-, Mauser-, Sammelplatz-, Rastplatz- und Wandergemeinschaften. Unterscheiden lassen sich ferner Schlaf- und Äsungsgemeinschaften. Sie werden alle zu den offenen Verbänden gerechnet, weil die Mitglieder die Bindungen an den Verband beliebig lösen können und weitgehende Anonymität innerhalb der Gemeinschaft herrscht. Offene Verbände sind weniger dauerhaft als geschlossene.

Finden sich nur wenige Tiere zu gemeinsamer Wanderung oder Äsung zusammen, dann werden sie als Flug oder Trupp bezeichnet. Nicht selten vereinigen sich Gänse in Scharen, die nach Tausenden, ja nach Zehntausenden zählen.

Offene Verbände lassen sich schwerer ordnen als geschlossene. Von der Funktion her sind Äsungs-, Wander- und Schlafplatzgemeinschaften eindeutig definiert. Die »Nichtbrütergemeinschaft« umfaßt jene Tiere, die zur Brutzeit größere oder kleinere Trupps bilden, selbst aber nicht brüten. Sammelplatz- und Rastplatzgemeinschaften sind schwer gegeneinander abgrenzbar, weil Sammelplätze oft zugleich als Rastplätze dienen. Schwierigkeiten bei der Abgrenzung und Definition der verschiedenen Formen offener Verbände bereiten die zahllosen Überschneidungen. Eine Schlafgemeinschaft kann, muß aber nicht zwangsläufig zugleich eine Äsungsgemeinschaft sein. Wenn sich der Bestand an einem Sammel- oder Rastplatz für längere Zeit hält, muß das nicht bedeuten, daß es sich immer um die gleichen Tiere handelt. Zu- und Abzug kann sich die Waage halten, so daß die Beständigkeit lediglich vorgetäuscht wird. Andererseits kommt es durchaus vor, daß es die gleichen Tiere sind, die über längere Zeit an einem Platz zusammenhalten.

Obwohl nur Brutpaar und Familie mit der Fortpflanzungsbiologie direkt verbundene Sozialstrukturen sind, wurden Fortpflanzung und Sozialverhalten in einem Kapitel zusammengefaßt. Beides gehört bei Gänsen eng zusammen, und auch andere Formen sozialer Lebensweise haben viele Bezüge zur Fortpflanzungsbiologie.

Brutpaar

Paarbildung

Alle Wildgansarten leben monogam. Die Brutpaare bleiben in der Regel lebenslänglich zusammen. Sie unterscheiden sich dadurch von der Mehrzahl der Tiere, denn die Dauerehe ist nicht die Regel, sondern die ausgesprochene Ausnahme im Tierreich. Dauerehen gibt es auch bei Schwänen, mit denen die Gänse auch im fehlenden oder nur schwach ausgebildeten Sexualdimorphismus übereinstimmen. Die Entenvögel leben demgegenüber fast ausnahmslos nur kurzzeitig oder gar nicht als Brutpaare zusammen. Kear (1970) und andere Autoren fassen die Dauerehe der Gänse evolutionsbiologisch als ursprüngliche Form der Paarbildung auf und betrachten die anderen Eheformen als abgeleitet. Diese Auffassung ist jedoch nicht überzeugend bewiesen. Andere Autoren, so Barash (1980) halten die Monogamie für sekundär. Wahrscheinlich ist sowohl das eine als auch das andere falsch, und es ist zutreffender, die Dauerehe als eine der vielen Varianten von Ehigkeit bzw. Nichtehigkeit aufzufassen, die sich in Analogie zu den anderen Formen als Ergebnis eines spezifischen Anpassungsprozesses gebildet hat. Zwar leben nach Lack (1968) 90 % der Vogelarten monogam, doch die meisten lediglich in Form der Saisonehe. Die Bindung besteht nur während der Fortpflanzungsperiode. Sie entsteht vor Beginn des Nestbaus und löst sich nach dem Flüggewerden der Jungen, besteht also nur für einige Monate. Die Bezeichnung »Jahresehe«, die der Zeitweiligkeit dieser Bindungsform von Männchen und Weibchen Rechnung tragen soll, ist also genau genommen irreführend. Von Dauerehe sollte nur dann gesprochen werden, wenn damit jene Form der Monogamie gemeint ist, wie wir sie vom Menschen her kennen.

Bei den Vögeln erfordert die kurze Brutperiode mit ihrem hohen Aufwand an Energiebereitstellung für Nestbau, Eierlegen, Jungenaufzucht den Einsatz beider Elternteile, was die Monogamie begünstigt. Das gilt insbesondere für Arten mit komplizierten Nestbauformen, begrenztem Revier oder Futterangebot. Deshalb überrascht es nicht, daß sie bei der Mehrzahl der Singvögel auftritt. Die Vorteile, die sich aus strenger Monogamie ergeben, sind weniger auffällig. Sie ergeben sich aus dem Fortfall aller Aufwendungen, die mit jährlichen Neuverpaarungen zwangsläufig verbunden sind wie Partnersuche, Balzzeremonien, Kämpfe um den Partner. Die eingesparte Energie kann auf die Nistplatzwahl, Nestbau und Brutpflege konzentriert werden. Partner, die sich bereits kennen, sparen Zeit und Energie, was der Reproduktion zugute kommt.

In der lebenslänglichen Ehe der Gänse spielt die Sexualität als kurzdauernde, sich wiederholende Phase im Jahreszyklus nur eine geringe Rolle, ist aber entscheidende Voraussetzung für den Reproduktionserfolg. Die Dauerehe dürfte es den Gänsen erheblich erleichtert haben, arktische Brutgebiete zu besiedeln. Ohne weitere Vorbereitungen können die Paare unmittelbar nach dem Eintreffen mit der Brut beginnen, insbesondere, wenn bereits gemeinsame Bruterfahrungen vorliegen. Die Zeit kann voll für die Reproduktion verwendet werden, was in Anbetracht der Kürze des arktischen Sommers die Erfolgschancen verbessert. Die Monogamie begünstigt die Arbeitsteilung zwischen den Geschlechtern. Bei Gänsen obliegt dem Weibchen die Bebrütung des Geleges und dem Männchen die Bewachung des brütenden Weibchens. Dieser Rollenverteilung zwischen den Partnern entspricht die Form des Geschlechtsdimorphismus. Die Ganter unterscheiden sich von den Weibchen lediglich durch Größe und Körpermasse und der daraus resultierenden Körperkraft, nicht aber in der Färbung wie bei vielen anderen Vogelarten. Sie verwenden ihre Kraft in erster Linie, um das Weibchen, das Gelege und später auch die Jungen zu schützen.

Die Paarbildung erfolgt im Verlauf der Balz, zu der artspezifische, ritualisierte Verhaltensweisen gehören. Sie dauert einige Tage, kann sich jedoch auch über Wochen hinziehen. Die Balz der Graugans ist durch Lorenz und seine Schüler gut untersucht worden. Auch für die Kanadagans liegen detaillierte Beschreibungen vor. Die Balz wird bei der Graugans durch den Ganter eingeleitet. Brautwerbende Ganter nähern sich ledigen Weibchen in einer Pose, bei der Kopf und Hals winkelartig eingezogen sind (Winkelhals). Trifft ein Ganter auf ein Weibchen, das der Werbung nicht ausweicht, so bleibt es in dessen Nähe und ahmt alle Bewegungen der Gans nach. Dabei wird eine gewisse räumliche Distanz strikt eingehalten. Eine deutlichere Form der Werbung sind »Schnabelvorträge« des Ganters, bei denen der leicht gekrümmte Hals weit vorgestreckt wird, ohne daß der Kopf direkt auf das gewählte Weibchen weist. Trotzdem ist erkennbar, daß die Pose einem bestimmten Weibchen gilt. Das wird deutlich, indem das auserwählte Weibchen den Ganter schließlich nahe herankommen läßt und in die »Schnattervorträge« ein-

1 Saatgans *Anser fabalis* (LATHAM)

2 Brütende Saatgans

3 Saatgansfamilie im Fluge

4 Saatgänse der Unterart *Anser fabalis fabalis* (LATHAM) in Schweden

5 Bleßgans *Anser albifrons* (Scopoli)

6 Bleßgansfamilie im Fluge

7 Zwerggans *Anser erythropus* (L.)

8 Zwerggänse in der nordschwedischen Brutheimat

9 Brütende Zwerggans

10 Zwerggansfamilie im Fluge

11 Graugans *Anser anser* (L.)

12 Brütende Graugans

13 Schlüpfende Graugans-gössel

14 Graugans-Altvogel mit Jungen

15, 16 Weißwangengänse
Branta leucopsis (Bechstein)

17 Rothalsgans *Branta ruficollis* (PALLAS)

18 Brutpaar der Rothalsgans

19 Ringelgans *Branta bernicla* (L.)

20 Ringelgans mit codiertem farbigem Plaste-Halsband. Bei der Erforschung der Wanderwege und von Verhaltensweisen haben sich farbige Plaste-Halsbänder bewährt. Sie ermöglichen das Wiedererkennen durch Ablesen des Code mit dem Fernglas.
Blaue Halsbänder mit weißer Inschrift erhielten in der DDR gefangene und beringte Ringelgänse.

21 Auf dem Frühjahrszug an der Ostseeküste (Langenwerder) rastende Ringelgänse

22 Kanadagans *Branta canadensis* (L.)

23 Kanadagansfamilie im Brutgebiet in Schweden

24 Auf Getreidesaat weidende Kanadagänse

25 An der Ostseeküste gemeinsam mit Graugänsen rastende Kanadagänse

28 Schneegans *Anser caerulescens* (L.), blaue Farbvariante. Im Freiland zu beobachtende Schneegänse sind wie Streifengänse Gefangenschaftsflüchtlinge.

27 Rastende Kanadagänse. Inmitten der Gruppe befindet sich ein teilalbinotisches Tier.

26 Streifengans *Anser indicus* (L.). Einzelne Streifengänse werden in West- und Mitteleuropa gelegentlich inmitten anderer Wildganstrupps gesichtet. Es handelt sich stets um aus der Gefangenschaft entwichene Tiere.

Die Erforschung der Populations- und Verhaltensbiologie der Wildgänse erfordert den Fang und die individuelle Kennzeichnung. Netzwurftechnik und Reusen ermöglichen den Fang größerer Stückzahlen.

29 Netzwurfanlage (bestehend aus mehreren Werfern und zusammengelegtem, in einer Rinne geschützt aufbewahrtem Großnetz).

30 Vorderansicht eines getarnten Werfers mit Geschoß und Zündkabel

31 Ornithologen beim Zusammenlegen des Großnetzes einer Netzwurfanlage

32 Kanonennetz unmittelbar nach dem Abschuß

33 Im Kanonennetz gefangene Graugänse

34 Teilansicht einer Reuse zum Fang von flugunfähigen (mausernden) Gänsen

35 Graugans mit codiertem Plaste-Halsband (Farbe gelb, Zahlen und Buchstaben schwarz). Die Farbe gelb dient zur Kennzeichnung in der DDR gefangener Saat-, Bleß- und Graugänse.

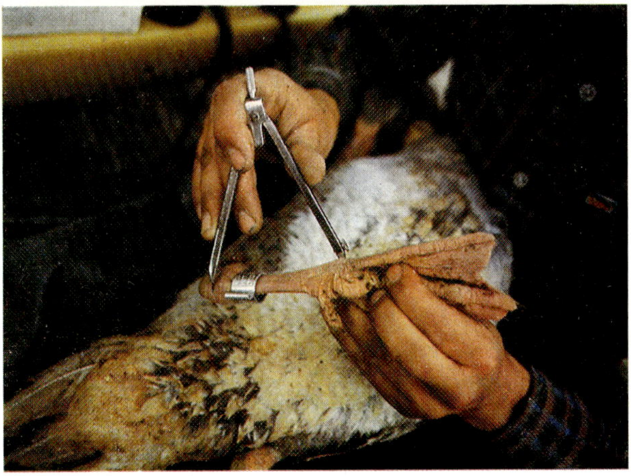

36 Nach dem Fang werden Wildgänse gewogen und gemessen.

37 Freilassen halsbandmarkierter Saatgänse (Gülper See, DDR)

38 In Mitteleuropa bevorzugen die im Herbst rastenden Saat- und Bleßgänse Getreidesaaten als Äsungsflächen. Es kann je nach den Bedingungen sowohl zur Schädigung als auch zur Förderung des Wachstums der Saat kommen.

39 Regelmäßig von Wildgänsen aufgesuchte Getreidesaaten versuchen die Landwirte durch Aufstellen von Scheuchen zu schützen.

40 Infolge des starken Rückgangs des Zwerggansbestandes in Skandinavien werden in Nordschweden künstlich erbrütete Zwerggänse in potentiellen Brutgebieten ausgesetzt.

41 Die erfolgreiche Einbürgerung der Kanadagans in Schweden wurde durch Ausbringen von Nisthilfen wirkungsvoll unterstützt.

42 Drohen einer brütenden Graugans

43 Wachsamkeitshaltung der Graugans: Hals und Kopf erhoben, ruhige Körperhaltung.

Zum Verhalten aller Wildgans-Arten gehören erblich festgelegte Bewegungsweisen, die der inner- und zwischenartlichen Verständigung dienen. Sie werden artspezifisch und stets in gleicher Weise »ritualisiert« ausgeführt.

44 »Sichstrecken«: Flügel und ein Bein werden weit nach hinten gestreckt. Die Bedeutung dieser von vielen Gänsearten bekannten Verhaltensweise ist nicht sicher erkannt.

45 Schlafhaltung der Graugans

46 Während des Zuges ordnen sich Wildgänse in Schräg- oder Keilformationen. Daraus ergeben sich Vorteile für den Zusammenhalt der Gruppe.

47 Flüge in der Nähe von Rast-, Schlaf- und Äsungsplätzen erfolgen in ungeordneter Formation. *(Bild unten links)*

48 Bei der Landung lassen sich Gänse trudelnd fallen, wodurch kurze Landestrecken möglich sind.

An bevorzugten mitteleuropäischen Rast- und Überwinterungsplätzen sammeln sich oft Tausende von Wildgänsen, die gemeinsam äsen, ruhen und nächtigen.

51 Massenaufbruch von Wildgänsen *(Bild unten)*

49 Abflug von Saatgänsen vom Schlafgewässer

50 Einfall von Saat- und Bleßgänsen am Äsungsplatz

52 Saat- und Bleßgänse vor der untergehenden Sonne

stimmt. Damit ist die Phase des ersten Kennenlernens beendet.

Die zweite Phase wird durch Posen und Bewegungen eingeleitet, die insgesamt als »Imponierverhalten« bezeichnet werden. Hoch aufgerichtet und mit weit gebreiteten Flügeln stellt sich der Ganter der Gans vor Beginn und nach Abschluß kurzer mit der Werbung zusammenhängender Flüge zur Schau. Artgenossen, die sich in dieser Phase dem »Brautpaar« nähern, werden heftig angegriffen und vertrieben. Selbst artfremde Tiere werden attackiert.

Die Analogie zum Menschen bewußt betonend wird die Phase von LORENZ (1979) wie folgt beschrieben: »Der junge Ganter probt mit Mut und Kraft. Er sucht etwa darin andere Ganter, darunter auch solche, vor denen er normalerweise Angst hat, anzugreifen und zu vertreiben, wohlgemerkt aber nur, wenn die Umworbene zusieht. In ihrer Gegenwart prahlt er durch Zur-Schaustellung seiner Körperkraft. Selbst um kleine Strecken zurückzulegen, die jede nicht verliebte Gans vernünftigerweise zu Fuß durchschreiten würde, fliegt er auf, beschleunigt seinen Abflug stärker als jede normale Gans es je tut, um, bei der Dame angekommen, scharf abzubremsen. Er benimmt sich in dieser Hinsicht also genau wie ein junger Mann auf einem Motorrad oder einem Sportwagen.«

Die Paarbildung gilt als vollzogen, wenn die Partner das mit dem Triumphgeschrei des Ganters verbundene Verhalten zeigen, das der Ganter hören läßt, wenn potentielle Gegner erfolgreich abgewehrt wurden. Das zugehörige Verhalten läuft etwa folgendermaßen ab: Bei der Annährung eines Artgenossen läuft der Ganter vom Weibchen weg auf den »Gegner«, diesen bedrohend und vertreibend zu und eilt dann in »Imponierhaltung« und laut rufend zum Weibchen zurück. Dabei werden die Flügel weit geöffnet, die Brust herausgedrückt, Kopf und Hals angehoben und die Schwanzfedern gefächert. Zugleich bringt der Ganter zunächst eine als »Rollen« bezeichnete, weithin hörbare Lautreihe hervor, bei der langgezogene Töne mit abgehackten kurzen wechseln. Das »Rollen« geht – beim Weibchen angekommen – in ein lautes Geschnatter, das eigentliche Triumphgeschrei über, sobald der Ganter zur Gans zurückkehrt. Die Gans stimmt, den Ganter auch in der Gestik kopierend, in das Geschnatter ein. Triumphgeschrei als krönender Abschluß des Imponierens ist ein sicheres Zeichen für vollzogene Paarbildung.

Begattungen finden nur im Frühjahr statt, sind also unabhängig vom Zeitpunkt der Paarbildung. Sie werden ebenfalls durch ritualisierte Verhaltensweisen eingeleitet. Während des Vorspiels begleitet der Ganter in Imponierhaltung die unruhig hin und her schwimmende Gans. Schließlich wenden sich die Partner zueinander und tauchen ruckartig in rascher Aufeinanderfolge den Kopf ins Wasser, gelegentlich unterbrochen von gemeinsamem Gründeln, bei dem pflanzliches Material mit nach oben gebracht wird. Diese Verhaltensweisen können sich – immer wieder durch Ruhepausen unterbrochen – längere Zeit hinziehen, bis sich schließlich die Gans mit hoch gerecktem Kopf flach auf das Wasser legt. Mit dieser Pose wird der Ganter zur Begattung aufgefordert. Im rechten Winkel schwimmt er energisch auf die Gans zu, steigt seitlich auf, dreht den Körper parallel zur Gans in Kopulationsstellung und hält sich mit dem Schnabel in deren Nacken fest. Während der Begattung, die nur wenige Sekunden dauert, wird die Gans vollständig unter die Wasseroberfläche gedrückt, nur ihr Kopf ragt hervor. Nach vollzogener Kopulation, gleitet der Ganter von der Gans, die sich tauchend entfernt, seitlich herunter. Beim Nachspiel heben die Partner, die sich wieder zugewendet haben, die Flügel, spreizen den Schwanz, richten den Hals empor und heben den Schnabel nach oben, wobei sie langanhaltende, heiser wirkende Rufe ausstoßen. Das Nachspiel dauert beim Ganter zwei bis drei Minuten, bei der Gans hält es etwa doppelt so lange an, unterbrochen von Flügelschlagen und Putzbewegungen. Partner, die sich bereits längere Zeit kennen, kürzen das Nachspiel ab und unterlassen es schließlich völlig. Mit der Dauerehe der Graugänse sind Verhaltensweisen verknüpft, die in geradezu fataler Weise die Analogie zur menschlichen Ehe nahelegen. Selbst die Paarbildung, die – wie beschrieben – als »schüchterne Annäherung« mit kaum merklicher Ermunterung durch das Weibchen beginnt und mit dem unüberhörbaren Triumphgeschrei und unübersehbaren zugehörigen Posen endet (mit denen das Paar anzeigt, daß es »sich einig ist«, HEINROTH, 1928), spiegelt ein Prinzip wider, das von der Paarbildung vom Menschen her bekannt ist: die sich festigende Partnerschaftsbeziehung wird der Umwelt immer deutlicher durch entsprechendes Verhalten angezeigt.

Ähnliche Überlegungen drängen sich auf, wenn man die Arbeitsteilung in der Gänsefamilie betrachtet. Dem körperlich stärkeren Ganter fällt die Rolle des Beschützers des Weibchens und der Jungen zu. Angriffsbereitschaft und körperlicher Einsatz bei der Abwehr von die Familie bedrohenden Feinden sind Aufgabe des Mannes. Jedoch auch das stundenlange wachsame Ausharren in Nähe des brütenden Weibchens gehört zu seinen »Pflichten« (Abb. 2/16).

Dem Weibchen obliegt die Bebrütung der Eier und die Betreuung der Jungen in der gefahrvollen Phase des Schlupfes und der ersten Lebenstage (Abb. 2/17).

Wenn die auffälligen Analogien im Verhalten von Graugans und Mensch so

Abb. 2/16
Zeitbudget männlicher und weiblicher Bleßgänse der Grönland-Population vor und nach dem Schlupf der Gelege
Bei den weiblichen Tieren sind die Verhaltensweisen der Periode vor dem Schlupf unterteilt in Verhalten bei Abwesenheit eines Feindes (offen) und bei Anwesenheit eines Feindes (punktiert), (nach STROUD, 1982, verändert)

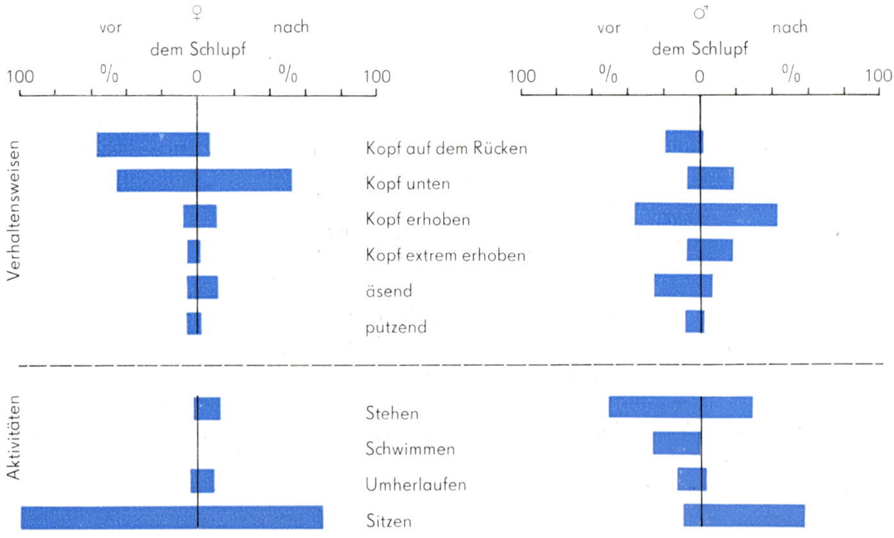

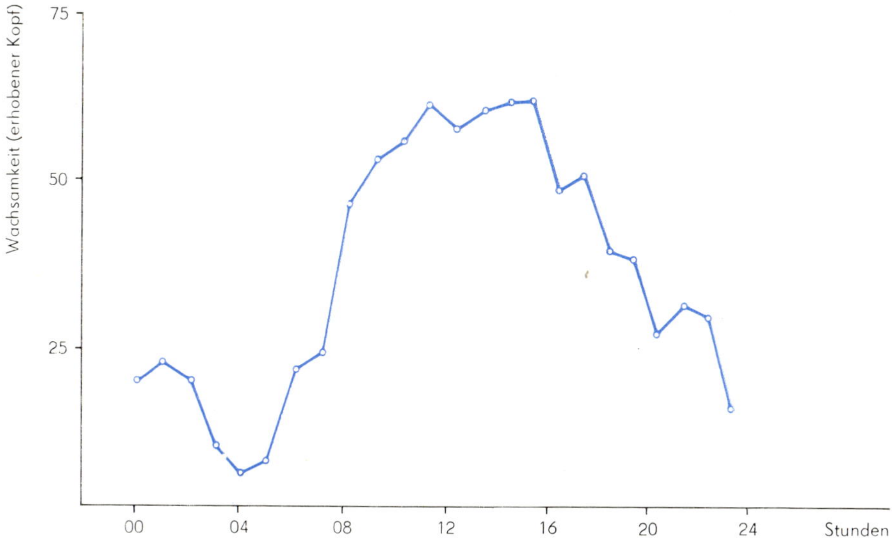

Abb. 2/17
Veränderung der Wachsamkeit einer brütenden Bleßgans *(Anser albifrons)* (nach STROUD, 1982)

nachdrücklich herausgestellt wurden, dann hat das nichts mit vermenschlichender Betrachtungsweise zu tun. Es geht nicht um eines billigen Effektes wegen angestellte Überlegungen, sondern lediglich um die Beschreibung unbestreitbarer Ähnlichkeiten. Wie diese zu interpretieren sind, bleibt offen. Der Biologe ist jedoch herausgefordert, nach den Ursachen zu forschen, die solche Analogien hervorbringen.

Zeitpunkt der Paarbildung: Die Frage nach dem Alter, in dem Gänse sich an einen Partner binden, ist verschieden beantwortet worden. Das trifft auch für den Zeitpunkt des Eintritts der Geschlechtsreife zu.

Nach DELACOUR (1954) liegt er zu Ausgang des 2. Lebensjahres, so daß Tiere im Frühjahr des 4. Kalenderjahres erstmals zur Brut schreiten. BAUER und GLUTZ v. BLOTZHEIM (1968) halten bei Wildvögeln erfolgreiche Bruten erst im 4. Lebensjahr, d. h. zu Beginn des 5. Kalenderjahres, für wahrscheinlich.

In der Gefangenschaft paaren sich Graugänse bereits im Herbst des 2. Kalenderjahres, also mit etwa $1^1/_2$ Jahren. Das bedeutet jedoch nicht, daß sie bereits im nächsten Frühjahr brüten. Bis dahin kann noch ein weiteres Jahr vergehen, so daß mit regelmäßigem Brüten erst im Frühjahr des 4. Kalenderjahres zu rechnen ist.

Es liegen Hinweise dafür vor, daß Paarbildung und Eintritt der Fortpflanzungsfähigkeit auch in Wildpopulationen von Bedingungen abhängen, die im Detail unzureichend erforscht sind. Bei Untersuchungen an individuell gekennzeichneten Graugänsen stellte sich heraus, daß Bruten im 4. Kalenderjahr die Regel sind. Nur vereinzelt kommt es zu erfolgreichen Bruten in früherem Lebensalter. Dabei ist auffällig, daß in solchen Fällen ein bereits bruterfahrener Partner mit einem Jungvogel verbunden ist, wobei junge Ganter bruterfahrene Weibchen zu bevorzugen scheinen (Abb. 2/18). Allerdings konnten HUDÉC und ROOTH (1970) nachweisen, daß eine nestjung beringte weibliche Gans im Alter von zwei Jahren (im 3. Kalenderjahr) Junge führte. Leider war das Alter des Ganters nicht bekannt. Diese Feststellungen sprechen für einen variablen und von den äußeren Bedingungen abhängigen Eintritt der Brutreife. Die Regel dürfte nicht die zeitlich synchrone Verpaarung der Jungtiere im Herbst des 2. Jahres sein, sondern die sich über einen längeren Zeitraum hinziehende, auch im Winterquartier und in den Nichtbrütergemeinschaften im folgenden Frühjahr (Ende des 2./Beginn des 3. Lebensjahres) oder noch später auf den Nichtbrüter-Mauserplätzen erfolgende Verpaarung. Schnee- und Kanadagänse, die in dieser Hinsicht gut untersucht sind, paaren sich vorzugsweise im Winterquartier. Variables Alter von Erstbrütern fanden SCOTT et al. (1955) auch bei beringten Kurzschnabelgänsen in einer Kolonie auf Island. Zweijährige waren neben älteren Gänsen in nicht unbeträchtlicher Anzahl in der Kolonie vorhanden. Allerdings konnte nicht zweifelsfrei geklärt werden, ob alle gebrütet hatten.

In der Frage nach Zeitpunkt und Ort der Verpaarung steckt ein Problem, das evolutionsbiologisch bedeutsam sein kann. Wenn diese nämlich auf den Mauserplätzen, an Sommerrastplätzen oder im Winterquartier stattfindet, sind die Chancen für den Genaustausch in der Population viel größer als im Frühjahr, wenn die Population zerstreut ist. Damit sinken die Chancen zur Entstehung von Unterarten.

In Mitteleuropa sind bei der Saatgans die Intermediärformen zwischen *Anser fabalis* und *Anser fabalis rosssicus* und bei der Graugans die allmähliche Zunahme von Individuen vom *Anser anser rubrirostris*-Typ im Osten des europäischen Teils des Verbreitungsgebietes Beispiele für das Verschwinden ehemals gut definierter Unterarten nach anhaltender gemeinsamer Überwinterung. Im Falle

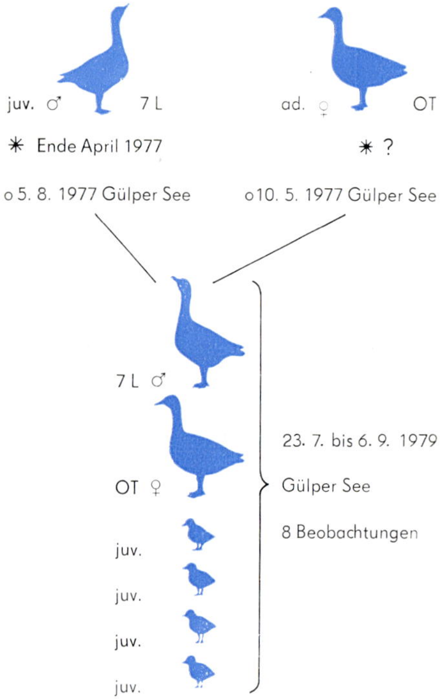

Abb. 2/18
Erfolgreiche Verpaarung eines jungen Graugans-Ganters mit einem alten Weibchen (nach RUTSCHKE, 1982)

der Graugans wirkt der Aufenthalt auf gemeinsamen Mauserplätzen, auf denen sich Nichtbrüter aus Zentral-, Ost- und Nordeuropa sammeln, der Bildung von Unterarten entgegen. Dort können sich Partner aus ganz verschiedenen Herkunftsgebieten »kennenlernen«.

Die Chancen für den Genaustausch werden außerdem dadurch erhöht, daß Nichtbrüter aus dem Süden der ČSSR, die in Schweden mausern und sich während der Mauser zwischen Angehörigen der mittel- und nordeuropäischen Population aufhalten, im Herbst nach Süden und später Südwesten ziehen und bei der Rast und im tunesischen Winterquartier mit Gänsen der süd- und südost-europäischen Population zusammentreffen.

Paarzusammenhalt: Allgemein wird angenommen, daß Gänsepaare lebenslänglich zusammenhalten. Dabei stützt man sich vor allem auf Gefangenschaftsbeobachtungen. Aus Wildpopulationen liegen nur wenige verläßliche Untersuchungen vor.

Die »Treue« verwitweter Graugänse ist von HEINROTH (1928) wie folgt beschrieben worden: »Die beiden Gatten sind so zueinander eingelebt, daß es nach dem Tode des einen gewöhnlich recht schwer fällt oder auch völlig unmöglich ist, ihn neu zu verpaaren. Selbst wenn auf einem Teiche für einen solchen Witwer oder eine Witwe eine reiche Auswahl an heiratsfähigen Artgenossen ist, lassen sie sich doch mit diesen gewöhnlich nicht ein, die sich ihrerseits merkwürdigerweise auch häufig nicht um eine eheverlassene Gans kümmern, die besonders im Frühjahr Tag und Nacht nach ihrem Seligen ruft. Diese übermäßige Gattentreue ist natürlich nicht arterhaltend und deshalb unzweckmäßig. Sie stellt eine Art Sackgasse dar, in die sich die Evolution der Gänse verrannt hat.«

Die von HEINROTH (a. a. O.) bildhaft anschaulich geschilderte »übermäßige Gattentreue« würde in der Tat die Arterhaltung benachteiligen, wenn sie in der beschriebenen Form in Wildpopulationen vorkäme. Dafür liegen jedoch keine Beweise vor, wohingegen Neuverpaarungen und Umverpaarungen bei der Graugans und anderen Gänsearten zweifelsfrei belegt sind. LORENZ (1979) erlebte es bei seinen zahmen Graugänsen dreimal, daß sich verpaarte Gänse, die bereits erfolgreich gebrütet hatten, voneinander trennten und neue Bindungen eingingen. Er beschreibt ferner sehr anschaulich, wie ein verwitweter Ganter sein Paarungsverhalten auf eine bereits verpaarte Gans konzentrierte. In Kämpfen mit dem »rechtmäßigen« Gatten gelang es ihm, die Bindung zu trennen und die Ehe mit der solcherart »geschiedenen« Gans einzugehen. Aus der neuen Ehe gingen wie aus den vorhergegangenen Nachkommen hervor. Sie blieb bis zum Tode des einen Partners bestehen.

In der älteren Jagdliteratur wird häufig behauptet, daß verwitwete Wildgänse sich nicht mehr verpaaren. Das trifft nicht zu. Beispiele für Neuverpaarungen verwitweter Gänse konnten auch an Wildpopulationen erbracht werden. Wie häufig sie sind, läßt sich nicht beurteilen, weil der Anteil der Gänse, die ihren Partner verloren haben, schwer bestimmbar ist. Aufschlußreiche Untersuchungen zu dieser Frage liegen für die Weißwangengans vor (OWEN, 1980). Er markierte 133 Paare in Spitzbergen brütender Weißwangengänse und prüfte deren Zusammenhalt, sowohl im Winterquartier am Solway Firth in Schottland als auch im Brutgebiet. Das Zusammensein eines Paares in der folgenden Saison wurde als »Paarjahr« gewertet. Insgesamt wurden 291 Paarjahre festgestellt, was Stabilität der Bindung und Partnertreue zeigt. Trotzdem wechselten 37 % der markierten Gänse den Partner. Das liegt daran, daß es sehr häufig zum Verlust des ursprünglichen Gatten kommt und dann erneut eine Bindung eingegangen wird. Nur in einem Falle wurde eine Neuverpaarung festgestellt, obwohl der ursprüngliche Partner noch lebte. In einem Falle war eine Gans bereits $5\frac{1}{2}$ Monate nach Verlust des Partners wieder verpaart und brütete mit dem neuen Partner erfolgreich.

Noch zahlreicher sind die Beispiele für Neuverpaarungen bei der Kanadagans. In Nordamerika, wo Populationen der Kanadagans starkem Jagddruck ausgesetzt sind, kommt es sehr häufig allein durch die mit der Bejagung verbundene Beunruhigung zur Trennung von Brutpaaren. Um so bemerkenswerter sind die

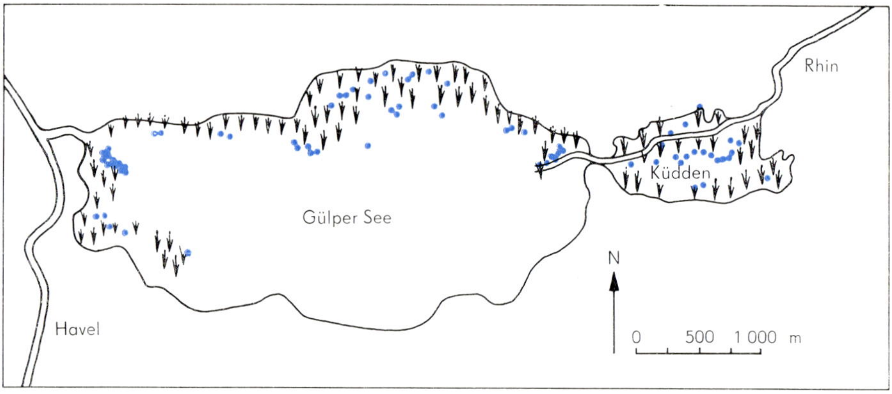

Abb. 2/19
Revieraufteilung an einem gut besetzten Brutplatz der Graugans *(Anser anser)*, NSG Gülper See/DDR (nach RUTSCHKE, 1982)

bei RAVELING (1969 b) und PREVETT (1972) angeführten Beispiele für das Wiederfinden von Partnern nach langer räumlicher und zeitlicher Trennung. Es kam vor, daß Tiere, die über eine ganze Saison getrennt waren und danach Tausende Kilometer wanderten, sofort zusammenhielten, wenn sie sich wieder trafen. Da in stark bejagten Populationen der Verlust des Partners ein regelmäßiges Ereignis ist, dürfte die Chance, mit dem gewählten Partner lebenslänglich zusammenbleiben zu können, außerordentlich gering sein. Die Situation in Wildpopulationen ist deshalb mit der in Gefangenschaftspopulationen nicht vergleichbar. Der Anteil der Nichtbrüter müßte in Wildpopulationen viel größer sein als er in Wirklichkeit ist, wenn es nicht fortgesetzt zu Wiederverpaarungen verwitweter Gänse käme.

Die Frage nach dem biologischen Vorteil strenger Monogamie kann gegenwärtig nur spekulativ beantwortet werden. Vielen Gänsearten bleibt im hochnordischen Klimabereich nur kurze Zeit für die Jungenaufzucht. Neuverpaarungen bedeuten Zeit- und Energieaufwand, die für die Jungenaufzucht verlorengehen. Stabilen Brutpaaren steht effektiv mehr Zeit für die Jungenaufzucht zur Verfügung als Tieren, die sich jährlich neu verpaaren, was für die Population vorteilhaft ist und die Jungenaufzucht begünstigt. Der evolutionsbiologische Trend in Richtung auf die Dauerehe dürfte dadurch gestärkt werden.

Nistplatz, Nest

Die meisten Gänsearten nisten auf festem Land in Gewässernähe.

Nur die Graugans bewohnt auch Schilfgürtel und andere durch Pflanzenwuchs bedeckte Bereiche der Uferzone. Offene Uferpartien werden auch von ihr gemieden. Allerdings ist gerade diese Art in der Wahl der Nistplätze äußerst flexibel. Sie ist in den Überschwemmungsgebieten Südmährens Busch- und Baumbrüter (auf Kopfweiden). In der DDR brütet sie gewöhnlich am Gewässerufer, baut jedoch auch im Gebüsch oder relativ frei stehende Nester, wenn der Standort hinreichend geschützt ist. An der Ostseeküste der Estnischen SSR stehen die Nester völlig frei auf Felsklippen vor Inseln. Neuerdings sind aus der DDR einige Fälle extremen Baumbrütens bekannt geworden. Die Nester wurden in mehr als 10 m über dem Erdboden befindlichen, ehemaligen Horsten des Kolkraben angelegt.

Für den Abstand zwischen den Nestern gibt es bei der Graugans keine feste Regel. Sie stehen sehr zerstreut und weit voneinander entfernt, wenn an einem Gewässer nur wenige Paare leben. Brüten Graugänse jedoch in größerer Anzahl, dann werden die Nester nicht selten kolonieartig gehäuft angelegt, was jedoch nicht ausschließt, daß selbst an einem Gewässer ein Teil der Gänse kolonieartig nistet, ein anderer die Nester locker und unregelmäßig verteilt anlegt. Das trifft beispielsweise für die Nesterverteilung im NSG Gülper See (Bezirk Potsdam, DDR) zu (Abb. 2/19). Die 60 bis 80 Brutpaare brüten an zwei Stellen kolonieartig konzentriert, sonst aber zerstreut mit deutlich abgegrenzten Revieren.

In der Wahl des Platzes für das Nest sind alle Gänsearten innerhalb der durch das Habitat gegebenen Möglichkeiten wenig wählerisch. Bei den im hohen Norden brütenden Arten stehen die Nester häufig völlig ungedeckt auf dem Boden. Saat- und Bleßgans, aber auch Ringel- und Weißwangengänse, brüten nicht selten am gleichen Ort, so daß die Nistplätze schließlich kegelartig erhöht sind.

Die Nester selbst sind bei allen Gänsearten kunstlose Bauten, für die hauptsächlich Pflanzen und Pflanzenteile aus der unmittelbaren Umgebung verwendet werden. Das sind im hohen Norden vor allem Flechten, Moose und Gräser, doch auch Zweige von Sträuchern werden genutzt, wenn diese, wie in der Strauchtundra, verfügbar sind. Die Ringelgans begnügt sich vielfach mit bloßen Erdmulden, die mit Dunen ausgepolstert werden, sobald das Eierlegen beginnt. Bei der Graugans können die Nester mächtige Bauten sein, wenn sie im Schilf auf dem Wasser schwimmend angelegt werden. Ganz anders sehen die unter Strauchwerk oder dichtem Gebüsch versteckten aus. Lediglich eine flache Erdmulde, die mit wenig Pflanzenteilen gegen die Umgebung abgegrenzt und mit Dunen ausgepolstert ist, dient zur Aufnahme der Eier.

Neben anderen Gründen dürfte die Anpassungsfähigkeit bei der Wahl des Nestplatzes, beim Nestbau und der Revierbegrenzung entscheidenden Einfluß auf die erfolgreiche Populationsentwicklung in unserer Kulturlandschaft haben.

Familien

Der Begriff Familie umschließt bei Wildgänsen das Brutpaar und die diesjährigen Jungen. Die Auflösung der Familie erfolgt mit der Trennung der Jungvögel von den Eltern. Der Begriff wird also in einem etwas anderen Sinne verwendet als beim Menschen, bei dem sich die Familie mit der Geburt weiterer Kinder vergrößert. Das stabile Element in der Gänsefamilie ist das Brutpaar. Jährlich wird von ihm eine neue Jungengeneration gezeitigt, die sich spätestens vom Brutpaar löst, wenn die neue Fortpflanzungsperiode beginnt. Es ist wichtig, diese Besonderheit in der Anwendung des Begriffs vor Augen zu haben, wenn nachfolgend von Familienzusammenhalt, Auflösung der Familie u. ä. gesprochen wird.

Familienzusammenhalt

Bei nur wenigen Tieren bleiben die Kinder, nachdem sie erwachsen sind, im Familienverband. Selbst bei Vögeln und Säugetieren ist das eher die Ausnahme als die Regel. Bei Gänsen halten Eltern und diesjährige Jungvögel als Familie fest zusammen. Erst wenn sich die Eltern unter dem Einfluß der wieder einsetzenden Sexualhormonproduktion auf die neue Brutperiode vorbereiten, lockern sich die Bande zu den Jungen und lösen sich schließlich. Das Zusammenhalten setzt voraus, daß sich Eltern und Kinder persönlich kennen, wozu optische und akustische Merkmale dienen. Für uns sehen die Angehörigen einer Grau- oder Saatgansschar völlig gleich aus, falls nicht abnorme Abweichungen auffällig hervortreten, und die Rufe der einzelnen Tiere verschmelzen zu einem unentwirrbaren Geschnatter. Woran Gänse ihre Kinder und die Kinder die Eltern erkennen, ob wie bei uns an Formmerkmalen im Kopfbereich, am Bewegungsmuster oder am Klangcharakter der Stimme, ist nicht bekannt. Das Erkennen der Stimme spielt zweifelsfrei eine wichtige Rolle. Die sonagraphische Analyse bestimmter Lautstrukturen der Graugans ergab individuelle Unterschiede, die, ein entsprechend feines Unterscheidungsvermögen vorausgesetzt, das individuelle Erkennen ermöglichen. Nachts dürfte die Stimme die einzige Informationsquelle sein, mit deren Hilfe die Familienangehörigen erkannt werden. In den nach Tausenden zählenden Sommer-Sammelplatzgemeinschaften mag es am Tage dem von der Familie getrennten Jungvogel gelingen, die Angehörigen durch Suchen mit den Augen zu finden, bei nächtlicher Trennung gelingt das nur, wenn die rufenden Stimmen der Eltern und Geschwister an bestimmten Merkmalen erkennbar sind. Werden Gänsefamilien zum Zwecke der Beringung während der Mauser in Reusen gefangen (Alter der Jungen vier bis sechs Wochen), dann erfolgt dabei fast zwangsläufig die Trennung eines Teils der Familie. Nach der Freilassung läßt sich untersuchen, ob und wie schnell die Familienangehörigen wieder zusammenfinden. Bei der Schneegans geschieht das binnen weniger Stunden und nahezu vollständig (PREVETT und MC INNES, 1980). Bei Untersuchungen an Graugansfamilien, die während der Schwingenmauser der Altvögel gefangen wurden, konnten wir das bestätigen. Die Mehrzahl der Jungvögel befand sich sehr bald wieder bei den Altvögeln. Da die durchschnittlichen Familiengrößen vor und nach der Beringung übereinstimmten, darf angenommen werden, daß alle Jungvögel die richtigen Eltern fanden.

Noch überzeugender wurde an Schneegänsen bewiesen, daß sich Eltern und Kinder nach Trennung wieder vereinigten, indem man nur solche Familien trennte, die zuvor gekennzeichnet waren. Bereits zwei Stunden nach der Freilassung hatten sich die Zusammengehörenden gefunden.

Damit dürfte als Regel gelten, daß sich die Angehörigen von Wildgansfamilien nach Trennungen suchen und auch zu finden wissen. Die Vorteile, die sich aus dem Zusammenhalt der Familien ergeben, liegen wohl vor allem bei den Jungvögeln. Sie lernen von den Eltern die besten Nahrungsplätze kennen und gefährliche Situationen vermeiden. Da die Eltern ihre Jungen selbst an den Überwinterungsplätzen noch verteidigen, bleibt letzteren außerdem mehr Zeit für die Nahrungssuche (BOYD, 1953; RAVELING, 1966). Daß die Familien bis in den Winter hinein zusammenhalten, ist nicht so selbstverständlich, wie es auf den ersten Blick scheinen mag. Das gilt insbesondere für die nordischen Gänse. Während der langen Wanderungen dürfte oft genug die Gefahr bestehen, getrennt zu werden, zumal sie unterwegs und auch im Winterquartier bejagt werden, wobei die Familien zwangsläufig auseinandergerissen werden. Wenn sie trotzdem auf den Rastplätzen im Herbst familienweise zusammenstehen, dann liefert das den Beweis dafür, daß sich Familienangehörige nach Trennungen aktiv suchen und auch finden. Dieses Verhalten bietet für alle Arten, bei denen Alt- und diesjährige Jungvögel gut unterscheidbar sind, die Möglichkeit, den jährlichen Bruterfolg im Winterquartier zu untersuchen. Feststellungen dieser Art erfolgten an der Bleßgans und mit großer Regelmäßigkeit an Ringel- und

Weißwangengänsen. Das Zusammenfinden von Familienangehörigen wird durch den Aufenthalt an traditionellen Rast- und Schlafplätzen erleichtert. Sind die Gänse durch Störungen, beispielsweise durch Bejagung, zu rascher Flucht gezwungen, dann werden die Familien leicht auseinandergerissen. Gelingt es ihnen nicht, sich am Tage wiederzufinden, dann wird die Suche nachts am Schlafplatz fortgesetzt, wobei der Stimme entscheidende Bedeutung zukommt.

Über den Zusammenhalt von Gänsefamilien gab es lange Zeit unterschiedliche Meinungen. SCOTT und FISCHER (1953) hielten es für wenig wahrscheinlich, daß sich getrennte Gänse wieder zu Familien vereinigen. BOYD (1952) und MILLER und DZUBI (1965) wiesen für die Bleßgans das Gegenteil nach, was RAVELING (1969 a) durch Beobachtungen an individuell gekennzeichneten Kanadagänsen, die kleine Sender trugen, zweifelsfrei bestätigen konnte. Er fand heraus, daß die Familien über den Winter hinweg vereint bleiben und sich nach Trennungen wieder zusammenfinden. Einige Familien hielten noch im Frühjahr zusammen und trafen gemeinsam im Brutgebiet ein. Trotzdem muß davon ausgegangen werden, daß die Familien in Wildpopulationen infolge massiver Einwirkung durch die Jagd und Störungen anderer Art häufig aufgesplittert werden. Das kann bewirken, daß bereits im Oktober die Familien großenteils getrennt sind, wie JONES und JONES (1966) an einem Rastplatz der Ringelgans in Kanada feststellten. Solche Berichte sind jedoch selten. Sie sind nicht Ausdruck eines »sozialen Chaos«, wie PREVETT (in CRAMP und SIMMONS, 1977) schreibt, sondern das Ergebnis äußerer Einwirkungen.

Aufgrund von Felduntersuchungen über das Zahlenverhältnis von Alt- und Jungvögeln bei überwinternden Bleßgänsen bezweifelt VAN IMPE (1978), daß die Familienverbände stabil sind. Er vertritt die Ansicht, daß es sich bei familienstarken Trupps um zufällige Aggregation handelt, deren Zusammensetzung beliebig wechselt. Diese Beobachtungen stehen nicht nur im Gegensatz zu den Ergebnissen kanadischer Untersuchungen an der Schneegans, sondern auch zu Befunden an halsbandmarkierten Grau- und Saatgänsen, die in der DDR erzielt wurden (RUTSCHKE und Mitarb., unveröff.).

Im Winterquartier bilden Einzeltiere, die von ihren Familien getrennt wurden und diese nicht mehr finden, keine neue Gemeinschaft. Informationen über die Stabilität der Familien lassen sich auch aus der gemeinsamen Rückkehr individuell markierter Brutpaare zum Brutplatz gewinnen. Entsprechende Feststellungen wurden für die Kanadagans von MARTIN (1964), die Kaisergans (von EISENHAUER und KIRK-PATRICK 1977), die Ross-Gans (RYDER, 1967) und die Graugans (eigene Feststellungen) erbracht.

Adoption von fremden Jungvögeln

Die Bindung der Graugansküken an die Eltern erfolgt durch Prägung. Damit ist in den ersten Lebenstagen jedoch kein persönliches Sichkennenlernen verbunden, denn in Gebieten, wo Gänse dicht benachbart brüten, schließen sich Gössel aus verschiedenen Bruten nicht selten anderen Eltern an. Das ist besonders gut von der Kanadagans bekannt (RAVELING, 1969 b), bei der dominante Paare regelmäßig Jungen adoptieren, woraus ein scheinbares Anwachsen der durchschnittlichen Jungenanzahl bis zwei Wochen nach dem Schlupf resultiert. Bei der Schneegans ist Jungenadoption eine Ausnahme (PREVETT und MC INNES, 1980), bei Graugänsen steht sie in deutlicher Beziehung zur Brutdichte. Bei koloniеartigem Brüten kommt es wahrscheinlich regelmäßig vor, daß Jungen von den Eltern abgetrennt werden und sich dann anderen Familien anschließen.

Am Gülper See (DDR, Bezirk Potsdam) wurden maximal 19 Junge von einem Elternpaar bis zur Flugfähigkeit geführt. In Gebieten, wo Graugänse in großer Dichte brüten und nach dem Schlupf enge Nachbarschaft halten, schließen sich gelegentlich bis zu 35 Jungen einem Brutpaar an (Prill, 1980). Dabei handelt es sich jedoch nicht um »Kindergärten« wie bei einigen Meerestauchenten, sondern um zufällig entstehende »Großfamilien«.

Prevett und Mc Innes (a.a.O.) prüften die Bereitschaft von Schneeganseltern zur Adoption von Jungen durch Zusetzen isoliert aufgefundener Küken zu eben schlüpfenden Bruten. Die fremden Jungen wurden durchweg toleriert. Das gelang noch in den ersten Tagen nach dem Schlupf problemlos, doch wenn die eigenen Jungen etwa 10 Tage alt waren, wurden fremde konsequent abgewiesen. Aus diesen Versuchen folgt, daß Schneegänse ihre Jungen erst vom 10. Tag an persönlich kennen und entsprechend die Jungen ihre Eltern.

Kanadagänse wurden in Schweden erfolgreich als Adoptiveltern bei der Einbürgerung von Graugänsen eingesetzt. Nachteilig ist allerdings die dabei häufig stattfindende sexuelle Prägung auf die Adoptiveltern. Graugans-Männchen binden sich leichter an Kanadagans-Weibchen als Graugans-Weibchen an Kanadaganter. In Wildpopulationen, wo beide Arten nebeneinander brüten, kommt es nur äußerst selten zu Mischehen.

Verhalten der Jungvögel im Familienverband

Grauganskküken benötigen 24 bis 30 Stunden, um aus der Eischale zu schlüpfen. Bei gutem Wetter dauert es 2 bis 3 Stunden bis sie trocken sind. Schon während dieser Zeit sind sie in der Lage zu laufen, zu schwimmen, zu tauchen und zu fressen. Der Schlupf der Jungvögel eines Geleges erfolgt bei der Graugans innerhalb von 12 Stunden.

Die Gänseküken verbleiben während der gesamten Zeit vom Schlupf bis zum Flüggewerden in der strengen Obhut der Eltern. Beim Weiden halten sie sich mehr in der Nähe der Mutter, der sie absehen, welches Futter aufgenommen wird. Die Ganter befinden sich in »Wachsamkeitshaltung« bei der Familie, wenn diese weidet. In den frühen Phasen der Entwicklung werden krautige Pflanzen gegenüber Gräsern bevorzugt. Der Anteil Grasnahrung nimmt mit fortschreitendem Alter zu. Voraussetzung für das erfolgreiche Abrupfen von Gräsern ist die stärkere Verhornung des Schnabels, insbesondere der seitlichen Hornleisten, die bei den Gösseln noch völlig fehlen.

Wenn die Gänse bei Gefahr weglaufen oder wegschwimmen, halten sie eine typische Reihenfolge ein. Vorn befindet sich die Mutter, es folgen die Gössel, und den Abschluß bildet der Ganter. Diese Anordnung wird selbst nach dem Flüggewerden noch eingehalten. Familien lassen sich deshalb selbst in kopfstarken Fluggemeinschaften leicht identifizieren. Die Gössel laufen bei der Flucht jedoch nicht genau hintereinander, wie der sprichwörtliche »Gänsemarsch« vermuten läßt, sondern leicht seitlich versetzt, so daß auch die hinteren das vordere Elterntier jederzeit sehen und sein Verhalten beobachten können. Den Zusammenhalt im Familienverband hilft ein reiches Repertoire von Lauten mit unterschiedlicher funktioneller Bedeutung sichern. Schon im Ei, beginnend 48 Stunden vor dem Schlupf, äußern die Gössel einen Laut, der zur Verständigung mit der Mutter dient. Diese »Stimmfühlung« erfolgt mittels einfacher Lautreihen von niedriger Tonhöhe (2 bis 3 kHz) und geringer Frequenz.

Trennung von Eltern und Jungvögeln

Die Trennung der Eltern von den Jungvögeln erfolgt unter dem Einfluß der wieder einsetzenden Fortpflanzungsperiode und der damit verbundenen hormonalen und verhaltensmäßigen Umstimmung. Die Auflösung der Familie soll in Form aktiver Auseinandersetzungen zwischen Eltern und Jungtieren am Brutplatz stattfinden (Bauer und Glutz von Blotzheim, 1968). Dieser Sachverhalt, der auf Beobachtungen an in Gefangenschaft gehaltenen Tieren beruht, ist in Wildpopulationen unzureichend geklärt. Es steht fest, daß bei vielen Arten die Auflösung des Familienverbandes bereits im Winterquartier erfolgt, so daß die Brutpaare getrennt von den Jungen und vor diesen in die Brutgebiete zurückkehren. Die sich selbst überlassenen Jungen schließen sich den Nichtbrütern der Population an (2jährige) und leben mit diesen. An einer mit Farbringen gekennzeichneten Grauganspopulation bei Kopenhagen konnte Jensen (1977) die im Vergleich zu den fortpflanzungsfähigen Altvögeln (älter als dreijährig) verspätete Heimkehr der einjährigen Vögel eindeutig nachweisen. Zweijährige treffen im Durchschnitt früher ein als Einjährige, jedoch ebenfalls später als die Brutvögel.

Nach Christoleit (1929) sollen Bleßgansfamilien auf dem Frühjahrszug zu den Brutorten großenteils noch fest zusammenhalten. Neuere Untersuchungen ergaben, daß die Familienauflösung im Verlaufe des Winters erfolgt (van Impe, 1978). Bei Schneegänsen erreichen 75 % der Tiere, die am Ende des Winters noch zusammen sind, gemeinsam die Brutgebiete. Nachdem die Brutreviere besetzt sind, vertreiben die Männchen die Jungen. Nur in wenigen Fällen, beispielsweise wenn die neue Brut der Eltern scheitert, vereinen sie sich wieder mit den Jungvögeln des Vorjahres zu einem Familienverband und halten bis zum zweiten Winter zusammen (Owen, 1980).

Aus dem festen und andauernden Familienzusammenhalt ergeben sich für die Gänse Vorteile verschiedener Art. Die Arbeitsteilung zwischen den Eltern während der Brutzeit mindert für beide die mit der Jungenaufzucht verbundenen Risiken, insbesondere gegenüber Predatoren. Die stets gut bewachten Jungen sind durch nichts von der Nahrungsaufnahme abgehalten und wenig bedroht durch intraspezifische Konkurrenz, außerdem lernen sie von den Eltern die geeignete Nahrung und die den jeweiligen Aktivitäten entsprechenden Aufenthaltsorte kennen. Das gesellige Leben innerhalb der Familie schafft die Voraussetzung, um später in anderen Sozialverbänden leben zu können. In Gefangenschaft isoliert gehaltene Graugänse verpaaren sich später nicht (Fischer, 1965). Obwohl die Dominanzverhältnisse in Gänsescharen schwer untersuchbar sind, liegen Hinweise dafür vor, daß Familien über Brutpaare ohne Nachkommen und Einzeltiere dominieren und kopfstarke Familien in Konfliktsituationen kleineren Familien überlegen sind (Bleßgans: Boyd, 1953; Kanadagans: Raveling, 1970).

Nichtbrütergemeinschaften

Wo Graugänse in größerer Anzahl brüten, sind außer den Brutpaaren, die als solche auf den ersten Blick zu erkennen sind, kleinere oder größere Trupps von Gänsen vorhanden, die sich abseits halten. Es sind das die noch nicht fortpflanzungsfähigen Tiere, also die Gänse des 2. und 3. Jahres. Zu ihnen gesellen sich mit dem Fortschreiten der Brutzeit die Paare, denen die Brut nicht glückte. Die Nichtbrütergemeinschaften bilden sich nach bestimmten Gesetzmäßigkeiten, leben nach bestimmten Verhaltensregeln und lösen sich auch in gesetzmäßiger Weise auf. Die Verhaltensweisen in Nichtbrütergemeinschaften sind bisher wenig beachtet und untersucht worden,

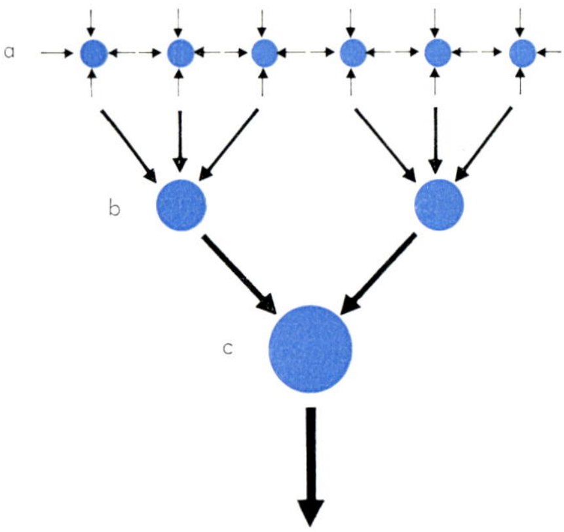

Abb. 2/20
Entstehung von Sammelplatzgemeinschaften (schematisch)
a – zunächst finden sich die an einem Brutplatz lebenden Tiere zu einer lokalen Brutplatzgemeinschaft zusammen;
b – die Tiere eines Gebietes fliegen an einen regionalen Sammelplatz, von dem aus der Hauptsammelplatz aufgesucht wird (c)

wohl deshalb, weil deren biologische Funktion hinter der von Ehe und Familie zurücktritt.

Nichtbrütergemeinschaften bilden sich schrittweise. Zunächst finden sich die Tiere eines relativ begrenzten Gebietes an einem bestimmten Platz zusammen, an dem sie sich einige Zeit aufhalten. Diese kleinen, zunächst verstreut lebenden Nichtbrütertrupps sammeln sich dann an wenigen Rastplätzen (Abb. 2/20). Bei der Graugans erfolgt diese Sammlung Mitte April bis Ende Mai. Kennzeichnend ist das stufenweise Entstehen relativ großer Gruppierungen, die dann über längere Zeit (etwa 6 Wochen) ortstreu bleiben.

Bisher fehlt es an Untersuchungen über den Umkreis, der zu einem Sammelplatz gehört. Er läßt sich nur dann feststellen, wenn ermittelt werden kann, wo die sich sammelnden Tiere herstammen. Das setzt die Markierung von Jungvögeln an verschiedenen Brutplätzen voraus, was schwer durchzuführen ist. Werden die Tiere am Sammelplatz gefangen und gekennzeichnet, lassen sich nur dann Rückschlüsse auf die Größe des Einzugsgebietes gewinnen, wenn es im folgenden Jahr gelingt, die markierten Tiere an den Brutplätzen zu identifizieren. Für Graugänse steht fest, daß sie bis zu 80 km zurücklegen, um den Sammelplatz zu erreichen.

Ob Tiere, die sich persönlich kennen (beispielsweise Geschwister oder von einem Brutplatz stammende Gänse) in Nichtbrütergemeinschaften zusammenhalten, ist bisher wenig untersucht worden. Es gibt Beobachtungen, die dafür sprechen, daß Geschwister während der sommerlichen Wanderungen und auch im Winterquartier zusammenhalten. Nicht miteinander verwandte, aber vom gleichen Ort stammende Gänse, verteilen sich demgegenüber regellos in der Gemeinschaft. Trotzdem bleibt die Bindung an die Brutheimat erhalten, denn nach dem Mauserzug kehren sie an einen Sammelplatz zurück, der in der Nähe des Brutplatzes liegt.

Brutplatz-, Rastplatz- und Sammelplatzgemeinschaften

Brutplatzgemeinschaften

Wo mehrere Grauganspaare brüten, leben diese nur in den ersten Tagen nach dem Schlupf der Jungen getrennt voneinander. Zunächst sind es nur die benachbarten Familien, die sich zum gemeinsamen Landgang zusammenfinden, später gesellen sich auch andere dazu, bis schließlich alle Familien des Brutplatzes eine Gemeinschaft bilden. Anfangs verbringen sie nur die wenigen Stunden des Äsens an Land gemeinsam, später halten sie auch auf dem Wasser mehr oder minder zusammen. Die Familien eines Brutplatzes finden sich in einem allmählichen, sich über mehrere Wochen hinziehenden Prozeß zu einer Gemeinschaft zusammen, der spätestens beim Flüggewerden der Gössel abgeschlossen ist. Verläuft die Brutperiode ohne wesentliche Störungen, so daß die Jungen bei der Mehrzahl der Paare annähernd gleichzeitig schlüpfen, dann formiert sich die Brutplatzgemeinschaft sehr schnell. In umgekehrtem Fall, wenn ungünstige Witterung zu Spätbruten und Gelegeverlusten führt, bleiben die Familien länger isoliert. Paare mit spät geschlüpften Jungen halten sich lange Zeit abseits von den anderen Familien. Erst wenn die »Spätlinge« flügge sind, suchen sie Anschluß an die Gemeinschaft der anderen.

Sammelplatzgemeinschaften

Nach dem Flüggewerden der Jungvögel, bei der Graugans ab Mitte Juli, sammeln sich an wenigen Plätzen sämtliche Angehörige der regionalen Population, also die Altvögel mit den diesjährigen Jungvögeln, die von den Mauserplätzen zurückkehrenden immaturen Gänse und die Gänse, die erfolglos brüteten. An diesen Sammelplätzen verweilen sie über einen relativ langen Zeitraum, nämlich von Ende Juli bis Mitte Oktober, also bis zum Beginn der Wanderung ins Winterquartier. In der DDR gibt es nur wenige Plätze, an denen sich übersommernde Graugänse sammeln. Der bedeutendste im Binnenland befindet sich am Gülper See (Bezirk Potsdam). Dort hielten sich in den Jahren 1979 bis 1981 im Sommer und Frühherbst 5000 bis 6000 Graugänse auf. Ein anderer großer Sommersammelplatz befindet sich an der Ostseeküste zwischen Rügen und Hiddensee.

Plätze, an denen sich Tausende Graugänse einstellen, um gemeinsam zu übersommern, gibt es im gesamten Verbreitungsgebiet der Art. Nicht alle sind jedoch bekannt, und das Verhalten während dieser Zeit wurde nur wenig untersucht. In Schweden konnte festgestellt werden, wie ein Sommersammelplatz an Bedeutung gewann, nachdem der Brutbestand in der Umgebung angestiegen war (Roos und Linskoog, 1976).

Wahrscheinlich sammeln sich die nordischen Gänse in vergleichbarer Weise nach der Aufzucht der Jungen an wenigen Plätzen. Für Kanadagänse in Nordamerika ist das gut bekannt (Raveling, 1978), weitaus weniger wissen wir in dieser Hinsicht über die eurasischen Gänse. Für die Kanadagans konnten die Herkunftsgebiete nachgewiesen werden. Nach Raveling (1969 b) bestehen die Sammelplatzgemeinschaften aus Untereinheiten (Deme), die als Brutgebietsgemeinschaften aufzufassen sind und über das ganze Jahr hinweg zusammenhalten.

Aus dem traditionellen Festhalten an bestimmten Rastplätzen ergibt sich ein biologischer Vorteil, weil das zeit- und energieaufwendige Suchen nach geeigneten Rastbedingungen entfällt. Durch individuelle Markierung (Plaste-Halsbänder) wurde festgestellt, daß einjährige Gänse genauso zielstrebig den »zuständigen« Rastplatz anfliegen wie ältere (Raveling, 1979).

Ob die von einem Brutplatz stammenden Gänse wirklich für längere Zeit am Sammelplatz zusammenhalten ohne sich zu trennen, darf bezweifelt werden. Unsere Feststellungen an Graugänsen am Gülper See (DDR, Bezirk Potsdam) sprechen nicht dafür. Die im Frühjahr als Brutvögel gekennzeichneten Gänse verließen das Gebiet im Herbst zu ganz unterschiedlichen Zeiten. Die ersten ziehen bereits Anfang September, andere folgen im Oktober, und die letzten verschwinden erst im November.

Mit Plasteringen gekennzeichnete Ringelgänse, die im Frühjahr im Nordfriesischen Wattenmeer rasten, verhalten sich teilweise sehr ortstreu. Sie kehren jährlich immer wieder an die gleichen Plätze zurück. Überraschenderweise kommen Gänse, die einen bestimmten Platz nur kurzzeitig aufsuchen, auch in den nächsten Jahren lediglich zu Kurzbesuchen an den gleichen Platz, und umgekehrt wurden bei langem Aufenthalt entsprechend lange Besuche in den folgenden Jahren festgestellt. Diese Beobachtungen belegen sehr eindrucksvoll den Trend zur Traditionsbildung.

Entstehung von Sammelplatzgemeinschaften: Nach der Brutzeit sammeln sich die Gänse wahrscheinlich nach dem gleichen Prinzip, das für die Nichtbrüter beschrieben wurde. Zunächst sind es die Brutvögel kleinerer Gebiete, die sich mit den diesjährigen Jungen an geeigneten Plätzen zusammenfinden. Sie bleiben unterschiedlich lange an den regionalen Sammelplätzen, und die Ansammlungen sind verschieden groß, wobei Nahrungsangebot, Witterung und Tradition eine große Rolle spielen. Gewöhnlich bilden nicht mehr als 200 bis 400 Gänse die lokale Sammelplatzgemeinschaft. Ende August, spätestens bis Mitte September, fliegen sie gemeinsam zu den Haupt-Sammelplätzen. Nach diesem Prinzip kommen wohl bei allen Gänsearten die riesigen Spätsommeransammlungen zustande. Bisher liegen kaum Angaben über die Größe des Gebietes vor, aus dem die Gänse einen bestimmten Sammelplatz aufsuchen. Am Rietzer See (DDR, Bezirk Potsdam) farbig markierte Gänse erscheinen im August am Gülper See (Entfernung 60 km). Da der Maximalbestand am Gülper See bei 6000 Exemplaren liegt und die weiter nördlich brütenden Gänse zur Ostsee ziehen, reicht das Herkunftsgebiet nach Süden wahrscheinlich bis in die ČSSR und nach Osten bis in die VR Polen.

Die vielen tausend Gänse eines gut besuchten Sommersammelplatzes halten nur locker zusammen. Nur ausnahmsweise finden sich alle an einer Stelle zusammen. Das geschieht am ehesten während der Putz- und Ruheperiode (im August/September von 10.00 bis 17.00 Uhr). In der Regel gibt es Trupps von unterschiedlicher Kopfstärke. Bleiben die Gänse ungestört, dann entstehen in Schönwetterperioden sehr schnell Traditionen, und die Trupps bleiben als Freß- und Schlafgemeinschaft zusammen. Werden die Gänse gestört oder tritt schlechtes Wetter ein, dann wandelt sich das Bild sehr schnell und die Aufteilung der Gruppen sowie deren Tagesrhythmus ändern sich. Innerhalb der Gruppen bilden die Familien (Brutpaare und diesjährige Jungen) stabile Untereinheiten. Ungeklärt ist, ob die aus den verschiedenen Brutgebieten stammenden Gänse innerhalb der Sommersammelplatzgemeinschaften zeitweilig oder dauernd zusammenhalten, wie das für die Kanadagans beschrieben wurde.

Obwohl die Gesamtanzahl der an einem Platz rastenden Gänse über Wochen hinweg gleich sein kann, gibt es Hinweise dafür, daß zumindest einzelne Gänse, vielleicht auch größere Trupps, die Sommersammelplätze wechseln. Wir stießen mehrfach auf dieses Problem bei Untersuchungen mit farbig gekennzeichneten Graugänsen. Dafür ein Beispiel: Die mit den Buchstaben OL markierte Gans hielt sich im Juli am Gülper See auf, wurde im August mehrfach am Krakower See (DDR, Bezirk Neubrandenburg) beobachtet, danach an der Müritz (DDR, Bezirk Schwerin) festgestellt und flog dann zurück zum Gülper See (DDR, Bezirk Potsdam) (Abb. 2/21). Altvögel, die keine Jungen aufzogen, neigen möglicherweise besonders dazu, den Aufenthaltsort im Sommer und Herbst zu wechseln, was folgendes Beispiel belegt. Der adulte Ganter mit dem Kennzeichen 4 U wurde im Mai 1978 am Gülper See beringt. Nach zahlreichen Sommernachweisen, die seine Anwesenheit im Gebiet belegen, erschien er im August im Müritz-Seengebiet (etwa

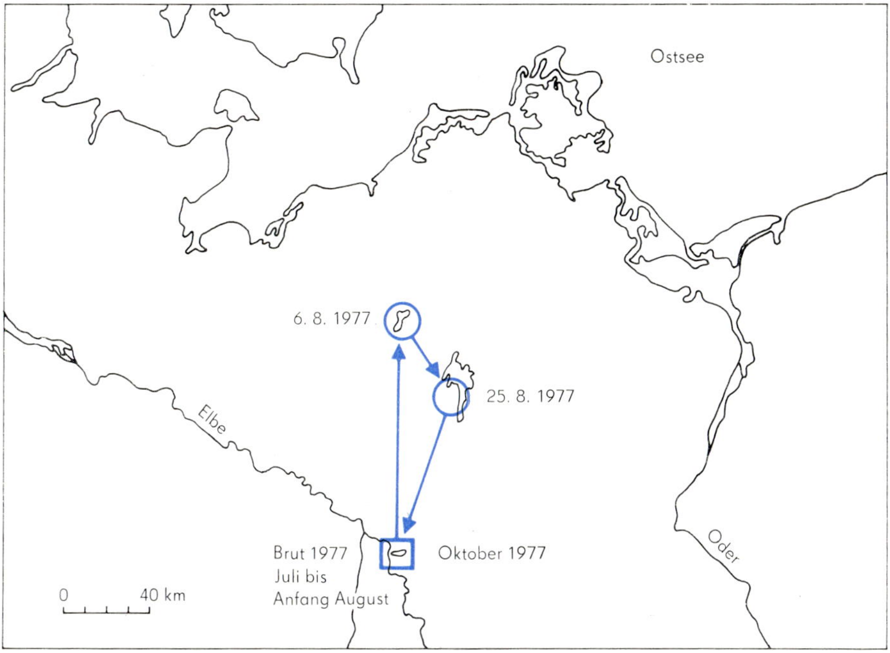

Abb. 2/21
Wechsel des Aufenthaltortes einer Graugans *(Anser anser)* im Verlaufe eines Sommers
Aus Sichtbeobachtungen mit Halsband markierter Gänse, die nacheinander an verschiedenen Sommersammelplätzen erfolgten, wird darauf geschlossen, daß die Aufenthaltsorte im Sommer relativ häufig gewechselt werden.

120 km NNO), wurde im September auf der Insel Poel an der Ostseeküste festgestellt (etwa 150 km NW) und war im Oktober wieder am Gülper See.

Räumung der Sammelplätze: Der Herbstzug beginnt nicht mit einem gemeinsamen Aufbruch, sondern in Form eines schrittweisen, sich über längere Zeit hinziehenden Abflugs einzelner Scharen. Ob sich die gemeinsam wandernden Gänse zufällig zusammenfinden oder ob sie bereits am Rastplatz für längere oder kürzere Zeit als Verband zusammenleben, läßt sich gegenwärtig nicht beantworten.

Rastplatzgemeinschaften

Rastplätze sind Aufenthaltsorte von Gänsen, die im Verlauf von Wanderungen für längere oder kürzere Zeit aufgesucht werden. Zu den Rastplätzen der Arten der Gattung *Anser* gehören ein Gewässer, auf dem alle anwesenden Gänse übernachten, und geeignete Äsungsplätze. Rastplätze können von Hunderten oder Tausenden, in einzelnen Fällen von Zehntausenden Gänsen aufgesucht werden. In erster Linie sind es die ökologischen Bedingungen, von denen es abhängt, wieviele Gänse ein Rastplatz beherbergen kann. Die in der DDR im Herbst eintreffenden Saat- und Bleßgänse verteilen sich auf über 40 Rastplätze. Nur nachts rücken die Gänse eines Rastplatzes so dicht zusammen, daß der Begriff »Gemeinschaft« im strengen Wortsinn gerechtfertigt erscheint. Tagsüber halten sie in voneinander unabhängigen Trupps zusammen, die als Teilgemeinschaften getrennt zu oft weit entfernten Äsungsflächen fliegen. Ob sich die Teilgemeinschaften täglich neu formieren oder für längere Zeit stabil bleiben, ist nicht bekannt. Beobachtungen an markierten Gänsen deuten darauf hin, daß sich relativ schnell Traditionen bilden, wenn Störungen ausbleiben. In Gebieten, in denen die Gänse ständig beunruhigt werden, gibt es mit Sicherheit keine beständigen Teilgruppen.

Die am Tage in kleineren oder größeren Trupps äsenden Gänse fliegen zu einem bestimmten Punkt des Schlafgewässers, wo sie sich zu einer riesigen Schar vereinen, die auch nachts zusammenbleibt.

Auf großen, sehr gut besuchten Gewässern übernachten die Gänse an mehreren Stellen, die regelmäßig aufgesucht werden. Der Besatz an Rastplätzen unterliegt einer stärkeren Dynamik als der an Brut- und Sammelplätzen. Zu Beginn des Einflugs im Herbst treffen zunächst nur kleine Scharen ein, die im Verlaufe des Herbstes zu großen Ansammlungen anwachsen, deren Stärke mit dem Weiterzug von Teilgruppen und erneutem Zuzug wechselt. Es gibt jedoch auch Rastplätze, an denen die Anzahl der Gänse über längere Zeit konstant bleibt. Das schließt allerdings nicht aus, daß trotz der gleichbleibenden Kopfzahl ein Austausch stattfindet. Viele Rastplätze werden von mehreren Arten gemeinsam genutzt, in Mitteleuropa insbesondere von Saat- und Bleßgänsen. Zwar gibt es nicht selten gemischte Trupps, doch in der Regel dominiert eine der beiden Arten, oder sie bleiben zumindest in Fluggemeinschaften oder beim Äsen getrennt. Während der Übernachtung sind die Arten wahrscheinlich stärker durchmischt als am Tage. Mustert man in großer Kopfzahl weidende Gänsescharen genauer, dann fällt auf, daß kleine und größere artreine Trupps zusammenhalten. Rastplatzgemeinschaften sind wie Sammelplatzgemeinschaften anonyme Gesellschaften, in denen, mit Ausnahme der Familien, stabile Untereinheiten fehlen. Ob die von einem Brutplatz stammenden Gänse innerhalb der großen Verbände zusammenhalten, ist nicht bekannt. Gerdes und Reepmeyer (1983) stellten an Rastplatzgemeinschaften von Saat- und Bleßgänsen vor der Nordseeküste fest, daß die Truppgröße beim Äsen nach Einstellung der Jagd abnimmt und die Gänse sich insgesamt stärker zerstreuen. Sie sehen darin eine nachlassende Wachsamkeit. Philippona (1972) hat versucht herauszufinden, ob Bleßgänse bevorzugt in Trupps bestimmter Größe fliegen. Das scheint weder für diese noch für andere Arten zuzutreffen. An gut besetzten Rastplätzen lassen sich jederzeit Trupps unterschiedlicher Größe beobachten. Neben einzeln fliegenden Gänsen gibt es kleine und mittelgroße Trupps bis zum nach Tausenden zählenden Verband.

Interspezifische Gemeinschaften

An mittel- und westeuropäischen Rast- und Überwinterungsplätzen halten sich sehr häufig mehrere Gänsearten gleichzeitig auf und vereinigen sich dann nicht selten zu gemischten Verbänden. Das betrifft vor allem die zur Gattung *Anser* gehörenden »grauen Gänse« und liegt sicher daran, daß sich diese im Herbst und im Winter in ihren ökologischen Ansprüchen viel weniger voneinander unterscheiden als zur Brutzeit. Andererseits gibt es in Mittel- und Westeuropa keineswegs ein Überangebot an Plätzen, die Wildgänsen überhaupt zusagen. Die gute Verträglichkeit der Arten untereinander ist natürlich in engem Zusammenhang mit dem ruhenden Fortpflanzungsverhalten und dem Fortfall der mit diesem zusammenhängenden intra- und interspezifischen Aggressivität zu sehen.

In der DDR und in den Niederlanden gibt es Herbst-Rastplätze, an denen Grau-, Saat- und Bleßgans gemeinsam in

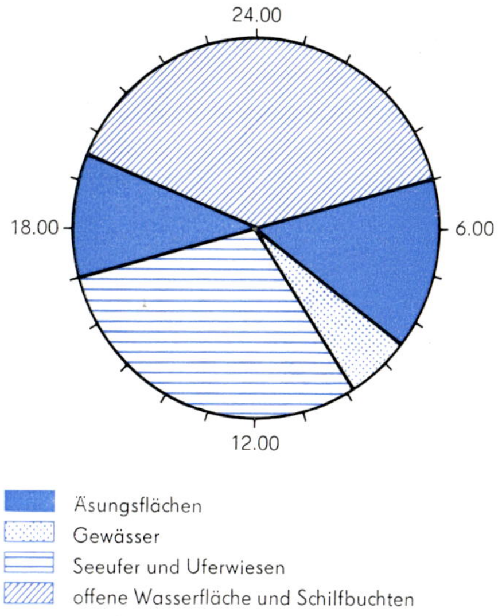

Abb. 2/22
Tagesrhythmik der Graugans *(Anser anser)* während des Aufenthaltes an Sommersammelplätzen und an Herbstrastplätzen

großen Ansammlungen leben. Am Gülper See (DDR, Bezirk Potsdam) wurden im Herbst 1983 (Oktober) unter 40 000 Wildgänsen 30 000 Saatgänse, 6000 Bleßgänse und 4000 Graugänse festgestellt. Diese Zahlen widerspiegeln eine Relation, die auch an anderen Rastplätzen im mittleren Teil der DDR und wahrscheinlich auch in Westpolen auftritt. Ganz anders sind die Verhältnisse an der Ostseeküste der DDR. Dort dominiert die Bleßgans über die Saatgans, und die Graugans kommt nur an wenigen Plätzen in größerer Anzahl vor. Die Ursachen für diese unterschiedliche Verteilung sind jedoch nicht in wechselseitiger Attraktivität, sondern im unterschiedlichen Zugverhalten der Arten zu suchen. Das gilt noch ausgeprägter für Großbritannien und die Niederlande, wo geeignete Plätze von noch mehr Arten gleichzeitig aufgesucht werden.

Bisher wurde kaum untersucht, in welchem Umfange gemeinsam rastende Arten auch gemeinsam Nahrung suchen, fliegen und übernachten. Die Verhältnisse sind von Platz zu Platz verschieden und ändern sich im Verlauf der Rast- und Überwinterungsperiode. Trotzdem gibt es gewisse Regelmäßigkeiten.

Wo Grau-, Saat- und Bleßgänse gemeinsam rasten, sieht man die beiden letzteren viel eher in gemischten Gruppen als eine von beiden in Gemeinschaften von Graugänsen. Bleß- und Saatgänse bleiben immer dann getrennt voneinander, wenn beide in großen Scharen vorhanden sind. Dominiert die Saatgans, dann schließen sich ihnen kleine Bleßganstrupps und auch einzelne Tiere an und sind oft in den großen Saatgansscharen völlig zerstreut. Das trifft sowohl für die Nahrungssuche wie den Flug und die Übernachtung zu. Graugänse schließen sich eher Saatgänsen als Bleßgänsen an. Während der Übernachtung verteilen sich die am Rastplatz anwesenden Graugänse in größeren und kleineren Trupps innerhalb der Saatgans-Ansammlungen. Da die Graugänse weite Flüge zu Äsungsflächen vermeiden und gewöhnlich in der Nähe des Schlafplatzes gelegene Äcker aufsuchen, kommt es tagsüber zu einer stärkeren Differenzierung, die im Spätherbst noch dadurch betont wird, daß die Graugänse nach der Morgenäsung sehr bald zum Schlafplatz zurückfliegen, was Saat- und Bleßgänse nur ausnahmsweise oder gar nicht tun.

Im Frühjahr halten sich die einzelnen Arten stärker getrennt voneinander als im Herbst und im Winter. Differenzierend wirken einerseits die unterschiedlichen Zugtermine und Zugrouten, und andererseits die dann stärker hervortretenden ökologischen Ansprüche. Bleßgänse halten sich während der Frühjahrsrast sehr gern auf Grünland auf, insbesondere wenn dieses flachgründig überschwemmt ist. Dort übernachten sie auch. Saatgänse weiden auch im Frühjahr wie im Herbst und im Winter auf Getreidesaaten.

An der Nordseeküste der BRD und den Niederlanden kommt als vierte »graue Gans« die Kurzschnabelgans hinzu, wodurch die Möglichkeiten wechselnder Durchmischung steigen. Die nahe Verwandtschaft zur Saatgans drückt sich auch darin aus, daß beide sehr häufig gemeinschaftlich rasten.

In Ungarn gibt es einige Plätze, an denen die Zwerggans in Gemeinschaft mit den drei erstgenannten Arten auftritt. Das trifft jedoch nur für die Übernachtung zu. Am Tage halten sich Zwerggänse abseits von den anderen Arten, was vor allem in ihren speziellen Nahrungsansprüchen begründet ist. Sie bevorzugen das Weideland der Pußta, wohingegen Bleß- und Saatgänse auf Ackerflächen fliegen.

Die Ringelgans ist durch die starke Bindung an die aquatische Lebensweise von vornherein von anderen Gänsearten gesondert. Seit sie jedoch auch Äcker zur Nahrungssuche aufsucht, kommt es mit einiger Regelmäßigkeit auch zu Mischverbänden mit anderen Arten, insbesondere Weißwangengänsen. Letztere mischen sich in den Niederlanden unter Bleßgänse. In den Niederlanden bilden Bleßgänse mit keiner anderen Gänseart so häufig Mischverbände wie mit Weißwangengänsen (Philippona, 1972).

Tagesrhythmik an Sammel- und Rastplätzen

Zu den auffälligsten Verhaltensweisen der Wildgänse an Sammel-, Rast- und Überwinterungsplätzen gehört eine ausgeprägte Tagesrhythmik (Abb. 2/22). Sie besteht in einem regelmäßigen Wechsel zwischen gemeinschaftlicher Übernachtung auf einem bestimmten Gewässer und Nahrungssuche in kleineren und größeren Trupps auf Weideflächen in der Umgebung des Schlafgewässers. Dieser Grundrhythmus bestimmt das Leben der Gänse während der gesamten Zeit zwischen dem Eintreffen im Herbst und dem Abflug. Die einzelnen Arten unterscheiden sich nur in Details, und die Proportionen zwischen nächtlichem Aufenthalt auf dem Wasser und dem Aufenthalt auf den Äsungsflächen ändern sich mit der Tageslänge. Auch Störungen führen zu zeitlichen Veränderungen, doch prinzipiell wird während der ganzen Zeit des Aufenthaltes an einem bestimmten Platz an der beschriebenen Tageseinteilung festgehalten.

Das Schlafgewässer verlassen die Gänse, sobald eine bestimmte Tageshelligkeit erreicht ist. Nebel und regnerisches Wetter können den Abflug verspäten. In Perioden mit schönem Wetter erfolgt er täglich so pünktlich, daß sich die Uhr danach stellen läßt.

An Regentagen und in Perioden mit extrem nasser Witterung bleiben die Gänse ganztags auf den Feldern.

Verhalten beim morgendlichen Abflug vom Schlafplatz: Dem Abflug der Gänse geht ein allmähliches Sammeln der zunächst in lockeren Verbänden schwimmenden Gänse voraus. Auf kleineren Seen wird die Seemitte aufgesucht. Auf größeren entfernen sich die Gänse vom Ufer, so daß sie beim Abflug ausreichend Höhe gewonnen haben, bevor die Uferlinie erreicht ist. Das gilt besonders für Gewässer, an denen die Gänse gelegentlich oder regelmäßig beim Abflug beschossen werden.

Dem Abflug geht ein Verhalten voraus, das durch Lorenz treffend als »Stimmung machen« bezeichnet wurde. Zunächst sind es wenige Gänse, die ihre Unruhe durch lautes Rufen, steif emporgereckten Hals und Flügelklatschen kundtun. Gelegentlich fliegen einige kurz auf, lassen sich jedoch bereits nach

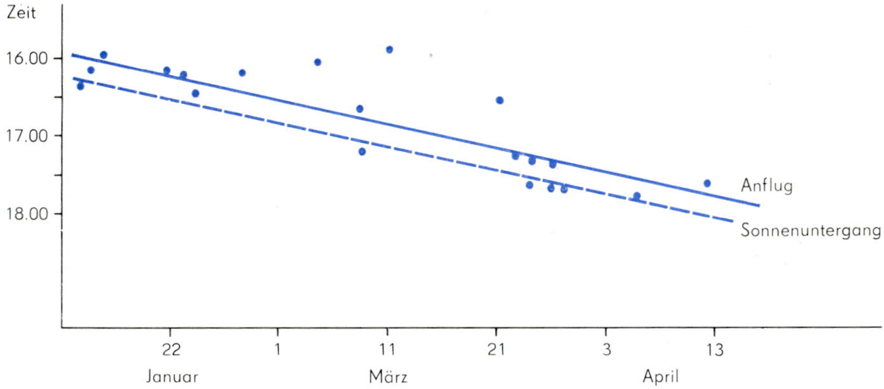

Abb. 2/23
Einfluß der Helligkeit (Lichtintensität) auf den Zeitpunkt des Anfluges zum Schlafplatz

wenigen Metern wieder ins Wasser fallen. Schließlich stimmen immer mehr Gänse mit in das Rufen ein, die Schar der mit emporgereckten Hälsen schwimmenden Gänse vergrößert sich, das Flügelklatschen und Halsrecken wird häufiger, bis sich schließlich eine Schar aus dem Wasser erhebt, zunächst dicht über das Wasser dahinfliegt, in Ufernähe rasch an Höhe gewinnt und in der Richtung, in der die Äsungsflächen liegen, abfliegt. In kürzeren oder längeren Abständen folgen weitere Scharen, bis alle Gänse das Gewässer verlassen haben. Die Größe der abfliegenden Scharen, die Richtung, die sie nehmen, und die Zeit, die zwischen Abflug der ersten und der letzten Gänseschar verstreicht, sind unterschiedlich. An Schlafgewässern mit Tausenden oder gar Zehntausenden Gänsen dauert es an klaren Herbsttagen 10 bis 15 Minuten bis alle Gänse davongeflogen sind. Bei windigem oder regnerischem Wetter zieht sich der Abflug bis zu einer halben Stunde und länger hin. Liegen die Äsungsflächen in verschiedenen Richtungen und unterschiedlicher Entfernung, dann fliegen die Gänse in verschiedenen Richtungen und in unterschiedlicher Höhe davon. Gewöhnlich halten sie über längere Zeit an bestimmten Äsungsflächen fest, so daß sich die Richtung oder die verschiedenen Richtungen des Abflugs gut vorhersagen lassen. An Schlafgewässern mit geringem Besatz brechen nicht selten alle Gänse gemeinsam auf, so daß der Schlafplatz binnen weniger Minuten geräumt ist. An größeren herrscht buntes Durcheinander, große Scharen folgen kleinen in wechselndem Tempo. Nicht jede auffliegende Gruppe zieht sofort davon. Viele fliegen nur kurze Strecken und fallen dann wieder ein. Selbst Gänse, die schon Höhe gewonnen haben, drehen gelegentlich wieder bei und fallen bei anderen Trupps oder für sich allein wieder ein. Vielfach erheben sich die Gänse nur, um zu einer anderen Gruppe zu fliegen, der sie sich dann beim endgültigen Abflug anschließen. Beträchtliche Unterschiede gibt es in der Kopfstärke der abfliegenden Trupps. Es können Tausende sein, die sich fast momentan erheben, zu über hundert Meter breiten hintereinander fliegenden Staffeln ordnen und in konstanter oder wechselnder Anordnung davonfliegen. Ebenso gibt es einzeln fliegende Gänse und kleine Trupps. Manchmal schließen sich diese jedoch bald größeren Scharen an, andererseits lösen sich auch kleinere Trupps heraus.

Die Zeit des Abflugs wird mit abnehmender Tageshelligkeit von etwa 7.00 Uhr im Oktober bis kurz nach 8.00 Uhr im Dezember zurückverlegt. Entsprechende zeitliche Veränderungen gelten für den Anflug am Abend (Abb. 2/23).

Verhalten auf den Weideflächen: Nach Ankunft auf den Weideflächen fressen die Gänse unverzüglich. Die zuerst eintreffende Schar bestimmt den dafür geeignetsten Platz. Häufig liegt dieser in der Nähe der Stelle, an der auch am Vortage geäst wurde. Die später kommenden Gänse fallen dort ein, wo die Erstankömmlinge äsen, so daß sich die Schar der weidenden Gänse rasch vergrößert. Nicht selten sondern sich kleinere und größere Trupps von der Hauptschar ab und bleiben für längere oder kürzere Zeit oder auch ständig abseits. Auf größeren Feldern äsen häufig mehrere Trupps in geringem oder weitem Abstand voneinander, jedoch stets in Sichtweite zueinander. Die Scharen sind um so stärker aufgesplittert, je häufiger die Gänse, etwa durch Feldarbeiten, Jäger oder Beobachter, gestört werden. Bleiben die Gänse längere Zeit unbehelligt, dann weiden sie in besonders großen Scharen. Nach 1 bis 2 Stunden intensiven Äsens ist die Nahrungsaufnahme beendet. Durch die langsamere Fortbewegung ist die zunehmende Sättigung ablesbar. Ist diese erreicht, dann beginnt die Gefiederpflege. Die Gesättigten folgen nur noch zögernd den weiter Weidenden (Abb. 2/24). Die Unruhe und Bewegung in der Gänseschar nimmt ab, sobald sich die ersten hinsetzen und der in das Rückengefieder gesteckte Kopf anzeigt, daß nach erfolgter Nahrungsaufnahme und Gefiederpflege geschlafen wird.

Dieses Verhaltensmuster gilt immer nur für einen Teil der Gänse. Niemals schlafen, putzen oder fressen alle Angehörigen eines Trupps gleichzeitig. Stets sind einige vorhanden, die das »Wachsamkeitsverhalten« zeigen. Sie stehen unbeweglich mit senkrecht emporgestrecktem Hals und erhobenem Kopf, so daß die Umgebung gut überblickt werden kann.

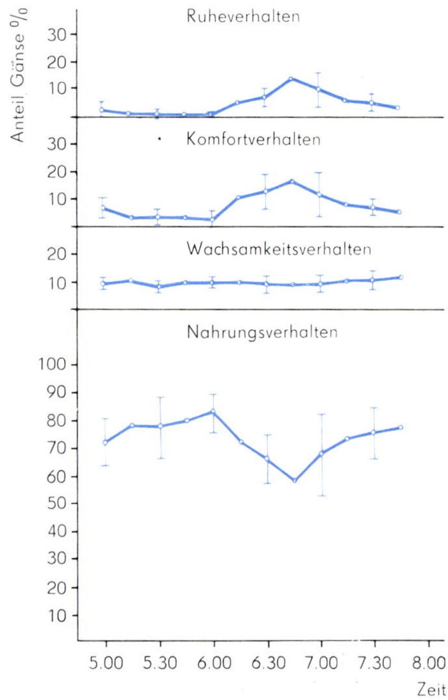

n = 14 (Anzahl der Beobachtungsserien)
Beobachtungszeitraum: 12. bis 22. 8. 1984

Abb. 2/24
Veränderung des Anteils äsender, putzender und ruhender Graugänse während der Morgenäsung am Sommersammelplatz
Nach einer Phase intensiver Nahrungsaufnahme wird eine Pause eingelegt. In dieser Zeit überwiegt der Anteil putzender und ruhender Gänse. Nach der Pause steigt der Anteil äsender Gänse wieder an. Der Anteil wachsamer Gänse verändert sich nur unwesentlich.

Im Frühherbst unterbrechen die Gänse gegen Mittag den Aufenthalt auf den

Feldern und fliegen zurück zum Schlafgewässer, um zu trinken. Dabei halten sie sich nicht so genau an eine bestimmte Zeit wie beim morgendlichen Abflug und bei der abendlichen Heimkehr. An manchen Tagen ruhen die Gänse nach dem Trinken mittags mehrere Stunden auf dem Wasser, an anderen fliegen sie auf, sobald sie ausreichend getrunken haben. Beim Trinken wird der Schnabel zunächst ins Wasser getaucht, dann senkrecht emporgehoben und dabei das aufgenommene Wasser geschluckt. Nach der Mittagsrast fliegen sie erneut auf die Felder, um wiederum zu äsen. Dabei wiederholt sich der bereits beschriebene Aktivitätsverlauf. Nur an Tagen mit regnerischem Wetter unterbleiben die Trinkflüge. Bevor die Dämmerung einbricht, beginnen die Gänse noch einmal intensiv zu fressen. Hat mit dem nahenden Abend die Helligkeit einen bestimmten Wert unterschritten, dann kündigt sich mit zunehmendem Geschnatter der bevorstehende Rückflug zum Schlafgewässer an. Häufig fliegen alle an einem Platz versammelten gleichzeitig auf. Es ist jedoch nicht ungewöhnlich, daß der Abflug auch in getrennten Scharen, gewissermaßen etappenweise, erfolgt. Selbst wenn die Gänse tagsüber im Gebiet weit zerstreut waren, treffen die Haupttrupps fast zeitgleich am Schlafgewässer ein. Trotzdem dauert es an gut besetzten Schlafgewässern oft stundenlang, bis alle Gänse heimgekehrt sind und Ruhe eingekehrt ist. Immer wieder erscheinen verspätete Trupps und versprengte Einzeltiere. Oft kehren die Letzten erst bei völliger Dunkelheit heim.

Der abendliche Anflug zum Schlafgewässer ist ein faszinierendes und erregendes Schauspiel. Die in Ketten, Keilen oder ungeordneten Schwärmen rufend fliegenden Gänse sind kilometerweit hörbar. Treffen sie aus mehreren Richtungen ein, dann wird jeder sonstige Laut übertönt von den Rufen der sich nähernden Gänse. In rauschendem Flug folgt Kette auf Kette. Sind die zum Wassern gewählten Stellen erreicht, dann trudeln sie im Sturzflug herunter, fangen sich kurz über der Wasseroberfläche ab und landen nach kurzem Geradeausflug. Die bereits Eingetroffenen begrüßen laut schnatternd die Neuankömmlinge, so daß nach Einbruch der Dunkelheit der an- und abschwellende Lärm auf das Erscheinen neuer Scharen hinweist.

Die Gänse fallen nicht irgendwo auf dem Wasser ein, sondern mit großer Regelmäßigkeit an bestimmten Stellen. An kleineren Gewässern wählen sie gewöhnlich die Mitte, an größeren auch andere vom Ufer hinreichend entfernte Stellen. Niemals landen Saat-, Bleß- und Graugänse in unmittelbarer Ufernähe. Die Flughöhe beim Anflug hängt bis zu einem gewissen Grade von der Helligkeit beim Eintreffen ein. Je weiter die Dunkelheit hereingebrochen ist, desto niedriger fliegen die Gänse. Die Uferlinie wird in etwa 60 bis 80 Meter Höhe überflogen. Sind nach dem trudelnden Sturzflug die Artgenossen noch nicht erreicht, dann nähern sie sich diesen im Flug dicht über der Wasseroberfläche.

Nach langen Regenperioden neigen sowohl Saat- als auch Bleßgänse dazu, nicht zu den Schlafgewässern zu fliegen, sondern auf den Feldern zu übernachten. In mondhellen Nächten unterlassen Bleßgänse ebenfalls die Flüge zu den Schlafplätzen (Lebret, 1977). Nach Gerdes und Reepmeyer (1983) bleiben die Gänse gelegentlich sogar in dunklen Nächten auf den Äsungsflächen. Wahrscheinlich unterbleiben die Flüge zu den Schlafgewässern aus unterschiedlichen Gründen. Kuyken (1981) sieht einen Zusammenhang mit der Jagdverschonung. Nach Owen (1980) bleiben sie um so häufiger auf den Feldern, je sicherer sie sich fühlen.

Der geschilderte Tagesrhythmus gilt in seinem prinzipiellen Ablauf während des ganzen Jahres, die Fortpflanzungsperiode ausgenommen. Nur die Brutpaare, die Familien und die Nichtbrütergemeinschaften auf den Mauserplätzen folgen einer anderen Tagesrhythmik. Niemals geht es bei frei lebenden Wildgänsen jedoch so langweilig zu wie LORENZ es den Graugänsen unterstellt: »Mindestens die Hälfte des Tages liegen die Wildgänse still und verdauen. Von der anderen Hälfte brauchen sie zum Weiden gering berechnet drei Viertel. Die zwischen Perioden des Weidens und Verdauens eingestreuten Zeiten jener Tätigkeiten, auf deren Beobachtung es ankommt, machen zusammengerechnet höchstens ein Achtel der wach verbrachten Tageszeit aus. Wildgänse wären stinklangweilige Viecher, wenn das, was sie in diesem einen Achtel des Tages tun, nicht so interessant wäre.« An dieser Beschreibung der Tageseinteilung der Graugans ist beinahe alles falsch. Selbst am Sommersammelplatz (zweite Augusthälfte), wo es viel ruhiger zugeht als an jedem anderen Ort und zu jeder anderen Jahreszeit, herrscht Bewegung und Unruhe. Bereits gegen 5.00 Uhr morgens beenden alle am Schlafgewässer versammelten Gänse die Nachtruhe und fliegen zur Morgenäsung auf benachbarte Felder. Die Morgenäsung dauert etwa $2^1/_2$ Stunden. Zwischen 7.00 Uhr und 8.00 Uhr kehren die Gänse zum Schlafgewässer zurück, fallen auf dem Wasser ein und nähern sich dann schwimmend dem Ufer. Im Seichtwasserbereich der Uferzone folgt eine Phase intensiver Gefiederpflege, die von Ruhepausen unterbrochen wird. Nur Füße und Beine sind dabei vom Wasser bedeckt, so daß auch das Bauchgefieder gepflegt werden kann. Die Gefiederpflege dauert 1 bis 2 Stunden. Bleiben Störungen aus, dann wandern die Gänse vorsichtig sichernd auf in Ufernähe gelegene Wiesen, wobei frisches Grün gefressen und immer wieder kurzzeitig Gefiederpflege betrieben wird. Wenn sich die Gänse vom Wasser auf das Land begeben, sind sie gegen Störungen außerordentlich empfindlich. Selbst geringfügige Veränderungen bewirken, daß sie eilig zum Wasser zurückkehren oder sogar auffliegen und sich erst weit entfernt vom Ufer auf dem Wasser niederlassen. Sind die Ruheplätze an Land ohne Störungen erreicht, dann setzen sich zunächst einige, schließlich immer mehr Gänse hin und beginnen in typischer Haltung mit nach hinten gelegtem Hals und im Gefieder steckendem Kopf zu schlafen.

Die nachmittägliche Ruhepause, die das Einzeltier immer wieder unterbricht, um umherzulaufen, etwas zu fressen oder zu »sichern«, dauert bis gegen 17.00 Uhr. Dann wird es unruhig in der Gänseschar. Das Umherlaufen und die Rufaktivität nehmen zu, einzelne Familien und kleine Trupps kehren zum Wasser zurück, von wo aus sie zur Abendäsung starten. Andere Trupps, gelegentlich auch Einzeltiere oder Paare, fliegen auch vom Land ab, und der Rastplatz leert sich allmählich.

Der Abflug zur Abendäsung bietet ein völlig anderes Bild als der am Morgen. Nicht der gemeinsame Aufbruch, durch »Stimmung machen« vorbereitet, bestimmt die Szene, sondern das allmähliche Abfliegen, das von der Verhaltenslage des Einzeltieres und kleinerer Gruppen diktiert wird.

Ganz anders erfolgt die Rückkehr nach 2 bis 3 Stunden intensiver Äsung. Binnen weniger Minuten treffen die Gänse in großen Scharen am See ein, auf dem sie sich zur Nachtruhe niederlassen. Die gemeinsame Rückkehr ist in gewisser Weise vorprogrammiert: Beim Abflug zur Abendäsung fliegen die spät Aufbrechenden nämlich dorthin, wo sich die zuerst Abgeflogenen zum Fressen niedergelassen haben. Trotz truppweisen Abflugs sammeln sich die Gänse zu gemeinsamer Nahrungssuche.

Verhalten der Gänse auf dem Schlafgewässer: Über das Verhalten der Gänse in den Nachtstunden gibt es nur wenige Beobachtungen. Gewöhnlich begnügt man sich mit der Annahme, daß sie schlafen. Die Gewässer suchen sie auf, um beim Schlaf vor Feinden gut geschützt zu sein. Es bedarf keines Beweises, daß der Aufenthalt auf dem Wasser besseren Schutz bietet als auf dem Lande, insbesondere nachts. Problematischer ist die nicht bewiesene Behauptung, daß die Gänse das Gewässer nur aufsuchen, um zu schlafen. Gewisse Analogien zum Menschen und zu anderen Tieren sprechen zwar dafür, doch erst wenn bekannt wäre, ob die Gänse beim nächtlichen Aufenthalt auf dem Wasser eine Schlafhaltung einnehmen, die etwa der vom Tagschlaf her bekannten entspricht, hätte man bessere Indizien. Entsprechende Feststellungen stehen jedoch aus. Nur mit Infrarot-Nachtsichtgeräten lassen sie sich erbringen.

Am Tage wird davon ausgegangen, daß Gänse schlafen, wenn sie sitzend oder auf einem Bein stehend, den Schnabel und den vorderen Teil des Kopfes ins Gefieder gesteckt – ein Auge bleibt frei – unbeweglich verharren. Ob und wie lange Gänse eine vergleichbare Haltung auch nachts einnehmen, wenn sie auf dem Wasser schwimmen, läßt sich schwer beurteilen. Zumindest bei starkem Wind und Wellengang ist das nicht möglich, weil die Abdrift durch aktives Schwimmen kompensiert werden muß. Der negativen Wirkung entziehen sie sich, indem sie Uferpartien oder Buchten aufsuchen, wobei seichte Stellen, an denen sie stehen können, bevorzugt werden. Sie kommen auch bis an das Ufer oder in dessen Nähe, wenn sie dadurch Flachwasser erreichen. An der Boddenküste der Ostsee, wo Sandbänke freiliegen und ausgedehnte Flachwasserbereiche vorhanden sind, werden diese aufgesucht. Dazu legen die Gänse nach dem Eintreffen auf dem Gewässer oft mehrere Kilometer schwimmend zurück.

In hellen Mondnächten nähern sich die Gänse dem Ufer eher als in dunklen Nächten. In Vollmondnächten sind sie oft schon lange vor Mitternacht an Land. An Seen mit Schilfgürtel ruhen die Gänse, zu einem schmalen Band geordnet, dicht hinter dem windschützenden Schilf. Erst wenn mit der zunehmenden Tageshelle die Zeit für den Abflug näher rückt, schwimmen sie zur Seemitte, von der aus sie starten.

Alle diese Beobachtungen zeigen, daß nach dem Einfall auf dem Wasser aktiv Stellen aufgesucht werden, die echten Schlaf ermöglichen. Oft vergehen Stunden, ehe die endgültigen Ruheplätze gewählt sind. Trotzdem gibt es zahlreiche Hinweise dafür, daß die Gänse beim nächtlichen Aufenthalt auf dem Wasser nicht nur schlafen. Besonders in den frühen Nachtstunden reißen die Rufe einzelner Gänse und kleinerer Trupps nicht ab. Vielfach gibt es lebhafte Bewegung bis hin zu kurzen Flügen. Nicht selten hört man Laute, die sich ganz anders anhören als beim Anflug und nach dem Wassern. Neben Trupps, die suchend umherschwimmen, sind es besonders einzelne Gänse, die durch laute Rufe auffallen. An gut besetzten Schlafplätzen kehrt während der ganzen Nacht keine Ruhe ein. Je mehr der allgemeine Lärm verebbt, desto deutlicher treten die Stimmen einzelner Tiere hervor. Die nächtliche Unruhe, das Rufen und Umherschwimmen sind so auffallend, daß sich die Frage aufdrängt, was dahintersteckt. Am naheliegendsten ist die Annahme, daß zerstreute Familienmitglieder nach ihren Angehörigen suchen. Besonders die auffälligen, vom üblichen Lautrepertoire abweichenden Rufe einzelner Gänse lassen sich so deuten. Nur in den Nachtstunden sind alle Gänse des Rastplatzes vereint, am Tage äsen sie oft kilometerweit entfernt auf Feldern, in Scharen verteilt. Nur nachts, wenn alle auf engem Raum konzentriert sind, bietet sich all jenen, die am Tage von der Familie abgetrennt wurden und sich gezwungenermaßen anderen Gruppen zugesellen mußten, eine Chance, wieder Anschluß an die Familie zu gewinnen.

Damit findet das erstaunliche Phänomen seine Erklärung, daß Gänse trotz Wanderung über Tausende Kilometer und der damit verbundenen Beunruhigung durch Bejagung und Einwirkungen anderer Art im Familienverband zusammenbleiben. Dem menschlichen Beobachter erscheint es unbegreiflich, wie nach dem heillosen Durcheinander einer aufgescheuchten oder von Jägern beschossenen Gänseschar, die nach allen Richtungen auseinanderstrebt, die Familien wieder zusammenfinden. Am Tage kann das nur ausnahmsweise gelingen. Die beste Gelegenheit dazu besteht am gemeinschaftlichen Schlafplatz. Schlafplätze haben also eine doppelte Funktion: Sie bieten erhöhte Sicherheit vor Predatoren und schaffen die Möglichkeit zum Wiederfinden von Familienangehörigen.

Für diese Annahme spricht das allmähliche Verebben der akustischen und der Bewegungsunruhe im Laufe der Nacht, weil allmählich die Anzahl der noch getrennten Gänse abnimmt. Außerdem ist nach Tagen, an denen die Gänse stark bejagt oder in anderer Weise beunruhigt wurden, die nächtliche Unruhe besonders ausgeprägt. Wenn im Herbst im Rastgebiet neue Gänsescharen eintreffen, ist es am Schlafplatz nachts besonders unruhig. Eine Ursache dafür dürfte ebenfalls die Suche nach Familienangehörigen sein. Während langer Wanderungen häufen sich zwangsläufig die Trennungen, und nach der Ankunft geht es dann zunächst darum, sich wiederzufinden. An stark besetzten Schlafplätzen ist die nächtliche Unruhe ausgeprägter als an gering besetzten. Das erklärt sich nicht allein aus der größeren Anzahl sich suchender Gänse, sondern auch aus der größeren Schwierigkeit, sich zu finden. Im auf- und abebbenden Lärm hört man bis spät in die Nacht einzelne Gänse laut rufen. Diese auffälligen, weithin hörbaren Stimmen geben wahrscheinlich Anlaß für die in der älteren Jagdliteratur verbreiteten Geschichten über die »Klage« der Gans oder des Ganters, dem der Partner weggeschossen wurde. In der Tat klingen des nachts die Rufe einzelner Gänse klagend. Da wir wissen, daß die Gänse ihre Angehörigen rufend suchen, liegt die Vorstellung, daß sie dabei ihren Schmerz hörbar und nachhaltig bekunden, durchaus nahe.

Biologische Bedeutung der Sammel- und Rastplatzgemeinschaften

Das Zusammenleben in Schwärmen und Herden ist bei Vögeln und Säugetieren ein weit verbreitetes Phänomen. So liegt die Frage nahe, ob sich daraus bestimmte Vorteile im Vergleich zur solitären Lebensweise ergeben. Die Antworten liegen in verschiedener Richtung. Bei der auf MURTON (1971) zurückgehenden Nahrungshypothese wird davon ausgegangen, daß durch Gruppenbildung die Nahrungssuche erleichtert wird. An einem Platz äsende Gänse zeigen allein durch ihr Vorhandensein anderen Gänsen an, daß sich hier ein ausnutzbarer Platz befindet. Unnötiges weiteres Suchen, das ja Zeit und Energie kostet, erübrigt sich, wenn man sich der bereits erfolgreichen Gruppe zugesellt. Dadurch treten zum »Wo« zusätzliche Informationen über das »Wie« und »Was« gefressen wird. Für die Ringeltaube hat MURTON (1971) diese Erklärung bewiesen. In Schwärmen gesellig fressende Tauben wiegen mehr als einzeln fressende.

Eine bekanntere Hypothese geht davon aus, daß in der Gruppe das Einzeltier besser gegen Raubfeinde geschützt ist. Zweifellos sind Gänse wie andere Tiere, die sich von energiearmer vegetarischer

Kost ernähren und deshalb zwangsläufig viel Nahrung aufnehmen müssen, was Zeit kostet, beim Fressen stärker gefährdet als beim Aufenthalt an geschützten Orten. Da Gänse wenig wehrhafte Tiere sind, muß bei der Nahrungsaufnahme, wie bei jeder anderen Tätigkeit, ein Teil der Zeit aufgewendet werden, um die Annäherung eines Raubfeindes rechtzeitig bemerken zu können. Wenn mehrere Tiere in einem Verband zu jeder Zeit wachsam sind, dann wird es einem potentiellen Feind nur schwer gelingen, unbemerkt heranzukommen, denn eine bestimmte Anzahl wachsamer Vögel gewährleistet eine sowohl räumlich als auch zeitlich lückenlose Rundumbeobachtung. Eine Zunahme wachsamer Tiere würde unter diesen Umständen eine »nutzlose« Investition für die Gruppe sein. Gemeinschaften, in denen die Arbeitsteilung derart geregelt wird, haben einen Evolutionsvorteil, da sich die »eingesparten Wächter« biologisch vorteilhafteren Aktivitäten (z. B. der Nahrungsaufnahme) widmen können.

Das Vorhandensein eines solchen Verfahrens müßte sich für einen Beobachter durch einen mit steigender Schargröße abnehmenden Anteil wachsamer Tiere nachweisen lassen. Das ist tatsächlich der Fall, und es wurde zuerst von Diamond und Lazarus (1974) bei überwinternden Bleßgänsen nachgewiesen. Sie untersuchten, ob sich in Gruppen unterschiedlicher Größe das Verhältnis zwischen fressenden und sichernden Gänsen ändert. Sie fanden eine eindeutige Beziehung zwischen Truppstärke und Verhaltensweisen (Abb. 2/25 a bis c). In großen Ansammlungen ist die Anzahl der sichernden Gänse relativ kleiner als in kleinen Ansammlungen. Das bedeutet, daß die einzelne Gans in großen Trupps mehr Zeit für das Fressen, Putzen und Schlafen aufwenden kann als in einer kleinen. In großen Trupps genügt eine geringe Anzahl von »Wächtern«, um die Annäherung eines Feindes zu bemerken. Den gleichen Zusammenhang, die relative Abnahme wachsamer Vögel mit der Zunahme der Truppgröße, fanden Drent und Swierstra (1977) auch bei der Weißwangengans.

Wachsame Gänse halten sich besonders in der Randzone weidender Scharen auf. Daraus läßt sich eine Erklärungsmöglichkeit für das Zustandekommen des Regulationsmechanismus, der die Aufteilung zwischen sichernden und fressenden Gänsen bewirkt, ableiten. Wenn die Gänse in einer mehr oder minder kreisförmigen Fläche weiden, dann gelten in etwa die mathematischen Beziehungen zwischen Umfang und Inhalt im Kreis. Danach nimmt der Umfang relativ zum Inhalt ab. Das bedeutet, daß bei einer in annähernd Kreisform weidenden Schar mit der Größenzunahme der Gruppe die Anzahl der in der Randzone weidenden Gänse relativ abnimmt. So kommt es selbst bei gleichbleibenden Zahlenverhältnissen der Wächter im Randgebiet zu deren relativer Abnahme, bezogen auf die Gesamtmenge der Gänse.

Diese Überlegung ist bestechend in ihrer Einfachheit. Sie gilt jedoch nur in Ausnahmefällen, weil die geometrische Figur der von Gänsen bedeckten Flächen beim Weiden ständig wechselt. Die kreisflächige Verteilung ist nicht die Regel, sondern eher die Ausnahme. Selbst das andere Extrem, die lineare Dispersion, bei der ein Zentrum fehlt und alle Gänse »am Rande« äsen, ist bei weidenden Gänsen zu beobachten.

Lazarus (1978) fand außerdem einen bemerkenswerten Zusammenhang zwischen der Dichte der Gänsescharen und der Wachsamkeit. Die Anzahl der sichernden Gänse bleibt in vergleichbar großen Gruppen gleich, unabhängig davon, wie dicht sie stehen. Das einzelne Tier sichert jedoch bei lockerer Verteilung länger, wendet dafür also mehr Zeit auf als in einer dichteren Schar. Die er-

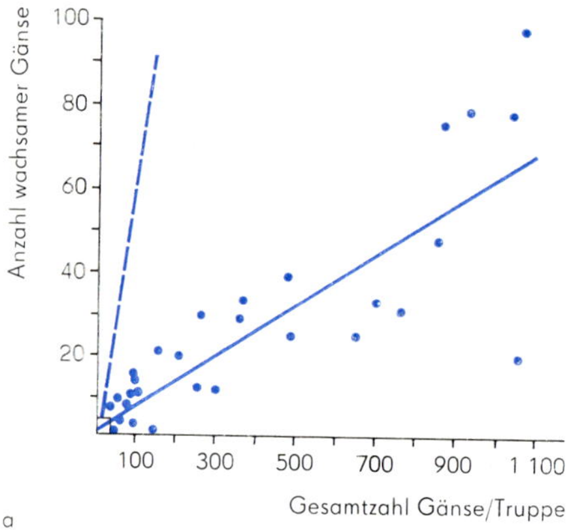

a

Abb. 2/25
Abhängigkeit der Wachsamkeit in Gänsescharen von der Größe der Schar
Die Ermittlung der »Wachsamkeit« erfolgt durch Auszählen aller Gänse, die den Kopf senkrecht emporheben:
a – Beobachtungen an Bleßgänsen (nach Lazarus, 1978),
b – Beobachtungen an Graugänsen während der Morgenäsung,
c – Beobachtungen an Weißwangengänsen (nach Drent und Swierstra, 1977)

zielte Zeitersparnis kommt der Nahrungsaufnahme zugute. Zum gleichen Ergebnis führten Untersuchungen an der Graugans. Einzeln äsende unterbrechen die Nahrungsaufnahme viel häufiger als gruppenweise fressende, um die Umgebung zu mustern. Zusammenhänge dieser Art findet man sowohl in Ansammlungen an Sommersammelplätzen als auch in den Nichtbrüterverbänden im Frühjahr. Es handelt sich also um eine allgemeine Gesetzmäßigkeit.

Nicht nur die Zeitökonomie, auch die Geländebeschaffenheit wirkt sich darauf aus, wie sich die Gänse innerhalb einer Schar verteilen. Am flachen Südufer des Gülper Sees (DDR, Bezirk Potsdam) verteilen sich die 2000 bis 4000 übersommernden Graugänse während der nachmittäglichen Ruhezeit in einer bis zu 2 km langen und nur 20 bis 30 m breiten bandartig schmalen Zone. Ruhen sie dagegen am Südwestufer, dann verteilen sie sich auf einer annähernd elliptischen Fläche von 400 m × 50 bis 60 m. Der Unterschied wird durch die Geländebeschaffenheit bewirkt. Am Südufer befindet

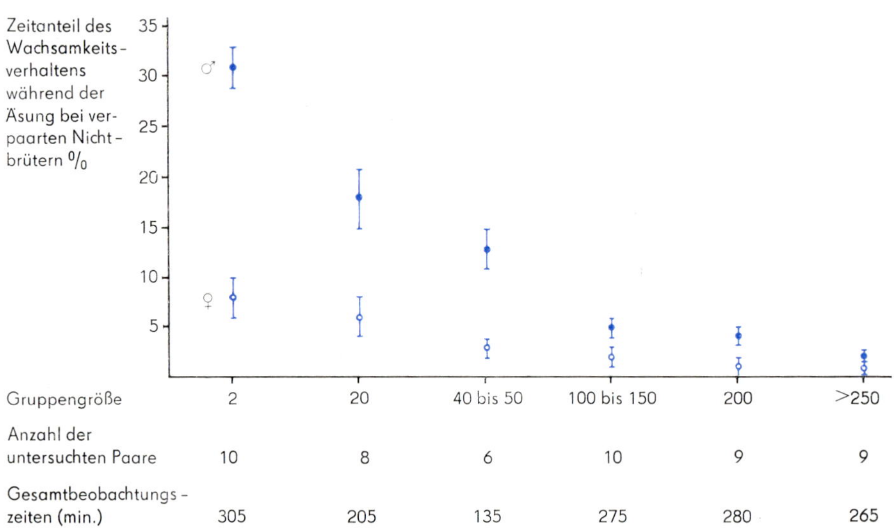

b

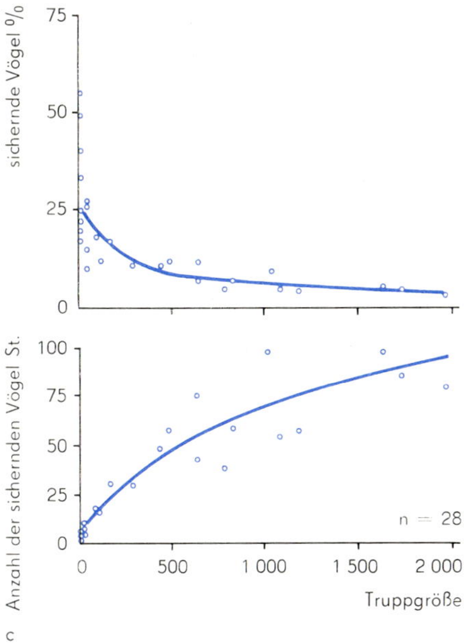

sich nur ein schmaler Geländestreifen zwischen Deich und Ufer, den die Gänse nutzen können, um zu ruhen. Da die Gänse aus Sicherheitsgründen einen gewissen Mindestabstand zum Deich einhalten müssen, bleibt ihnen dort, wo der Deich ufernah verläuft, nur ein schmaler Streifen. Am Südwestufer liegen zwischen Seeufer und Deich ausgedehnte Wiesen. Dort ist ausreichend Platz vorhanden, und es setzen sich mehr oder minder kreisflächige Verteilungen durch.

Nähert sich ein potentieller Feind einer ruhenden oder fressenden Gänseschar, dann drückt sich die erhöhte Aufmerksamkeit sofort in einer Zunahme der Anzahl sichernder Gänse aus. Die weitere Reaktion hängt vom Tempo der Annäherung ab. Erfolgt diese allmählich, dann versuchen zunächst die dem potentiellen Feind zugewandten Tiere durch langsames Fortbewegen den Abstand zu vergrößern. Erst bei weiterer Annäherung setzen sich auch die anderen Tiere in Bewegung. Im Tempo des Laufens oder Schwimmens passen sie sich genau dem auf sie zubewegenden Objekt an. Zum Auffliegen entschließen sie sich nur ungern, es sei denn, plötzliche oder schnelle Annäherung eines potentiellen Feindes zwingt zu fluchtartigem Aufbruch. Der Flug wird so lange wie möglich vermieden, weil dabei der Energieaufwand beträchtlich erhöht wird. Er liegt 5- bis 14mal über dem Grundumsatz (Utter und Lefebre, 1970). Werden Gänse auf den Weideflächen häufig gestört, dann steigt die Fluchtdistanz. Owen (1977) hat diesen bekannten Zusammenhang quantitativ an Ringelgänsen bewiesen.

Die ausgeprägte Tagesrhythmik der Gänse an Sammel- und Rastplätzen trägt dazu bei, dem in der Nähe von Rastplätzen theoretisch zu erwartenden gehäuften Auftreten von Predatoren zu begegnen. Tagsüber, wenn die Gefährdung durch Flugfeinde (Seeadler) am ehesten zu erwarten ist, halten sich die Gänse für viele Stunden an Äsungsplätzen auf, die ab und an gewechselt werden. Nachts suchen sie Gewässer auf, wo sie vor Bodenfeinden (Fuchs, Iltis) geschützt sind.

Ein Vorteil anderer Art, den das Leben in Gruppen bietet, sind die Informationen, die fliegende Gänse dem Verhalten einer äsenden Gänseschar entnehmen können. Die überhinfliegenden Gänse landen nur dann bei ihren Artgenossen, wenn aus deren Verhalten zu ersehen ist, daß keine Gefahr droht. Das ist der Fall, wenn in der weidenden Schar fressende und wachsame in einem bestimmten Verhältnis vorhanden sind. Drent und Swierstra (1977) prüften an Ringelgans-Attrappen, die entweder »wachsam« (Köpfe erhoben) oder »fressend« (Köpfe zur Erde) bzw. in einem bestimmten Mischverhältnis aufgestellt waren, die Lockwirkung (Abb. 2/26). Diese fehlte, wenn alle Attrappen mit erhobenem Kopf stehen. Wenn alle Gänse weiden, ist sie besser, doch nur bei einem bestimmten Mischverhältnis optimal.

a b

Abb. 2/26
Abhängigkeit der Lockwirkung von Gänseattrappen auf überhinfliegende Artgenossen. Werden Attrappen aufgestellt, die alle die Wachsamkeitshaltung zeigen (a), dann ist die Lockwirkung wesentlich geringer, als wenn »wachsame« und »fressende« in ausgewogenem Verhältnis vorhanden sind (b).

Rangordnungen

Über die Frage, ob sich in Wildgansgemeinschaften unter Freilandbedingungen Rangordnungen bilden, wie sie sich nach LORENZ (1959) und FISCHER (1965) in Gefangenschaft einstellen, gehen die Meinungen auseinander. Nach DELACOUR und MAYR (1945) fehlen Rangordnungen bei Wildgänsen, was in der Ernährungsweise (Grasfressen) begründet ist. RAVELING (1970) kam bei Beobachtungen von Kanadagänsen im Überwinterungsgebiet zu gegenteiligen Feststellungen. Er stellte fest, daß große Familien über kleinere dominieren, diese über Paare und letztere wiederum über Einzeltiere. Innerhalb größerer Gänsetrupps treten die Familien als Einheit auf. Die Dominanz ist allerdings in starkem Maße vom Ganter abhängig. Von der Familie getrennte Gänse sinken in der Rangordnung und steigen nach der Wiedervereinigung wieder auf. Innerhalb der Familien kommt es nur selten zu Auseinandersetzungen, die auf das Vorhandensein von Rangordnungen schließen lassen. Das wurde schon von HEINROTH (1911) betont.

Bei Beobachtungen von Graugansscharen auf den Sommer- und Herbstsammelplätzen konnten wir keine Anhaltspunkte dafür finden, daß in derart großen Gemeinschaften Rangordnungen bestehen. Innerhalb der zeitweilig nach Tausenden zählenden Gänseschar haben die einzelnen Familien keinen festen Platz oder stabile Bindungen zu bestimmten Nachbarn. Sie ändern vielmehr ihren Aufenthaltsort in der Gruppe willkürlich und oft in kurzer Zeit. Beim Äsen bewegen sich die Angehörigen eines Trupps in gleicher Grundrichtung, doch die einzelnen Familien wandern unterschiedlich schnell und auch in der Richtung nicht völlig übereinstimmend. Dadurch geschieht es, daß eine Familie, die sich eben noch an der Spitze des Trupps befand, kurze Zeit später weit hinten befindet und so fort. Man ist immer wieder überrascht, wie schnell die Familien die Position innerhalb der Schar verändern. Schon allein deshalb erscheint es schlechterdings unmöglich, daß sich in Gemeinschaften dieses Typs Rangordnungen aufbauen können.

Nur die Familien sind innerhalb einer Schar in sich geschlossene Gruppen. Dem Zusammenhalt dienen Drohverhalten und kleine Streitigkeiten bis hin zu gelegentlich intensiveren Auseinandersetzungen. Das geschieht besonders dann, wenn sich fremde Gänse einer Familie zu stark nähern oder sich die Wege kreuzen. Dann wird gedroht und gezischt, was vor allem der Ganter erledigt, und es tritt erst Ruhe ein, wenn sich der oder die Unterlegenen abwenden. Diese Auseinandersetzungen und Zänkereien, die in großen Ansammlungen regelmäßig zu beobachten sind, haben jedoch nichts mit Rangordnungskämpfen zu tun, weil es immer andere Tiere sind, die aneinander geraten.

Streitereien sind um so seltener, je intensiver die Gänse einer bestimmten Beschäftigung nachgehen. Beim morgendlichen und abendlichen Äsen genügen Drohgesten, um den Abstand zwischen den Familien zu wahren. Heftige Auseinandersetzungen treten praktisch nicht auf. Das geschieht noch seltener, wenn die Tiere nach dem Einfall auf dem Wasser zum Ufer schwimmen.

Agonistisches Verhalten häuft sich jedoch, wenn ein Teil der Gänse im Flachwasserbereich mit der Gefiederpflege beginnt und andere Familien noch immer umherwandern, um einen geeigneten Platz zu finden. Die Störenfriede werden abgewehrt. Haben alle Gänse ihren Platz gefunden, dann herrscht Ruhe bis die ersten beginnen, an Land zu gehen, um zu ruhen. Dadurch werden zwangsläufig andere gestört, die sich noch putzen. Das geschieht in gleicher Weise, wenn Gänse, die die Gefiederpflege zu spät beenden, zwischen bereits ruhenden Familien nach Platz suchen. Ein Bild nahezu einmütiger Friedfertigkeit bietet sich, wenn sich die nach Tausenden zählende Gänseschar an einem Sommernachmittag mit sonnigem, warmem Wetter auf der Wiese zur Ruhe niedergelassen hat. Nur ausnahmsweise flackern dann da und dort noch kleine Auseinandersetzungen auf, doch im wesentlichen herrscht Ruhe bis zum Abflug zur Abendäsung.

Nicht Kämpfe um Rangordnungen, die bei Ansammlungen von Tausenden Gänsen von vornherein weder vorstellbar noch biologisch verständlich erscheinen, sondern die Sicherung territorialer Minimalansprüche der Familien für Nahrungsaufnahme, Komfortverhalten oder Ruhe sind die Ursache für Auseinandersetzungen innerhalb einer Rastplatzgemeinschaft. Diese für Graugänse durch zahllose Beobachtungen an markierten Familien gut gesicherte Feststellung gilt auch für Saat- und Bleßgänse. Rangordnungen in Gänsetrupps treten wahrscheinlich nur unter Gefangenschaftsbedingungen auf, wenn die Tiere, die sich persönlich kennen, infolge der räumlichen Beengung und des ganztägigen erzwungenen Beisammenseins zu häufigen Auseinandersetzungen förmlich gezwungen sind. So stellte STAHLBERG (1974) an fünf künstlich erbrüteten Graugans-Gösseln fest, daß sie eine lineare Rangordnung ausbildeten. Unter Freilandbedingungen sind Rangordnungen nicht zu erwarten, weil ihnen in offenen, weitgehend anonymen Gesellschaften keine biologische Bedeutung zukommt.

Ob in Geschwisterscharen Rangordnungen aufgebaut werden, wie das von LORENZ und seinen Schülern nach Beobachtungen in der Gefangenschaft gehaltener Gänse behauptet wird, scheint ebenfalls fraglich. LORENZ (1979) läßt daran auch in seinem populärwissenschaftlichen Buch über die Graugans keinen Zweifel: »Schon in den ersten Lebenstagen beginnen die Geschwister eine soziale Rangordnung aufzustellen. Ihre ersten Kämpfe finden häufig am frühen Morgen, ja in der Dämmerung statt.« HEINROTH (1911) entdeckte innerhalb von Gänsefamilien keine Rangordnungen, was mit den Beobachtungen im Freiland übereinstimmt. Im Gegenteil, in absolut friedlicher Weise und ohne die Mutter zu stören, versammeln sich die Gössel im Federkleid der Mutter, um von dieser gewärmt zu werden. Niemals beobachteten wir bei weidenden Gösseln Streitigkeiten, die im Sinne von Rangordnungskämpfen zu interpretieren wären. Nach LORENZ (1979) sollen die Eltern passiv, ohne einzugreifen, den Rangordnungskämpfen der Küken zusehen: »Niemals aber greifen sie bindend in den Kampf der Kücken ein, außer daß die Mutter unterlegene Kücken, die aus dem Kampf flüchten und unter sie kriechen wollen, passiven Schutz bietet.« LORENZ (a.a.O.) schildert die Kämpfe der Küken sehr ausführlich. Sie sollen prinzipiell in der gleichen Weise ausgefochten werden, wie das von erwachsenen Gänsen bekannt ist. Da es ähnliche Beobachtungen aus dem Freiland nicht gibt und auch Berichte von anderen Gefangenschaftstieren nicht vorliegen, muß dieses Verhalten als eine Besonderheit der im Almtal in Österreich gefangen gehaltenen Gänse bezeichnet werden.

Da an Rastplätzen häufig mehrere Arten gleichzeitig vorhanden sind, liegt die Frage nahe, ob bestimmte Arten über andere dominieren. Wenn Grau-, Saat- und Bleßgänse zu Trupps vereint sind, scheinen Graugänse überlegen zu sein. Zu diesem Problem fehlen jedoch zuverlässige Angaben.

Stimmäußerungen

Jedermann kennt das »Geschnatter« der Hausgänse und empfindet es als heilloses Durcheinander. Das einfache »gak-gak-gak« rufender Graugänse läßt das Lautrepertoire, über das Wildgänse verfügen, nicht ahnen. Die verschiedenen Lautäußerungen der Graugans sind von FISCHER (1965) beschrieben und erklärt worden. Daß die Stimme den Gänsen ein wichtiges Mittel zur Verständigung ist, war den Ornithologen früherer Zeit bestens bekannt. Alle wesentlichen Lautäußerungen der Graugans sind bereits von NAUMANU (in NAUMANN-HENNICKE, 1905) erwähnt und zutreffend gedeutet worden. Die Bedeutung vieler Laute tritt so sinnfällig hervor, daß sie kaum der Erklärung bedürfen. Sie lassen sich bestimmten Funktionskreisen zuordnen.

Stimmfühlung beim Fluge: Während des Fluges, und zwar sowohl bei kürzeren Flügen zwischen Schlaf- und Äsungsplatz als auch bei den großen Wanderungen, rufen Gänse in kurzen artspezifischen Lautfolgen. Das »Ga-ga-ga-gak« fliegender Graugänse ist ebenso unverwechselbar wie die Rufe der Saat- oder der Ringelgans. Diese einfachen, aber charakteristischen, weit hörbaren Lautfolgen dienen der Aufrechterhaltung des Kontaktes in der Flugformation.

Auffliegiaut: Es handelt sich um einen gut abgesetzten Einzellaut, der bei allen Arten der Gattung *Anser* sehr ähnlich klingt (Abb. 2/27). Graugänse lassen ihn hören, wenn sie den morgendlichen Abflug vom Gewässer vorbereiten. Dabei sind die Köpfe steil emporgereckt, werden gelegentlich geschüttelt und auf und ab bewegt. Der Laut ist nur zu Beginn der Abflugszeremonie, wenn einzelne Gänse rufen, gut abgrenzbar. Später ge-

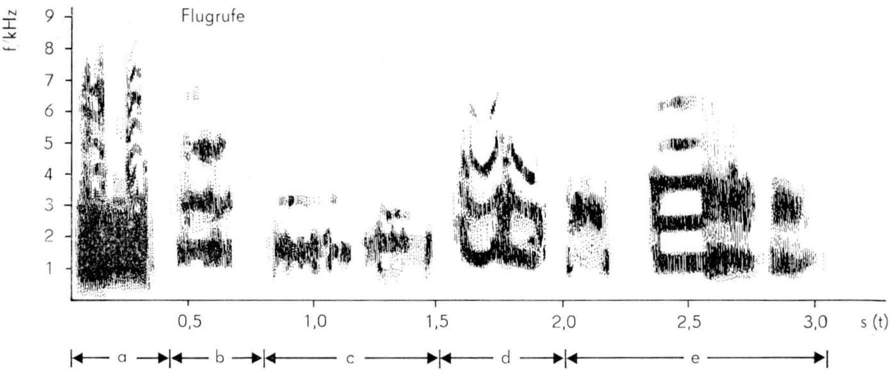

Abb. 2/27
Klangspektrogramme typischer Rufe verschiedener Gänsearten beim Abflug
a – Saatgans, b – Kurzschnabelgans,
c – Bleßgans, d – Zwerggans, e– Graugans
(nach St. Palmer, 1966)

hen die einzelnen Stimmen im Durcheinander des allgemeinen Geschnatters unter.

Individualerkennung: Bei Graugänsen dient ein 2- bis 3silbiger Ruf, den sie hören lassen, wenn sie von der Familie bzw. vom Partner getrennt wurden, der Individualerkennung. Die individuelle Variationsbreite dieser Rufform ist jedem vertraut, der eine Gruppe von Graugänsen einige Zeit gefangen hält. Am Beispiel von Lauten, die von der Familie getrennte Gänse hören lassen, analysierten Schwanke und Rutschke (i. Dr.) die physikalischen Parameter, die die Individualität des insgesamt sehr einfachen Ruftyps garantieren. Dabei stellte sich heraus, daß daran mindestens fünf Parameter beteiligt sind. Die Zeit-, Frequenz- und Intensitätsmerkmale verschmelzen zu einer Lautgestalt, in der die Unverwechselbarkeit jeder Einzelstimme liegt (Abb. 2/28). Die Produktion merkmalsreicher individualspezifischer Lautstrukturen wird bei Gänsen dadurch begünstigt, daß sie die beiden Syrinxseiten getrennt voneinander anregen können. Durch einen besonderen Mechanismus wird dafür gesorgt, daß als »internal duet« bezeichnete Lautstrukturen entstehen, die den Merkmalsreichtum der von unserem Ohr als einförmig empfundenen Gänsestimmen erhöhen.

Zischen bei Angriff und Verteidigung: Angreifende und sich verteidigende Gänse bringen Zischlaute hervor, die bei allen Arten der Gattung *Anser* ähnlich sind. Dabei haben die Tiere den Hals weit vorgestreckt und den Schnabel geöffnet.

Stimmlaute in Zusammenhang mit sexueller Aktivität: Verpaarte Gänse bringen ihre Zusammengehörigkeit durch eine Verhaltensweise hervor, bei der optische und akustische Signale in auffälliger Form miteinander verknüpft sind. Das bekannteste Zeremoniell ist das Triumphgeschrei des Ganters der Graugans. Es beginnt mit langgezogenen, vollen Lauten (Rollen!), die sich zu einem trompetenartig gellendem Geschrei steigern. Das Triumphgeschrei ist bei Kämpfen gegen Nebenbuhlern oder andere Artgenossen gerichtet, gilt jedoch dem eigenen Weibchen oder der eigenen Familie gerichtet wenn der Ganter zurück-

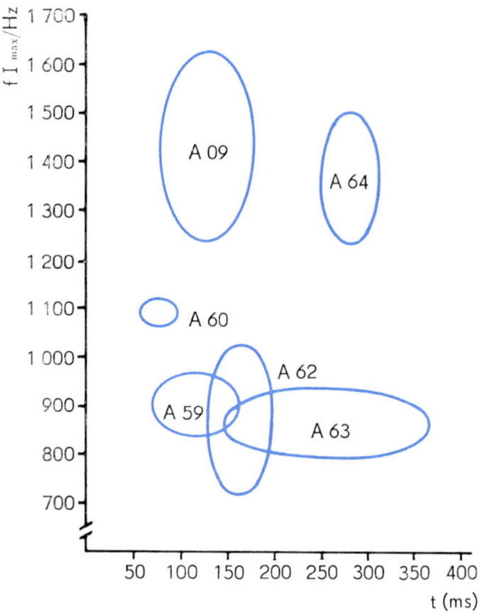

Abb. 2/28
Individuelle Variabilität des Distanzrufs der Graugans (nach SCHWANKE und RUTSCHKE, i. Dr.)
Die sonagraphische Analyse und Auswertung eines Lauttyps, der von verschiedenen Graugänsen unter konstanten äußeren Bedingungen aufgenommen wurde, läßt erkennen, daß die Laute sich eindeutig voneinander unterscheiden und dadurch ein individuelles Erkennen ermöglichen. Der Buchstaben-Zahlen-Code steht für die individuelle Kennzeichnung der Gänse.

kehrend sich direkt dem Weibchen zuwendet und dieses in das Geschrei einstimmt.

Schnattern nach Trennung: Dem von der Abwehr eines Gegners mit Triumphgeschrei heimkehrenden Ganter kommt das Weibchen zunächst laut »rollend« entgegen, was in intensives Schnattern abklingt, in das auch die Junggänse einstimmen. Mit vorgestrecktem, gesenktem Kopf und Hals wenden sich die Partner einander zu und rufen ein immer ruhiger klingendes, schließlich verlöschendes »Gang-gang-gang-gang«. Kanadagänse und Ringelgänse üben diese Praxis des »Sichbegrüßens« noch intensiver aus als Graugänse. Das Schnattern dient wahrscheinlich der Bekräftigung und der Festigung des Familienzusammenhalts.

Die Laute, die Gänse bei der Nahrungssuche, am Nest, im Schwimmen und auch bei Kampfhandlungen äußern, sind Varianten der beschriebenen Grundformen. Besonders bei den *Anser*-Arten wird das vorhandene Repertoire entsprechend der »Stimmung« variiert. Es gibt Laute, die zu hören sind, wenn sich die Gänse nach längerer Ruhe erheben, wenn sie langsam gehen, schwimmen oder sich putzen. Sie alle zeichnen sich durch Eigenständigkeit aus und sind insgesamt nur schwer zu charakterisieren.

Die Laute der Gössel lassen sich noch leichter bestimmten Funktionen zuordnen als die der Altvögel. FISCHER (1965) stellte bei der klangspektroskopischen Analyse der Gössel-Laute fest, daß aus ihnen die kompliziert zusammengesetzten Lautstrukturen der Altvögel ontogenetisch herleitbar sind. Sie klingen wie »Wi-wi-wi« und werden deshalb auch als Wi-Laute bezeichnet. Wi-Laute, hastig oder ruhig, laut oder leise vorgetragen, stellen die Grundlage des Lautrepertoires der Graugans-Gössel dar. Sie dienen dem Zusammenhalt der Gösselschar und der gesamten Familie. Die Eltern können aus der Art, wie die Wi-Laute vorgetragen werden, auf die Stimmung der Gössel schließen und verhalten sich dementsprechend. Außer den Wi-Lauten verfügen die Gössel noch über einen Laut, den LORENZ (1935) als »Pfeifen des Verlassenseins« und FISCHER (1965) in Anlehnung an HEINROTH vermenschlichend als »Weinen« bezeichnet. Diesen einsilbigen, hohen und scharf klingenden Laut äußern die Gössel, wenn sie allein sind, den Anschluß an die Familie verloren haben, suchend umherirren und bei Verletzungen und Störungen. Die Funktion dieses Lautes wird als Aufforderung an die Eltern gesehen, die Störung zu beseitigen. Der Laut erleichtert den Eltern die Suche nach verirrten Gösseln. Nach erfolgtem Stimmbruch treten an die Stelle des »Weinlautes« zwei Laute, die von FISCHER (1965) als Distanz- und Jammerlaute bezeichnet wurden. Den ersteren, einen 2- bis 3silbigen Ruf, lassen die Gössel hören, wenn sie von der Familie getrennt wurden; den zweiten, wenn sie in unmittelbarer Gefahr sind, und zwar in steigender Form mit dem Grade der Erregung. Das »Angstgeschrei« der Gans, die beim Fang gegriffen und transportiert wird, wird auch vom menschlichen Ohr in höchstem Maße als belästigend empfunden.

Wenn Gössel, dicht an die Mutter gedrängt, sich zum Einschlafen anschicken, dann lassen sie feine wispernde Laute hören, die dem menschlichen Zuhörer in überzeugender Deutlichkeit das Gefühl des Wohlbefindens vermitteln. LORENZ (1979) schreibt: »Der trillernde Laut, den junge Gänse beim Einschlafen ausstoßen, ist das süßeste Schlummerlied, das man sich vorstellen kann.«

Bei der sonagraphischen Auswertung von Rufen der Saatgans, die diese während des Fluges als Kontaktlaute äußern, wurde festgestellt, daß sich diese in wichtigen Parametern in Abhängigkeit von den Sichtverhältnissen ändern (SCHWANKE und RUTSCHKE, i. Dr.). Die Grundfrequenz ist bei Nebel niedriger und die Dauer der Rufe länger als bei guter Sicht. Die Unterschiede können als Anpassung an die verschiedenen Übertragungskapazitäten der Luft gesehen werden. Durch die Abgabe tieferer und längerer Rufe wird der Zusammenhalt der fliegenden Tiere auch bei schlechter Sicht gewährleistet (Nebelhorneffekt).

3

Populationsökologie

Die bei der Besprechung der Arten mitgeteilten Kenntnisse über Bestandsgrößen und Bestandsveränderungen, die für nahezu alle Gänsearten weitaus genauer vorliegen als für andere Tierarten, bilden das solide Fundament, von dem her andere strukturelle und funktionelle Parameter der Wildgans-Populationen erforscht werden. Deshalb mag es verwundern, weshalb diese Angaben, die genau genommen zur Populationsökologie gehören, nicht diesem Kapitel, sondern den Artbearbeitungen zugeordnet wurden. Dafür waren zwei Gründe maßgebend. Einerseits wären die Artbeschreibungen ohne Angaben zum Bestand und Bestandswandel unvollkommen, und andererseits sollen im Kapitel Populationsökologie in erster Linie die Gesetzmäßigkeiten behandelt werden, denen Gänsepopulationen unterliegen. Diese stimmen selbstverständlich prinzipiell mit den für alle tierischen Populationen gültigen überein, dementsprechend beschränkt sich die Darstellung auf das für Gänsepopulationen Spezifische. Doch selbst trotz dieser Eingrenzung war es nicht möglich, alle populationsökologischen Fragen vollständig darzustellen. Viele dieses Kapitel tangierende Fragen sind allerdings unter Fortpflanzungsbiologie und Sozialverhalten zu finden.

Methodik populationsökologischer Untersuchungen

Gänsefang

Der Fang von Wildgänsen ist in Gebieten, wo sie regelmäßig und in großer Anzahl vorkommen, seit altersher üblich. Die gefangenen Gänse waren als Braten geschätzt und besonders als Abwechslung in der einfachen Kost der Landbevölkerung und der Fischer hoch willkommen. Gegenwärtig spielt der Fang für Speisezwecke in Mittel- und Westeuropa keine Rolle mehr. Die alten Fangtechniken sind jedoch noch teilweise lebendig und werden für wissenschaftliche Zwecke ausgenutzt.

Am leichtesten lassen sich Wildgänse während der Schwingenmauser fangen, weil die Flugunfähigkeit das Entkommen erschwert. Im hohen Norden sind Mausergänse von jeher für Speisezwecke an den großen Mauserplätzen in großer Anzahl gefangen worden. Das Fangprinzip ist denkbar einfach. Am Mauserplatz wird eine bestimmte Fläche so eingezäunt, daß von einer offen bleibenden Seite her die Gänse in die Einzäunung, die sich reusenartig verjüngt, getrieben werden können. Heutzutage finden lange Stellnetze Verwendung. Mit Hilfe von Treibern werden die Gänse in die Einzäunung dirigiert und schließlich gegriffen (Abb. 3/1). Mit dieser Methodik gelang es englischen und dänischen Wissenschaftlern, Kurzschnabel- und Weißwangengänse in großem Stile zu fangen. Mit der nachfolgenden Beringung wurden die Voraussetzungen für die Erforschung der Wanderwege dieser Arten geschaffen (Scott et al., 1955). In gleicher Weise ging Paludan (1965) vor, der an dem ehemals bedeutendsten Mauserplatz der Graugans in Dänemark Mausergänse fing und beringte. In jüngster Zeit sind am Mauserplatz Słonsk (VR Polen, an der mittleren Oder) Graugänse in großer Anzahl gefangen und beringt worden. Mit Stellnetzen lassen sich nicht nur mausernde Nichtbrüter, sondern auch die Brutpaare mit den noch nicht flüggen Jungvögeln an Plätzen einfangen, wo sie in Kolonien oder kolonieartig gehäuft brüten. In Nordamerika sind auf diese Weise Zehntausende Schneegänse in menschliche Hände gelangt. Beim sowjetisch-US-amerikanischen Gemeinschaftsprogramm zur Untersuchung der Wanderungen der Schneegänse auf der Wrangel-Insel wurde in gleicher Weise vorgegangen (Sladen und Kistschinski, 1981).

In den Niederlanden war es üblich, überwinternde Gänse mit Schlagnetzen zu fangen, die durch eine Zugleine ausgelöst wurden. Das Problem bestand darin, die Gänse an das Schlagnetz zu locken. Dazu dienten Hausgänse, gefangen gehaltene Wildgänse oder Attrappen. Eine zusätzliche Lockwirkung wurde durch im Netzbereich ausgestreutes Futter erreicht. Bei geschickter Aufstellung des Netzes war es mit dieser Methode möglich, lohnende Fänge zu erzielen. Als man in den 60er Jahren begann, die Wanderungen der Bleßgans zu erforschen, stützte man sich auf diese althergebrachte Methode und zahlte den Fängern je gefangene Gans eine Prämie. Insgesamt wurden im Jahr etwa 9000 Gänse gefangen und anschließend mit Ringen der Vogelwarte Arnheim beringt,

Abb. 3/1
Technik des Fangs von Gänsen mit Hilfe von Stellnetzen in der Phase der Flugunfähigkeit (mausernde Nichtbrüter, Familien) (nach Owen, 1980)
Nach dem Bau einer ausgedehnten Stellnetzanlage, die sich an einer Stelle reusenartig verjüngt, werden die Gänse von den Fängern in den offenen Teil der Anlage getrieben und in Richtung auf die Reuse dirigiert. Ein Entkommen ist nicht möglich, wenn die Koppel geschlossen wird, sobald die Gänse sich innerhalb der Stellnetzfläche befinden.

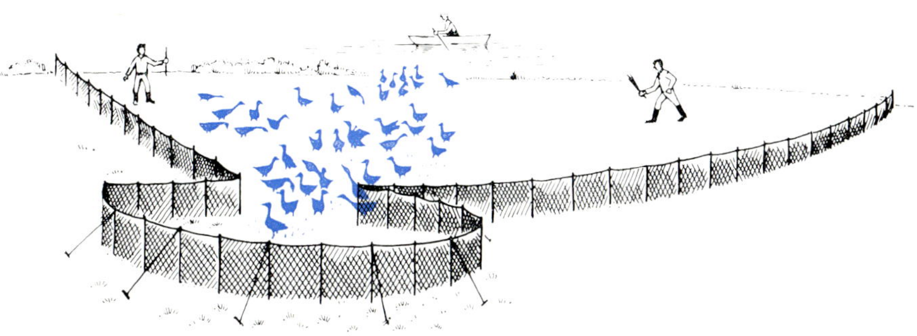

wodurch es gelang, die Wanderungen der in den Niederlanden überwinternden Bleßgänse recht genau zu erforschen (TROOSTWIJK, 1974). Zum Fang der im Wattenmeer vor der niederländischen Küste rastenden Ringelgänse entwickelten die Fischer eine spezielle Technik.

Spektakuläre Erfolge erzielt man in England mit dem Einsatz raketengetriebener Großnetze. Die bis zu 1300 m^2 großen Netze aus Kunstfasergewebe werden sorgfältig zusammengelegt an Stellen plaziert, wo Wildgänse erfahrungsgemäß zur Äsung einfallen. Die Raketen werden durch Fernauslösung gezündet und ziehen das Netz in raschem Flug über die weidende Gänseschar. Auf diese Weise gelingt es, mit einem Netz mehrere hundert Gänse auf einen Schlag zu fangen. Im Herbst 1953 wurden bei einem Abschuß 383 Kurzschnabelgänse von einem englischen Team auf Island gefangen (ANOM., 1955). Das Verfahren ist jedoch kostenintensiv und bedarf vielfältiger Vorbereitung und Absicherung. Einfacher zu handhaben sind die prinzipiell in gleicher Weise arbeitenden Geschoßwerfer, bei denen anstelle von Raketen Geschosse verwendet werden. Aus einem Wurfzylinder abgeschossen ziehen sie das Netz hinter sich her (Abb. 3/2). Das ursprünglich in den Niederlanden entwickelte Verfahren hat vielfältige Nachahmung gefunden und wurde in den USA, in Großbritannien, den skandinavischen Ländern, in der UdSSR, der DDR und der ČSSR zum Zwecke des Gänsefangs eingesetzt. Die Netze bedekken voll ausgebreitet Flächen zwischen 600 und 800 m^2. Sie werden von 3 bis 5 Geschossen gezogen.

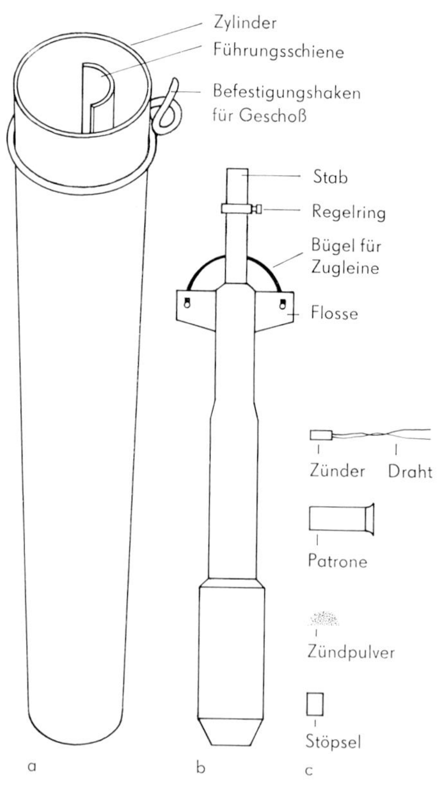

Abb. 3/2
Zubehörteile einer Netzwurfanlage zum Fang von Wildgänsen
a – Abschußzylinder; b – Geschoß; c – Treibsatz und Zünder

Markierung

Wildgänse sind in den letzten Jahren bevorzugte Objekte für populationsökologische und verhaltenskundliche Untersuchungen geworden. Für viele Fragestellungen kommt es darauf an, die Tiere individuell so zu kennzeichnen, daß ein Wiedererkennen im Felde ohne erneuten Fang möglich ist. Dazu sind verschiedene Techniken entwickelt worden. Besonders bewährt haben sich farbige Plaste-Halsringe (MCINNES et al., 1969), die zusätzlich zu den Leichtmetall-Fußringen der im betreffenden Land zuständigen Vogelwarte angelegt werden. In die Plaste-

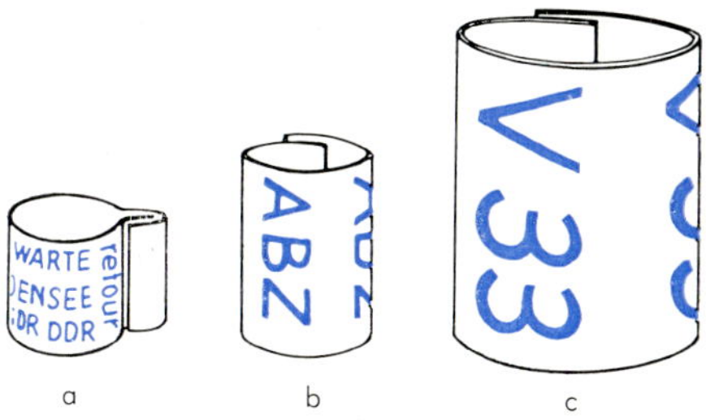

Abb. 3/3
Markierungsmittel zur individuellen Kennzeichnung von Wildgänsen
a – Metallfußring mit Zahl und Name der zuständigen Vogelwarte,
b – Farbiger Plaste-Fußring mit eingraviertem Buchstaben-Zahlen-Code,
c – Farbiger Plaste-Halsring mit eingraviertem Buchstaben-Zahlen-Code

Halsringe ist eine Buchstaben-Zahlenkombination eingraviert (Abb. 3/3 a bis c). Die Größe des Halsringes und die Buchstaben-Zahlenkombination sind so bemessen, daß im Felde die Ablesung und damit das individuelle Wiedererkennen mit einem guten Fernglas möglich ist. Entsprechend einer internationalen Vereinbarung wird in Europa ein 3er-Code benutzt, außerdem verwendet jedes Land, in dem entsprechende Untersuchungen durchgeführt werden, eine bestimmte Farbe.

Da die mit Halsband markierten Gänse sich deutlich von den Artgenossen abheben, ist die Frage lebhaft diskutiert worden, ob sich das Verhalten der Artgenossen dem Träger einer derartigen Kennzeichnung gegenüber ändert. Untersuchungen an Kanadagänsen in Kanada und den USA sowie an Graugänsen in Europa widerlegten diese Vermutung. Halsbandmarkierte Gänse paarten sich völlig normal mit unberingten wie mit beringten Partnern und zogen erfolgreich Junge auf.

Normalerweise bleibt das Tragen eines Halsbandes ohne nachteilige Folgen. In Einzelfällen bildeten sich im Winter zwischen Halsband und Gefieder Eisklumpen, die das Tier behinderten (Greenwood und Bair, 1974). Diesen Ausnahmen stehen jedoch zahlreiche Berichte über jahrelang getragene Farb-Halsbänder gegenüber.

In England werden den Gänsen anstelle der beschriebenen Halsbänder farbige Plaste-Fußringe mit eingraviertem Code zusätzlich zum Leichtmetallring angelegt. Dieses vorsichtigere Markierungsverfahren hat den Nachteil, daß die Ablesung des Codes nur möglich ist, wenn die Gänse vollständig frei stehen.

In den USA sind Plaste-Marken entwickelt worden, die auf dem Oberschnabel der Gänse befestigt werden (Sherwood, 1966). Diese Technik hat sich jedoch nicht durchgesetzt, was wohl vor allem daran liegt, daß es nur schwer gelingt, die Schnabelmarkierung dauerhaft anzubringen. Außerdem sind auf dem Plasteschild angebrachte Zahlen oder Buchstaben schlechter lesbar als bei Halsbändern.

Ohne nachhaltigen Erfolg blieben auch Versuche, Wildgänse mit Flügelmarken zu kennzeichnen. In den meisten Fällen gelingt es den betroffenen Gänsen relativ schnell, die Markierung mit Hilfe des kräftigen Schnabels zu entfernen.

Alters- und Geschlechterbestimmung

Bei vielen Gänsearten unterscheiden sich die Geschlechter nur wenig voneinander, und auch die ausgewachsenen Jungvögel sehen den Altvögeln sehr ähnlich. Besonders im Herbst und Winter fällt es nicht leicht, zwischen den Geschlechtern und Alt- und Jungvögeln zu unterscheiden. Populationsökologische Untersuchungen setzen jedoch vielfach entsprechende Kenntnisse voraus. Altvögel und erwachsene Jungvögel lassen sich an be-

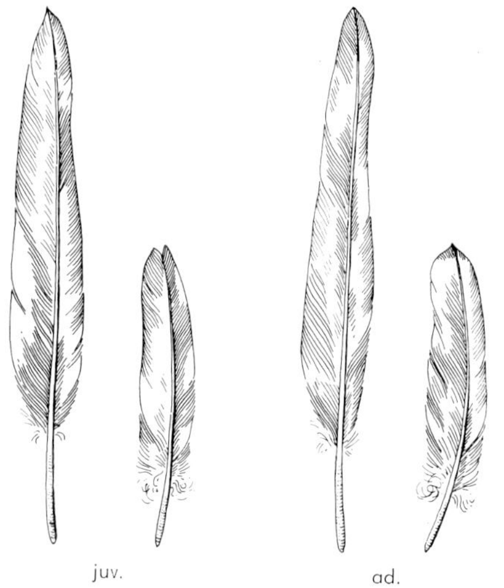

Abb. 3/4
Unterscheidung von Jung- und Altvögeln an Federmerkmalen (nach OWEN, 1980); Schwungfedern
- bei Jungvögeln zugespitzt,
- bei Altvögeln abgerundet

stimmten Merkmalen der Schwingen und der Schwanzfedern unterscheiden. Die Hand- und Armschwingen von Jungvögeln sind fein zugespitzt, die von Altvögeln gerundet. Schwanzfedern von Jungvögeln sind an der Spitze leicht eingekerbt, die von Altvögeln laufen in eine zipfelförmige Spitze aus (Abb. 3/4). Zu diesen allgemeinen Merkmalen kommen die Gefiederfärbung betreffende.

Die Geschlechter lassen sich viel schwerer sicher unterscheiden. Vielfach gelingt das nur durch Inspektion der Kloake, wobei aus der Größe des Penis und der in die Kloake mündenden weiblichen Organe auch auf das Alter geschlossen werden kann. Dazu wird die Gans mit dem Rücken nach unten, den Kopf dem Untersucher zugewandt in den Schoß genommen und mit Daumen und Zeigefinger der After freigelegt. Die Kloake läßt sich durch leichten Druck der seitlich angelegten Daumen öffnen, wobei der Schwanz nach unten gedrückt wird. Wenn die Kloake freigelegt ist, springt der beim Ganter vorhandene Penis heraus. Bei jungen Gantern ist der Penis nur ein winziger Fortsatz, der der Kloakenwand seitlich ansitzt. Zur Fortpflanzungszeit ist er bei adulten Männchen stark vergrößert (Abb. 3/5).

Die Unterscheidung von Jährlingen, immaturen und adulten Männchen ist an der Größe des Penis zwar möglich, erfordert jedoch Erfahrung. Bei Zweijährigen ist der Penis kaum größer als bei Einjährigen, jedoch bereits spiralig gewunden und von der Penisscheide umgeben.

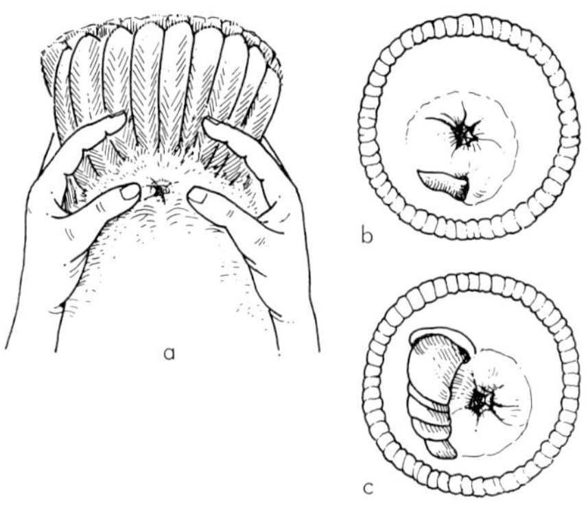

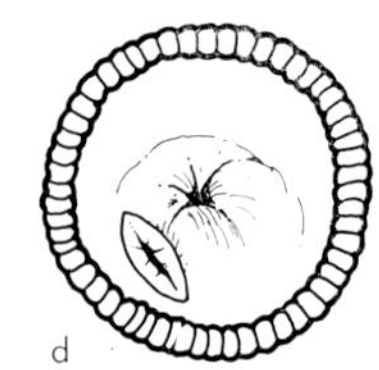

Abb. 3/5
Kloakentest zur Unterscheidung der Geschlechter und von Alt- und Jungvögeln (nach BAUER und GLUTZ v. BLOTZHEIM, 1968)
a – nachdem die Kloake freigelegt ist, wird sie durch seitlichen Zug und leichten Druck mit beiden Daumen oder von Daumen und Zeigefinger geöffnet;
b – junges Männchen mit winziger, leicht gekrümmter Penisanlage;
c – adultes Männchen;
d – adultes Weibchen; zu beachten ist die reifenartige Kerbung des äußeren Kloakenrandes

Revier und Territorialität

Es ist allgemein bekannt, daß Gänse zur Brutzeit außerordentlich aggressiv sind und ihre Brutreviere gegen Eindringlinge heftig verteidigen. Selbst Hausganter sind vielfach so angriffslustig, daß sie wie Hofhunde eingesperrt gehalten werden müssen, weil sie fremde Personen aufs heftigste attackieren. Diese Aggressivität zur Brutzeit ist typisch für alle Gänsearten. Bei der Kanadagans ist die zur Brutzeit beträchtlich erhöhte intraspezifische Aggression, die sich in Angriffen von Gantern gegen in der Nachbarschaft brütende Artgenossen ausdrückt, stärker ausgeprägt als die interspezifische. Männliche Kanadagänse griffen Artgenossen bereits bei Annäherung auf 30 m an. Attacken gegen Grauganter wurden demgegenüber erst bei 15 m Entfernung ausgelöst (Fabricius et al., 1974). Die Angriffe werden gewöhnlich als Revierverteidigung gewertet, wobei offen bleibt, ob sich der Begriff »Revier« auf die unmittelbare Nestumgebung oder auf ein größeres Gebiet bezieht.

Bei genauerem Hinsehen ergeben sich aus dieser Unschärfe erhebliche Schwierigkeiten. Verteidigt der Ganter ein Gebiet, das zugleich als Nist- und Nahrungsrevier dient und dadurch als einheitliches Territorium gegen andere Artgenossen abgegrenzt ist, dann handelt es sich um »Revierverhalten« im üblichen Sinne. Diese Form eines Reviers haben wohl die meisten Autoren vor Augen, die über Revierverteidigung bei Gänsen berichten. Problematischer wird die Anwendung des Revierbegriffs, wenn die Nester so dicht stehen, daß die Nestumgebung zur Deckung des Nahrungsbedarfs nicht ausreicht. In solchen Fällen wird die Nahrung an Plätzen gesucht, an denen keine Nester stehen. Brut- und Nahrungsrevier sind getrennt, was Verhaltensänderungen nach sich zieht.

Nach Ryder (1975) besteht ein Zusammenhang zwischen der Größe des Reviers (Brut- und Nahrungsrevier) und dem Energieaufwand, der für dessen Verteidigung durch den revierbesitzenden Ganter notwendig ist. Große Reviere mit ihren langen Grenzlinien sind bei hohen Siedlungsdichten schwer zu verteidigen, zumindest übertrifft der Energieaufwand den zur Verteidigung eines kleineren Territoriums erforderlichen. Ryder (a. a. O.) nimmt an, daß jene Ganter im Vorteil sind, die vor Beginn der Fortpflanzungsperiode Energiereserven in Form von Depotfett und Muskulatur anlegen. Er postuliert eine Beziehung zwischen der Größe des Reviers und der Energiereserve. Ganter, die gut mit Energiereserven ausgestattet sind, brauchen ihr Revier zur Nahrungssuche selbst dann nicht zu verlassen, wenn es bei hoher Siedlungsdichte so eingeengt ist, daß es zur Ernährung nicht mehr voll ausreicht. Schlecht ernährte Ganter, die außerhalb des Reviers Nahrung suchen müssen, gefährden die unbewachten Weibchen und damit die Brut.

Es liegt auf der Hand, daß Ryders Hypothese nur zutreffen kann, wenn die Umgebung des Nestes zugleich als Nahrungsrevier dient. Das trifft jedoch nicht immer zu. Stehen die Nester kolonieartig dicht beieinander, dann wird die Nahrungssuche außerhalb des Nestgebietes ein unumgängliches Erfordernis. Inglis (1977) fand in solchen Fällen bei Kurzschnabelgänsen eine Anpassung folgender Art. Die Ganter verbleiben während der Eiablage und in den ersten Tagen der Bebrütung voll wachsam beim Weibchen, verzichten also weitgehend auf Nahrungsaufnahme. Erst wenn die Verhältnisse zwischen den Nachbarn stabil sind, ändern sie ihr Verhalten und fliegen an neutrale Plätze zur Nahrungsaufnahme. Die Reviere brauchen in solchen Fällen nur so groß genug zu sein, um den Nahrungsbedarf des Weibchens zu decken. Dieser ist zur Brutzeit eingeschränkt, was im Verlaufe der Brutperiode zu einer mehr oder minder starken Gewichtsabnahme führt. COOKE (1979) und OWEN und WELLS (1979) sehen die Funktion der Aggressivität der Ganter auf die Verteidigung des Nestes und des Weibchens begrenzt. Dabei stützen sie sich auf Beobachtungen bei kolonieartigem Brüten, wenn die Nester dicht benachbart stehen.

Nistplatztreue: Bei allen auf Nistplatztreue untersuchten Gänsearten wählt das Weibchen den Nistplatz. Bei der Graugans wird es dabei vom Ganter begleitet. In gemäßigten Breiten verwenden Gänse weitaus mehr Zeit auf die Wahl des Nistplatzes als im hohen Norden. Bei der mitteleuropäischen Population der Graugans kann es bei ungünstigen Witterungsbedingungen wochenlang dauern, bis über den Brutplatz endgültig entschieden ist. Graugänse kehren bereits im Februar in die Brutgebiete zurück und haben dementsprechend ausreichend Zeit, um einen geeigneten Platz zu wählen, ehe sie im April mit dem Nestbau beginnen. Den im hohen Norden brütenden Gänsen, die erst im Mai im Brutgebiet eintreffen, fehlt diese Zeit. Unmittelbar nach dem Eintreffen wird der Brutplatz gewählt und mit dem Nestbau begonnen. Die Situation im Norden ist jedoch mit der in gemäßigten Breiten nicht ohne weiteres vergleichbar. Einerseits ist die Habitatstruktur insgesamt gleichmäßiger, und andererseits brüten viele nordische Arten in Kolonien oder kolonieartig gehäuft. Hinzu kommt die Ortstreue, die bei den im hohen Norden brütenden Gänsen besonders ausgeprägt ist (Abb. 3/6). Für Kanadagänse und Schneegänse ist das gut belegt (FINNEY und COOKE, 1978). Bei der Schneegans

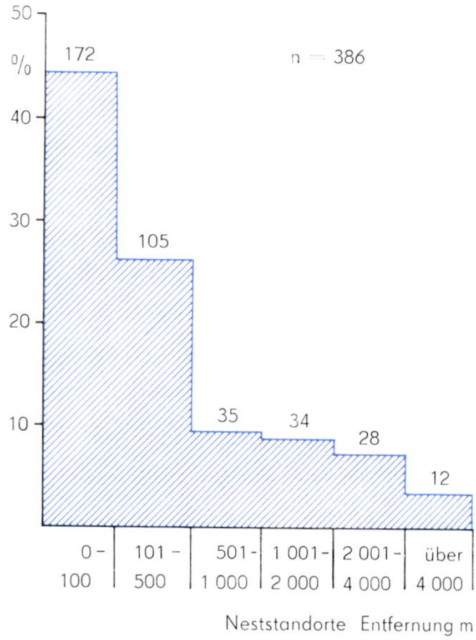

Abb. 3/6
Verlagerung des Neststandortes markierter Gänse in einer Kolonie der Schneegans *(Anser caerulescens)* in aufeinanderfolgenden Jahren (nach COOKE und ABRAHAM, 1980, geändert); 72 % der gekennzeichneten Gänse brüten weniger als 500 Meter vom früheren Neststandort entfernt.

wählten bis zu 44 % den Nistplatz in einer weniger als 50 m vom vorjährigen Nest entfernten Zone. Der biologische Vorteil dürfte in der erheblichen Zeitersparnis liegen, die der Wegfall jährlich neuer Nestsuche mit sich bringt. Außerdem verbürgt der Bruterfolg des Vorjahres eine gewisse Sicherheit für die erneute Brut. Gänse kehren nicht an Nistplätze zurück, an denen sie gestört wurden und ergebnislos brüteten.

Nach Untersuchungen an der Graugans kann geschlußfolgert werden, daß auch sie am einmal gewählten Nistgebiet festhalten. Von 53 1977 und 1978 individuell mit Plaste-Halsbändern gekennzeichneten Graugänsen wurden 30 im Brutgebiet beobachtet (LITZBARSKI, 1982). Ein

Beispiel für ausgeprägte Brutorttreue gibt eine am 2. 3. 1975 adulte weibliche Graugans (Halsring-Nr. C01). Sie wurde in drei aufeinanderfolgenden Jahren am Gülper See (DDR, Bezirk Potsdam) erfolgreich brütend festgestellt.

Nichtbrütende Graugänse haben ebenfalls eine starke Bindung an den Sammelplatz. Von den am Gülper See markierten Nichtbrütern kehren bis zu 50 % im folgenden Jahr zum Sammelplatz zurück (LITZBARSKI, 1982). Weibchen scheinen allerdings regelmäßiger zum Brutgebiet zurückzukehren als Ganter. Für die Schneegans ist das erwiesen (ROCKWELL und COOKE, 1977). In der von den genannten Autoren untersuchten Kolonie suchten 15 bis 20 % der markierten Weibchen in 2 bis 4 Jahren den gleichen Nistplatz auf, aber nur 0,4 % der Ganter. Die Ursache für diesen Unterschied liegt darin, daß bei Neuverpaarungen der Ganter dem Weibchen folgt. Verwitwete Ganter, die sich wiederum verpaaren, ziehen in das Heimatgebiet des neuen Weibchens. Nur für diesen Sachverhalt gibt es Beweise, nicht aber für den umgekehrten Fall. In Schweden wurden Kanadagans-Familien vor dem Flüggewerden der Jungen eingefangen und in bisher nicht von der Art besiedelten Gebieten ausgesetzt. Die Jungen begaben sich mit den Altvögeln auf die Herbstwanderung, kehrten aber im Frühjahr getrennt von diesen in das Gebiet der Freilassung zurück, während die Altvögel in die Brutgebiete wanderten. Es findet also eine Bindung an das Gebiet statt, an dem sich die Jungvögel zum Zeitpunkt des Flüggewerdens befinden.

Gänse brüten sowohl einzeln in gut abgegrenzten Revieren als auch in Kolonien, und alle Übergänge zwischen diesen Extremen sind bekannt. Über die Vor- und Nachteile der verschiedenen Nistweisen sind viele Überlegungen angestellt worden. Die Hauptschwierigkeit für das Fehlen einer überzeugenden Theorie liegt vor allem darin, daß von der gleichen Art sowohl die eine als auch die andere Lebensform praktiziert werden kann, unter Umständen, wie im Falle der Graugans beschrieben, im gleichen Gebiet (RUTSCHKE, 1982). Ein wichtiges Argument für den mit kolonieartigem Brüten verbundenen Vorteil ist der bessere Schutz vor Feinden. Er ist besonders für die in der baum- und strauchlosen Tundra brütenden Arten wie Schnee-, Ringel- und Weißwangengans hervorgehoben worden. Die Schneegans brütet in Ansammlungen, zu denen Tausende Paare gehören. Dadurch bleiben weite Gebiete der Tundra, die günstige Lebensbedingungen bieten, unbesiedelt. Für OGILVIE (1978) steht es außer Frage, daß diese Form der Verteilung den Feinddruck mindert, weil es den solitär lebenden Predatoren nur schwer oder gar nicht gelingt, sich an den weit entfernten Kolonien zu sammeln. OWEN (1980) berichtet von Beobachtungen, denen zufolge Polarfüchse in Kolonien von Schneegänsen nahezu mühelos eindringen und diese sogar durchqueren. Er nimmt deshalb an, daß der Feinddruck lediglich im Zentrum der Kolonien gemindert ist.

Es ist jedoch nicht richtig, von der Beobachtung einzelner in Kolonien eindringender Polarfüchse auf die Nichtgültigkeit der Feindschutz-Hypothese zu schließen. Sicher ergibt sich für die wenigen Predatoren, die in der Nähe von Kolonien leben und jagen ein Vorteil, den sie zu nutzen wissen. Alle anderen aber, die mehr oder minder gleichmäßig über die gesamte Tundra zerstreut siedeln, sind beeinträchtigt. Selbst wenn es nach einer gewissen Zeit der Existenz einer Kolonie zu einer Konzentration von Predatoren in deren Nähe kommt, überwiegt zunächst immer noch der mit dem konzentrierten Brüten verbundene Vorteil. Übersteigt der Feinddruck ein bestimmtes Maß, dann geben die Gänse den

Standort der Kolonie auf und weichen an einen anderen Platz aus. Der Vorteil des kolonieartigen Brütens liegt darin, daß die relativ wenigen am Ort vorhandenen Predatoren mit potentieller Beute gewissermaßen überschwemmt werden und sie diese deshalb insgesamt wenig nutzen können. Dieser Effekt ist noch stärker, wenn die Schlüpfzeit der Gössel weitgehend synchronisiert ist. Die relativ leicht zu erbeutenden Jungen sind dann nur während eines kurzen Zeitraumes vorhanden. Owen (1980) sieht einen weiteren Vorteil kolonieartigen Brütens im erhöhten Eiweißgehalt der Nahrungspflanzen nach intensiver Beweidung durch Gänse. Dieser Sachverhalt ist von Harwood (1975) für unbeweidete und beweidete Vegetation nachgewiesen worden. Da die Gössel in der Phase intensiven Wachstums einen hohen Eiweißbedarf haben, kann der durch intensive Beweidung bewirkte hohe Eiweißgehalt der Pflanzen in der Nähe von Kolonien die Entwicklung des Nachwuchses durchaus positiv beeinflussen.

Kolonieartige Häufung von Nestern kann durch den Mangel an geeigneten Nistplätzen hervorgerufen sein. Die Situation ist dann genau umgekehrt wie die beschriebene, bei der sich die Gänse an einem Platz konzentrieren, obwohl geeignete Nistplätze weithin vorhanden sind. Über die mögliche Größe und Dichte der Ansiedlung wird in solchen Fällen in erster Linie durch die Verfügbarkeit von Futter entschieden. Seeschwalben und Möwen können innerhalb der Kolonie so dicht zusammenrücken, weil die Nahrungsgründe, gewöhnlich an Fischen und anderem Wassergetier reiche Gewässer, für alle Koloniebewohner ausreichend Nahrung bieten. Im Vergleich dazu ist die pflanzliche Nahrung der Gänse energiearm. Dieser Nachteil wird zum Teil durch verringerte Nahrungsaufnahme während der Brutzeit ausgeglichen. Die daraus resultierende Gewichtsabnahme kann beträchtlich sein.

In Kolonien wird der Ganter des benachbarten Brutpaares toleriert, so lange bei Annäherungen eine kritische Schwelle nicht überschritten wird. Wo diese liegt, dürfte artspezifisch festgelegt sein, kann aber auch von der topografischen Beschaffenheit des Brutgebietes abhängen. Bei Weißwangengänsen, die auf felsigem Grund nisten, stehen die Nester dicht beieinander, wenn sie durch eine Felswand getrennt sind und die Brutpaare sich folglich nicht sehen. Die Nester werden gern an eine Wand gelehnt, weil dann die Rückseite nicht verteidigt zu werden braucht (Dittami et al., 1979).

Populationsdynamik

Wildgänse, insbesondere die des hohen Nordens, leben unter extrem variablen Umweltbedingungen. Lange Winter, späte Kälteeinbrüche, extrem kurze Sommer und klimatische Einflüsse anderer Art modifizieren das Wachstum der Vegetation und damit die Lebensbedingungen der Gänse in den Brutgebieten. Zusätzliche Risiken entstehen durch die Herbst- und Frühjahrswanderungen, insonderheit wenn diese, wie es für eine Reihe von Arten zutrifft, über das offene Meer führen. Das gilt in gleicher Weise für die Mauserzüge der Nichtbrüter. Die vielfach beträchtlichen Wandlungen, denen Mauserplätze und Überwinterungsgebiete unterliegen, schaffen eine weitere Unsicherheit für das Gedeihen der Population. Dementsprechend müssen Gänse in ihrem Reproduktionsvermögen variabel sein. Nur dadurch wird es möglich, auftretende Verluste ausgleichen zu können. Es sind Anpassungen zu erwarten, wie sie in extremer Form von r-selektionierten Arten bekannt sind.

Ob die Lebensbedingungen für eine Population ungünstig sind oder nicht, läßt sich am ehesten am Fortpflanzungserfolg ablesen. Zwar ist die Fortpflanzungstätigkeit der Wildgänse nur auf wenige Wochen begrenzt, doch auf den Fortpflanzungserfolg, das heißt die Anzahl erwachsener Jungvögel in der Saison, wirken sich die Lebensbedingungen während des ganzen Jahres aus. In den nachfolgenden Abschnitten wird versucht, diesen Zusammenhang an ausgewählten Beispielen darzustellen.

Gelegegröße und Schlupfrate

Geht man davon aus, daß Gelegegröße und Schlupfrate durch aktuelle Umweltgegebenheiten beeinflußt werden, dann überrascht es wenig, daß sie stark variieren. Die Anzahl der Eier ist bei den Gänsearten nicht vorprogrammiert. Sie umfaßt einen bestimmten Normalbereich, der von Art zu Art verschieden ist. Bei keiner Art gehören zum Normalgelege weniger als 3 und mehr als 10 Eier. Der Normalbereich umfaßt bei der

- Saatgans *(Anser fabalis)* 4 bis 6,
- Kurzschnabelgans *(Anser brachyrhynchos)* 4 bis 6,
- Zwerggans *(Anser erythropus)* 5 bis 7,
- Graugans *(Anser anser)* 4 bis 9,
- Kanadagans *(Branta canadensis)* 4 bis 6,
- Weißwangengans *(Branta leucopsis)* 4 bis 6,
- Ringelgans *(Branta bernicla)* 3 bis 5,
- Rothalsgans *(Branta ruficollis)* 4 bis 7 Eier.

Von Entenarten ist bekannt, daß die Gelegegröße im ersten Jahr der Legetätigkeit kleiner ist als in den folgenden. Dasselbe wurde von Finney und Cooke (1978) auch bei der Schneegans festgestellt. Der Durchschnitt lag in der ersten Fortpflanzungsperiode bei 3,1 bis 3,7 Eiern und stieg in den folgenden Jahren auf 4,7 bis 4,9 Eier an. Ungeklärt ist, ob der Anstieg Folge des altersbedingten Reifeprozesses oder der gewachsenen Bruterfahrung ist. Von europäischen Wildpopulationen fehlen bisher Angaben zu diesem Sachverhalt. Untersucht wurden nur gefangen gehaltene Weißwangengänse, wobei ebenfalls eine Zunahme der Eianzahl mit dem Alter festgestellt wurde. Owen (1980), von dem diese Mitteilung stammt, vermutet auch bei Wildpopulationen der Weißwangengans geringere Gelegestärken im ersten Jahr der sexuellen Reife als in späteren. Er sieht die Ursache dafür im Zeit- und Energieaufwand, den Paarbildung und Inbesitznahme eines Reviers erfordern, was zwangsläufig die Kondition für das eigentliche Brutgeschäft verschlechtert.

Junge Gänse beginnen in der Regel später mit der Eiablage als ältere. Darin liegt ebenfalls eine Ursache für die geringere durchschnittliche Eianzahl je Gelege, denn einer feststehenden Regel zufolge nimmt die Gelegegröße mit dem Fortschreiten der Brutperiode ab. Entsprechende Untersuchungen, die Newton und Kerbes (1975) an einer Graugans-Population vornahmen, ergaben eine Abnahme der durchschnittlichen Eianzahl je Gelege in drei aufeinanderfolgenden Dekaden von 5,4 über 5,1 auf 4,7. Die Ursache dafür liegt in der abnehmenden Brutstimmung, wie das auch von anderen Vogelarten bekannt ist.

Zu den Faktoren, die die Gelegegröße beeinflussen, gehört auch das Wetter zu Beginn der Brutperiode. Die Gelege sind kleiner, wenn lang anhaltende Kälte und Schnee den Brutbeginn verzögern. In diesem Falle wirken sich die bei ungünstiger Witterung schlechteren Ernährungsbedingungen nachteilig aus. Für die

Eiproduktion steht weniger Energie zur Verfügung als im umgekehrten Fall. Im Schrifttum gibt es zahllose Angaben über durchschnittliche Gelegestärken bei den verschiedenen Gänsearten. Der Vergleich lehrt, daß diese stark variieren. Das spricht für die Fähigkeit der Gänse, auf die jährlichen Umweltbedingungen zu reagieren, und darf keinesfalls als ein Indiz für regionale Unterschiede gewertet werden. Betrachtet man die zahlreichen Angaben für die Graugans, die bei Hudéc und Rooth (1970) zusammengestellt sind, unter diesem Aspekt, dann wird das sofort deutlich. Die Unterschiede sind beträchtlich, ohne daß geografische Unterschiede ersichtlich sind. Das kann nicht anders sein, weil die Angaben unter Bedingungen zustandekamen, die nicht miteinander vergleichbar sind. Der Ernährungszustand der Gänse, die Witterungsbedingungen vor und während der Legeperiode, der Termin des Brutbeginns, die Alterszusammensetzung der Population, alles das sind Faktoren, die die durchschnittliche Gelegegröße beeinflussen und einen Wert bewirken, der nur für die betreffende Saison und regional gültig ist.

Bei einer Art wie der Graugans, bei der Gelegestärken zwischen 4 und 9 Eiern normal sind, sind Feststellungen über die durchschnittliche Gelegegröße nur dann sinnvoll, wenn zugleich die Bedingungen erfaßt werden, die die Gelegegröße beeinflussen. Derartige Untersuchungen liegen bisher nicht vor.

Wenn ein hoher Anteil der fortpflanzungsfähigen Tiere der Population mit der Brut beginnt und die Gelegestärke durchschnittlich oder größer ist, dann bestehen zwar gute Voraussetzungen für den Reproduktionserfolg, er ist jedoch längst nicht gesichert. Populationen, die in Flußniederungen brüten, sind der Gefahr von Hochwassern ausgesetzt, bei Fels- und Klippenbrütern sind die Nester durch Sturm und plötzliche Kälteeinbrüche gefährdet. Der Einfluß der Predatoren auf den Bruterfolg läßt sich schwer abschätzen, zumal von beträchtlichen regionalen Unterschieden auszugehen ist. In der Arktis gefährden vor allem Polarfuchs, Eismöwe und Raubmöwen Eier, Gelege und natürlich auch die Gössel. Mc Innes und Misra (1972) veranschlagten den Eiverlust durch Raubfeinde in einer Population der Kanadagans auf 10 %. Die Verluste stiegen, sobald mit Untersuchungen begonnen wurde. Die davon herrührenden Störungen erleichtern den Flugfeinden den Raub der Eier, weil die brütenden Gänse die Gelege verlassen. Bereits ein einmaliger Besuch in einer Brutkolonie kann zu einem Verlust von 0,65 Eiern je Gelege führen. Störungen und Beunruhigungen im Nistrevier können auch das Verlassen des schon bebrüteten Geleges bewirken. Derartige Fälle sind in der Frühphase der Bebrütung besonders häufig. Nachgelege werden bei Gänsearten nur ausnahmsweise gezeitigt.

Mit Ausnahme der Schneegans *(Anser caerulescens caerulescens)* (Rockwell et al., 1983) fehlen Untersuchungen über Unterschiede im Schulpfergebnis in Gelegen, die von älteren oder jungen Brutpaaren stammen. Bei der Schneegans haben erstmals brütende und jüngere Paare niedrigere Schlupfraten als erfahrene Brutpaare. Die biologische Grundlage für diesen Sachverhalt ist nicht bekannt. Im Vergleich zu anderen Vogelarten liegt die Schlupfrate bei Gänsen im allgemeinen recht hoch. Das dürfte u. a. auf die monogame Bindung der Partner zurückzuführen sein, und auch die Synchronisation der Entwicklung, die während der Bebrütung erfolgt, trägt dazu bei. Aus den Eiern, die in einer bis zu 10 Tagen dauernden Periode gelegt werden, schlüpfen die Jungen gewöhnlich innerhalb von 5 bis 24 Stunden. Verzögerungen treten nur selten ein. Bei Angaben über die Schlupfrate bleibt die durchschnittliche Gelegegröße unberücksichtigt. Diese wird herangezogen, um den Schlupferfolg zu charakterisieren. Er wird durch den Vergleich zwischen durchschnittlicher Gelegegröße und der durchschnittlichen Jungenanzahl unmittelbar nach dem Schlupf ermittelt. Bei der Weißwangengans wurde bei einer Durchschnitts-Gelegegröße von 3,5 Eiern ein Schlupferfolg von 82 % (Jungen im Alter von 1 Woche) festgestellt.

Mortalität der Jungvögel

Eine wichtige Kenngröße für die Fruchtbarkeit einer Population ist die Schlupfrate (= durchschnittliche Anzahl geschlüpfter Jungvögel pro Brutpaar). Sie ist in erster Linie von der Gelegegröße abhängig, doch wirken auch äußere und andere Faktoren auf sie ein. Dementsprechend führten folgende Untersuchungen zu sehr verschiedenen Resultaten. NEWTON und KERBES (1975) fanden bei der Graugans in Schottland nur 5,9 % Eier, aus denen keine Jungen schlüpften. YOUNG (1972) ermittelte in einer Grauganspopulation bei einer durchschnittlichen Gelegegröße von 5,1 Eiern eine durchschnittliche Jungenanzahl von 4,1 (Juli). Bis September verringerte sich die durchschnittliche Jungenanzahl auf 3,2 (8jährige Untersuchungen, n = 476 Nester).

Bei günstigen Umweltbedingungen ist die Jungensterblichkeit gering. MC INNES et al. (1974) fanden bei Gösseln der Kanadagans zwischen der ersten und der fünften Lebenswoche nur einen Verlust von 2,9 %. Die relativ geringe Jungensterblichkeit überrascht, insbesondere beim Vergleich mit Enten und anderen Nestflüchtern, bei denen eine hohe Jungensterblichkeit die Regel ist. Wichtigste Ursache für diesen auffälligen Unterschied sind die verschiedenen Methoden der Brutpflege. Bei Enten führt nur das Weibchen die Jungen. Es ist zu schwach, um die kopfreiche Jungenschar gegen Feinde wirkungsvoll verteidigen zu können. Folglich nimmt die Kükkenzahl in den ersten Lebenswochen rasch ab. Bei Gänsen schafft die Doppelbewachung durch Ganter und Gans eine andere Situation. Die Ganter reagieren auf jede Annäherung vermeintlicher Feinde und verteidigen die Gösselschar selbst gegen größere Raubfeinde erfolgreich. Zur Minderung der Jungensterblichkeit trägt ferner bei, daß sich benachbarte Familien schon wenige Tage nach dem Schlupf der Jungen zusammenfinden und in geselligen Trupps Predatoren wirkungsvoller begegnen können als einzelne Familien. Wenn nach gutem Bruterfolg trotzdem hohe Jungensterblichkeit auftritt, dann läßt sich diese zumeist auf ungünstige Witterung zurückführen. BOYD (1965) fand eine eindeutige Korrelation zwischen Jungensterblichkeit und der Niederschlagsmenge während der Aufzuchtperiode.

Mortalität der Altvögel

Unter natürlichen Bedingungen sind Raubfeinde, Mangelernährung und Krankheiten wichtige Mortalitätsfaktoren für Wildgänse. Indem er Wildganspopulationen bejagt, ist der Mensch ein zusätzlicher Mortalitätsfaktor geworden. Andererseits verbessert er über die Landwirtschaft das Nahrungsangebot und trägt auf diese Weise und durch Minderung des Predatorenbestandes zur Senkung der Mortalität bei.

Populationen wachsen, wenn die Zuwachsrate die Sterberate übertrifft. Im umgekehrten Fall nehmen sie ab (Sterberate = Anzahl der Individuen, die in einer bestimmten Zeit, bezogen auf die gesamte Population, durch Tod ausscheiden). Es gibt verschiedene Wege, um die Sterblichkeit in Gänsepopulationen zu berechnen. Ein Weg führt über die Ermittlung der Populationsgröße und des jährlichen Zuwachses (Zuwachsrate, Geburtenrate), also der Anzahl der Jungvögel, die im flugfähigen Zustand in die Population eingegliedert werden. Aus der Populationsentwicklung kann dann indirekt auf die Mortalität geschlossen werden. Damit wird jedoch nichts darüber ausgesagt, ob diese alle Altersgruppen gleichmäßig betrifft oder differenziert erfolgt, was durchaus denkbar ist, denn Brutvögel und Nichtbrüter leben getrennt voneinander und haben deshalb auch unterschiedliche Mortalitätsrisiken. In vielen Populationen übertrifft die Anzahl der Nichtbrüter (2- und 3jährige Vögel) die der Brutvögel (Abb. 3/7). Bleibt die Population unverändert, dann entspricht die Geburtenrate der Sterberate, nimmt sie ab, dann liegt die Sterberate über der Geburtenrate.

Mit diesem einfachen Verfahren lassen sich jedoch keine Aussagen über die Sterblichkeit in den verschiedenen Altersstadien, über geschlechtsabhängige Sterblichkeit und andere Detailfragen gewinnen. Dazu ist es erforderlich, einen hinreichend großen Teil der Population zu beringen und die Ringfunde differenziert auszuwerten. Grundlage für entsprechende Berechnungen ist die Anzahl der Tiere, die in jedem auf die Beringung folgenden Jahr gemeldet werden, bezogen auf die Gesamtanzahl beringter Vögel (Lack, 1951; Haldane, 1955).

Alters- und geschlechtsspezifische Mortalität: Für Gänsepopulationen liegen bisher nur wenige Angaben vor, die eine Einschätzung der Sterblichkeit in den verschiedenen Altersgruppen und der Geschlechter erlauben. Zwar werden Gänse in großer Anzahl beringt, doch in

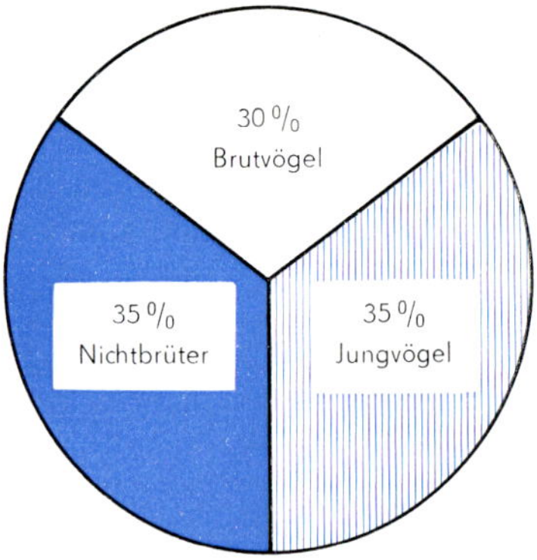

Abb. 3/7
Zusammensetzung einer durchschnittlichen Grauganspopulation am Ende des Sommers (schematisch)

den meisten Fällen ist deren Alter nicht bekannt. Ein großer Teil der Beringungen erfolgt auf Mauserplätzen. Dort halten sich neben den nicht fortpflanzungsfähigen Tieren (1- bis 3jährig) fortpflanzungsfähige Vögel unbestimmbaren Alters auf. Ringfunde von Gänsen nicht genau bekannten Alters taugen nicht für Feinanalysen der Mortalität. Dazu eignen sich Beringungen von Familien zum Zeitpunkt der Schwingenmauser der Altvögel. Das Alter der eingefangenen und beringten Jungvögel ist genau bekannt. Wiederfundmeldungen von diesen Tieren erlauben es, die Überlebenskurve zu ermitteln. Für die Graugans geschah das unter Einbeziehung aller Rückmeldungen jung beringter Graugänse aus verschiedenen europäischen Populationen (Abb. 3/8a). Die durchschnittliche jährliche Sterblichkeit der isländischen Grauganspopulation ermittelte Boyd (1957) mit 23 %. Einen wesentlich größeren Wert fand Paludan (1973) bei Untersuchungen an dänischen Graugänsen. Die Sterblichkeit diesjähriger Vögel lag bei 41 % und adulter Tiere bei 32 %.

Eine höhere Sterblichkeit erwachsener Jungvögel wurde übereinstimmend auch bei Untersuchungen an anderen Arten nachgewiesen. Bei der Schneegans war sie doppelt so groß wie die der Adultvögel (Jungvögel 59 % und Altvögel 29 %; BOYD, 1976). Da die diesjährigen Jungen bis zum Beginn der neuen Brutperiode im Familienverband leben und damit von den Erfahrungen der Eltern profitieren, ist der Unterschied nicht auf den ersten Blick verständlich. Sie steht auch im Widerspruch zu Feststellungen über Sterblichkeit junger und alter Höckerschwäne, die viel ausgeglichener ist (RUTSCHKE, 1983 a). Junge Höckerschwäne bleiben wie junge Gänse bis zum nächsten Frühjahr bei den Eltern. Da Gänse im Unterschied zu Schwänen bejagt werden, könnte eine mögliche Erklärung im unterschiedlich hohen Abschuß von Alt- und Jungvögeln liegen. Bei der Bejagung wird ein Teil der Jungvögel für kürzere oder längere Zeit von den Eltern getrennt. Damit entfällt der elterliche Schutz und die Möglichkeit zum Erlernen vorteilhaften Verhaltens.

In der Tat ergaben sich beim Vergleich von bejagten und nicht bejagten Populationen Unterschiede in der Jungensterblichkeit. Nach THOMAS (1977) lag diese in einer nicht bejagten Population der Kanadagans in England nur wenig über der Altvogelsterblichkeit. OWEN (1980) gibt zu bedenken, daß es Bei-

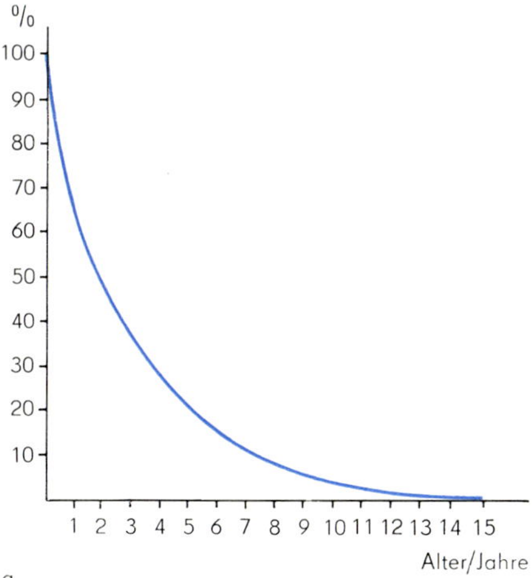

a

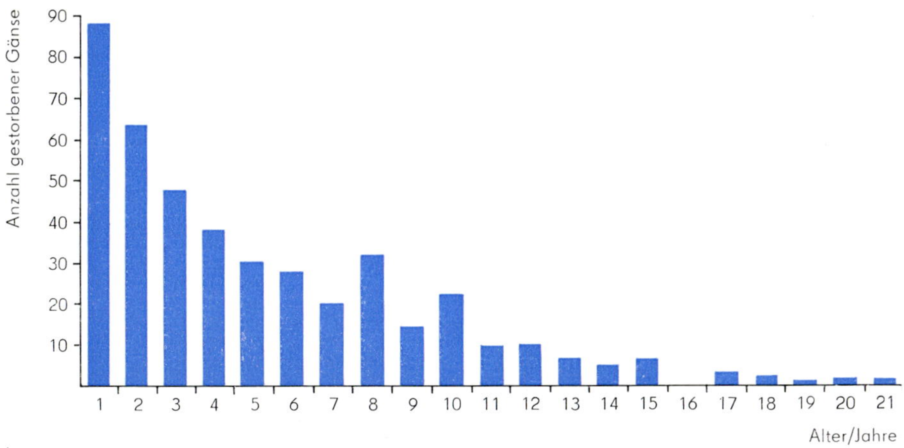

b

Abb. 3/8

a – Überlebenskurve der Graugans *(Anser anser)*

b – Sterbealter von Wildgänsen, die in Gefangenschaft erbrütet wurden (n = 442, verschiedene Arten, Wildfowl Trust Slimbridge) (nach HILLGARTH et al., 1983) spiele dafür gibt, daß auch in bejagten Populationen die Jungensterblichkeit in manchen Jahren nur unwesentlich von der Altvogelsterblichkeit abweicht, in anderen jedoch mehrfach über dieser liegt. Er fand bei der Weißwangengans, die im Winterquartier bejagt wird, in einem Jahr eine Verteilung der Sterblichkeit der Altvögel zu der der Jungvögel von 11 % : 13 % und in einem anderen von 7,8 % : 20 %. Es muß also noch andere Gründe geben, die zur höheren Jungensterblichkeit beitragen. Zu denken ist an höhere Anfälligkeit gegenüber Krankheiten und geringere Erfahrungen bei der Nahrungssuche, was eine schlechtere Kondition in Schlechtwetterperioden und bei Wanderungen nach sich zieht.

Thomas (1977) untersuchte die Mortalität bei Kanadagänsen, die einen Mauserzug unternahmen, und standorttreuen Vögeln. Sie betrug 23 % bei den am Mauserzug Beteiligten und 10 % bei den anderen. Am Mauserzug sind noch nicht brutreife Gänse und Altvögel beteiligt, die einen erfolglosen Brutversuch unternahmen. Diese Unterschiede in der Zusammensetzung der beiden Vergleichsgruppen sind möglicherweise bedeutsamere Gründe für die unterschiedliche Mortalität als die mit der Wanderung verbundenen Gefahren. Die Mortalität junger Gänse ist bei Wanderungen grundsätzlich höher als bei Altvögeln, und bei den erfolglosen Brütern kann es sich um überalterte oder in anderer Hinsicht geschwächte Tiere handeln, was ebenfalls mortalitätserhöhend wirkt.

Ganter haben im allgemeinen eine höhere Sterblichkeit und deshalb eine geringere Lebenserwartung als weibliche Tiere. Der Unterschied ist wie bei Jungtieren in bejagten Populationen ausgeprägter als in nicht bejagten. Das liegt wahrscheinlich daran, daß es häufig die Ganter sind, die fliegende Trupps anführen, und die Schützen das Spitzentier anvisieren. Wahrscheinlich wirkt sich auch die Größe nachteilig aus. Die Ganter geben ein besseres Ziel ab als die etwas kleineren Weibchen.

Wenn es nur die Jagd ist, die die Mortalität der Ganter vergrößert, dann müßte sie in nicht bejagten Populationen ausgeglichen sein. Doch es liegen widersprechende Angaben vor. Owen et al. (1978) fanden in einer Population der Weißwangengans eine Weibchensterblichkeit, die die der Ganter übertraf. Die Autoren sehen die Ursache dafür in den Verlusten, die die Weibchen während der Bebrütung erleiden.

Wenig untersucht sind bisher die jahreszeitlichen Aspekte der Sterblichkeit. Wahrscheinlich wirken sich die Mortalität beeinflussen Faktoren wie Krankheit, Hungerperioden und Predatoren in den verschiedenen Jahreszeiten ganz unterschiedlich aus. Derartigen Untersuchungen stehen jedoch erhebliche methodische Schwierigkeiten entgegen. Zweifellos gibt es entsprechend der Lebensweise der einzelnen Arten spezifische Unterschiede, zu denen saisonale und regionale Einflüsse kommen. Der Einfluß der Jagd auf Mortalität und Populationsentwicklung wird in einem gesonderten Abschnitt behandelt.

Über die natürliche Lebenserwartung von Wildgänsen liegen zahlreiche Angaben aus der Gefangenschaft vor (Literatur bei Hillgarth et al., 1983). Die Rekorde werden von einer Kanadagans, die 33 Jahre, und einer Graugans, die 26 Jahre alt wurde, gehalten. Das Alter von 20 Jahren erreichten vereinzelt auch Bleß-, Schnee- und Ringelgänse in Gefangenschaft. Im Freiland gehören Altersnachweise über 12 Jahre schon zu den Seltenheiten. Die Lebenserwartung von in Gefangenschaft gehaltenen Gänsen wurde durch Hillgarth et al. (a. a. O.) ermittelt (Abb. 3/8b). Die Ganter erreichen ein Durchschnittsalter von 5,7, die Weibchen von 5,1 Jahren (statistisch nicht gesichert).

Einfluß von Predatoren: Gänse gehen Gefahren durch Flucht gewöhnlich rechtzeitig aus dem Wege und sind wehrhaft genug, um Angriffe von Raubfeinden abwehren zu können. Trotzdem gibt es sowohl im Brutgebiet wie im Winterquartier Raubfeinde, die Gänse erbeuten. Säugetiere, die erwachsene Gänse greifen, sind im hohen Norden der Polarfuchs und gelegentlich auch der Wolf. Der ein Brutpaar angreifende Polarfuchs wird erfolgreich abgewehrt, wenn beide Partner anwesend sind. Das trifft für Weißwangen-, Kurzschnabel- und Bleßgänse zu. Am ehesten gelingt es dem Polarfuchs, das brütende Weibchen am Nest zu überraschen, wenn der Ganter nicht anwesend ist. Berichte über Wölfe, die brütende Gänse am Nest erbeuteten, liegen aus Nordamerika vor (beispielsweise RAVELING und LUMSDEN, 1977). Gelegentlich gelingt es auch einem Coyoten, Gänse zu töten.

Stärker als am Nest sind Gänse während der Mauser in der Phase der Flugunfähigkeit gefährdet. Sie ziehen sich dann zwar im allgemeinen in Plätze zurück, die Bodenfeinden schwer oder gar nicht zugänglich sind, trotzdem dürfte die durch Predatoren bedingte Sterblichkeit in dieser Phase größer sein als in anderen Lebensabschnitten.

Im Winterquartier kommt als Bodenfeind nur der Rotfuchs (*Vulpus vulpus* L.) in Frage. Dessen Erfolgschancen sind allerdings gering. Am ehesten dürfte es in der Nacht möglich sein, eine Gans zu schlagen, wenn die Gänseschar am flachen Ufer ruht. Am Gülper See (DDR, Bezirk Potsdam), wo an flachen Uferpartien zeitweilig bis zu 20 000 Gänse übernachten, werden vom Fuchs gerissene Gänse nur selten gefunden, wobei offen bleibt, ob diese angeschossen oder in anderer Weise verletzt waren.

Von den Greifvögeln haben nur Adler die Chance, eine Gans zu schlagen. Der Steinadler (*Aquila chrysaëtos* L.) ist nach OGILVIE (1978) in der Lage, Grau- und Kurzschnabelgänse sowohl im Fluge als auch am Boden zu erbeuten. Das gelingt am ehesten, wenn die Gänse nach längeren Flügen ermattet sind. Angesichts der Seltenheit des Steinadlers und der Konzentration der Gänse auf wenigen Überwinterungsplätzen dürften von Steinadlern erbeutete Gänse Ausnahmen sein. Bedeutsamer ist der Einfluß, den Weißkopfseeadler *(Haliaeëtus leucocephalus)* auf Kanadagänse auf den Aleuten ausüben (OWEN, 1980). Dem Seeadler *(Haliaeëtus albicilla)* gelingt es gelegentlich, verletzte oder in anderer Weise geschädigte Gänse zu schlagen. Selbst das glückt nicht immer. Graugänse reagieren zwar auf das Erscheinen des Seeadlers, indem sie kurz auffliegen, fürchten ihn jedoch nicht als ernst zu nehmenden Raubfeind.

Krankheiten: Graugänse sind Vektoren für Arbo- und Influenzaviren. Bei den am Gülper See (DDR, Bezirk Potsdam) rastenden Gänse wurden Stämme von Influenzaviren festgestellt (SINNECKER et al., 1985). Über die Pathogenität der Viren für die Gänse fehlen gesicherte Kenntnisse. Graugänse, die in der ČSSR auf Zeckenencephalitis-Viren geprüft wurden, erwiesen sich als nicht befallen (ERNEK et al., 1967). Untersuchungen auf Blutparasiten ergaben für Protozoen positive Befunde. Die Protozoen werden durch Fliegen übertragen. Bei Kanadagänsen wurde eine schwere Erkrankung nach dem Befall mit diesen Parasiten festgestellt, die den Tod von 500 Jungvögeln hervorrief (SHERWOOD, 1968). Bei Graugänsen wurde *Leucozytozoon simondi* als Blutparasit nachgewiesen. Es wird durch Simuliiden übertragen. Eine Übersicht über die bei Graugänsen vorkommenden Parasiten, die zu den Trematoden, Cestoden und Nematoden gehören, gaben HUDÉC und ROOTH (1970). Dort sind auch die Angaben über die bei der Graugans nachgewiesenen

Milben *(Acarina)* und Federlinge *(Mallophaga)* zusammengestellt. Beer (1958, 1963) fand den Pilz *Aspergillus fumigatus* in den Luftwegen von Graugänsen, wodurch eine Erkrankung hervorgerufen wird, die tödlich verlaufen kann. Für die Mortalität ist der Pilzbefall jedoch wenig bedeutsam, weil die Mehrzahl der Vögel den Befall ohne erkennbare Schädigung verträgt. Zu den Krankheiten, die bei in Gefangenschaft gehaltenen Wildgänsen regelmäßig auftreten, gehören Tuberkulose, Wurmerkrankungen (vor allem verursacht durch *Amidostumum anseris*), Pneumonien und Aspergillos (Hillgarth et al., 1983). Von Tuberkulose sind vor allem erwachsene, von Pneumonien Dunenjunge betroffen.

Vergiftungen: Von den sich häufenden Botulismus-Ausbrüchen in Westeuropa, die durch *Clostridium botulinum* hervorgerufen werden und ursächlich mit der starken Eutrophierung bestimmter Gewässer zusammenhängen, sind Wildgänse im allgemeinen nicht betroffen. Weitaus schwerwiegender sind die Folgen, die auftreten, wenn Gänse mit Saatgutbeizmittel behandelte Getreidekörner fressen. Über Massenvergiftungen durch gebeizte Getreidekörner, die den Tod Hunderter Gänse bewirkte, berichten Halasz und Kiszely (1976) aus Ungarn. In der DDR ist es nach Mitteilung von Ruthenberg (1977) zu Vergiftungen von Saatgänsen nach Aufnahme von Getreide gekommen. Bailey et al. (1972) und Hamilton und Stanley (1975) berichteten von Massenvergiftungen bei Graugänsen und Kurzschnabelgänsen nach der Aufnahme von Weizenkörnern, die zum Schutz gegen die Weizenfliege *(Leptohylemyia coaretata)* mit dem Phosphorsäureester Carbophenothion behandelt worden waren. Über Massenvergiftungen, verursacht durch Pflanzenschutzmittel, wird nur selten berichtet, doch es ist zu vermuten, daß die subletale Belastung mit toxischen Chemikalien beträchtlich ist. Entsprechende Untersuchungsergebnisse sind bisher kaum erzielt worden.

Nahrungsmangel: Gänse sind wie andere Zugvögel in der Lage, bei auftretendem Nahrungsmangel in günstigere Gebiete auszuweichen. Wenn die in Mitteleuropa überwinternden Gänse infolge hoher Schneedecke nicht mehr an die Getreidesaaten gelangen, dann wandern sie in Form einer »Winterflucht« nach Westeuropa. In kritische Situationen geraten sie, wenn auch dort keine Nahrung verfügbar ist, was in extrem kalten Wintern (1962/63, 1981/82) geschehen kann. Nur Tieren mit guter Kondition gelingt es dann, den Zug in südwestlicher Richtung so weit fortzusetzen, bis zusagende Gebiete erreicht sind. Die Einbußen durch Hunger oder direktes Verhungern in kalten Wintern können beträchtlich sein. Bleßgänse wurden nach dem Winter 1962/63 so geschwächt, daß viele noch starben, nachdem die Schneedecke schon 2 bis 3 Wochen verschwunden war (Beer und Boyd, 1963). Wenn die Tiere überleben, dann sind sie doch so abgemagert, daß sie entweder zu spät oder in schlechtem Zustand den Frühjahrszug antreten, was zwangsläufig die Mortalität während der Wanderung erhöht und die Ausgangsbedingungen für den erfolgreichen Brutverlauf verschlechtert. In katastrophaler Weise wirkte sich die Melioration des wichtigsten Überwinterungsgebietes der kontinental-europäischen Graugans-population in Spanien aus. Nach umfangreichen Eindeichungen und damit verbundener Trockenlegung in den Marasmas des Guadalquivir im Süden des Landes wurde das Wachstum der Vegetation so gemindert, daß es zum Tod Tausender Graugänse durch Verhungern kam (Castroviejo, nach Information). Es wurde geschätzt, daß in diesem Gebiet 1979 zehntausende Graugänse verhungerten.

Witterungsbedingungen: Werden Gänse auf dem Zuge von Orkanen oder anderen schweren Unwettern überrascht, dann kann es zu beträchtlichen Verlusten kommen. Anhaltend starker Wind verdriftet ziehende Gänse, so daß sie in Gebieten auftauchen, die Hunderte Kilometer von den normalen Plätzen entfernt liegen. Auf diese Weise gelangen grönländische Bleßgänse gelegentlich bis nach Nordamerika. Nach starkem Weststurm wurden Kurzschnabelgänse, die von Island nach England zogen, über die Nordsee bis nach Norwegen und Dänemark verdriftet (OGILVIE, 1978).

Von den Witterungsbedingungen hängt maßgeblich der Bruterfolg der Gänse ab. Bereits während der Überwinterung werden die Vorbedingungen für guten und schlechten Reproduktionserfolg geschaffen. Mildes Wetter und günstige Äsungsbedingungen ermöglichen die Schaffung von Energiereserven. Der umgekehrte Fall führt zu ungünstigen Ausgangsbedingungen, die sich verstärken, wenn zu Brutbeginn lang anhaltend kaltes Wasser und nasses Wetter herrscht. Der Einfluß des Wetters auf den Bruterfolg ist an den arktischen Gänsen sehr genau erforscht worden (BOYD, 1982), trotzdem ist es oft schwierig, die Auswirkungen richtig zu beurteilen, weil Wärme oder Kälte und andere Witterungsparameter jeweils nur in bestimmten Phasen ungünstig oder günstig wirken und aufeinanderfolgende positive oder negative Einflüsse sich verstärken oder aufheben können.

COOKE et al. (1981) prüften an den 2 Millionen Schneegänsen, die den Sommer im nordöstlichen Kanada verbringen, verschiedene Witterungsgrößen. Verluste von Eiern und Gelegen waren sowohl in kalten als in warmen Frühjahren höher als in durchschnittlich warmen. Die Gössel-Sterblichkeit war bei hohen Temperaturen zur Schlupfzeit besonders groß. Wie sich extreme Kälteeinbrüche während der Brutzeit auswirken, zeigen die Feststellungen von EBBINGE und EBBINGE-DALLMEIJER (1975) und OWEN (1978), die den Bruterfolg der Weißwangengans auf Spitzbergen in aufeinanderfolgenden Jahren untersuchten. Erstere zählten 1976 182 Nester und 260 Jungvögel, letzterer 1977 (Kälteeinbruch) 185 Nester und nur 59 Jungvögel. Trotz annähernd gleicher Bedingungen zu Beginn der Brutzeit fiel das Brutergebnis extrem verschieden aus.

Die starken Schwankungen im Bruterfolg arktischer Arten wurden bei Untersuchungen überwinternder Ringelgänse eindrucksvoll nachgewiesen (Tab. 3/1). Innerhalb von 26 Jahren lag der Anteil Jungvögel 14mal über 20 %, 4mal zwischen 5 und 11 % und 7mal unter 5 %, 3mal war er kleiner als 3 % (PROKOSCH, 1981). Wichtigste Ursache für diese extremen Unterschiede im Bruterfolg sind ganz zweifellos die wechselnden klimatischen Bedingungen.

Verspäteter Kälteeinbruch und Schneefälle verschlechtern die Chancen für den Bruterfolg und verbessern die Chancen für Predatoren. Die Wirkung ist also doppelt negativ. MELTOFTE et al. (1981) stellten in Grönland fest, daß in schneebedeckten Lagen mehr Nester der Kurzschnabelgans vom Polarfuchs gefunden und ausgeräumt wurden als in schneefreien Gebieten.

Ölpest: Die häufige Ölpest an der Nordseeküste der BRD wirkte sich auch auf die dort überwinternden Ringelgänse aus. PROKOSCH (persönliche Informationen) berichtet über den Tod von Hunderten Ringelgänsen, die in stark veröltem Zustand aufgefunden wurden.

Diese und andere Befunde genügen nicht, um die beträchtlichen Populationsschwankungen vieler Gänsearten in den letzten Jahrzehnten verständlich zu machen. Die Hauptschwierigkeiten sind darin zu sehen, daß nur dann, wenn ungünstige oder günstige Bedingungen in den verschiedenen Jahreszeiten zusammenwirken, und zwar in mehreren aufeinanderfolgenden Brutperioden in gleicher Weise, der Entwicklungstrend der Population nachhaltig verändert wird. Das ist jedoch nur ausnahmsweise der Fall. Die Witterungsbedingungen wechseln aperiodisch, was die Beurteilung ihres Einflusses außerordentlich erschwert.

Populationsdichte und Reproduktion

Sind die Umweltbedingungen extrem ungünstig, dann kann das dazu führen, daß ein größerer Teil der Population gar nicht brütet. Hungerperioden während der Überwinterung, die die Tiere daran hindern, Energiereserven anzulegen, können sich in diesem Sinne auswirken. Wenn die Brutplätze beim Eintreffen der Gänse noch von Schnee bedeckt sind,

Tabelle 3/1
Jährliche Zuwachsrate der dunkelbäuchigen Ringelgans *(Branta bernicla bernicla)* von 1955/56 bis 1979/80 (nach PROKOSCH, 1981)

Jahr	Gesamtbestand	Jungenanteil (%)
1955	15 500x	25,8
1956	15 500x	6,5
1957	18 500x	52,8
1958	18 000xx	0,4
1959	19 500xx	21,6
1960	21 800	45,0
1961	22 000	5,1
1962	22 800	0,2
1963	23 600	35,0
1964	25 600	34,7
1965	27 300	6,9
1966	31 500	39,7
1967	31 000	5,6
1968	27 600	0,4
1969	36 300	49,7
1970	40 800	37,7
1971	34 000	0,7
1972	51 000	35,5
1973	84 500	48,5
1974	71 300	0,04
1975	119 700	46,3
1976	109 900	11,6
1977	103 400	2,0
1978	140 000	35,0
1979	170 000	33,0
1980	(150 000)	0,2

x Zahlen basieren auf Mittelwerten von drei Wintern
xx durch Interpolation ermittelt

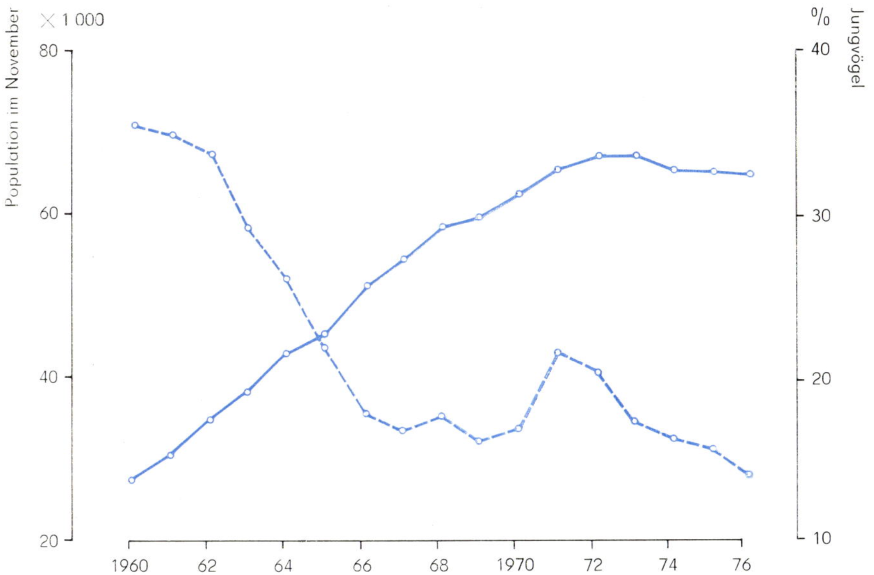

Abb. 3/9
Einfluß der Populationsgröße (= dichte) auf den Reproduktionserfolg einer Population der Graugans (nach OWEN, 1980)

so daß nur ein Teil der Gänse zum Brüten geeignete Plätze findet, stellen sich die gleichen Folgen ein. Für Ringelgänse konnte BARRY (1962) nachweisen, daß nach schlechtem Wetter zu Beginn einer Brutperiode 60 % der brutfähigen Tiere einer Population nicht brüteten.

Besonders nachteilig sind die Folgen, wenn mehrere Faktoren zusammentreffen. Ist die Kondition bereits zu Beginn des Frühjahrszuges schlecht und kommen dann noch besondere Beanspruchungen während des Zuges und beim Eintreffen im Brutgebiet hinzu, dann fehlen die zum Brüten erforderlichen Energievorräte, und die Gänse schreiten nicht zur Brut. Für die Population ist dieses Verhalten durchaus vorteilhaft. Es trägt dazu bei, die reproduktionsfähigen Tiere zu erhalten.

Störungen und Beunruhigungen, verursacht durch Predatoren oder menschliche Aktivitäten, vermindern ebenfalls den Bruterfolg. In gleichem Sinn wirkt ein unausgewogenes Geschlechterverhältnis. Auch hohe Populationsdichten sollen dazu beitragen, den Brutausfall zu erhöhen, indem der Anteil nichtbrütender, aber fortpflanzungsfähiger Tiere steigt. Fälle dieser Art sind für das Verständnis von Regulationsvorgängen in Populationen besonders bedeutsam. Nachdem die Island-Grönland-Population der Kurzschnabelgans 1974 auf 89 000 Tiere angewachsen war, fanden OGILVIE und BOYD (1975 a) nur 7270 Paare mit Jungen. Bei Berücksichtigung normaler Mortalität und Reproduktion läßt das darauf schließen, daß sich in der Population etwa 40 000 vierjährige oder ältere Altvögel, also fortpflanzungsfähige Nichtbrüter, befanden (OWEN, 1980). GARDARSSON (1976) stellte fest, daß 91 % der zur Brut schreitenden Kurzschnabelgänse erfolgreich brüteten. Das waren insgesamt etwa 9000 Brutpaare, aber nur 45 % der fortpflanzungsfähigen Tiere. Als Ursache gibt er begrenzte Nistmöglichkeiten an. Die Umweltkapazität als limitierender

Faktor für das weitere Populationswachstum dürfte ausgeschöpft sein.

Nach der Hypothese von der »Selbstregulation« in tierischen Populationen handelt es sich um einen typischen Fall von »Selbstregulation«. Dem weiteren Populationswachstum wird durch Senkung des Reproduktionserfolges entgegengewirkt. Der Begriff »Selbstregulation« bewirkt allerdings eine Verwechslung von Ursache und Wirkung, denn die Regulierung der Reproduktion erfolgt ursächlich durch die begrenzte Umweltressource »Nistplatzangebot«. Die Umweltkapazität, in diesem Falle in Form begrenzter Nistmöglichkeiten, bestimmt die Grenzen des Wachstums der Population und nicht selbstregulatorische Vorgänge als Folge der Überschreitung einer genetisch determinierten Populationsgröße. Der Sachverhalt, die abnehmende Reproduktionsrate bei Annäherung einer bestimmten Populationsgröße an die verfügbare Umweltkapazität für die betreffende Art, ist eindeutig. Strittig ist nur die Interpretation.

Der Zusammenhang zwischen steigender Populationsgröße und damit größerer Dichte und sinkendem Reproduktionserfolg ist von OWEN (1980) an verläßlichem Zahlenmaterial für die auf Island brütende Grauganspopulation dargestellt worden (Abb. 3/9). Die negative Korrelation ist eindeutig. EWASCHUG und BOAG (1972) fanden bei Kanadagänsen umgekehrte Proportionalität zwischen Nestdichte in einer Kolonie und Schlupferfolg, die sie im Sinne einer »Selbstregulation« deuten.

Wie stark die Schwankungen im Reproduktionserfolg sein können, haben OGILVIE und ST. JOSEPH (1976) nachgewiesen, indem sie den Bruterfolg in 15 aufeinanderfolgenden Jahren ermittelten. Achtmal befanden sich 34 % bis 50 % Jungvögel in der Population, dreimal weniger als 12 % und viermal weniger als 1 %. Trotz dieser beträchtlichen Unterschiede, insbesondere des mehrfach nahezu totalen Ausfalls, nahm die Population insgesamt zu. Es gelang nicht, die Ursachen für die unterschiedlichen Brutergebnisse zweifelsfrei zu klären, weil diese durch eine Summe negativer und positiver Faktoren determiniert werden. Nur ausnahmsweise waren es einzelne Faktoren, etwa lang anhaltende Kälte und Schneebedeckung zu Brutbeginn oder extreme Kälteeinbrüche, die totalen Brutausfall bewirkten.

Interspezifische Konkurrenz

Die Einbürgerung der Kanadagans in Skandinavien ist vor allem von den Jägern begrüßt und betrieben worden. Ökologen und Biologen betrachten das Erscheinen der neuen Art mit Sorge, weil sie negative Folgen für die Brutverbreitung der angestammten Art, der Graugans, befürchten. Falls es zutrifft, daß die Umweltansprüche beider Arten weitgehend übereinstimmen (Überlappung der ökologischen Nischen), dann ist nach dem Konkurrenz-Ausschlußprinzip die Verdrängung der einen Art durch die andere zu befürchten. Konkurrenz ist am ehesten bei der Besetzung von Brutterritorien zu erwarten. FABRICIUS et al. (1974) untersuchten unter diesem Gesichtspunkt die Habitatsansprüche beider Arten in Südostschweden, wo sie nebeneinander vorkommen. Dabei zeigte sich, daß es an verschiedenen Stellen zu interspezifischer Konkurrenz kommt, wobei die Kanadagans die Graugans von ihren Brutplätzen vertreibt. Dabei spielt die Dichte der Vegetation eine wichtige Rolle. Wenn Graugänse in lockerer Vegetation nisten, sind sie in ungleich stärkerem Maße Auseinandersetzungen mit

Kanadagänsen ausgesetzt als in dichter Vegetation, in der ein unmittelbar benachbartes Brüten (8 m Abstand) durchaus möglich ist. Nistplatzkonkurrenz zwischen den beiden Arten wurde besonders im Küstengebiet beobachtet (Kalmarsund). Die Kanadagans beansprucht größere Territorien als die Graugans. Sie ist dieser gegenüber duldsamer als gegenüber Artgenossen (Fabricius, 1983). In der Nähe von Kanadagans-Revieren siedelnde Graugänse brüten erfolgreicher als in anderen Gebieten. Die Konkurrenz zwischen beiden Arten wird durch Unterschiede im Bruthabitat gemildert. Die Kanadagans bevorzugt in stärkerem Maße offenes Terrain, die Graugans Plätze mit dichter Vegetation (Fabricius, 1983). Obwohl Graugänse kleiner sind als Kanadagänse, sind sie diesen bei Auseinandersetzungen durchaus nicht immer unterlegen. Das gilt besonders für jungeführende Paare. In Nordamerika kommen Schneegänse zwischen koloniеartig gehäuft brütenden Kanadagänsen vor (Mc Innes, 1982).

Jahresrhythmik

Den Wildgansarten, die in subarktischen und arktischen Gebieten brüten, steht nur eine kurze Zeitspanne für Eiablage, Bebrütung des Geleges und Aufzucht der Jungen zur Verfügung. Daraus ergeben sich nachhaltige Konsequenzen für die Physiologie, insbesondere die Ernährung und die hormonale Regulation, die Reproduktionsphysiologie, das Verhalten und die Ökologie.

Nur knapp 12 Wochen leben Ringel-, Weißwangen- und Rothalsgänse in der Brutheimat. In dieser Zeit muß die Reproduktion abgeschlossen sein. Den in Mitteleuropa und im südlichen Nordeuropa brütenden Wildgänsen steht dafür weitaus mehr Zeit zur Verfügung. Deshalb ist es nicht überraschend, daß sie sich in vielen Details ihrer Lebensweise, insbesondere in der Anpassung an die jahreszyklischen Veränderungen, von ihren im hohen Norden lebenden Verwandten unterscheiden. Die Biologie der hochnordischen Gänse ist Ausdruck einer spezifischen Angepaßtheit an teilweise extreme Umweltbedingungen. Das läßt sich besonders eindrucksvoll an der Reproduktionsbiologie der beiden am weitesten nördlich vorkommenden Arten, der Weißwangen- und der Ringelgans, verdeutlichen. Wenn es diesen Arten gelingt, die Jungen unter den Bedingungen des arktischen Sommers in nur 12 Wochen zu erbrüten und aufzuziehen, dann nur deshalb, weil die Fortpflanzungsperiode bereits im Winterquartier vorbereitet wird. Als Pflanzenfresser sind alle auf der Nordhalbkugel der Erde brütenden Gänse nach Beendigung der Fortpflanzungsperiode gezwungen, Gebiete aufzusuchen, die ausreichend pflanzliche Nahrung bieten. Da große Teile des kontinentalen Europas im Winter über Monate hinweg von Schnee bedeckt sind und damit geeignete Vegetation nicht mehr zugänglich ist, scheiden diese für die Überwinterung aus. Nur in Westeuropa, das infolge des atlantischen Klimas von längerer Schneebedeckung verschont bleibt, ist die Überwinterung möglich. In Frage kommen auch Süd- und Südosteuropa, insonderheit die an das Mittelmeer und das Schwarze Meer angrenzenden Gebiete. Diese Gegebenheiten sind die Ursache für die Winterverteilung der Gänse in Europa.

Die wichtigsten Überwinterungszentren befinden sich auf den britischen Inseln und in den Niederlanden. Der durchschnittliche Winterbestand an Wildgänsen in den Niederlanden liegt bei 400 000 (Rooth et al., 1981). Das ist

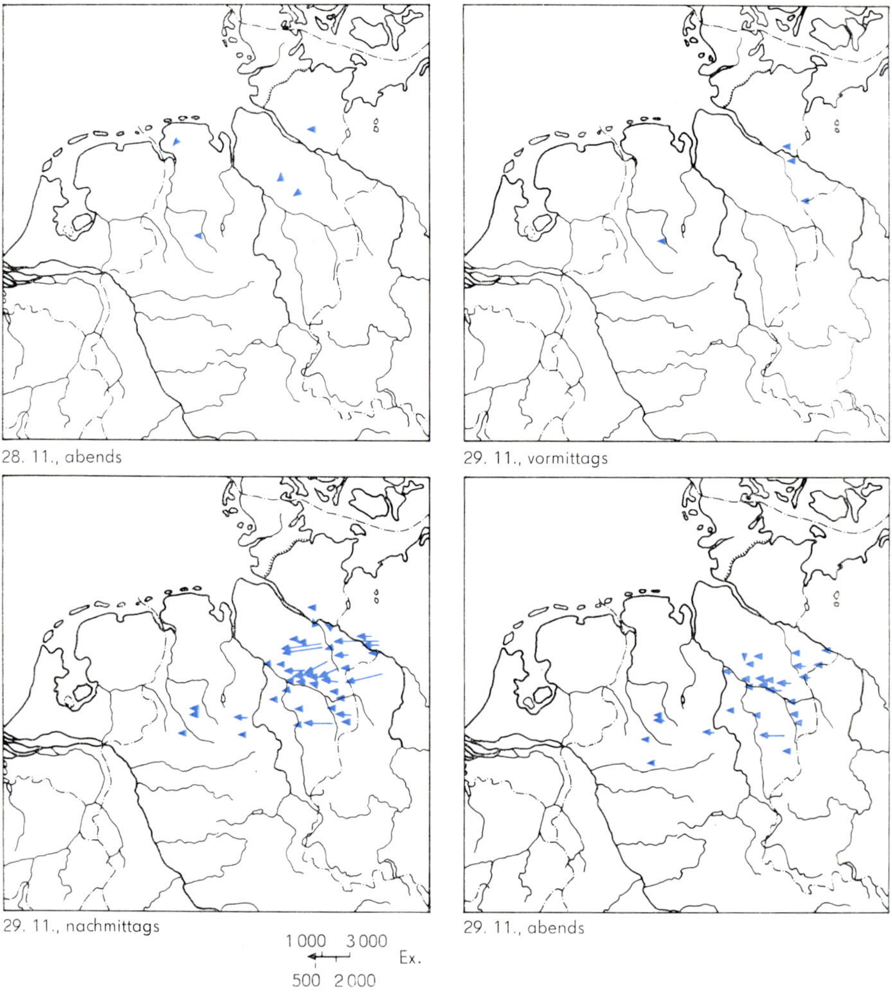

Abb. 3/10
Winterflucht von Bleß- und Saatgänsen in Abhängigkeit von den Witterungsbedingungen, (nach HUMMEL, 1977)

fast die Hälfte aller Gänse, die in Europa überwintern. OGILVIE (1978) beziffert deren Anzahl mit 900 000. Auf den britischen Inseln und Irland überwinterten 1980/81 etwa 260 000 Gänse (OGILVIE, 1982 b, c). Allein in diesen Ländern halten sich zusammen mehr Wildgänse auf als im gesamten übrigen Europa. Die im Winterverlauf voranschreitende Konzentration der Wildgänse in den Niederlanden als Folge ungünstigerer Lebensbedingungen in Mitteleuropa ist ein Phänomen, an dem besonders Saat- und Bleßgänse Anteil haben. Beide Arten treffen bereits Anfang Oktober in Mitteleuropa ein und rasten dann in nach Hunderttausenden zählenden Scharen in der DDR, teilweise auch im Westen der VR Polen. Nur ein kleiner Teil zieht schon im Herbst nach Westeuropa. Erst im Dezember wird der Zug fortgesetzt und in Westeuropa beendet, ein als »Winterflucht« bezeichnetes Phänomen. Der seit langem bekannte Zusammenhang zwischen anhaltend strengem Frost und stärkeren Schneefällen und der »Winterflucht« der Gänse von Mittel- nach Westeuropa ist von Hummel (1977) anhand von meteorologischen Daten und Zugbeobachtungen bewiesen worden (Abb. 3/10).

Da Wanderungen im Winter besondere Risiken in sich bergen und auch Westeuropa von plötzlichen Kälteeinbrüchen und starkem Schneefall betroffen sein kann, was die Gänse zum Weiterzug nach Westfrankreich oder England zwingt, ergibt sich die Frage, weshalb die Gänse nicht von vornherein bis in die definitiven Überwinterungsgebiete ziehen. Der Hauptvorteil für die Unterbrechung ist in der gleichmäßigeren Nutzung des Gesamtareals zu sehen, das potentiell für Herbst- und Winteraufenthalt geeignet ist. Die im Hochwinter in den Niederlanden erreichte Konzentration an den für die Ernährung der Gänse geeigneten Plätzen ist nur möglich, weil durch Intensivierung des Futterpflanzen- und Getreideanbaus die Nahrungsmenge je Hektar und damit die den Gänsen verfügbare Kalorienmenge beträchtlich erhöht wurde. Ein Einflug aller im Hochwinter in den Niederlanden konzentrierten Gänse schon im Herbst, also die Verlängerung der Aufenthaltsdauer um 8 bis 10 Wochen, würde die Überbeanspruchung der Nahrungsressourcen und damit Nahrungsmangel bewirken. Die zeitlich fortschreitende Nutzung des Gesamtareals von Osten nach Westen sichert günstige Ernährungsbedingungen für den gesamten Überwinterungszeitraum. Analog verhalten sich die über Norwegen und über die Ostsee nach Mittel- und Westeuropa einfliegenden Ringelgänse. Die Ringelgänse der Spitzbergen-Population rasten zunächst über Wochen hinweg an der dänischen Westküste und im Wattenmeer vor der nordwestdeutschen Küste. Erst mit fortschreitender Jahreszeit ziehen sie über Ostfriesland bis ins Wattenmeer vor der niederländischen Küste. Die Phänologie des Einfluges von 6 Gänsearten in die Niederlande ist von Rooth et al. (1981) untersucht und dargestellt worden (Abb. 3/11).

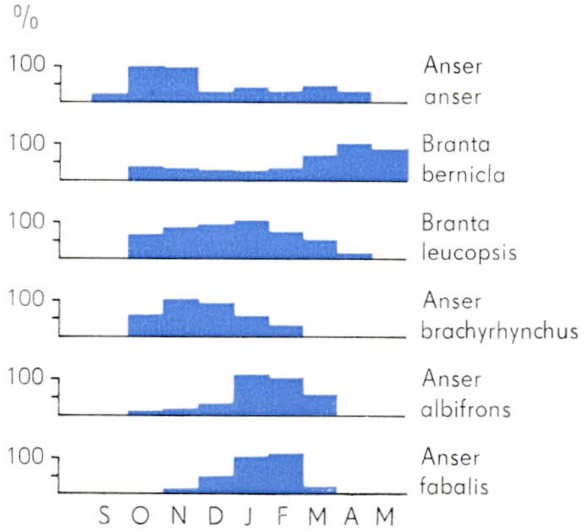

Abb. 3/11
Phänologie des Einflugs von sechs verschiedenen Gänsearten in die Niederlande (nach Rooth et al., 1981)

Wanderungen

Auslösung der Wanderungen

Bevor Gänse zu größeren Wanderungen aufbrechen, vollziehen sich in ihrem Stoffwechsel und in ihrer Lebensweise entscheidende Veränderungen. Durch hormonal gesteuerte Steigerung der Nahrungsaufnahme wird erreicht, daß die Energieaufnahme den Energieverbrauch übertrifft, so daß ein Teil der aufgenommenen Energie als Depotfett gespeichert werden kann. Die »innere Bereitschaft« zu gesteigerter Nahrungsaufnahme war früher jeder Bauersfrau geläufig und wurde für die herbstliche Gänsemast genutzt. Eine zweite Veränderung betrifft das Sozialverhalten. Die zunächst in kleinen oder größeren Trupps lebenden Gänse fliegen zu Sammelplätzen, an denen sich schließlich Tausende Gänse zusammenfinden. Dort bereiten sie sich gemeinsam auf die Wanderung vor. Ist die »innere Bereitschaft« zur Wanderung vorhanden, dann hängt es von Außenfaktoren ab, wann sie begonnen wird. Im Herbst sind es vor allem die abnehmende Tageslänge und Kälteeinbrüche, die die Wanderungen auslösen. Je weiter nördlich die Gänse brüten, desto genauer ist deren zeitlicher Ablauf determiniert. Das gilt sowohl für den Weg- als auch für den Heimzug. Innen- und Außenfaktoren sind in ihrem Zusammenwirken genauer aufeinander abgestimmt als bei Arten, die in mittleren Breiten brüten (WINGFIELD, 1983). Die hormonale Kontrolle des Beginns der Wanderungen ist zwar bei Gänsen bisher experimentell nicht überprüft worden, doch mit einiger Sicherheit darf davon ausgegangen werden, daß die hormonalen Mechanismen mit denen bei Singvögeln, die in dieser Hinsicht recht gut untersucht sind, übereinstimmen. Dafür sprechen unter anderem die Erkenntnisse über den Einfluß des Lichtes auf den Legebeginn. Von Hausgänsen ist bekannt, daß sich durch zusätzliche Beleuchtung die Hormonbildung in Gang setzen läßt, die den Legebeginn stimuliert, wodurch es möglich ist, Gänse zu frühzeitigerem Legen zu veranlassen (MURTON und KEAR, 1973). OWEN (1980) nennt als Beweis für die Lichtabhängigkeit des Legebeginns den Zeitunterschied zwischen dem Beginn der Eiablage bei Gänsen, die in Slimbridge (52° N) gehalten werden, und ihren frei lebenden Artgenossen im hohen Norden. Dabei wird allerdings übersehen, daß in Wildpopulationen die Wanderung der Eiablage und dem Nestbau vorausgeht, der Legebeginn im hohen Norden später abgeschlossen ist als in Gefangenschaft.

Bei der Graugans liegt die Schwelle, von der an das zunehmende Tageslicht die zur Eiproduktion erforderliche Hormonproduktion stimuliert, sicher weit unter der arktischer Gänse, denn sie beginnt bereits im April mit dem Eierlegen und jene erst im Juni, doch in beiden Fällen wird der Legebeginn – wie der Beginn des Zuges – durch das Zusammenspiel innerer und äußerer Faktoren determiniert.

Ist die innere Bereitschaft zum Zuge gegeben und sind auch die äußeren Grundbedingungen erfüllt, dann bedarf es nur noch eines äußeren Anlasses, damit der Aufbruch erfolgt. Die unmittelbare Auslösung erfolgt in den meisten Fällen durch die Witterungsbedingungen. Nach milden Wintern und zeitigem Frühlingsbeginn ziehen Saat- und Bleßgänse aus West- und Mitteleuropa eher ab als nach langen strengen Wintern. Der Aufbruch zum Heimzug der in den Niederlanden überwinternden Gänse erfolgt häufig als Folge des Vorstoßes maritimer atlantischer Luftmassen oder aus dem Mittelmeer herangeführter Warmluft. Umgekehrt gibt es zahlreiche Berichte darüber, daß Kälteeinbrüche im hohen Norden den Herbstzug der Gänse einleiten. Wahrscheinlich können günstige Windverhältnisse zur Auslösung von Wanderungen beitragen, zumal in Nordeuropa der Beginn von Kälteperioden mit Nordwest- bis Nordostwind einhergeht. Die Zeitspanne, innerhalb der der Zugbeginn ausgelöst werden kann, ist bei den einzelnen Arten unterschiedlich weit. Das läßt sich bereits aus der Pünktlichkeit ersehen, mit der sie im Herbst erscheinen oder im Frühjahr aufbrechen. Bei den hochnordischen Arten sind diese Termine stärker fixiert als bei weiter südlich brütenden. Ringelgänse erscheinen mit großer Pünktlichkeit Anfang Oktober im Wattenmeer der Nordsee und brechen ebenso pünktlich in der zweiten Maihälfte auf. Weniger genau sind die Zeiten bei den Arten der Gattung *Anser* festgelegt. Über einen weiten zeitlichen Rahmen verfügt die mitteleuropäische Graugans. Diese Unterschiede deuten darauf hin, daß bei den nordischen Arten endogene und exogene Faktoren genauer aufeinander abgestimmt sind als bei den in gemäßigten Breiten lebenden.

Bedeutung von Lernen und Traditionsbildung: Das Zugverhalten der meisten Gänsearten ist zwar in den Grundzügen genetisch determiniert, es wird jedoch viel stärker durch Lernen und Tradition modifiziert als bei anderen Vogelarten. Der Beweis dafür läßt sich leicht erbringen, wenn Gänse künstlich erbrütet und in der Gefangenschaft aufgezogen werden. Das ist besonders mit Graugänsen häufig unter den verschiedensten Bedingungen durchgeführt worden. Die Resultate sind übereinstimmend. Zur Zugzeit der wilden Artgenossen zeigen die zahmen, an den Menschen gewöhnten eine gewisse Unruhe, die auf einen sich unbestimmt äußernden »Zugtrieb« schließen läßt. Fehlt jedoch der entscheidende Anstoß, der Anschluß an wild aufgewachsene Artgenossen, dann bleiben sie, wo sie aufgewachsen sind.

Junge Gänse lernen erst während des Zuges mit den Eltern den Wanderweg und die Lage der Winterquartiere und Rastplätze kennen. Wandern diese nicht, was sich leicht erreichen läßt, indem man ihnen die Flügel stutzt, dann bleiben die Kinder trotz eigener Flugfähigkeit bei den Eltern und führen auch nach der Trennung von diesen keine eigenen Wanderungen durch. In Wildpopulationen wechseln die Junggänse im Frühjahr nach der Trennung von den Eltern in den Nichtbrüterverband über. Sie leben dann gemeinsam mit nicht brutreifen älteren und gleichaltrigen Artgenossen und Altvögeln, die nicht brüten. In den Nichtbrütergemeinschaften sind also erfahrene und unerfahrene Tiere vereint, so daß die Jüngeren von den Älteren lernen können. Das geschieht auch dann, wenn an den Menschen gewöhnte Graugänse ausgewildert werden. Gewinnen diese Anschluß an Wildpopulationen, dann führen sie mit diesen die Wanderungen gemeinsam durch (Valjus, 1971).

Die modifizierende Wirkung des Wetters auf den Beginn und den weiteren Ablauf des Zuges liefert keine Erklärung für die zeitliche Staffelung, in der Saat- und Bleßgänse in Mitteleuropa eintreffen. Der Beginn des Herbstzuges der Saatgans kündigt sich in Mitteleuropa mit großer Präzision durch das Erscheinen kleiner Trupps an (20 bis 50 Gänse), die bereits ab 20. September – gelegentlich noch einige Tage früher – spätestens aber ab 25. September erscheinen. Die »Vorhuten« treffen nicht nur an einigen Plätzen ein, sondern im gesamten Gebiet, einschließlich der westeuropäischen Überwinterungsplätze, die von größeren

Scharen erst nach der Herbstrast aufgesucht werden (PHILIPPONA, 1972). Nach den Erstankömmlingen kommt Anfang Oktober das Hauptkontingent, dem kleinere Einflüge im Verlaufe des Herbstes folgen (RUTSCHKE, 1977). Anfang November treffen erneut große Verbände ein. Ob dann noch Nachzügler folgen ist ungewiß. Dafür spricht, daß sich kleine Gänsetrupps bis weit in den Oktober hinein, also bis lange Zeit nach dem Eintreffen der Mehrheit in Mitteleuropa, an den Sammelplätzen im hohen Norden aufhalten.

Im Detail gibt es zwar jährlich Abweichungen, doch prinzipiell verläuft der Einflug jährlich in der geschilderten Weise. Der Einflug in verschiedenen Staffeln kann darauf zurückzuführen sein, daß die Gänse von weit voneinander entfernten Rastplätzen kommen. Unterschiedliche Witterungsbedingungen können verschiedene Abflugtermine bewirken. Es ist gut denkbar, daß die weiter nördlich lebenden Gänse zu früherem Aufbruch gezwungen sind als die weiter südlich lebenden und demzufolge eher in Mitteleuropa eintreffen. Das alles sind bisher lediglich Annahmen, die sich schwer beweisen lassen, solange entsprechende Ringfunde fehlen und die Abflugtermine nicht bekannt sind. Möglicherweise weichen die Gänse stufenweise, entsprechend dem Vorrücken des Winters, allmählich nach Süden aus. Ein derartiges Verhalten ist in Mitteleuropa als »Winterflucht« bekannt. Das Phänomen ist in den letzten Jahren genauer untersucht und der Zusammenhang zwischen Zugverhalten und Kälteeinbruch eindrucksvoll belegt worden (HUMMEL, 1977). Am 25. 11. 1973 wurde die Winterflucht der Gänse durch einen in Mitteleuropa einsetzenden Temperaturrückgang, zu dem in der Nacht vom 26. zum 27. 11. Schneefall mit Bildung einer geschlossenen Schneedecke im gesamten Raum südlich der Ostsee kam, ausgelöst. Weitere Schneefälle und anhaltender Temperaturrückgang beschleunigten am 29. 11. 1972 den Weiterzug der Gänse (s. Abb. 3/10).

Alle Erklärungsversuche messen den äußeren Faktoren, vor allem der Witterung, die entscheidende Bedeutung für den Ablauf des Zuges bei. Es ist jedoch durchaus möglich, daß das unterschiedliche Verhalten der Gänse, also das frühere oder spätere Erscheinen, durch in der Population liegende Faktoren beeinflußt wird. Es könnte durchaus sein, daß die Angehörigen einer Population unterschiedlich auf Witterungsbedingungen reagieren und die einen schon bei Eintritt leichten Frostes abziehen, während andere ausharren, solange erträgliche Lebensbedingungen vorhanden sind. Verschiedene Verhaltensweisen (Polyethismus) in tierischen Populationen sind nicht die Ausnahme, sondern die Regel. Dieser Sachverhalt ist evolutionsbiologisch bedeutsam. Er trägt dazu bei, daß sich die Population rascher an veränderte Umweltbedingungen anpassen kann.

Die Differenzierung des Zugablaufs wird außerdem dadurch begünstigt, daß die hormonal gesteuerte »innere Disposition«, das heißt die Bereitschaft zum Zuge, nicht bei allen Angehörigen einer Population gleichmäßig ausgebildet ist. Staffelweise verlassen auch Graugänse die Herbstsammelplätze. Zunächst sind es wenige, die in kleinen Trupps abziehen, bis schließlich das Hauptkontingent aufbricht und nur kleine Trupps zurückbleiben. Wie lange es dauert, bis ein Rastplatz vollständig geräumt ist, hängt vor allem von den Witterungsbedingungen ab. In Jahren mit milder Witterung im Herbst bleiben größere oder kleinere Trupps bis weit in den Dezember hinein in Mitteleuropa, und kleine Gruppen versuchen sogar zu überwintern. Kaltes Herbstwetter veranlaßt die Gänse zu frühzeitigem Aufbruch. Der in der Population vorhandene Polyethismus tritt um so deutlicher hervor, je intensiver der das

Verhalten differenzierende Faktor wirkt und umgekehrt.

Die im Herbst in Mitteleuropa rastenden Saatgänse reagieren auf Kälte- und Schnee-Einbrüche ebenfalls unterschiedlich. Niemals ziehen alle gleichzeitig ab, stets bleibt ein Teil zurück, und auch diese reagieren unterschiedlich auf anhaltende Kälte oder Witterungsumschwünge. Zwar ziehen immer mehr Gänse ab, je länger Schnee und Kälte anhalten, doch kleine Trupps bleiben auch in sehr strengen Wintern auf den Rastplätzen in Mitteleuropa. Die evolutionsbiologischen Konsequenzen, die sich aus dem unterschiedlichen Verhalten gegenüber Witterungsfaktoren ergeben, sind offenkundig. Eine Serie strenger Winter wird zwangsläufig jene Tiere benachteiligen, die unter diesen ungünstigen Bedingungen zu überwintern versuchen und dadurch deren genetisches Potential verringern. Umgekehrt werden mildere klimatische Bedingungen jene Tiere begünstigen, die den Wanderweg abkürzen und dadurch die Gefahren vermindern, die längere und weitere Wege zwangsläufig verursachen.

Bei Wildgänsen ist der über den Genpool laufende Polyethismus nur eine von mehreren Möglichkeiten, die Anpassung an sich ändernde Bedingungen zu bewirken. Eine weitere besteht in der ausgeprägten Fähigkeit zur Traditionsbildung durch Lernen. Verhaltensweisen, die mit der Länge und Dauer des Zuges, dem Aufsuchen bestimmter Rastplätze und der Aufenthaltsdauer zusammenhängen, werden in starkem Maße durch Lernvermögen und durch diese bewirkte Traditionsbildung modifiziert.

Tageszeit und Wanderungen: Gänse ziehen am Tage und auch in der Nacht. Ob eine bestimmte Tageszeit bevorzugt wird, ist nicht bekannt. In Nordamerika wurde festgestellt, daß Kanadagänse zu längeren Wanderungen häufig zwischen Mitternacht und 2.00 Uhr morgens aufbrechen. Wahrscheinlich werden große Strecken im Nonstopflug zurückgelegt, wobei Tag und Nacht ohne Unterbrechung geflogen wird.

Geschwindigkeit: Die einzelnen Arten fliegen mit unterschiedlicher Durchschnittsgeschwindigkeit. Sie liegt bei den spitzflügligen *Branta*-Arten (Weißwangengans, Ringelgans) höher als bei den Anser-Arten. Das mag mit ein Grund dafür sein, daß Ringelgänse nur selten mit anderen Arten vergesellschaftet fliegen. Über die Fluggeschwindigkeit gibt es im Schrifttum abweichende Angaben, weil bei entsprechenden Messungen die Unterschiede zwischen Bodengeschwindigkeit und Windgeschwindigkeit in Flughöhe der Gänse nicht hinreichend beachtet wurden. Bei Radar-Untersuchungen im Gebiet der Deutschen Bucht (Frühjahrszug) wurden für die Kurzschnabelgans 40 km/h, die Bleßgans 52 km/h, die Weißwangengans 66 bis 68 km/h und die Ringelgans 70 bis 71 km/h festgestellt (Jellmann, 1979). Bei der Schneegans liegt die Reisegeschwindigkeit zwischen 72 und 94 km/h (Blokpoel, 1974), doch windbegünstigt werden auch Spitzengeschwindigkeiten von 148 km/h erreicht (Speirs et al., 1971). Den Vorteil, den Rücken- und Seitenwind bieten, nutzen Gänse besonders bei langen Wanderungen aus.

Mit verschiedenen Methoden ist versucht worden, die Fluggeschwindigkeit zu messen. Ein eigenwilliges Verfahren wurde an einer auf den Menschen geprägten Weißwangengans erprobt. Sie war darauf trainiert, hinter einem Auto herzufliegen. Damit war die Möglichkeit gegeben, ihr Leistungsvermögen zu testen. Sie erreichte Spitzengeschwindigkeiten von 100 km/h in ruhiger Luft. Geschwindigkeiten von weniger als 50 km/h konnte sie offensichtlich nicht einhalten, denn bei entsprechend langsamer Fahrt überflog sie das Auto und landete.

In Nordamerika ist es mehrfach gelungen, die Reisegeschwindigkeit bei längeren Wanderungen durch Vergleich von Abflug- und Ankunftszeit genau zu bestimmen. In großen Scharen wandernde Schneegänse durchfliegen die 2600 km zwischen den südlichen Teilen der Hudson-Bai und Süd-Louisiana, wo sie überwintern, in 58 bis 60 Stunden. Die durchschnittliche Fluggeschwindigkeit über diese große Entfernung hinweg liegt also bei etwa 45 km/h. Die Flughöhe ziehender Gänse hängt in starkem Maße von den herrschenden Windbedingungen ab. Sie wählen die Höhe, in der sie vom Wind am stärksten begünstigt werden. Schneegänse ziehen in Höhen von 300 bis 1750 m. Jellmann (1979) fand bei Radar-Untersuchungen Gänse vorzugsweise in Höhen zwischen 1500 und 2100 m. Den Höhenrekord hält eine Weißwangengans mit 8300 m über NN, die über dem Himalaja-Gebirge festgestellt wurde. Ihre Höhe über dem Boden lag im Normalbereich. Graugänse fliegen auf dem Zuge zwischen 1500 und 2000 m Höhe. Nach Newton und Campbell (1970) fliegen Kurzschnabelgänse, wenn sie im Herbst die Küste Schottlands erreichen, in 600 m Höhe und höher. Beim Wechsel vom Schlafplatz zu den Äsungsflächen bleibt die Flughöhe im Bereich bis hundert Meter.

Im Herbst und Frühjahr lassen sich aus der Flughöhe ziehender Gänse Rückschlüsse auf die Art der Wanderung ziehen. Fliegen sie nur in niedrigen Höhen (50 bis 200 m), dann handelt es sich um Flüge zwischen Schlaf- und Rastplatz oder zwischen den Äsungsflächen. In Höhen über 500 m fliegende Gänse befinden sich auf dem Zuge, was auch für die nordischen Gänse zutrifft, die im Herbst aus dem Nordosten kommend auf den mitteleuropäischen Rastplätzen eintreffen.

Bei Untersuchungen über die Populationsökologie der Schneegans stießen Prevett et al. (1982) auf ein Phänomen, das nur durch unterschiedliches Zugverhalten von Adult- und Subadult-Gänsen erklärbar ist. Sie fanden, daß die Jungenanzahl im Verhältnis zur Anzahl Adultgänse auf den Herbstrastplätzen in der James-Bay kleiner ist als in den definitiven Winterquartieren in Louisiana (USA). Das ist deshalb so erstaunlich, weil die höhere Jungenmortalität (insbesondere durch Jagd verursacht) genau das Gegenteil erwarten läßt. Die Erklärung liegt darin, daß Gänse, die erfolgreich gebrütet haben, ein anderes Zugverhalten zeigen als solche, die erfolglos brüteten. Die Altvögel mit Jungen wandern vor den Nichtbrütern und den Altvögeln ohne Jungen nach Süden. Dementsprechend ist zu Winterbeginn das Zahlenverhältnis Altvögel: Jungvögel im Überwinterungsgebiet zugunsten der Jungvögel verschoben und ändert sich erst zugunsten der Altvögel, wenn jene eintreffen, die erfolglos oder gar nicht gebrütet haben.

Größe und Zusammensetzung von Wandergemeinschaften: Wenn Gänse in großen Scharen zur Wanderung aufbrechen, dann ordnen sie sich zu Trupps, die wahrscheinlich für längere Zeit eine Wandergemeinschaft bilden. Die einzelnen Trupps fliegen in Sichtweite, vielfach weniger als 100 Meter, jedoch auch bis zu einem Kilometer voneinander entfernt. In den einzelnen Trupps sind verschieden viel Gänse vereint. Philippona (1972) ermittelte bei Bleßgänsen 61 Tiere als Durchschnittswert. Schneegänse ziehen in Trupps, zu denen gewöhnlich 10 bis 50 Vögel gehören. Mathiasson (1963) fand bei Saatgänsen in Südschweden eine durchschnittliche Truppgröße von 22 Tieren.

Feststellungen dieser Art führen zu der Frage, ob die Schargröße vom Zufall abhängt oder ob es optimale Truppgrößen gibt. Bei Flügen lokaler Natur

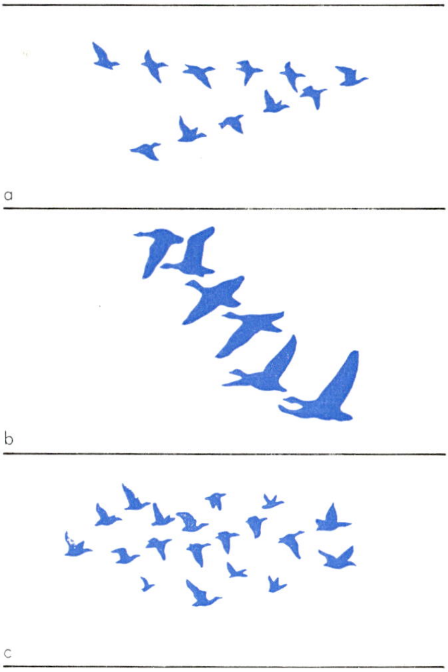

Abb. 3/12
Flugformation bei Wildgänsen
a – Flug in Keilform; diese Formation wird nur von Gänsen gewählt, die sich auf dem Zuge befinden.
b – Flug in geordneter Reihe: Beim Wechsel des Aufenthaltsortes ordnen sich Gänse in horizontalen oder schräg gestaffelten Reihen, wenn größere Strecken (mehrere Kilometer) zurückgelegt werden.
c – Flug in ungeordnter Schar: Beim Flug über kurze Strecken fliegen Gänse ohne erkennbare Ordnung.

(Nahrungsflüge, Wechsel des Rastplatzes) spielt der Zufall wahrscheinlich eine größere Rolle als bei den Herbst- und Frühjahrswanderungen. Bei letzteren variieren die Truppgrößen weniger als bei lokalen Wanderungen. Nach eigenen Feststellungen treffen die Saatgänse im Herbst in Trupps von 40 bis 80 Individuen ein. Sie kommen oft zu Tausenden, geordnet in Trupps der genannten Größenordnung, wobei die einzelnen Trupps dicht hintereinander gestaffelt fliegen. Bei lokalen Bewegungen sieht man sowohl Trupps in der für den Zug typischen Größe, jedoch häufiger kleinere Gruppen und auch Einzeltiere. In der Nähe der Schlafplätze und der Äsungsflächen fliegen Gänse nicht selten in Scharen, die nach Hunderten und Tausenden zählen.

Von Einfluß auf die Truppstärke sind auch die Jahreszeit und die Bedingungen am jeweiligen Rastplatz. Im Juli, wenn die Graugänse tagsüber in Scharen, die nach Tausenden zählen, gemeinschaftlich rasten, lösen sich am späten Nachmittag die Familien aus der Gemeinschaft und fliegen zur Abendäsung. Dementsprechend dauert es oft eine Stunde und länger bis alle abgeflogen sind. Kleine, in bestimmter Richtung abfliegende Trupps, bestimmen das Bild. Ein ganz anderes Bild bietet sich bei der Rückkehr. Die Gänse erscheinen in Trupps, zu denen Hunderte gehören. Im Herbst sind die Familien stets in größeren Gemeinschaften integriert.

Ob aus der Wanderung in kleinen oder größeren Trupps Vor- oder Nachteile verbunden sind, läßt sich nicht sicher beantworten. Bei weiten Wanderungen dürften Überschaubarkeit der Gruppe, Flugform und Fluggeschwindigkeit eine große Rolle spielen. Man kann sich gut vorstellen, daß es bei schnellem und langdauerndem Flug schwierig ist, in großen Trupps zusammenzuhalten. Wendemanöver und Änderungen der Flugformation gelingen wahrscheinlich in kleineren Trupps leichter als in größeren.

Flugformen: In ziehenden Gänsetrupps ordnen sich die Individuen entweder keilförmig oder in Form schräger Reihen an, sie fliegen also seitlich versetzt (Abb. 3/12). Über die Vorteile, die diese Flugweise mit sich bringt, sind viele

Überlegungen angestellt worden. Die Geometrie und Präzision des Gänsekeils lassen vermuten, daß damit aerodynamische Vorteile verbunden sind. Das ist theoretisch durchaus möglich, weil seitwärts vom Flügel außerhalb der Spannweite Aufwind hervorgerufen wird (HUMMEL, 1972, 1978). Um diesen nutzen zu können, müssen die Tiere allerdings einen bestimmten Abstand voneinander genau einhalten. Außerdem ist es erforderlich, daß auch die Schlagwinkel der Flügel der benachbart fliegenden Gänse aufeinander abgestimmt sind.

GOULD und HEPPNER (1974) filmten in Keilform fliegende Gänse mit drei Kameras, die an verschiedenen Stellen so aufgestellt waren, daß der Flügelschlag unter verschiedenen Winkeln aufgenommen wurde. Dabei zeigte sich, daß weder die Schlagwinkel benachbart fliegender Vögel in der zu fordernden Weise aufeinander abgestimmt sind noch die Abstände konstant eingehalten werden. Damit hat die Hypothese von dem aerodynamischen Vorteil des Fliegens in Keilform und in schrägen Reihen an Glaubwürdigkeit verloren.

Ein Vorteil dieser Flugweise liegt jedoch darin, daß jedes Mitglied der Formation nicht nur den Nachbarn, sondern die ganze vor ihm fliegende Gruppe und das an der Spitze befindliche Tier sehen und bei Wendemanövern und Richtungsänderungen schnell reagieren kann, ohne aus dem Verband auszuscheren. Die Stabilität der Fluggemeinschaft wird erhöht.

Gelegentlich kommt es vor, daß sich einzelne Gänse bei anderen in Verbandform fliegenden Vogelarten, so bei Kranichen, eingliedern (BERNDT und HUMMEL, 1970; BRÄUNING und LICHTNER, 1969). Der umgekehrte Fall, daß Angehörige anderer Arten in Gänseformationen mitfliegen, kommt ebenfalls vor (z. B. BICKERICH, 1959; POGGE und BUNGARTZ, 1932). Trotzdem sind derartige Fluggemeinschaften nicht die Regel, sondern die Ausnahme. Bei längeren Wanderungen dürfte es einem im Verband mitfliegenden artfremden Tier schwerfallen, die nicht artgemäße Geschwindigkeit einzuhalten, weil sie zwangsläufig einen höheren Energieaufwand erfordert.

Breit- und Schmalfrontzug: Die Sammlung Tausender Gänse an bestimmten Rastplätzen vor Antritt großer Wanderungen führt zu einer Bündelung des Zuges. Damit ist zwar nicht zwangsläufig ein Schmalfrontzug im Sinne des Fluges längs bestimmter Leitlinien verbunden, jedoch viele Arten halten sich an feste Routen. So folgen die Ringelgänse, nachdem sie vom Weißen Meer kommend die Ostseeküste erreicht haben, dem Küstenverlauf und gelangen auf diesem Wege über Schleswig-Holstein (BRD) ins Wattenmeer der Nordseeküste.

In gleicher Weise fliegen die von Spitzbergen kommenden Ringelgänse längs der norwegischen Küste nach Süden und im Frühjahr in umgekehrter Richtung. Die Bleßgänse der Ostsee-Nordsee-Winterpopulation erreichen die Ostseeküste ebenfalls im Bereich des Finnischen Meerbusens und wandern dann, die Küste als Leitlinie benutzend, südwestwärts. Ein Teil gelangt zwar auch auf im Binnenland der DDR gelegene Rastplätze, doch die Mehrzahl rastet in Küstennähe. Die im Frühjahr aus den Niederlanden heimwärts ziehenden Bleßgänse fliegen zunächst genau in östliche Richtung. Sobald sie im Raum Hamburg die Elbe erreicht haben, wenden sie sich dem Flußlauf folgend in südöstliche Richtung und ziehen dann fast 150 km innerhalb der von der Elbe gebildeten Niederung bis zu den Frühjahrsrastplätzen im Elbe-Havel-Gebiet. Nach HUMMEL (1977) benutzen Saat- und Bleßgänse, die bei »Winterflucht« westwärts ausweichen, ebenfalls die Elbe als Leitlinie.

Die meisten Gänsearten kombinieren den Zug nach Leitlinien, wenn diese natürlicherweise vorhanden sind, mit dem Einhalten einer bestimmten vorprogrammierten Wanderrichtung. Die Saatgänse erreichen im Herbst mit Südwestkurs Mitteleuropa. Daraus erklärt sich, daß in Analogie zur Verteilung ihrer Sammelplätze von Karelien im Westen bis zur Ob-Mündung im Osten, die Überwinterungsplätze in einem Gebiet verteilt sind, das von den Niederlanden im Westen bis zur Türkei im Osten reicht. Unabhängig von der Lage des Sammelplatzes halten alle etwa den gleichen Kurs, nämlich die Südwestrichtung, ein. Bei der Rothalsgans liegen die Sammelplätze der Teilpopulationen zwar auch von Westen nach Osten verteilt, doch jene, die sich auf Taimyr im Osten sammeln, ziehen zunächst westwärts, bis sie auf die von der Gydan-Halbinsel treffen, und erst wenn zu ihnen die von Yamal kommenden gestoßen sind, ziehen alle, einer schmalen Route folgend, südwärts. Dabei halten sie sich auch an Leitlinien (z. B. die Ob-Niederung).

Bedeutung der Sammel- und Rastplätze: Alle Gänsearten sammeln sich vor Beginn der Wanderungen an traditionellen Sammelplätzen. Das Sammeln ist ein Prozeß, der nach dem Flüggewerden der Jungvögel einsetzt und sich über mehrere Wochen hinzieht. Wie groß die Einzugsgebiete sind, die zu den Sammelplätzen gehören, ist bisher in keinem einzigen Fall genau untersucht worden.

Während des Aufenthalts auf den Sammelplätzen erreichen die Gänse die körperliche Kondition, um den Strapazen der Wanderung gewachsen zu sein (Abb. 3/13 a, b). Dementsprechend müssen diese Plätze vor allem kalorienreiche Nahrung bieten und eine ungestörte Nahrungsaufnahme ermöglichen. Untersuchungen über die ökologischen Bedingungen an Herbstsammelplätzen liegen aus Nordamerika vor. Auf den Marschen im Küstengebiet der James-Bay (Ontario, Kanada) rasten alljährlich im Herbst und im Frühjahr etwa 1½ Millionen Schneegänse. Das Pflanzenwachstum dieses Gebietes ist durch Gezeiten-Überflutung begünstigt (GLOOSCHENKO, 1978), so daß die intensive Gänsebeweidung die Vegetation nicht nachteilig beeinflußt, allerdings liegen die Rastplätze über eine Gesamtstrecke von 2000 km verteilt. Der beweidete Küstenstreifen ist nur 1 bis 10 km breit. Wie bedeutsam diese Rastplätze für die Erzielung guter körperlicher Bedingungen sind, zeigten Untersuchungen über die Massezunahme vom Aufsuchen des Rastplatzes bis zum Beginn der Wanderung (WYPKEMA und ANKNEY, 1979). Im Herbst werden die Reserven für den Weiterzug nach Süden angelegt, und im Frühjahr wird während der Zwischenrast in gleicher Weise die Wanderung in die Brutgebiete vorbereitet. Im Herbst vervollständigen die Junggänse außerdem ihr Wachstum, schließen die Federentwicklung ab und legen Fettreserven an (PREVETT et al., 1979). Die Sommersammelplätze der Graugans in Mitteleuropa bieten ebenfalls Schutz vor Predatoren, sind wenig beunruhigt durch menschliche Aktivität und ermöglichen eine optimale Ernährung. Ein wichtiger im Binnenland gelegener mitteleuropäischer Sommersammelplatz der Graugans befindet sich am Gülper See (Bezirk Potsdam, DDR). Ab Mitte Juli stellen sich dort bis zu 6000 Graugänse ein, die bis in den Oktober hinein verweilen. Während der Erntemonate (Juli/August) suchen die Gänse die abgeernteten Getreidefelder auf und halten ergiebige Nachlese. Die Getreidekörner mit ihrem hohen kalorischen Wert stellen ein ausgesprochenes Mastfutter dar. Im September bieten auflaufende Getreidesaaten und abgeerntete Maisfelder ebenfalls kalorienreiche Nahrung. Das eigentliche Rastgebiet ist als Naturschutzgebiet weitgehend frei von menschlichen Störungen, zumal die Jagd, der wichtigste Beunruhigungsfaktor, verboten ist. Ähnlich sind die Bedingungen an den Sammelplätzen der mittel-, nord- und nordosteuropäischen Graugänse im Westteil der Insel Rügen. Dort rasten im September bis zu 35 000 Graugänse.

Zwischenlandeplätze, auf denen die Gänse während der nord- oder südwärts gerichteten Wanderung kurz- oder längerfristig rasten, müssen ebenfalls optimale Ernährungsmöglichkeiten bieten, damit die Gänse den während der Wan-

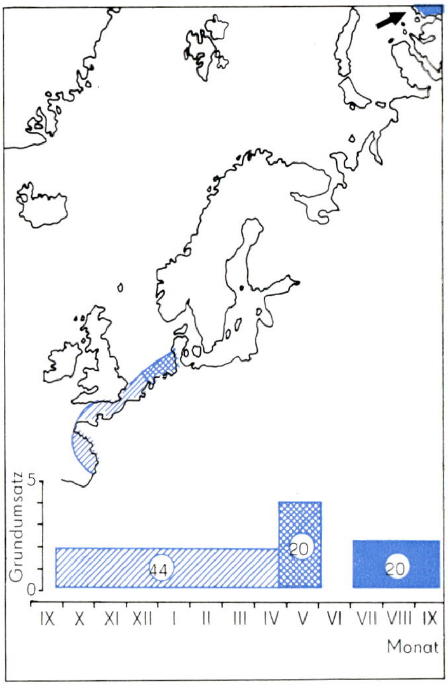

a

Abb. 3/13

Änderung des Grundumsatzes und Masseveränderung bei der Ringelgans *(Branta bernicla)* im Frühjahr

a – Veränderung des Grundumsatzes in Abhängigkeit von der Jahreszeit; die Karte informiert über die verschiedenen Aufenthaltsgebiete (nach DRENT et al., 1978/79)

b – Massezunahme im April und Mai während der Rast im Nordfriesischen Wattenmeer; dargestellt sind Mittelwert und Standardabweichung (nach PROKOSCH, 1981)

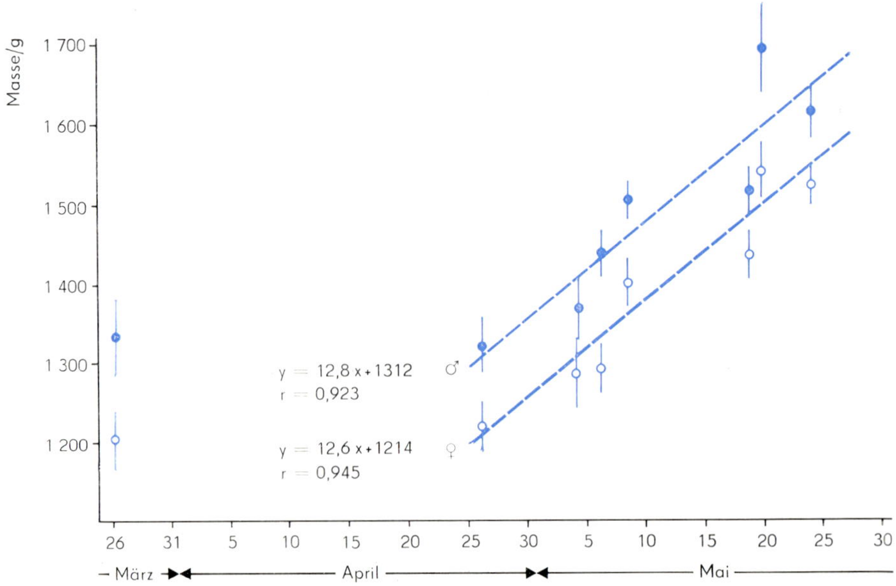

b

derung erhöhten Energieverbrauch kompensieren und neue Energievorräte anlegen können. Bleßgänse stellen im Herbst andere Ansprüche an die Rastplätze als im Frühjahr. Im Herbst dekken sie ihren Nahrungsbedarf wie die Saatgänse auf Getreidesaaten. Im Frühjahr halten sie sich bevorzugt in flach überschwemmten Niederungsgebieten auf und ernähren sich auf Wiesen und Weiden vor allem von Gräsern.

Sammel- und Rastplätze erfüllen wichtige Funktionen in der Biologie der Wildgänse. Die Sammelplätze sind die Treffpunkte, an denen sie sich gemeinsam auf die Strapazen der großen Wanderungen vorbereiten. Hier bilden sich die Gemeinschaften, die bis in das nächste Frühjahr hinein, in der Regel also fast acht Monate, Bestand haben. Die Rastplätze sind mit Tankstellen vergleichbar, ohne die längere Wanderungen nicht denkbar sind.

Lokale Wanderungen zu Rast- und Sammelplätzen: Nach der Brutzeit sammeln sich die Gänse größerer oder kleinerer Gebiete an traditionellen Plätzen, an denen sie übersommern oder doch kürzere oder längere Zeit rasten.

In ähnlicher Weise geschieht das im Frühjahr ab Mitte April, wenn die zunächst lokal zerstreuten Nichtbrüter bestimmte Plätze aufsuchen. Die Frühjahrssammelplätze der Nichtbrüter können sogar mit den Sommersammelplätzen identisch sein.

Der Vorgang des Sammelns verläuft in kleinen Schritten. Zunächst treffen sich die Gänse benachbarter Brutplätze in kleinen Trupps, die dann gemeinsam zu traditionellen Hauptsammelplätzen ziehen (s. Abb. 2/20). Wanderungen dieser Art unterscheiden sich vom Herbst- und Frühjahrszug in verschiedener Hinsicht. Bei letzteren wird eine bestimmte Richtung eingeschlagen, bei ersteren streben die Gänse aus allen denkbaren Richtungen zum Sammelplatz. Da die Gänse truppweise und sukzessiv eintreffen, dauert es längere Zeit bis die Wanderungen zum Sammelplatz abgeschlossen sind.

Die Wanderungen zu den Sammelplätzen erfolgen in Trupps unterschiedlicher Stärke. Die Skala reicht von einzeln fliegenden Familien über Trupps aus mehreren Familien bis hin zu nach Hunderten zählenden Scharen.

Mauserzüge nichtbrütender Gänse: Die Mauserzüge aller nichtbrütender Gänse sind ein bei fast allen Arten verbreitetes Phänomen, das in verschiedener Weise erklärt wird. Salomonsen (1968) sieht eine mögliche Ursache dafür in den begrenzten Futterreserven im Brutgebiet. Durch den Wegzug der Nichtbrüter bleiben diese in vollem Umfang für die Brutpopulation und die Jungvögel nutzbar.

Vielfach befinden sich die Mauserplätze im Norden des Verbreitungsgebietes, so daß ein großer Teil der Nichtbrüter nordwärts ziehen muß, um diese zu erreichen. Salomonsen (1968) betrachtet deshalb die Mauserzüge lediglich als eine »Verlängerung der Frühjahrswanderung«, weil die bereits während des Heimzuges eingeschlagene Richtung beibehalten wird. Für arktische Gänse bietet sich diese Erklärung an, zumal dadurch Gebiete, die sich erst im Juni, also nach erfolgtem Brutbeginn begrünen, zumindest für die Nichtbrüter nutzbar werden. Ebbinge und Ebbinge-Dallmeijer (1975) sind der Ansicht, daß die nordwärts gerichtete Wanderung die arktischen Gänse in Gebiete führt, in denen es nicht dunkel wird. Auf diese Weise gewinnen sie ein höheres Maß an Sicherheit während der Flugunfähigkeit. Sie vermeiden die Dunkelheit, die es Predatoren (Polarfuchs, *Alopex lagopus)* erlaubt, sich unbemerkt zu nähern (»Vermeidung der gefährlichen Dunkelheit«-Hypothese).

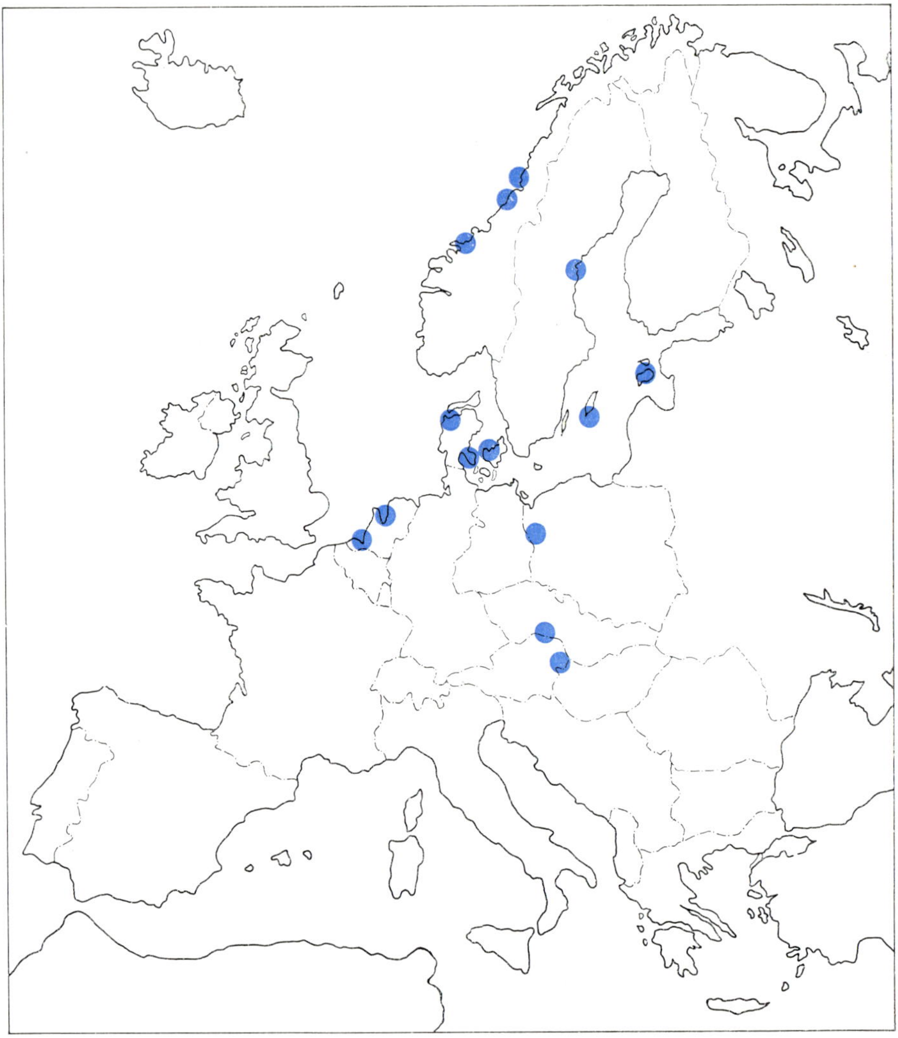

Abb. 3/14
Die wichtigsten Mauserplätze nichtbrütender Graugänse *(Anser anser)* in Mitteleuropa

Die relativ gut untersuchten Mauserzüge der Graugans sind jedoch komplizierter als soeben dargestellt. In Mitteleuropa gibt es neben einem nordwärts gerichteten Zug auch einen in westliche Richtung. Außerdem befindet sich ein Mauserplatz inmitten des Verbreitungsgebietes. Dort sammeln sich Tiere, die nur kurze Strecken zu wandern brauchen (Abb. 3/14). Von den vier bedeutenden Mauserplätzen der mittel- und nordeuropäischen Grauganspopulation liegen drei innerhalb des geschlossenen Siedlungsgebietes der Art, nämlich die beiden skandinavischen und ein in der VR Polen gelegener (bei Słonsk). Sie werden sowohl von Gänsen aus der unmittelbaren Umgebung aufgesucht als auch von solchen, die Hunderte Kilometer weit, im Extremfall 600 bis 800 km, fliegen müssen. Der vierte Mauserplatz befindet sich außerhalb des geschlossenen Verbreitungsgebietes der Art in den Niederlanden. Noch komplizierter sind die Verhältnisse in Ost- und Südosteuropa. Die Nichtbrüter der Schwarzes Meer-Asowsches Meer-Population wandern südwestwärts in die Sümpfe des Donaudeltas, die der Kaspisches Meer-Population westwärts ins Manytsch-Gebiet. Genauso wie die dänischen und schwedischen Graugänse verzichten auch die in der Estnischen SSR brütenden auf einen Mauserzug und wechseln die Schwingen in der Nähe ihres Brutgebietes (Paakspu, 1973).

Die Frage nach dem biologischen Vorteil, der sich aus dem gemeinschaftlichen Schwingenwechsel in Verbänden, die nach Tausenden zählen, ergibt, ist nicht leicht zu beantworten. Immerhin nehmen die Gänse die mit weiten Flügen verbundenen Gefahren dafür in Kauf. Unstrittig dürfte sein, daß die Sicherheit gegenüber Predatoren auf den unzugänglichen und abgelegenen Mauserplätzen größer ist als anderwärts. Außer Sicherheit müssen die Mauserplätze den Gänsen qualitativ hochwertiges Futter bieten, denn mit der Mauser ist ein erhöhter Energiebedarf verbunden. Bisher fehlen vergleichende Untersuchungen über die spezielle ökologische Beschaffenheit von Mauserplätzen. Abgeschiedenheit, Unzugänglichkeit für Predatoren, ausreichende Deckungsmöglichkeiten und gutes Nahrungsangebot sind ohne Zweifel wichtige Faktoren.

Wanderungen der Familien vor dem Flüggewerden der Gössel: In manchen Gebieten werden die Gössel der Graugans bereits kurze Zeit nach dem Schlupf von den Eltern an Plätze geführt, wo sich mehrere Familien sammeln.

Am Neusiedler See (Österreich) wandern sie dabei auch über Land und werden sogar in den Weingärten in der Nähe der Brutgewässer angetroffen (Triebl, 1979). Dabei werden mehrere Kilometer zurückgelegt. Bei Beginn der Schwingenmauser der Altvögel verschwinden die Familien wieder von diesen Sammelplätzen und suchen versteckte Plätze auf. In genau entgegengesetzter Weise wandern die Gänse der Matsalu-Bucht (Estnische SSR) bei Mauserbeginn zu bestimmten Plätzen und legen dabei Entfernungen bis zu 30 km zurück (Paakspu, 1963). In Südmähren wandern die Eltern mit den Gösseln einige Kilometer über Land, um die Mauserplätze zu erreichen (Hudéc und Rooth, 1970). Die Neigung der Gänse, bereits im frühen Alter der Jungen kilometerweite Wanderungen auszuführen, beschreibt Lorenz (1979) auch für seine Gefangenschaftspopulation im Almtal (Oberösterreich): »Merkwürdigerweise scheint wenige Tage nach dem Schlüpfen alte und junge Gänse eine starke Wanderlust zu ergreifen, Gänsefamilien, die auf dem Almsee gebrütet haben, finden sich dann plötzlich in Oberganslbach ein, und dasselbe haben wiederholt andere getan, die stromabwärts auf dem großen Teil des Naturwildparks gebrütet haben.«

Energetische Aspekte der Wanderung vom Überwinterungs- ins Brutgebiet: Die im hohen Norden brütenden Gänse müssen trotz der energieaufwendigen Wanderung beim Eintreffen in den Brutgebiet über Energiereserven verfügen.

Das gilt insbesondere für die weiblichen Tiere, die unverzüglich mit der Eiproduktion beginnen. Die Ernährungsbedingungen in der Tundra sind Ende Mai noch nicht optimal, weil das Vegetationswachstum erst voll einsetzt. Nicht selten finden die Gänse noch teilweise oder gänzlich schneebedeckte Bruthabitate vor. Die zeitlich begrenzte Brutperiode zwingt die Gänse, unverzüglich mit dem Brutgeschäft zu beginnen. Jeder Tag Aufschub erhöht die Gefahren für den Nachwuchs im Falle vorzeitigen Einbruchs des Winters. BARRY (1962) berichtet, daß noch nicht flügge Ringelgänse bei zeitigem Winterausbruch erfrieren. Vorteile ergeben sich aus der Länge des arktischen Tages. Die kurzdauernde oder gänzlich fehlende Dunkelheit ermöglicht langdauernde Nahrungsaufnahme und bietet besseren Schutz vor Feinden. Die längere Zeit für die Nahrungsaufnahme, die der extreme Langtag ermöglicht, genügt nicht, um stark geschwächt im Brutgebiet eintreffende Tiere in die zur Eiablage erforderliche Kondition zu bringen. Diese muß bereits vorher erzielt sein. Die Voraussetzung dafür ist durch den etappenweisen Verlauf des Heimzuges, das heißt die Einschaltung einer oder mehrerer Rastperioden, gegeben. Dieser Zusammenhang ist von RYDER (1967) und HARVEY (1971) als Konditionshypothese bezeichnet worden.

Wie die Kondition trotz energiezehrender Wanderung erhalten und weiter verbessert wird, läßt sich am Beispiel des Heimzuges der Weißwangengänse, die im holländisch-westdeutschen Küstengebiet überwintern, gut erläutern. Die zu drei Populationen gehörenden Gänse brechen zeitgleich etwa Mitte März bis spätestens Anfang April zur Wanderung auf. In den Brutgebieten treffen sie jedoch erst Ende Mai ein. Sie wenden also für die Strecke von 5000 km, die sie im Nonstop-Flug innerhalb von 50 Stunden durchfliegen könnten, mehr als acht Wochen auf. Sie nähern sich den Brutgebieten etappenweise, indem sie den Zug an Zwischenrastplätzen für einige Zeit unterbrechen. Die Zwischenrastplätze der Grönland-Population der Weißwangengans liegen in Schottland und auf Island, die der Spitzbergen-Population an der norwegischen Küste und die der Nowaja-Semlja-Population auf Saaremaa und den zugehörigen Schären vor der Küste der Estnischen SSR. Auf den Zwischenrastplätzen, die die beiden westlichen Populationen benutzen, ernähren sie sich wie im Winterquartier von Gräsern. DRENT et al. (1978/79) gelangten durch experimentelle Untersuchungen und Überlegungen über den Zusammenhang zwischen Energiebudget und Wanderung zu der Auffassung, daß die Gänse gewissermaßen »auf dem Rücken der Verdaulichkeit des wachsenden Grüns« ziehen. Junges Grün ist besser verdaulich als älteres, weil die Zellwände noch nicht durch Einlagerungen verfestigt sind. Ein entscheidendes Kriterium für das Tempo der Nordwärtswanderung ist das Wachstum und damit die Ausnutzbarkeit von Schwingelarten.

Nicht nur im Winterquartier, sondern in noch weit stärkerem Maße während des Aufenthalts auf den Zwischenrastplätzen werden also die zu Brutbeginn erforderlichen Energiereserven angelegt. CABOT und WEST (1973) betonen das für die Zwischenrast von Weißwangengänsen in Irland. Im englischsprachigen Schrifttum wird direkt von »spring fattening areas« (Plätze für Frühjahrsmast) gesprochen.

Die außerordentliche Bedeutung, die dem Vorhandensein ausreichender Fett- und Proteinreserven beim Brutbeginn arktischer Gänse beizumessen ist, hat NEWTON (1977) nachdrücklich hervorgehoben. Für die Schneegans, die sich ebenfalls stufenweise dem arktischen Sommer nähert, ist von ANKNEY und MC INNES (1978) nachgewiesen worden, daß die Tiere zur Zeit des Eintreffens im Brutgebiet schwerer sind als zu jedem anderen Zeitpunkt im Jahr.

Das Zeitbudget der ebenfalls im Wattenmeer-Gebiet der Nordsee überwinternden Ringelgänse während des Frühjahrszuges sieht wesentlich anders aus als das der Weißwangengänse. Sie brechen erst Ende Mai auf und erreichen im schnellen Zug (Nonstop?) die hochnordische Brutheimat. Dem Abflug geht eine Zeit intensiver Nahrungsaufnahme mit deutlich nachweisbarem Masteffekt voraus. In kurzer Zeit wird die ausgangs des Winters erfolgte Masseabnahme aufgeholt und überboten. Dazu nutzen sie die in der zweiten Maihälfte stark entwickelten *Enteromorpha*-Bestände im Schlamm der Flachwasserbereiche und außerdem beim Weidegang an Land die nahrhaften *Puccinellia*- und *Plantago*-Bestände (Drent et al., 1978/79). Die Körpermasse steigt in dieser Zeit von 1250 g auf 1600 g (Ebbinge et al., 1982). Die Tiere treten die 4000 km weite Wanderung bis Taimyr also in bester körperlicher Verfassung an. Gerastet wird erst in der Nähe der Brutgebiete. Über ihre Kondition beim Eintreffen ist leider nichts bekannt. Mit Sicherheit wird diese von den Witterungsbedingungen abhängen, denen sie während der Wanderung ausgesetzt waren. Bei lang anhaltendem Gegenwind werden die Energievorräte viel stärker beansprucht als bei Rückenwind. Trotzdem bleibt offen, worin die Ursachen für den unterschiedlichen zeitlichen Ablauf des Frühjahrszuges bei Weißwangen- und Ringelgänsen zu suchen sind. Ebbinge et al. (1982) vermuten, daß die interspezifische Konkurrenz eine Rolle spielt. Sie hat bewirkt, daß nach Norden wandernde Enten- und Gänsearten, die sich ähnlich ernähren, zeitlich versetzt ziehen und dadurch die Nahrungsquellen konkurrenzlos ausnutzen können. In Betracht zu ziehen ist auch die Flugweise. Möglicherweise fliegen die relativ spitz- und langflügligen Ringelgänse energiesparender als die mit hoher Flächenbelastung fliegenden anderen Arten und können deshalb längere Strecken zurücklegen.

Die in Westeuropa überwinternden Bleßgänse nähern sich der Brutheimat ebenfalls stufenweise und nehmen dabei einen nicht unbeträchtlichen Umweg in Kauf (vgl. Abb. 1/14). Schon ab Mitte Februar, spätestens ab Anfang März, räumen sie in ostwärts gerichtetem Zug die Winterquartiere in den Niederlanden. Die erste Etappe der Wanderung ist bereits in den Niederungen am Unterlauf von Elbe, Havel und Oder beendet. Die ausgedehnten flachgründigen Überschwemmungsflächen, die seichte Uferpartien, Bodenwellen und Erhöhungen inselartig frei lassen, bieten ausgezeichneten Schutz und günstige Ernährungsmöglichkeiten, denn die Vegetationsentwicklung setzt infolge rascher Durchwärmung bereits frühzeitig ein. Störungen durch den Menschen und Predatoren sind in diesen schwer zugänglichen Gebieten unbedeutend, so daß die Gänse ohne zusätzlichen Energieaufwand für Ausweichflüge und Flüge zwischen Schlaf- und Nahrungsplätzen Nahrung aufnehmen können. Außerdem steht mit zunehmender Tageslänge mehr Zeit für die Nahrungssuche zur Verfügung. In der ersten Etappe des Heimzuges werden nur etwa 500 km, in der zweiten etwa 2000 bis 2500 km zurückgelegt, wobei die Zwischenrastplätze im Gebiet des zentralen Teils der europäischen UdSSR in den Flußniederungen der Oka, Moskwa, Wolga und Kama erreicht werden. Während der zweiten Etappe wird die östliche Zugrichtung noch beibehalten, denn die Zwischenrastplätze an Oka und Wolga liegen nur wenige Breitengrade nördlicher als die mitteleuropäischen. Diese Plätze werden Ende März bis Mitte April besetzt, wenn in diesem Gebiet der Frühling einzieht. Die Vegetation entfaltet sich dann unter den kontinentalen Bedingungen außerordentlich rasch, so daß günstige Ernährungsbedingungen eine optimale Ernährung ermöglichen.

An den Brutplätzen in der Tundra erscheinen sie dann ebenfalls erst mit dem sprießenden Grün. Ob Bleßgänse in der Vorbrutphase bestimmte Nahrungspflanzen bevorzugen, ist nicht bekannt.

Anpassung an das Leben unter arktischen Bedingungen

Mit Ausnahme der Graugans sind alle europäischen Gänsearten Brutvögel des hohen Nordens. Die Brutgebiete der Bleß-, Ringel- und Weißwangengans liegen großenteils im arktischen oder subarktischen Bereich. Gewisse populationsbiologische Besonderheiten sind auf dem Hintergrund dieser spezifischen Umweltbedingungen verständlich.

Der wichtigste Umweltfaktor im hohen Norden ist die kurze Vegetationsperiode. Die Fortpflanzungsbiologie der Gänse ist sehr genau darauf eingestellt und wird durch diese limitiert. Ein zweiter bedeutsamer Faktor ist die Licht-Dunkel-Periodik. Die extremen Langtag-Bedingungen wirken sich vor allem auf das Aktivitätsmuster aus. Bedeutsam ist außerdem die relative Einförmigkeit arktischer und subarktischer Lebensräume. Zu diesen ständig in gleicher Weise wirkenden Bedingungen tritt als variabler Faktor das Wetter. Es kann die Populationsentwicklung durch Senkung der Fortpflanzungsrate bis zu völligem Brutausfall oder umgekehrt deren Steigerung in extremer Weise beeinflussen. Wenn Jahre mit kalten niederschlagsreichen Sommern aufeinander folgen, bewirken die geringen Fortpflanzungsraten sehr schnell ein Schrumpfen der Population. Verspätete Schneeschmelze, Regenperioden im Mittsommer und plötzliche Kälteeinbrüche wirken im gleichen Sinne. Bei günstigen klimatischen Bedingungen sind die Gänse andererseits in der Lage, die Verluste durch hohe Vermehrungsraten rasch auszugleichen. Die extremen Umweltbedingungen, unter denen die hochnordischen Arten leben, führten zur Entstehung von Mechanismen, die für r-selektionierte Arten kennzeichnend sind. Dazu gehört die variable Gelegegröße. Bestehen beim Eintreffen der Gänse im Brutgebiet günstige Ernährungsbedingungen, dann liegt die durchschnittliche Gelegegröße über der anderer Jahre. Entgegengesetzt bewirken fehlende Nist- und schlechte Ernährungsbedingungen verspäteten Brutbeginn. Dafür liegen aus arktischen Breiten zahlreiche Belege vor. Barry (1962) ermittelte 4,6 Eier als durchschnittliche Gelegestärke bei Ringelgänsen, die bei günstiger Witterung bereits am 7. Juni mit dem Legen begonnen hatten. In einem anderen Jahr, als schlechtes Wetter den Legebeginn bis zum 16. Juni verzögerte, betrug die durchschnittliche Gelegestärke nur 3,6 Eier. Es wird angenommen, daß die Weibchen in Jahren mit spätem Brutbeginn die bereits angelegten Follikel resorbieren. Dabei kommt es wahrscheinlich weniger auf den damit verbundenen geringen Energiegewinn an, wie Barry (1962) vermutet, sondern auf die Verringerung der Jungenzahl.

Schlechte Ernährungsbedingungen haben außerdem eine geringere Durchschnittsmasse der Eier zur Folge. Sie liegen in ungünstigen Jahren bis zu einem Viertel unter dem anderer mit besseren Ernährungsmöglichkeiten. Die Ursache dafür dürfte darin zu suchen sein, daß die Energiereserven der Weibchen bei verspätetem Brutbeginn bereits so stark beansprucht sind, daß die Eiproduktion beeinträchtigt wird. Außerdem nimmt bei Spätbrütern die Gefahr des Totalverlustes der Nachkommen zu, weil die Fortpflanzungsperiode insgesamt verkürzt ist. Die Chance, doch noch zum Fortpflanzungserfolg zu kommen, ist am ehesten durch Reduzierung der Gelegegröße gegeben.

Nicht nur die jährlichen klimatischen Bedingungen haben Einfluß auf die durchschnittliche Ei- und Gelegegröße. Diese unterliegen außerdem generellen Gesetzmäßigkeiten. Grundsätzlich sind die Eier relativ zur Körpergröße um so größer und damit relativ schwerer, je weiter nördlich die Gänse brüten. Damit verbunden ist eine Verminderung der Gelegegröße. Die zur Eiproduktion erforderliche Energiemenge bleibt also insgesamt gleich. Der Vorteil größerer Eier liegt vor allem in der besseren Kondition der Jungen zum Zeitpunkt des Schlupfes. Durch die längere Bebrütungszeit ist ihre Entwicklung weiter fortgeschritten (extremes Nestflüchterstadium), wodurch sie Gefahren besser widerstehen können und ihre Überlebenschancen steigen. Die längere Bebrütungszeit geht also voll zu Lasten der Altvögel. Sie ist nur möglich durch die Zeitersparnis, die die Gänse erreichen, indem sie vor und während des Heimzuges Nahrungsreserven anlegen und deshalb unmittelbar nach dem Eintreffen im Brutgebiet mit dem Fortpflanzungsgeschäft beginnen können (vgl. Abb. 3/13 a, b). Bei den im

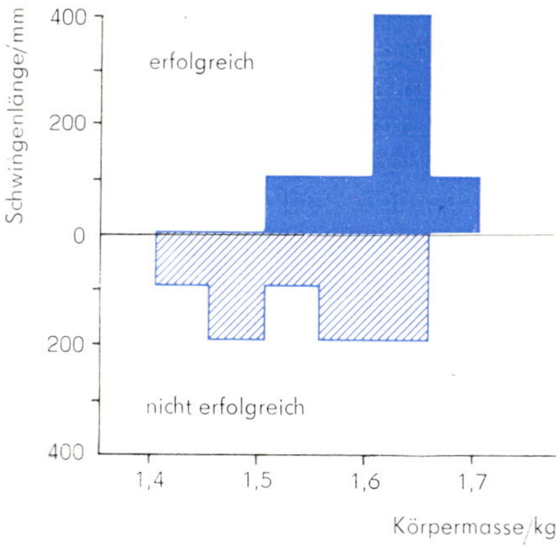

Abb. 3/15
Beziehungen zwischen Bruterfolg und Körpermasse zum Zeitpunkt des Abfluges vom Frühjahrsrastplatz bei weiblichen Ringelgänsen *(Branta b. bernicla)* (nach EBBINGE et al., 1982)
Tiere mit höherer Körpermasse im Frühjahr haben bessere Chancen für eine erfolgreiche Brut.

hohen Norden brütenden Gänsen wird die Eidotterbildung schon an den Frühjahrsrastplätzen eingeleitet (RAVELING, 1978). Bei der Ringelgans finden bereits auf den Frühjahrsrastplätzen Paarungen statt (KÖHLER, 1983). Die Schneegans beginnt mit dem Eierlegen innerhalb von 3 bis 5 Tagen nach der Ankunft. Bei der Grönland-Bleßgans beginnt der Nestbau 10 bis 13 Tage nach dem Eintreffen (RAVELING, 1978). Die längere Lichtdauer auf Mauserplätzen nördlich des Brutgebietes bringt einen weiteren Vorteil mit sich. Raubfeinde haben infolge der kürzeren Dauer der Dunkelheit geringere Chancen, Beute zu machen. EBBINGE und EBBINGE-DALLMEIJER (1975) haben versucht, diese als »Vermeiden der gefährlichen Dunkelheit«-Hypothese bezeichnete Auffassung zu beweisen, indem sie die Verluste, die Kurzschnabelgänse auf Island (65 °N) und Spitzbergen (75 °N) durch Predatoren haben, miteinander verglichen. Es gibt Unterschiede, die sich zugunsten der Hypothese interpretieren lassen.

Insgesamt sind die hochnordisch brütenden Gänse einem Komplex jährlich wechselnder Mortalitätsfaktoren ausgesetzt. Einzelne Faktoren können in bestimmten Jahren dominierende Bedeutung erlangen, normalerweise wirken jedoch viele zusammen.

In der Periode zwischen Ankunft und Beginn der Eiablage verwenden die Gänse den überwiegenden Teil der Zeit für die Nahrungsaufnahme (täglich durchschnittlich 16,4 Stunden, FOX und MADSEN, 1981). Die Ganter tragen durch ihr Verhalten dazu bei, daß die Zeit für die Nahrungsaufnahme vor allem von den Weibchen genutzt werden kann, indem sie sich auf den Weideflächen »wachsam« verhalten, was die Weibchen gar nicht oder doch in weitaus geringerem Maße tun. Diese Arbeitsteilung ermöglicht es den Weibchen, den hohen Energiebedarf zu Beginn der Eiablage zu dekken (Abb. 3/15). Von Schneegänsen ist bekannt, daß die Weibchen den vom Fortpflanzungsgeschäft herrührenden Masseverlust dadurch aufholen, daß sie nach der Brutzeit bis zu 85 % der Tageszeit für die Ernährung aufwenden und dabei bis zu 39 % zunehmen. Das ist durch Arbeitsteilung mit den Ehepartnern möglich, die sich während dieser Zeit verstärkt dem Schutz der Gössel widmen (Harwood, 1975). Es gibt Hinweise dafür, daß Beziehungen zwischen dem Masseverlust des das Nest bewachenden Ganters und dem Standort gibt. Owen und Wells (1979) fanden bei einem Ganter der Weißwangengans, dessen Revier benachbart zu anderen lag, stärkere Masseabnahme als bei einem Ganter in einem abgelegenen Revier. Ersterer mußte das Revier mit größerem Zeitaufwand bewachen und war außerdem in viel stärkerem Maße den Angriffen der Nachbarn ausgesetzt (Abb. 3/16). Zusätzliche Zeitersparnis ergibt sich, wenn die Gänse truppweise äsen, weil dann auf den einzelnen Ganter weniger Zeit für die Bewachung der Weibchen entfällt.

Die Zeitspanne zwischen Schlupf und Erreichen der Adultmasse dauert bei den Gänsearten verschieden lang. Würdinger (1975) ermittelte unter identischen Bedingungen in der Gefangenschaft 50 Tage für Schnee- und Ringelgänse, 50 bis 55 Tage für Bleßgänse und 55 bis 65 Tage für Grau- und Kanadagänse. Arktisch verbreitete Gänse wachsen also

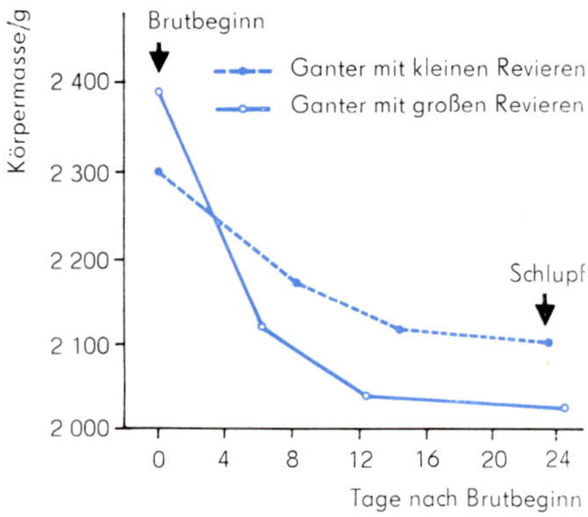

Abb. 3/16
Masseabnahme bei Gantern während der Brutperiode in Abhängigkeit von der Größe des zu verteidigenden Reviers (nach Owen und Wells, 1979)
Die Pfeile kennzeichnen den Beginn und das Ende der Bebrütung des Geleges.

schneller als in gemäßigten Breiten lebende. Bei ersteren wird auch die Endmasse schneller erreicht. Beides sind Anpassungen an die kürzere Vegetationsperiode im hohen Norden. Bei den arktischen Arten setzt die Mauser ins Jugendgefieder eher ein als bei weiter südlich lebenden, und das Gefiederwachstum verläuft insgesamt schneller. Auch das sind Anpassungen an das Leben im hohen Norden. Die nordischen Gänse haben sich in vielfältiger Weise den arktischen und subarktischen Lebensräumen angepaßt und sind in der Lage, die begrenzten Ressourcen optimal zu nutzen.

Ursache und Bedingungen für die Bestandszunahmen europäischer Wildgansarten

Seit etwa Mitte der 50er Jahre nehmen die Bestände aller europäischen Gänsearten, die Zwerggans und Rothalsgans ausgenommen, zu, nachdem sie zuvor entweder stark zurückgegangen waren, wie die der Ringel- und Weißwangengans, oder nur geringfügig fluktuierten.

Der zeitgleiche Beginn der positiven Bestandsentwicklung bei mehreren Arten ist sehr auffällig, zumal Arten dazu gehören, die sich in ihrer Lebensweise erheblich voneinander unterscheiden und deren Brut- und Überwinterungsgebiete in verschiedenen Teilen des europäischen Kontinents liegen. Zugenommen haben sowohl die arktisch brütenden Meergänse mit ihrer starken Bindung an die Küste als auch die weniger an das Wasser gebundene gleichfalls hochnordisch brütende Bleßgans und die im dicht besiedelten Mitteleuropa lebende Graugans. Letztere vergrößerte ihren Bestand in den verschiedensten Teilen ihres ausgedehnten Verbreitungsgebietes; in Schottland und auf Island genauso erfolgreich wie in Mitteleuropa und im Wolgadelta. Sie hat sogar Teile ihres ehemaligen westeuropäischen Terrains, die jahrzehntelang aufgegeben waren, zurückerobert. Dieser überraschende Sachverhalt, der im Gegensatz zur Bestandsentwicklung vieler anderer Vogelarten steht, legt die Frage nach den Ursachen nahe.

Die positive Bestandsentwicklung der meisten Wildgansarten Europas ist ein Schulbeispiel erfolgreicher Naturschutzarbeit. Dabei bildet die Regelung der Bejagung, die vom völligen Verbot über verkürzte Jagdzeiten, begrenzte Abschußquoten, Einführung von Jagd-Ruhezonen bis hin zu dem äußerst wichtigen Verbot der Frühjahrsbejagung in Nordosteuropa reicht, nur eine Teilmaßnahme. Die vielfältigen Formen der Habitatgestaltung, die besonders in den Niederlanden in Form von Flutungspoldern und in England in Form spezifischer Eingriffe in die Nahrungsgebiete erfolgten, waren noch bedeutsamer. Bedeutsam sind weiterhin die Schutzmaßnahmen in den Brutgebieten, wie das Verbot des Eiersammelns und die Ausweisung von Schutzgebieten.

Noch größer dürfte der Einfluß sein, der sich aus den Veränderungen in den Überwinterungsgebieten ergab. Zu Beginn der 60er Jahre wurden mit der Einführung industrieller Produktionsmethoden in der Landwirtschaft die Ernteerträge in den mittel- und westeuropäischen Ländern erheblich gesteigert. In diese Zeit fällt der drastische Anstieg der Populationen, die sich im Herbst und Winter vor allem von landwirtschaftlichen Kulturen ernähren. Deshalb liegt es nahe, einen wesentlichen Grund für die Zunahme in den verbesserten Ernährungsbedingungen an den Rast- und Überwinterungsplätzen zu suchen. Dieser Sachverhalt ist bisher nicht ausreichend beachtet worden. Der Ernährungszustand der Gänse am Ende der Überwinterung beeinflußt den erfolgreichen Verlauf des Heimzuges, die Kondition beim Eintreffen in den Brutgebieten und damit den Bruterfolg im betreffenden Jahr.

Trotz der positiven Bestandsentwicklung der Mehrzahl der Arten darf nicht übersehen werden, daß die Bestände der Zwerggans und der Rothalsgans stark zurückgegangen sind und beide bestandsgefährdet sind. Das gilt in besonderem Maße für die Zwerggans. Damit wird deutlich, daß pauschale Beurteilungen und Wertungen nicht möglich sind. Populationsökologische Vorgänge können selbst bei nahe verwandten Arten extrem unterschiedlich verlaufen. Die kausale Erklärung setzt genaue Kenntnisse der Erscheinungen voraus. Damit sind wir dank vorbildlicher nationaler und internationaler Kooperation gut vorangekommen. Mit dem Verständnis der Zusammenhänge zwischen Ursache und Wirkungen stehen wir noch ganz am Anfang.

4

Wildgänse und Landwirtschaft

Wildgänse profitieren wie kaum andere Wildarten von der ackerbaulichen Landnutzung durch den Menschen. Dem trug bereits LINNÉ Rechnung, indem er eine den Bauern besonders vertraute Wildgans *Anser fabalis,* also »Bohnengans«, nannte. Bei der Namensgebung stand ihm die Pferde- oder Saubohne *Vicia faba* vor Augen, die zur Zeit der extensiven Landwirtschaft vor der Einführung künstlicher Düngung auch zum Zwecke der Bodenverbesserung angebaut wurde. Diese Bohnenfelder wurden häufig von den Gänsen aufgesucht. Im Englischen heißt die Art noch heute Bohnengans (Bean Goose). Der russische Name »Druschgans« und die deutsche Bezeichnung »Saatgans« weisen ebenfalls auf Beziehungen zur Landwirtschaft hin.

Vor der mittelalterlichen Rodung des Waldes, der Mitteleuropa weithin bedeckte, und der nachfolgenden ackerbaulichen Nutzung des Bodens waren die Wildgänse auf das natürliche Grünland angewiesen. Das schränkte Vorkommen und Häufigkeit im Vergleich zur Zeit nach der Waldrodung ein. Ähnliche Überlegungen hat OWEN (1976) für die britischen Inseln angestellt. Erst als die Gänse von der Ernährung auf natürlichem Grünland auf Getreidesaaten übergingen, stand der Überwinterung großer Scharen in Zentral- und Westeuropa nichts mehr im Wege. Da die auf Äckern angebauten Getreidesorten in ihrer Beschaffenheit natürlichen Gräsern prinzipiell entsprechen, diese im Energie- und Nährstoffgehalt jedoch übertreffen und außerdem leicht und in großen Mengen auffindbar sind, ist ihre Nutzung durch Gänse in gewisser Weise vorprogrammiert, was überall dort geschehen kann, wo Gänse in größerer Anzahl entweder brüten, zu den Zugzeiten rasten, sich sammeln oder überwintern. Wie schnell sich neue Traditionen entwickeln, vollzog sich in den letzten beiden Jahrzehnten vor unseren Augen, indem Weißwangen- und Ringelgänse ihre Ernährungsweise umstellten. Beide Arten, die in extremer Weise an die Nahrungsaufnahme im Meer oder im küstennahen Bereich angepaßt sind, gingen zur Nahrungssuche auf ackerbaulich genutzte Flächen über.

Seit Beginn der Zunahme der Wildgansbestände, also seit Ende der 50er Jahre, häuften sich die Klagen der Landwirtschaft über die Schädigung landwirtschaftlicher Kulturen. Eine Zusammenstellung der Literatur zu dieser Problematik erfolgte durch CAVALLIN (1980). In keinem anderen Land ist der Konflikt zwischen Wildgänsen und Landwirtschaft so dramatisch zugeschärft wie in den Niederlanden. Auf einer Fläche von 32 500 km², die von einer hochintensiven Landwirtschaft bis zum letzten Quadratmeter genutzt wird, leben 14 Millionen Einwohner. Etwa 400 000 Wildgänse rasten und überwintern alljährlich in den Niederlanden (Abb. 4/1).

Da sich lokal Zehntausende Gänse ansammeln, liegt es auf der Hand, daß Konflikte mit der Landwirtschaft nicht ausbleiben können. In der leidenschaftlich geführten Diskussion über Wildgansschäden stehen sich die Landwirte, die in den Gänsen Konkurrenten sehen und nicht daran zweifeln, daß durch die ungebetenen Gäste die Ernte gemindert wird, und die Ornithologen und Jäger, die sich – wenngleich aus verschiedenen Gründen – an den Gänsen erfreuen und ihnen fördernden Einfluß auf die Getreidesaaten unterstellen, oft als erbitterte Gegner gegenüber. Die Naturschützer berufen sich bei ihrer Argumentation auf die früher übliche herbstliche Beweidung von Getreidesaaten durch Schafe, die von den Landwirten ausging und dem doppelten Zweck der Ernährung der Schafe und der Förderung der Bestokkung der Saaten diente.

In Großbritannien ist die Diskussion über die von Wildgänsen angerichteten Schäden noch leidenschaftlicher geführt worden als in den Niederlanden (Owen und Thomas, 1975). Zwar sind die Gänse über ein größeres Gebiet verteilt, doch der Herbstbestand ist noch größer als in den Niederlanden, und lokal kommt es zu beträchtlichen Ansammlungen. Die kontroverse Situation hat sich verschärft, seit auch Weißwangen- und Ringelgänse zu Weidegängern wurden und der Gänsebesatz in den 70er Jahren an einigen Plätzen weiter anstieg. Doch nicht nur die Anzahl der potentiell als Schadensverursacher in Frage kommenden Wildgansarten hat zugenommen. Erheblich verlängert hat sich auch die Liste landwirtschaftlicher Nutzpflanzen, von denen sich Gänse gelegentlich oder langdauernd ernähren und die dadurch potentiell geschädigt werden können.

Eine Zusammenstellung der Schäden, die Wildgänsen angelastet werden, erfolgte durch Fog (1982 b). Die Angaben betreffen verschiedene europäische Länder. In den meisten stehen Schäden an

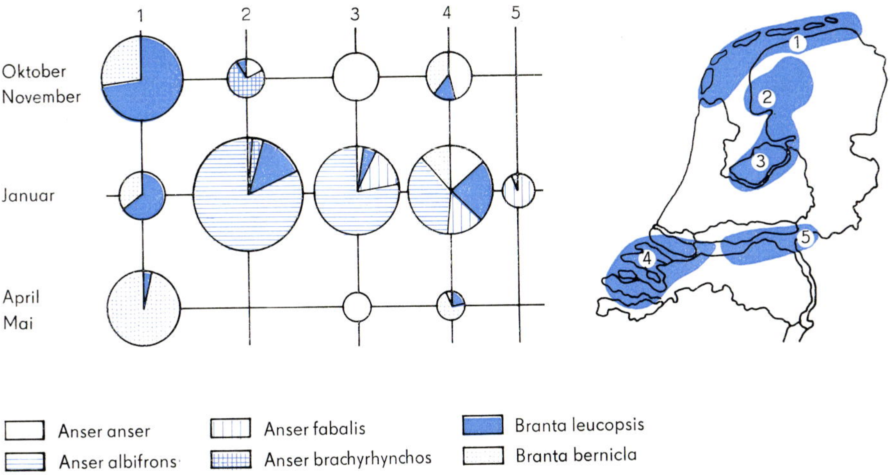

Abb. 4/1
Zeitliche und räumliche Verteilung der sechs in den Niederlanden auftretenden Wildgansarten im Herbst, Winter und Frühjahr (nach Rooth et al., 1981)

Getreidesaaten im Vordergrund. Wenn landwirtschaftliche Spezialkulturen betroffen sind, lassen sich die Folgen gewöhnlich leichter beurteilen als die nach Beweidung von Getreidesaat. Aus England stammen Feststellungen über die Schädigung von Tomaten, Mohrrüben und Zuckerrüben. Derartige Fälle traten zwar nur vereinzelt und lokal auf, doch die Schäden können beträchtlich sein. Sie sind vermeidbar, wenn die Gänse durch wirksame Scheuchmittel von den Kulturen ferngehalten werden. Genauso schnell wie Gänse es lernen, neue Nahrungsquellen zu erschließen, lernen sie es, diese zu meiden, wenn damit Gefahren verbunden sind.

Eindeutig sind auch die Schäden, die in Nordamerika von Kanadagänsen angerichtet werden, die sich auf Maisfelder spezialisierten, insbesondere auf solche, die durch ungünstiges Wetter im Herbst niedergedrückt wurden (Vaught und Kirsch, 1966). Auf ähnliche Weise entstanden die Schäden, die Gänse auf Island und in Dänemark verursachten, indem sie in wachsende Gerstenfelder eindrangen und die Ähren, die noch bequem erreichbar waren, ausfraßen (Kear, 1967).

Der Anstieg des Bestandes der Kanadagans in Großbritannien in den 70er Jahren führte zu Klagen über Schäden an landwirtschaftlichen Kulturen verschiedenster Art. Da die Tiere ganzjährig anwesend sind, kann es in Gebieten mit hoher Siedlungsdichte zu Ärgernissen kommen, was an einigen Stellen tatsächlich der Fall ist (Ogilvie, 1977). Kanadagänse haben ein breites Nahrungsspektrum. Sie fressen Gras auf Wiesen und Weiden, besuchen Getreidefelder aller Altersstufen und verschmähen auch Kohlfelder nicht. Als Folge der starken Zunahme der Kanadaganspopulation in Schweden kam es zu Schäden auf Rübenfeldern im Süden des Landes (Fabricius, 1983).

In den Niederlanden entstehen Schäden durch Ringelgänse besonders auf Viehweiden, die zum Zwecke der Ertragssteigerung alljährlich zusätzlich neu mit Gras eingesät werden. Sie sind in besonderem Maße gefährdet, weil die Gänse frisch auflaufende Gräser bevorzugen. Die Ertragsminderung muß durch beträchtliche finanzielle Zuwendungen der Naturschutzbehörden an die Landwirtschaft ausgeglichen werden (245 Gulden/ha betroffenen Fläche; Lebret, 1982b). Über Schäden, die Ringelgänse beim Beweiden von Grünland anrichten, besteht kein Zweifel. Da Ringelgänse erst in der ersten Maihälfte den Frühjahrszug antreten, wird die Vegetationsentwicklung auf stark beweideten Flächen erheblich verzögert. Auf der Insel Texel konkurrieren die Gänse mit den Schafen, die dort von den Bauern gehalten werden, um das Grünfutter. Es ist im Frühjahr besonders proteinreich (Peerar, 1982). In Großbritannien sind die Ringelgänse, die jahrzehntelang streng geschützt wurden, Problemvögel geworden, seit sie sich von der Ernährung durch Unterwasserpflanzen auf Getreidesaat umstellen. Etwa ab Mitte Winter, wenn das unmittelbar an der Küste gelegene Salzmarsch-Grasland abgeweidet ist, fliegen Ringelgänse auf mit Wintersaat bestellte Felder. Die Umstellung auf die neue Nahrung wurde erstmals 1963 beobachtet. Ende der 70er Jahre verbrachten die Ringelgänse bereits bis zu 90 % der zur Nahrungssuche aufgewendeten Zeit auf Getreidesaaten. Zunächst waren es nur wenige Gänse, die bei knapp werdender Äsung in der Salzmarsch weideten. Binnen weniger Jahre lernten es alle, die neue Nahrungsquelle zu nutzen. Nach White-Robinson (1982) haben sie sich inzwischen überwiegend und in manchen Gebieten total auf Getreidesaaten umgestellt.

Die Ringelgänse sind Objekt einer leidenschaftlichen Auseinandersetzung zwischen Landwirtschaft und Naturschutz geworden. Die Bauern fordern die Aufhebung des Jagdverbotes (OGILVIE und ST. JOSEPH, 1976). Seitens des Naturschutzes wird versucht, den Ringelgänsen ungestörtes Weiden auf Salzweiden in Küstennähe zu ermöglichen.

In Friesland (Niederlande) wird Grünland im Oktober auch durch Kurzschnabelgänse geschädigt. Sie äsen auf Kulturen, die um diese Zeit von Vieh beweidet oder für Silagezwecke nochmals gemäht werden. In Dänemark sind im Frühjahr an den Hauptkonzentrationspunkten der Kurzschnabelgans (z. B. Vest-Stadil Fjord) auflaufendes Sommergetreide und Grasland geschädigt worden. Letzteres wird bereits im Mai für die Pelletproduktion geschnitten. Schäden an Grünland verursachten auch die in der Provinz Zeeland (Niederlande) im Frühsommer mausernden Graugänse (etwa 7000 Tiere). Von Graugänsen ist außerdem bekannt, daß sie gelegentlich fast erntereifes Getreide in Dänemark schädigen (FOG, 1977). Von den Sammelplätzen aus suchen sie besonders Felder mit Lagergetreide oder abgemähtes Dauergras auf. Ansonsten verursachen Graugänse nur ausnahmsweise Schäden, weil sie in der Fortpflanzungsperiode ihre Nahrung in der Umgebung der Brutplätze suchen. Außerdem sind die Gebiete, in denen sie in größerer Anzahl brüten, so weiträumig, daß die Beweidung von Äckern oder Wiesen nicht ins Gewicht fällt.

Im Frühjahr verursachen Graugänse nur dort Schäden an landwirtschaftlichen Kulturen, wo sich Nichtbrüter in größeren Scharen sammeln. Befinden sich in der Nähe der Sammelplätze Felder mit frisch gedrilltem Sommergetreide, dann kann es vorkommen, daß diese durch Abweiden des auflaufenden Getreides geschädigt werden. Da es in Mitteleuropa nur wenige Nichtbrüter-Sammelplätze gibt, an denen sich Hunderte oder Tausende sammeln, tritt dieser Fall äußerst selten auf. Entsprechende Berichte liegen aus Dänemark vor. Die Gefahr ist besonders bei Tauwetter groß, weil dann die jungen Pflanzen aus der Erde gezogen werden können. Im Sommer, wenn sich an den wenigen wirklich gut besuchten Sammelplätzen Tausende Graugänse einfinden und wochenlang rasten, treten diese Konfliktsituationen nur ausnahmsweise auf, weil dann vorzugsweise bereits abgeerntete Felder beweidet werden. Obwohl sie nur Nachlese halten, bieten sich ihnen günstige Ernährungsbedingungen. Durch maschinelle Erntetechnik und gestiegene Erträge bleiben weitaus mehr Körner auf den Feldern als früher, so daß die Gänse ausreichend Nahrung finden. Schäden richten sie nicht an, eher ist mit einem gewissen Nutzen durch die düngende Wirkung des Gänsekotes zu rechnen. Im Unterschied zu Weißwangen- und Ringelgänsen, die erst durch die Ernährungsumstellung für die Landwirtschaft problematisch wurden, sind die grauen Gänse (Saat-, Kurzschnabel- und Bleßgans) als echte Feldgänse von den Landwirten von jeher als Konkurrenten betrachtet worden. An den Herbstrastplätzen bevölkern sie oft zu Tausenden die frisch bestellten Äcker. Für den Landwirt genügt der Anblick der auf den Saaten weidenden Gänse, um das Urteil über deren »Schädlichkeit« zu fällen. Die alte Streitfrage, in welcher Weise die Gänsebeweidung den Ernteertrag beeinflußt, läßt sich jedoch nicht durch gefühlsmäßige Einstellung, sondern nur durch unvoreingenommene Prüfung des Sachverhaltes mit wissenschaftlicher Methodik entscheiden.

Derartige Untersuchungen sind in Großbritannien und in Nordamerika bereits in den 50er und 60er Jahren mit sehr unterschiedlichen und teilweise entgegengesetzten Ergebnissen durchgeführt worden (PIRNIE, 1954; DOBBEN, 1953;

VAUGHT und KIRSCH, 1966; KEAR, 1963 a, b, 1967; KUYKEN, 1969; OWEN 1971, 1972 a, b; KERBES et al., 1971; EBBINGE et al., 1975). Das lag daran, daß die Bedingungen und Voraussetzungen für derartige Experimente verschieden gewählt waren oder nicht hinreichend definiert wurden. Nur ausnahmsweise wurden zur Lösung des Problems feldbiologische und labortechnische Prüfverfahren miteinander verknüpft. Das ist jedoch unbedingt erforderlich, um zu schlüssigen Aussagen zu gelangen. Es leuchtet ohne weiteres ein, daß die Anzahl der weidenden Gänse je Flächeneinheit und die Dauer des Aufenthaltes Faktoren von allergrößter Bedeutung sind. Die erforderlichen Aussagen sind jedoch nur durch sehr genaue, zeit- und beobachtungsintensive Studien im Gelände zu erlangen. Nicht weniger bedeutsam ist der Zustand der Saaten selbst, insbesondere deren Alter. So ist von vornherein anzunehmen, daß Gänse eben auflaufende Getreidesaaten in anderer Weise beeinflussen als gut bestockte. Zu bedenken ist außerdem der Zustand des Bodens. Gänsetritt und -beweidung wirken sich verschieden aus, je nachdem, ob der Boden aufgeweicht, trocken oder frosthart ist. Diese Überlegungen verdeutlichen, wie umfänglich allein die feldbiologische Seite eines Versuchsprogramms ausgelegt sein muß, das zur Klärung beitragen soll. Doch im Gelände läßt sich nur eine Seite des Problems untersuchen. Die bloße Beobachtung äsender Gänse sagt nichts über die Körner- oder Grünfuttermenge aus, die sie während der Beweidung aufnehmen. Dazu sind Laboruntersuchungen zum Nahrungs- und Energiebedarf erforderlich. Diese wiederum erfordern Kenntnisse über den Energiehaushalt der aufgenommenen Nahrung.

Durch die Kombination von Gelände- und Laboruntersuchungen, bei denen bereits vorliegende Erfahrungen und die Verhältnisse in Mitteleuropa berücksichtigt wurden, ist durch RUTSCHKE und SCHIELE (1978/79) gezeigt worden, daß sich Gänsebeweidung sehr unterschiedlich auf Getreidesaaten auswirken kann. Bedeutsam sind die Intensivität der Beweidung, der Bodenzustand und das Alter der Getreidesaat. Um den Einfluß der Intensität der Beweidung auf den Ertrag beurteilen zu können, ließ man gefangene Tiere auf eingezäunten Probeflächen mit verschiedenartigen Getreidesaaten weiden (Größe der Probefläche 20 m^2). Die Intensität der Beweidung wurde variiert, indem die Gänse in unterschiedlicher Anzahl und verschieden lange äsen konnten. So ergab sich eine lückenlose Skala intensiv und gering beweideter Probeflächen innerhalb des normal wachsenden Getreides.

In einer anderen Versuchsserie wurde geprüft, welche Bedeutung dem Zustand des Bodens beizumessen ist. Die Versuchstiere wurden dazu auf Saaten mit nassem, trockenem und gefrorenem Boden gehalten.

Die Ergebnisse der Experimente wurden zur Erntezeit ermittelt, indem auf den Versuchsflächen die vorhandenen Ähren ausgezählt und mit denen der Kontrollflächen verglichen wurden. Da dieses Verfahren Mängel aufweist, wurde auch die Körnermasse von Probeflächen (jeweils 1 m^2) festgestellt. Zusätzlich wurden die Druschergebnisse zusammenhängender Flächen (Felder von 30 bis 50 ha Größe), von denen durch Beobachtung bekannt war, daß sie im Herbst unterschiedlich intensiv durch Gänse beweidet wurden, miteinander verglichen.

Dabei wurden die experimentellen Untersuchungen voll bestätigt. Neben Flächen, auf denen das Druschergebnis unter dem der Kontrollflächen lag, gab es andere mit Ertragssteigerung. Das überrascht nicht und kann nicht anders sein, weil es – wie bereits dargelegt –

von den äußeren Bedingungen abhängt, ob ein Schaden verursacht oder ein Nutzen hervorgerufen wird. Über die Ergebnisse informieren die Tabellen 4/1 bis 4/3.

Die Ergebnisse zeigen, daß auflaufendes Getreide schon durch mäßige Gänsebeweidung geschädigt wird. Stärkere Beweidung erhöht die Verluste. Extreme Schäden treten auf, wenn die jungen Getreidepflanzen noch nicht fest verwurzelt sind. Die Ertragsminderung auf nassen Böden rührt nicht von der Nahrungsaufnahme, sondern von der Bodenverdichtung durch den Tritt der Gänse her. Dadurch wird die weitere Bestokkung des Getreides nachteilig beeinflußt. Zu Bodenverdichtungen durch Gänsetritt kommt es allerdings nur ausnahmsweise. Am ehesten geschieht das an Stellen, an denen sich bei Regenperioden Wasserlachen bilden, die beim Weidegang der Gänse von diesen zum Trinken aufgesucht werden. Die mangelnde Bodendurchlüftung bewirkt an solchen Stellen das Absterben der Saat. Die bodenverdichtende Wirkung des Gänsetritts erwähnen LEISLER (1969), KEAR

Tabelle 4/1
Einfluß der Intensität der Beweidung auf den Ernteertrag
(nach RUTSCHKE und SCHIELE, 1978/79)

Versuchsreihe Nr.	Anzahl Gänse	Zeit h	Anzahl Ähren/m²	Abweichung %
1	3	25	368	+12,9
2	2	25	337	+ 3,4
3	1	25	325	— 0,03
Kontrolle	–	25	326	(100)

Tabelle 4/2
Einfluß der Beweidung mittlerer Intensität auf Weizensaat unterschiedlichen Alters
(nach RUTSCHKE und SCHIELE, 1978/79)

Fläche Nr.	Entwicklungsstand der Pflanzen	Anzahl Gänse	Dauer der Beweidung	Anzahl Ähren/m²	Abweichung %
1	gekeimt, (1. Blatt)	6	5 Std.	397	—10,2
2	2. und 3. Blatt	6	5 Std.	449	+ 1,6
3	4. und 5. Blatt	6	5 Std.	464	+ 5,0

Tabelle 4/3
Beziehungen zwischen Bodenzustand und Beweidung durch Gänse
(nach RUTSCHKE und SCHIELE, 1978/79)

Probefläche m²	Bodenzustand	Anzahl Gänse	Dauer der Beweidung	Ähren je m²	Abweichung %
20	trocken, normal	6	5 Std.	453	+2,5
20	stark vernäßt	6	5 Std.	421	—4,8
20	gefroren	6	5 Std.	467	+2,5

(1963 a), OWEN (1973) und MILDENBERGER (1971). Hinzu kommt, daß auf nassen und sehr weichen Böden durch den zupfenden Gänsebiß auch gut bewurzelte Pflanzen gelockert werden, wodurch es zu Wachstumsschädigungen kommt, insbesondere wenn Frostperioden auf die Beweidung folgen. Auf gefrorenen Böden bleibt mäßig starke Beweidung ohne nachteilige Folgen. Zur Ertragssteigerung kommt es auf gut bestockten Flächen mit trockenen Böden. In einigen Fällen lag das Ernteergebnis bis zu 10 % über dem der Kontrollflächen.

Mit diesen Untersuchungen dürfte die alte Streitfrage über den Einfluß der Gänsebeweidung gelöst sein. Sowohl Schaden als auch Nutzen sind möglich. Vor einem Urteil muß die genaue Prüfung der äußeren Umstände stehen. Schaden oder Nutzen lassen sich exakt nur über das Ernteergebnis ermitteln. Das Auszählen auf Probeflächen allein gibt kein verläßliches Bild, weil in lichteren Beständen die Ähren besser ausgebildet werden und dadurch deren geringere Dichte in gewissem Umfange kompensiert wird. Erschwerend für die Schadens- oder Nutzensermittlung kommt hinzu, daß Gänse immer nur Teile eines Ackers beweiden, niemals die gesamte Fläche (MILDENBERGER, 1971), so daß genau geprüft werden muß, wo sich die Gänse aufhalten, um Schädigungen der Saat durch Frost, Nässe oder schlechte Aussaat eindeutig ausschließen zu können.

Da Wildgänse abhängig von der Artzugehörigkeit, dem Zeitpunkt und der Dauer der Beweidung, der betroffenen Feldfrucht, der Anzahl, den Witterungsbedingungen und dem Bodenzustand Getreidesaaten ganz verschieden beeinflussen können, bedarf es in jedem Einzelfall einer speziellen Prüfung, um ein begründetes Urteil fällen zu können. Zweifelsfrei ist ein Gänseschaden an Getreidesaaten nur dann erwiesen, wenn beim Vergleich zweier vergleichbarer Flächen, von denen eine von Gänsen beweidet wurde, ein deutlicher Wachstumsunterschied im späten Frühjahr oder ein Ertragsunterschied beim Drusch festgestellt wurde.

Da die Intensität der Beweidung den Zustand der Saat und nachfolgend auch den Ernteertrag besonders beeinflußt, hat OWEN (1972 b) versucht, diese Kenngröße zu objektivieren. Dabei wird die durchschnittliche Anzahl Gänse, die eine bestimmte Fläche (ha) beweidet, mit der Anzahl der Tage multipliziert, die die Gänse auf dem betreffenden Acker zubrachten, so daß sich als Maßeinheit »Gänsetage/ha« ergeben. In England wurde festgestellt, daß auf normal entwickelten Saaten mit Schäden erst dann zu rechnen ist, wenn die Intensität der Beweidung 2000 Gänsetage/ha überschreitet (OWEN, 1972 b, 1973, 1977). Dann wird eine Blattmenge entnommen, die etwa bei 2 % der Jahresproduktion liegt (Abb. 4/2).

Nach RENNER (1973) ist es für das Wachstum im Frühjahr vorteilhaft, wenn eine Blattmenge im Wert von etwa 1 % der Jahresproduktion entfernt wird, weil dadurch das neue Wachstum begünstigt wird. Diese Zahl ist jedoch zu niedrig angesetzt. HOLZ und SELLIN (1981) stellten fest, daß auf Wintergerstesaaten im Herbst bis zu 83 % der Grünmasse entnommen werden. Die Erträge schwankten zwischen 32 % (gegenüber Kontrollflächen) bei starker und 134 % (!) bei geringer Beweidung. RUTSCHKE und SCHIELE (1978/79) fanden einzelne Flächen, die mit einer Intensität bis zu 1500 Gänsetagen/ha beweidet wurden. Gewöhnlich liegen die Werte weitaus niedriger, weil die Gänse infolge von Störungen durch landwirtschaftliche Arbeiten oder Bejagung auf andere Felder wechseln. Über den positiven Effekt auf die Bestockung, der von mehrmaliger Beweidung ausgeht, berichten KEAR

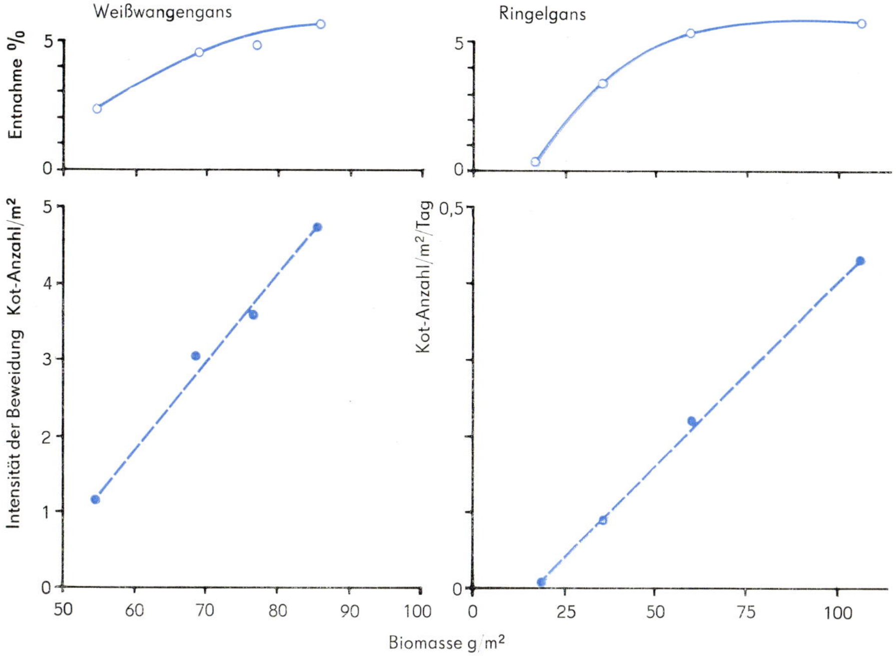

Abb. 4/2
Beziehungen zwischen Biomasse je Flächeneinheit und Intensität der Beweidung und Futteraufnahme bei Weißwangen- und Ringelgänsen *(Branta leucopsis* und *Branta bernicla)* (nach DRENT et al., 1978/79)
Die Intensität der Beweidung wird aus der Anzahl der je Flächeneinheit abgesetzten Kotstäbchen berechnet. Intensiv beweidet werden nur Flächen mit hohem Biomasse-Anteil. Dadurch bleibt die Entnahme von Grünsubstanz auch bei hoher Intensität der Beäsung unter 5 % (oberer Teil der Abbildung).

(1963 a, b, 1970 b), KLAPP (1974), LEISLER (1969) und MILLIEPAARD (1966). In Schottland läßt man nach KEAR (1963 a, b) die Wintersaaten trotz moderner Bewirtschaftungsverfahren der zu erwartenden besseren Bestockung wegen von Schafen beweiden. Schafe werden gelegentlich auf Felder oder Grünflächen getrieben, auf denen zuvor Gänse ästen. Dann fressen sie nicht gleich. Das führte zu der Frage, ob der Gänsekot die Schafe abschreckt, ihnen gewissermaßen den Appetit verdirbt. ROCHARD und KEAR (1970) haben das experimentell geprüft. Es stellte sich heraus, daß mit Gänsekot imprägniertes Futter nur kurzzeitig verschmäht und schon nach wenigen Tagen uneingeschränkt gefressen wurde.

Der zunächst nicht erwartete Befund, daß Wildgänse durch bestimmte Umstände einen Beitrag zur Steigerung des Ernteertrages leisten, legt die Frage nahe, wie sich die düngende Wirkung des Gänsekotes auswirkt. RUTSCHKE und SCHIELE (1978/79) fanden im Gänsekot, der nach Aufnahme von Getreidegrün gebildet wird, einen durchschnittlichen Stickstoffgehalt von 2,3 % und einen Phosphorgehalt von 1 %. Daraus kann man über die Menge des Kotes, der bei einer bestimmten Intensität der Beweidung gebildet wird, die N- und P-Zufuhr berechnen. Bei mittlerer Beweidung sind das 1,24 kg/ha. Das sind zwar nur einige Prozent der Stickstoffmenge, die dem

Boden während der gesamten Vegetationsperiode in Form von künstlichem Dünger zugeführt wird, doch dem Beitrag ist durchaus eine ertragsfördernde Bedeutung beizumessen.

Bisher wenig beachtet wurde die mögliche Erhöhung des Nährstoffgehalts von Schlafgewässern durch den Kot der Gänse. RUTSCHKE und SCHIELE (1978/79) errechneten für den Gülper See (DDR, Bezirk Potsdam) bei einem durchschnittlichen Besatz von 10 000 Gänsen einen Eintrag von 2,2 kg Phosphor und 5,2 kg Stickstoff je Tag. Das ist ein Wert, der in die Nährstoffbilanzierung dieses Ökosystems durchaus einbezogen werden muß. Die Gefahr zunehmender Eutrophierung durch hohen Gänsebesatz besteht besonders bei kleinen Seen. Darauf wurde von KALBE (1982) hingewiesen. Nach seinen Berechnungen wird für den 40 ha großen Felchowsee (DDR, Bezirk Frankfurt) der kritische Wert für Phosphor bei längerer Anwesenheit von etwa 20 000 Gänsen, die dort im Herbst rasten, überschritten.

Auf einen Vorteil spezieller Art, den die Gänse im Herbst in der Landwirtschaft bewirken, wurde man in England aufmerksam. Im Norden des Landes fressen die Gänse nach der Ernte oberflächlich liegengebliebene Kartoffeln. Diese sind Träger der Zysten eines die Kartoffelknollen schädigenden Nematoden *Heterodera rostochiensis)*, die über im Feld verbleibende Kartoffeln auf die nächste Ernte übertragen werden. Die Beseitigung der Kartoffeln mindert die Infektionsgefahr.

In der BRD, der DDR, in Großbritannien und in den Niederlanden richteten die Naturschutzbehörden Fonds ein, um nachgewiesene Gänseschäden durch Zahlungen an die Landwirtschaft kompensieren zu können. Im Falle der Ringelgans ist dieses Verfahren in den Niederlanden sehr großzügig im Sinne der Bauern gehandhabt worden, solange die Art bestandsbedroht war. Der objektiven Schadensermittlung war das abträglich. Wann immer möglich, wurden der Art Wildschäden angelastet. Auf der Insel Texel wurde sie für die Landwirtschaft zur »Gans mit den goldenen Füßen« (PEERAR, 1982).

Schädigung durch Pflanzenschutzmittel

Mit Ausnahme der Graugans brüten alle europäischen Wildgänse in Gebieten, in denen Pflanzenschutzmittel entweder gar nicht oder nur in geringem Umfange zur Anwendung gelangen. Für die Graugans ergeben sich zur Brutzeit ebenfalls kaum Gefahren, weil sich die Brutplätze in Gebieten befinden, in denen Pflanzenschutzmittel wenig oder gar nicht eingesetzt werden. Weitaus gefährlicher für die im Herbst in Mittel- und Westeuropa rastenden Wildgänse ist die Aufnahme von Saatgetreide, das zum Schutz gegen Pilzbefall mit quecksilberhaltigen Beizen behandelt wurde. Über Vergiftungen größeren Ausmaßes durch Pflanzenschutzmittel wurde erstmals durch BAILEY et al. (1972) berichtet. Auf etwa 40 ha Ackerfläche, die mit Winterweizen und Wintergerste bestellt war, wurden im Spätherbst 1971 über 500 tote Graugänse gefunden. Die Nachforschungen über die Todesursache ergaben, daß das Saatgetreide mit Carbophenothion, einem Insektizid aus der Gruppe der Organophosphor-Verbindungen, gegen die Weizenfliege *(Lepthylemyia coarctata)* behandelt worden war. Die Tiere gingen zugrunde, weil sie Saatgut bzw. die auflaufenden Keimlinge gefressen hatten. Bei erneuten Massenvergiftungen im Herbst und Winter 1974/75 waren neben Graugänsen auch Kurzschnabelgänse betroffen (HAMILTON und STANLEY, 1975). In einem Gebiet, in dem 1000 Kurzschnabelgänse regelmäßig weideten, wurden 243 Gänse tot aufgefunden. Von 500 Graugänsen, die in einem kleinen Gebiet re-

Abb. 4/3
Die in England entwickelte Gänsescheuche »Charlie« entspricht detailgetreu einer menschlichen Person. Über einen batteriegietriebenen Antrieb ist sie in der Lage, die Arme und den Kopf zu bewegen.

gelmäßig weideten, verendeten 300 bis 400. Die Aufklärung der Ursache war in diesen Fällen erschwert, weil das Saatgut zugleich mit Carbophenothion und einem quecksilberhaltigen Beizmittel gegen Pilzbefall gebeizt war. Es stellte sich jedoch heraus, daß auch in diesen Fällen Carbophenothion das tödliche Gift war. Die Massenvergiftungen wurden durch eine veränderte Drillmethode begünstigt, zu der die Bauern infolge hoher Bodenfeuchtigkeit gezwungen waren. Dabei blieben zahlreiche Körner oberflächlich liegen, so daß sie von den Gänsen bequem aufgenommen werden konnten.

Besonders spektakulär war der Nachweis eines Massensterbens von Schneegänsen nach Dieldrin-Vergiftungen im USA-Staat Missouri. Da in den Gebieten, in denen die Gänse gefunden wurden, Dieldrin nicht zur Anwendung kam, bereitete die Aufklärung zunächst beträchtliche Schwierigkeiten. Schließlich stellte sich heraus, daß die Vergiftungen in den 900 km südlich gelegenen Winterquartieren in Texas erfolgt waren (Babcock und Flickinger, 1977). Durch Katalin und Gyorgy (1976) sind Vergiftungen ähnlichen Ausmaßes aus Ungarn bekannt geworden. Nach Ruthenberg (1977) ist es auch in der DDR zu Vergiftungen von Saat- und Bleßgänsen durch mit Methylquecksilber gebeiztem Getreide gekommen.

Abwehr von Schäden

Gänseschäden sind in Mitteleuropa am ehesten auf frisch gedrillten Feldern und auflaufender oder unzureichend bewurzelter Getreidesaat zu erwarten. Sie lassen sich nur vermeiden, wenn die Gänse von den bedrohten Feldern ferngehalten werden. Das kann mit Scheuchmitteln verschiedener Art geschehen. Bereits von Kiefernzweigen, die unregelmäßig verteilt auf Getreidesaat aufgestellt werden, geht eine Scheuchwirkung aus. Komplizierter ist es, Vogelscheuchen, die die menschliche Figur nachahmen, über einen Acker zu verteilen. In England wird die Gänsescheuche »Charlie« hergestellt, die eine 2 m hohe menschliche Figur darstellt (Abb. 4/3). »Charlie« ist mit Batterien ausgerüstet und kann in Abständen die Arme heben und den Kopf bewegen. Bei der Erprobung dieser elektrifizierten Vogelscheuche in Dänemark wurden zunächst gute Scheucherfolge erzielt. Nach 14 Tagen hatten sich die Gänse an »Charlie« gewöhnt und weideten in unmittelbarer Nähe (Fog, 1982 d).

Gute Scheucheffekte wurden mit Aluminiumstreifen, bunten Plastikbändern und glitzernden Zinkblättchen erzielt. Vogelschwingen, die an Pfählen freibeweglich angebracht wurden und ausgelegte Bälge erwiesen sich als wirkungslos (Fog, 1982 d). Die Scheuchwirkung derartiger Attrappen hält gewöhnlich nur kurze Zeit an, weil die Gänse die Ungefährlichkeit der sich nicht bewegenden Objekte schnell erkennen. Bessere Wirkung wurde mit gasgefüllten Ballons erzielt, die an Pfähle gebunden, im Winde stark schwingen und die Gänse verunsichern. Gute Erfahrungen sammelte man in Großbritannien mit farbigen Streifen aus Plaste, die an einer Leine befestigt zwischen zwei Pfählen aufgehängt wurden. Grau- und Kurzschnabelgänse meiden in dieser Weise ausgestattete Äcker. Weißwangengänse konnten dadurch zwar ebenfalls einige Zeit ferngehalten werden, weideten aber unter den Farbstreifen, nachdem diese eine gewisse Zeit hingen.

Es wurde auch versucht, Getreidesaaten durch Selbstschußanlagen vor der Schädigung durch Gänse zu sichern. Das Verfahren ist zwar kostenaufwendig, jedoch sehr effektiv, wenn es auf wenige unmittelbar bedrohte Felder beschränkt wird. Zum Verscheuchen der Gänse von den Feldern wurden in Holland Gaskanonen entwickelt, die propan- oder butangetrieben in unregelmäßigen Intervallen von 15 bis 30 Minuten Schüsse abfeuern. Auf der Basis von 10 kg Gas können 12 000 bis 15 000 Schuß abgegeben werden.

Die Wahl der geeigneten Scheuchmittel hängt vor allem von der Größe der zu schützenden Fläche, der Anzahl im Gebiet anwesender Gänse und der Zeitdauer ab, über die der Schutz gewährleistet werden muß.

Auf den stark von Saat- und Bleßgänsen frequentierten Rastgebieten auf der Insel Rügen und in den Nord- und Mittelbezirken der DDR sind die landwirtschaftlichen Produktionsgenossenschaften in Zusammenarbeit mit den Jagdgesellschaften dazu übergegangen, während der in Frage kommenden Herbstwochen einen Feldhüter anzustellen. Wenn die Gänse auf bedrohten Äckern einfallen, werden Warn- und auch gezielte Schüsse abgegeben. Da in den Rastgebieten neben frisch eingesäten Äckern solche mit gut entwickelter Saat zu finden sind, weichen die Gänse auf diese aus. Dort werden sie nicht gestört, weil auf diesen Feldern von ihnen eher Nutzen als Schaden zu erwarten ist. Die Kosten für die kurzzeitige Anstellung eines Feldhüters liegen weit unter denen, die anfallen, wenn Gänse tagelang auf jungen Saaten äsen. Für eine solche Form der Gänseabwehr haben sich auch Den Uil et al. (1982) ausgesprochen. Noch einfacher lassen sich Gänseschäden vermeiden bzw. reduzieren, wenn sich die Landwirte betriebswirtschaftlich auf die Gänse einstellen. In Gebieten, in denen im Herbst regelmäßig Saat- und Bleßgänse rasten, sollte die Aussaat des Getreides vor deren Eintreffen abgeschlossen sein, zumal die agrotechnisch günstigen Termine für die Getreideaussaat in Mitteleuropa vor dem Ankunftstermin größerer Gänsescharen (1. Oktoberhälfte) liegen. In der DDR kommt es nur in Gebieten zu größeren Schäden, wo die Aussaat erst Ende Oktober oder im November vorgenommen wird. Die Schäden in den neuen Poldern an der südwestdänischen Küste hätten sich vermeiden lassen, wenn man in diesen nicht Getreide, sondern Gras ausgesät hätte (Fog, 1982 d).

Frisch bestellte Äcker sind für Gänse von besonderer Attraktivität. In der Nähe eines bedeutenden Rastplatzes in Kanada, wo sich auf dem Frühjahrszug für einige Wochen bis zu 165 000 Kanadagänse sammeln, blieb den Farmern keine andere Wahl als die Änderung der Wirtschaftstechnik. Die Schäden auf frisch bestellten Getreideäckern ließen sich nur auf diese Weise vermeiden (Reed et al., 1977). In England veränderten Bauern, deren Mohrrübenfelder durch Wildgänse geschädigt wurden, die Anbauweise, indem sie das Gemüse in der Nähe ihrer Gehöfte anbauten (OWEN, 1980).

Ein ganz anderer Weg zur Vermeidung von Gänseschäden wird neuerdings in Großbritannien, den Niederlanden, Dänemark und in den USA gegangen. Dort versucht man die Gänse von den landwirtschaftlichen Kulturen durch Schaffung von Ausweich-Nahrungsplätzen fernzuhalten. Auf der Insel Texel wird Ringelgänsen im Frühjahr eine Fläche von 110 ha zu ungestörter Beweidung »angeboten«. Es handelt sich um Grünland, das von Schafen beweidet wird, wenn die Gänse nicht mehr anwesend sind. Etwa 6000 Gänse finden dort ausreichende Ernährungsmöglichkeiten. Die Kosten für diese Maßnahme werden von der Naturschutzbehörde übernommen. In ähnlicher Weise wurde in England verfahren, um Schäden durch Ringelgänse zu vermeiden. Im Bereich der Salzmarsch wurden Schutzgebiete eingerichtet, in denen die Gänse ungestört fressen können. Um die Rückgewöhnung an die frühere Nahrung zu erreichen, werden die Gänse zugleich von den Äckern vertrieben. Das dauert einige Zeit, weil die Ringelgänse erst dann die Schutzgebiete aufsuchen, wenn der Nachteil des mit dem Auffliegen verbundenen höheren Energieverbrauchs den Vorteil der günstigeren Äsungsbedingungen eindeutig übertrifft.

In Dänemark laufen Versuche, durch Ablenkfütterung mit Getreide auf einer 40 ha großen Fläche, Kurzschnabelgänse von der Getreidesaat fernzuhalten (FOG, 1977, 1982 b, c). Während der etwa 14 Tage dauernden Frühjahrsrast wurden auf einer Fläche von 15 ha täglich 400 bis 1000 kg Gerste ausgebracht, eine Menge, die zur Ernährung von 3000 bis 4000 Gänsen ausreicht. Der Versuch verlief jedoch nicht erfolgreich. Es gelang nicht, die Gänse an den Futterstellen zu konzentrieren. In den USA wurde in einem Gebiet, in dem Kanadagänse regelmäßig Schäden an Getreide anrichten, ein 12 000 ha großes Gebiet (drainiertes Marschland) vom Staat gekauft und zum Wildreservat erklärt. Mit Hilfe zahmer Gänse und durch gezieltes Verscheuchen von den umliegenden Ackerflächen gelang es, eine immer größere Anzahl von Gänsen in das Reservat zu »dirigieren«. Dabei wurden auch Flugzeuge und Hubschrauber eingesetzt. Der Aufwand war beträchtlich. Nur mit großer Anstrengung gelang es, die traditionellen Gewohnheiten der Gänse zu überwinden. Im Verlaufe von 20 Jahren stieg die Anzahl der das Reservat aufsuchenden Gänse von 10 000 auf 200 000 (Anfang der 70er Jahre).

Auf die Dauer erscheinen die Versuche, Habitate zu schaffen, in denen die Gänse ungestört überwintern und während der Wanderungen rasten können, am erfolgversprechendsten, um Konflikte zu vermeiden.

5

Gänse als jagdbares Wild

Wildgänse gehören in allen europäischen Ländern von jeher zum jagdbaren Wild. Sie werden in erster Linie des Fleisches wegen geschossen. In manchen Gebieten sind auch die Dunen sehr geschätzt und werden als Bettfedern genutzt. In der heutigen Zeit kommt der jagdsportliche Aspekt hinzu, der vielfach stärker motivierend ist als der Gewinn eines Bratens, zumal dieser zäh und wenig schmackhaft sein kann.

In früherer Zeit wurde den Gänsen zwar stärker nachgestellt als heutzutage, trotzdem war der Jagddruck geringer, weil die Zahl der Jäger kleiner und die Treffsicherheit der Jagdwaffen schlechter war. Hudéc (1974) wies den Versuch, aus Abschußziffern aus früherer Zeit auf den damaligen Gänsebestand schließen zu wollen, als untauglich zurück. In seiner Untersuchung über die Entwicklung der Wildgansjagd im Gebiet der ČSSR wurde das überzeugend dargelegt (Abb. 5/1). Die Anzahl der Jäger, die Technik des Jagens, die Waffentechnik und damit zusammenhängend die Treffsicherheit unterlagen so starken Veränderungen, daß eine Vergleichbarkeit mit den heutigen Gegebenheiten nicht möglich ist. Allenfalls läßt sich durch den Vergleich ermitteln, ob Gebiete, in denen heutzutage Gänse rasten, auch in früherer Zeit aufgesucht wurden.

Die Jagdpraxis änderte sich in Abhängigkeit vom Fortschritt der technischen Entwicklung der Feuerwaffen. Noch in den ersten Jahrhunderten nach deren Erfindung war der Einsatz für die Gänsejagd der geringen Treffsicherheit wegen nicht möglich. Auch die Gänsejagd mit Pfeil und Bogen hat sicher kaum jemals eine große Rolle gespielt, weil sie die unbemerkte Annäherung des Jägers an die scheuen Gänse voraussetzt. Bedeutender dürfte in früherer Zeit der Fang mit Netzen und Fallen gewesen sein, wofür es zahlreiche Berichte aus verschiedenen europäischen Ländern gibt. Der seit Anfang dieses Jahrhunderts ständig steigende Jagddruck war eine der Ursachen für den Rückgang des ehemals reichen Wildgansbestandes in Europa.

Der jagdlichen Übernutzung der Wildgänse wird durch gesetzliche Regelungen begegnet. Sie zielen darauf ab, trotz jagdlicher Nutzung gesunde, sich gut reproduzierende Bestände zu sichern. In den meisten europäischen Ländern ist deshalb die Frühjahrsjagd auf Gänse verboten (Abb. 5/2). Die wenigen Länder, die sich dieser Regelung noch immer widersetzen, sehen sich einem starken Druck seitens der internationalen Fachverbände ausgesetzt, so daß der Erlaß entsprechender Bestimmungen wohl nur eine Frage der Zeit ist.

Die Jagdsaison dauert in den einzelnen Ländern unterschiedlich lange, was jedoch wenig über die Praxis der Jagdausübung und den realen Jagddruck aussagt. In Dänemark wurden vor dem Jagdverbot auf Ringelgänse 8000 bis 10 000 Gänse geschossen (FOG, 1976). In der ČSSR beginnt die Jagdzeit auf Gänse erst am 1. 10. und ist damit eine der kürzesten und am spätesten einsetzenden in Europa. Allerdings ist es seit Beginn der 70er Jahre üblich, regional den Jagdbeginn vorzuverlegen (HUDÉC, 1974). In den Niederlanden ist die Jagd auch tageszeitlich eingeschränkt. Nur von 1/2 Stunde vor Sonnenaufgang bis 10.00 Uhr dürfen Gänse geschossen werden. In westeuropäischen Ländern gibt es zahlreiche Beschränkungen in der Bejagung einzelner Arten. Nach dem katastrophalen Rückgang der Ringelgans beschlossen alle Länder, in denen die Art in größerer Anzahl überwintert, ein vollständiges und zeitlich nicht begrenztes Jagdverbot. Der Erfolg bewies die Richtigkeit dieser Maßnahme. Wenngleich verschiedene Faktoren zusammenwirken, war doch mit Sicherheit das Jagdverbot einer der wesentlichsten Gründe für die Bestandszunahme. Dasselbe gilt für die Weißwangengans. Die Niederlande und die BRD haben sich auf Jagdverbot in den Überwinterungsgebieten im Wattenmeer der Nordsee geeinigt. Auf den britischen Inseln wurden die Jagdzeiten wieder verlängert, nachdem es auf Grund des anhaltenden Bestandsanstieges zu Schäden an landwirtschaftlichen Kulturen kam. Auf der zweiten Konferenz über die Bestandslenkung wandernder Vogelarten in der Westpalaearktis, die im Dezember 1979 in Paris stattfand, wurde das totale Jagdverbot für die Zwerggans gefordert, um auch auf diese Weise der katastrophalen Bestandsabnahme dieser Art entgegenzuwirken.

Praxis der Jagdausübung

Wildgänse reagieren auf Bejagung äußerst empfindlich. Sie lernen es schnell, Plätze zu meiden, an denen sie beschossen werden. Ihre Umgebung prägen sie sich in kurzer Zeit bis auf kleinste Details ein, so daß sie Veränderungen sofort bemerken. Immer wieder überrascht es, wie sorgfältig Graugänse den Bereich vor dem gut getarnten zusammengelegten Netz in den ersten Tagen nach dem Aufbau der Netzwurfanlage (Kanonennetz) meiden. Oft stehen sie dicht gedrängt beiderseits der Netze, und in geradezu überzeugend auffälliger Weise bleibt der »fängische Bereich« ausgespart. Auf sich bewegende Objekte und Bewegungen feinster Art reagieren Gänse augenblicklich. Die Fähigkeit, zwischen sich wiederholenden bedeutungslosen Objekten wie Traktoren und anderen landwirtschaftlichen Geräten und den zugehörigen Menschen und fremden Personen unterscheiden zu können, ist gera-

Abb. 5/1
Anzahl erlegter Wildgänse (Jagdstrecke) im Gebiet um Trebon (Südmähren, ČSSR; nach HUDÉC, 1974)

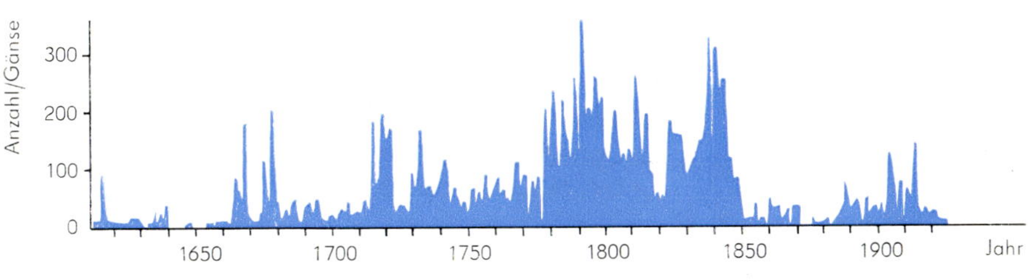

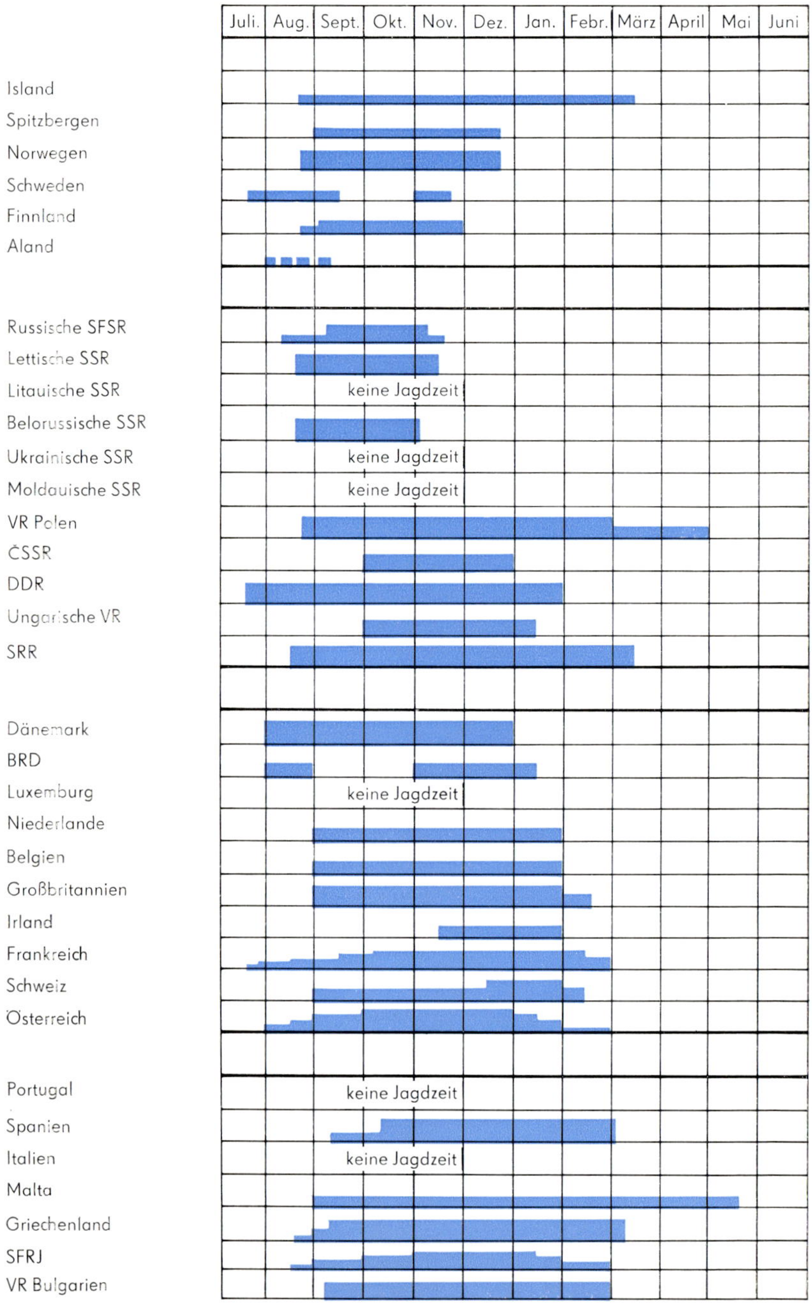

Abb. 5/2 Jagdzeiten für Wildgänse in Europa (nach LAMPIO, 1983)

dezu erstaunlich. Welche Schwierigkeiten daraus Ornithologen erwachsen können, die zugleich Jäger sind, wußte bereits NAUMANN (in NAUMANN-HENNICKE, 1905): »Wenn sie auch den beschäftigten Landleuten, Hirten und Weibspersonen mehr als anderen Menschen traut, so hat sie doch fast immer Verdacht gegen den in die Kleidung jener vermummten Schützen und flieht diesen früher als jenen; höchstens hält sie ihm auf Büchsenschußweite stand. Versuche, sich auf freiem Felde diesen Gänsen zu Wagen oder hinter dem Schießpferde zu nähern, geben selten ein besseres Resultat ... Schon in weiter Entfernung erkennen sie den Schützen, weshalb auch das Anschleichen hinter hohen Wällen, hohen Grabenufern und Hügeln nur dann glückt, wenn jenes nicht vorherging.« In diesem Zitat kommen die Gänse zu gut weg. Dem geübten Jäger gelingt es durchaus, sie zu täuschen. So berichtet SCHRÖDER (1974), daß sich ein Jäger mit dem Moped einer Schar von 400 Bleßgänsen bis auf 20 m näherte. Sie flüchteten erst, als er drei geschossen hatte. Gute jagdliche Erfolge lassen sich erzielen, wenn sich der Jäger bei Schnee durch weiße Kleidung tarnt. So gekleidet gelang es zwei Jägern, an einem Tage über 100 Gänse zu schießen (SCHRÖDER, a.a.O.). Andererseits werden Gänse schnell vertraut, wenn sie nicht bejagt werden, und die Fluchtdistanz geht merklich zurück (KÜHL, 1979).

Erfolgreiche Jagd auf Gänse erfordert nicht nur Treffsicherheit und sportlichen Einsatz, sondern genaue Kenntnisse über die Biologie und das Verhalten der Gänse. Als günstige Tageszeit wird von den Jägern die Zeit des Ab- und Anfluges vom Schlafplatz bevorzugt. Da die Gänse bei längerem Aufenthalt am Rastplatz täglich in einer bestimmten Richtung abfliegen und zurückkehren, sollte der Jagd, wenn diese erfolgreich sein soll, zunächst die Beobachtung des Verhaltens vorausgehen. Im Laufe der Rast- und Überwinterungsperiode verändern die Gänse ihre Einstandsgebiete und damit die Richtung des Ab- und Anflugs zum Schlafgewässer. Da die Gänse beim Abflug einige Zeit benötigen bis sie an Höhe gewonnen haben, sind die Chancen zum Schuß zu kommen in Ufernähe am größten. Vorteilhaft ist der gut versteckte Ansitz direkt im Schilfgürtel.

Die Jagd am Schlafplatz, obwohl zweifellos am erfolgversprechendsten, hat den Nachteil, daß die Gänse nach häufiger Bejagung den Schlafplatz wechseln, indem sie auf ein anderes Gewässer ausweichen. Deshalb ist die Jagd auf den Äsungsplätzen vorzuziehen. Sie erfordert jedoch besonders sorgfältige Vorbereitung. Ein gut getarntes Versteck ist unumgänglich, weil die Gänse bei direkter Annäherung bereits weit außerhalb der Schußweite abfliegen. Doch nur dort lohnt es, ein Versteck anzulegen, wo die Gänse regelmäßig zur Äsung einfallen. Das setzt wiederum genaue Beobachtungen voraus und bleibt selbst dann unsicher, weil die Gänse nach Störungen die Äsungsfläche wechseln. Diese Unsicherheiten lassen sich durch Gemeinschaftsjagden, wie sie in vielen europäischen Ländern üblich sind, in gewissem Umfange kompensieren. Dabei postieren sich die Jäger an Feldrainen, unter Büschen, Strohdiemen u. a. im Umkreis der zu bejagenden Gänseschar. Beschossen werden die auffliegenden Gänse. In einigen Ländern, so in Großbritannien, dienen Gänseattrappen (Decoys) aus Plaste oder ausgestopfte Gänse als Lockvögel. Damit lassen sich gute Erfolge erzielen, wenn bei der Aufstellung der Attrappen bestimmte Verhaltensweisen der Gänse beachtet werden. In Holland war es früher üblich, zahme Gänse als »Lockvögel« zu benutzen. Die Jagd mit Hilfe lebender Lockvögel ist heutzutage überall in Europa verboten, und auch Attrappen sind in den meisten Ländern nicht erlaubt.

Da Gänse in der Regel im Fluge geschossen werden, gehören körperliche Gewandtheit und hohe Treffsicherheit zur Jagd. Vor allem ist es wichtig, die Entfernung rasch und genau abschätzen zu können. Hier liegt eines der Hauptprobleme der Gänsejagd. Wird bei zu großer Entfernung geschossen, dann dringen die Schrote kaum in das widerstandsfähige Federkleid ein oder rufen lediglich Verletzungen hervor. Gänse verleiten den nicht geübten Schützen leicht zum Schuß aus zu großer Distanz, weil ihre Größe eine geringere Entfernung vortäuscht. Eine Untersuchung in Südschweden ergab, daß von 170 untersuchten Saatgänsen fast zwei Drittel Schrote von früherem Beschuß im Körper hatten (EKMAN, 1980). Bei einer Umfrage über die Ergebnisse der Gänsejagd in Europa wurde auch nach der Schußweite gefragt. Dabei ergab sich, daß aus 18 Ländern über zu große Schußentfernungen geklagt wurde (LAMPIO et al., 1974).

Flügellahme oder in anderer Weise verletzte Gänse sind immer ein Hinweis auf unwaidmännische Jagdpraxis. Gelegentlich sieht man noch im folgenden Sommer flugunfähige Saatgänse, die, sich in Schilf und Ried versteckend, ein beklagenswertes Dasein führen bis sie letztendlich vom Fuchs oder von anderem Raubwild gegriffen werden.

Als unwaidmännisch ist die Gänsejagd ohne entsprechend abgerichteten Hund abzulehnen. Vom Hund ist zu verlangen, daß er die Gans auch dann bringt, wenn sie nicht sofort tödlich getroffen wurde. Das gilt insbesondere für die Jagd am Wasser oder in dessen Nähe. Flugunfähige Gänse versuchen sofort, sich im Schilf zu drücken und verenden dann an Stellen, die dem Schützen nicht zugänglich sind. Nur ein gut arbeitender Hund ist in der Lage, die Gans zu bringen.

Aus früherer Zeit, als es üblich war, den Gänsen auf jede erdenkliche Art nachzustellen, haben sich da und dort bis in unsere Zeit Jagdmethoden erhalten, die unserer heutigen Auffassung von jagdlicher Ethik widersprechen. Dazu gehört insbesondere die Gänsejagd bei Nacht. Bei Annäherung mit dem Boot an die in großen Scharen dicht gedrängt auf dem Wasser ruhenden Gänse kann die Jagd zwar erfolgreich sein, insbesondere wenn die Szenerie noch zusätzlich durch Scheinwerfer beleuchtet wird, doch die Zahl der verletzten Gänse ist infolge des ungezielten Schießens in die auffliegenden Scharen sehr groß. Deshalb sind solche Praktiken, die gegenwärtig noch in Frankreich erlaubt sind, unbedingt abzulehnen. Das gilt auch für das Beschießen weidender Gänse aus dem fahrenden Kraftwagen heraus.

In den USA und in einigen westeuropäischen Ländern wird seit einigen Jahren lebhaft diskutiert, ob die üblichen Bleischrote durch Munition anderer Art ersetzt werden sollen. Die Diskussion betrifft zwar in erster Linie die Entenjagd, doch sie ist auch auf die Gänsejagd ausgeweitet worden, seit man weiß, daß in stark bejagten Gebieten Kanadagänse an Konzentrationspunkten der Jagd die umherliegenden Bleischrote fressen. In noch stärkerem Maße werden Bleischrote von Enten mit der Nahrung vom Teichboden aufgenommen. Das kann an Plätzen, an denen lange und intensiv gejagt wurde, zu Bleivergiftungen führen. In Nordamerika ist versucht worden, die Toxizität der Bleischrote durch Verwendung von Legierungen oder durch Ummantelung mit Plaste zu beseitigen. Ein die allgemeine Praxis verändernder Erfolg war diesen Bemühungen bisher nicht beschieden. In vielen Fällen erwies sich die neue Munition als nachteilig für die Lebensdauer der Waffen, oder es wuchs die Anzahl der verletzten Tiere, weil die ballistischen Eigenschaften nicht an die der Bleischrot-Patronen heranreichten. Für die Gänsejagd in Europa ist dieses Problem bedeutungslos, weil es nur ausnahmsweise vorkommt, daß Gänse einzelne Schrote fressen.

Die früher in England übliche Verwendung von Kleinkanonen verschiedenster Bauweise, die nach dem Kartätschenprinzip arbeiteten, ist gegenwärtig nicht mehr in Gebrauch. Nach OWEN (1980) waren die Rohre bis zu 2 m lang und hatten einen Durchmesser von 38 bis 50 mm. Mit der 38-mm-Kanone können bis zu 450 g Munition mit einem Schuß abgegeben werden. »Gänsekanonen« von derartiger Größe waren natürlich fest installiert, doch gab es auch kleinere, die aus der Hand abgefeuert wurden. Mit Waffen dieser Art ließen sich unter günstigen Bedingungen in kurzer Zeit große Strecken erzielen. Der Einsatz erfolgte häufig an der Küste und von Booten aus, auf denen die Kanonen fest montiert waren. Gegenwärtig wird diese Methode noch zur Entenjagd angewendet.

Auswirkungen der Jagd auf die Populationsentwicklung

Es läßt sich nicht bezweifeln, daß seit dem Einsatz treffsicherer Jagdwaffen und der Zunahme der Zahl der Jäger die Gänsepopulationen fast überall in Europa dezimiert wurden und die Jagd den Rückgang einiger Arten verursachte oder zumindest daran Anteil hatte. Dabei muß man sich davor hüten, zu verallgemeinern oder vorschnell zu urteilen, weil es an verläßlichen Angaben mangelt und Bestandsrückgänge häufig genug die Folge mehrerer sich addierender Faktoren sind. Der unerwartete und sehr plötzliche Rückgang der Ringelgans war nicht die Folge überhöhter Bejagung, und auch der katastrophale Rückgang der Zwerggans hat andere Ursachen.

Andererseits liegen aus den letzten Jahren zahlreiche Beispiele dafür vor, daß zeitweiliges Jagdverbot in Kombination mit Schutzmaßnahmen anderer Art zu raschem Populationsanstieg führt (siehe Bestandsentwicklung der Ringel- und Weißwangengans). Die danach wieder zugelassene Bejagung hat die weitere positive Bestandsentwicklung nicht gebremst. In den USA und Kanada sind die Bestände der Kanadagans stark angestiegen, obwohl jährlich Zehntausende erlegt werden. In Europa haben Saat- und Bleßgänse in den 70er Jahren stark zugenommen, obwohl die Population in weiten Teilen des Überwinterungsgebietes regelmäßig bejagt wird. Das alles beweist, daß Gänsepopulationen ein bestimmtes Maß jagdlicher Nutzung vertragen. Das Problem besteht darin, daß es zuverlässige Kenntnisse über die Größe des jagdlich nutzbaren Teils einer Gänsepopulation nicht gibt und sich gegenwärtig kaum gewinnen läßt. Für die Gänsepopulationen stellt die Jagd einen zusätzlichen Mortalitätsfaktor dar. Je nach der Intensität der Jagdausübung, dem Gesamtzustand der Population und den anderen Mortalitätsfaktoren können die Auswirkungen der Jagd verschieden sein. Wenn eine Population wächst, ihre Umweltkapazität also nur teilweise ausgeschöpft ist, dann wird Bejagung diesen Prozeß verlangsamen oder sogar gänzlich unterbinden. Befindet sich jedoch die Population durch annähernd vollständige Ausnutzung der Umweltkapazität in gut entwickeltem Zustand, dann wird durch die Jagd nur »abgeschöpft«, was durch andere Mortalitätsfaktoren ohnehin zugrundegehen muß. Der Widerstand, den die Umwelt dem Wachstum der Population in Form von dichteabhängigen Faktoren entgegensetzt, wächst mit Annäherung an die Umweltkapazität. Diese theoretische Betrachtungsweise gewinnt für die Praxis erst Bedeutung, wenn entweder die Umweltkapazität oder Festlegungen über die wünschenswerte Dichte bzw. Größe der Population erfolgen. Derartige Festlegungen sind für jagdbares Wild durchaus üblich und spielen als Wild-Bonitierung in der wildbiologischen Praxis eine große Rolle. Für Wildgänse fehlen solche Regelungen. Die Hauptschwierigkeit liegt in der räumlichen Trennung zwischen den Brutgebieten, in denen sich die Gänse nur 3 bis 4 Monate aufhalten, und den Rast- und Überwinterungsgebieten, in denen sie sich unterschiedlich lange aufhalten. In Europa liegen diese Gebiete fast ausnahmslos in verschiedenen Ländern. In Nordamerika ist die Situation einfacher, weil Vereinbarungen über die jagdliche Nutzung nur von zwei Ländern zu treffen sind. Dadurch ist es möglich, die Abschußquoten den Reproduktionsraten anzupassen und dadurch eine biologisch begründete Bewirtschaftung zu erreichen. In Europa ist ein solches Vorgehen gegenwärtig utopisch, weil die Gesetzgebung in den einzelnen Ländern sehr unterschiedlich ist. Außerdem liegen hinreichend genaue Angaben über die Bestandsgröße und Siedlungsdichte nur für die Graugans und die auf Grönland, Island, Spitzbergen und Skandinavien brütenden Populationen anderer Arten vor. Selbst wenn aus den übrigen Hauptbrutgebieten entsprechende Kenntnisse vorlägen, blieben diese für die Jagdpraxis bedeutungslos, weil sie gewöhnlich erst nach Jahren publiziert werden, so daß sie für die Länder, in denen die Jagd hauptsächlich ausgeübt wird, zu spät kommen.

Ein Hauptproblem ist die Jagd längs des gesamten Wanderweges von den Brutgebieten bis in die Winterquartiere, solange es keine Abstimmungen zwischen den Ländern gibt, die die Gänse durchqueren. Die Bleß- und Saatgänse der Ostsee-Nordsee-Winterpopulation werden nacheinander in verschiedenen Republiken der UdSSR, in der VR Polen, der DDR, Dänemark, der BRD und schließlich in den Niederlanden, Belgien und Frankreich bejagt. Es ist gegenwärtig absolut unmöglich, zuverlässig zu ermitteln, wie stark der Jagddruck ist, dem diese Populationen insgesamt ausgesetzt sind. Die in den einzelnen Ländern geltenden Regelungen nehmen in keinem Fall auf die Bestandsgröße und den Jagddruck in den anderen Ländern längs der Wanderroute Rücksicht. International verbindliche Vereinbarungen werden durch die Arbeitsgruppe für Wasservogeljagd des »Internationalen Büros für die Wasservogelforschung« seit längerer Zeit angestrebt. Sie sind angesichts der beschriebenen Situation überfällig, jedoch noch lange nicht in Sicht.

Sonstige Nutzung von Wildgänsen

In den arktischen Gebieten wurden und werden Wildgänse ihres Fleisches, der Eier und der Federn – insbesondere der Dunen – wegen von der ansässigen Bevölkerung genutzt. Vor der Erschließung Sibiriens und Alaskas beeinträchtigte das die Gänsepopulationen nur wenig, obwohl deren Nutzung ein nicht zu vernachlässigender Faktor für die menschliche Existenz unter subarktischen und arktischen Bedingungen war. USPENSKI (1965) schreibt, daß die nichtflüggen Ringelgänse in Nordsibirien in großen Mengen gefangen wurden. Das Fleisch der Ringelgans gehörte im Sommer obligatorisch zum Speiseplan alaskischer Eskimos (EINARSEN, 1965).

6

Schutz und Bestandslenkung

Die spektakulären Bestandszunahmen vieler Wildgansarten beruhen vor allem auf Schutzmaßnahmen, die in den meisten europäischen Ländern eingeführt wurden. Diese reichen vom Verbot des Eiersammelns und des Fangs mausernder Gänse über die Einrichtung von Schutzgebieten, künstlichen Neu- und Wiederansiedlungen und Nisthilfen bis hin zu restriktiven Festlegungen für die Bejagung. Wie sich die einzelnen Maßnahmen auswirken, läßt sich vielfach nur schwer abschätzen, weil in der Regel mehrere Faktoren zusammenwirken und vom Menschen unbeabsichtigte Faktoren bestandsfördernd hinzukommen.

Schutzgebiete

Seit dem Aufblühen der Naturschutzbewegung in Europa ist es üblich, Gebiete, in denen seltene oder bestandsgefährdete Tier- und Pflanzenarten vorkommen, unter Schutz zu stellen und auf diese Weise störende Faktoren auszuschließen oder doch zu reduzieren. Viele Naturschutzgebiete sind Feuchtgebiete, zu deren Bewohnern auch Wildgänse gehören. In Mitteleuropa kam die Einrichtung von Naturschutzgebieten vor allem der Graugans zugute. In der DDR nahm ihr Bestand in Feuchtgebieten, die als Naturschutzgebiete ausgewiesen sind, schneller zu als in ungeschützten Gebieten. Dabei spielt die in Naturschutzgebieten herrschende Jagdruhe eine wichtige Rolle. An vielen in früherer Zeit aufgegebenen Plätzen konnte die Graugans als Brutvogel wieder heimisch werden, weil ihr während der Brutzeit nicht mehr nachgestellt wird.

Gromadzki und Wieloch (1983 b) fanden bei der Analyse der gegenwärtigen Brutverbreitung der Graugans in der Polen eine deutliche Zunahme und Neubesiedlung nur in den westlichen Landesteilen, in denen die Frühjahrsjagd seit 1976 verboten ist. In den östlichen Landesteilen, in denen die Jagd noch immer bis Ende April zugelassen ist, fehlt die Art weitgehend und siedelt sich trotz kräftiger Zunahme weiter westlich nur zögernd an, obwohl geeignete Habitate vorhanden sind. Die Autoren führen das auf die an den Brutplätzen praktizierte Frühjahrsjagd zurück.

Schutzgebiete können ihre Funktion nur erfüllen, wenn durch ein langfristig angelegtes Management dafür gesorgt wird, daß ihr spezifischer Charakter erhalten bleibt. Das ist bei vielen kleinflächigen Naturschutzgebieten in Mitteleuropa nicht einfach, weil Veränderungen im Umland fast immer auch in das Naturschutzgebiet hineinwirken. Das gilt in besonderem Maße für Feuchtgebiete. Meliorationen in der Nachbarschaft beeinflussen den Wasserhaushalt, und die erhöhte Zufuhr von anorganischen Düngemitteln wirkt über die Vorflut und das Grundwasser auf die Wasserqualität und damit auf das gesamte Ökosystem. Viel leichter läßt es sich durchsetzen, das Gebiet nicht zu betreten oder zu bejagen, als unerwünschte Einwirkungen genannter Art zu beseitigen. Schutzgebiete von großer Ausdehnung mit Bedeutung für brütende Wildgänse wurden vor allem in Nordeuropa eingerichtet. Hierzu gehört das Kandalaschka-Naturschutzgebiet im Nordwesten der UdSSR. Dort befinden sich wichtige Herbstrastplätze für Ringel- und Weißwangengänse, an denen sich Zehntausende Tiere vor dem Flug nach Mitteleuropa im Littoral und Flachwasser der Küste in der Nähe der Stadt Kem und der Myag-Inseln sowie dem Solowetzky-Archipel sammeln (Bianki, 1981). Vor allem zum Schutz der Rothalsgänse wurde auf Taimyr ein Schutzgebiet mit 1 324 000 ha ausgewiesen (Taimyrski Sapowednik). Dieses Gebiet und die Yamal- und Gydansk-Halbinsel gehören zu den Gebieten Nordwestsibiriens, in denen Wildgänse noch immer zu Hunderttausenden brüten. Uspenski und Kistschinski (1972) schätzten nach Flugbereisungen, die 1968 bis 1969 erfolgten, den Gesamtbestand in diesem 17 700 km^2 großen Gebiet auf 315 000 Saat-, Bleß- und Ringelgänse und in geringer Anzahl auch Rothalsgänse im südwestlichen Teil von Gydan (Abb. 6/1). Für Schneegänse gibt es ein Schutzgebiet auf der Wrangel-Insel. Schutzgebiete für Brutkolonien oder Gebiete, in denen Wildgänse in großer Dichte brüten, gibt es auch auf Grönland, Island und Spitzbergen.

Neben dem Jagdverbot und dem Verbot des Betretens von Kolonien gehört es zu den Pflegemaßnahmen in Schutzgebieten für Brutvögel, die Predatoren zu bekämpfen. Im hohen Norden können die Verluste, die Polarfuchs und Greifvögel verursachen, beträchtlich sein, weil die Nester vielfach ungedeckt in der Tundra stehen.

Von außerordentlicher Bedeutung ist der Schutz der bedeutenden Rast- und Überwinterungsgebiete.

In den meisten west- und mitteleuropäischen Ländern wurden die bedeutenden Rast- und Überwinterungsgebiete der Wildgänse zu Naturschutzgebieten erklärt, oder sie erhielten im Rahmen der »Konvention zum Schutz von Feuchtgebieten« den Status »Feuchtgebiet von internationaler Bedeutung«. Dadurch sind Ruhezonen geschaffen worden, in denen die Gänse ohne größere Störungen leben können. Zu den wichtigsten Maßnahmen in diesen Schutzgebieten gehört das Verbot der Jagd. Gerade im Herbst und Winter, wenn die Jagd auf Wildgänse überall offen ist, erfüllen Schutzgebiete eine wichtige Funktion als Ruhe- und Rückzuggebiete. Gänse lernen sehr schnell, Gebiete zu meiden, in denen sie stark bejagt werden, und jene aufzusuchen, in denen die Jagd ruht. Am Niederrhein vervielfachte sich der Saatgansbestand innerhalb weniger Jahre seit Einführung des Jagdverbots. Die Zunahme liegt weit über dem Durchschnitt der allgemeinen Bestandszunahme. Das trifft in gleicher Weise für die Rast- und Überwinterungsplätze der Saatgans in den Naturschutzgebieten Gülper See (DDR) und Słonsk (VR Polen) zu, obwohl in diesen Gebieten die Bejagung auf den Äsungsflächen erlaubt ist. Offensichtlich genügt allein die Jagdruhe am Schlafplatz, um die Attraktivität des Gebietes für Gänse zu erhöhen. In der intensiv genutzten Landschaft West- und Mitteleuropas werden sich trotz der allgemeinen Bestandszunahme Überwinterungsplätze für Wildgänse nur erhalten lassen, wenn zusammenhängende Jagd-Ruhezonen geschaffen werden, wie sie Gerdes und Reepmeyer (1983) für den Dollart (BRD) gefordert haben.

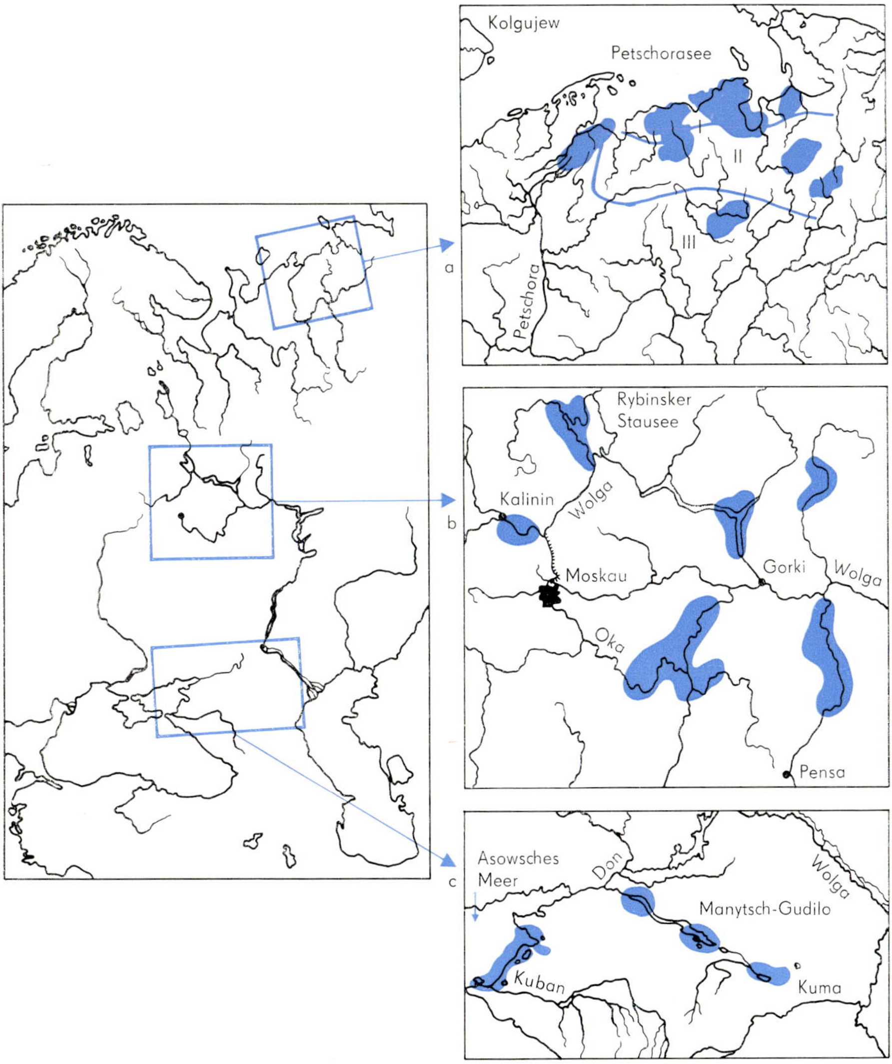

Abb. 6/1

Hervorragende Brut-, Rast- und Überwinterungsgebiete für Wildgänse im europäischen Teil der UdSSR

a – Bolschesemelskaja Tundra (nach Mineev, 1981; verändert)

b – Gebiet um Moskau (nach Priklonski, 1981; verändert)

c – Vorland des Kaukasus (nach Bianki, 1981; verändert)

I – maritime Tundra, II – niedrige Buschtundra, III – nördliche Waldtundra

An einem Überwinterungsplatz der Bleßgans in Südwestengland (New Grounds bei Slimbridge) begnügt man sich nicht mit passiven Schutzmaßnahmen, sondern erprobt aktive Maßnahmen zur Verbesserung der Überwinterungsbedingungen. Bereits im Sommer wurden die Vegetationsverhältnisse durch künstliche Düngung und andere Eingriffe in Richtung auf verbesserte Äsung für die Gänse verändert. Durch Umgestaltung der Struktur des Gebietes wurde erreicht, daß sich die Gänse im Rastgebiet so verteilen, daß die Störungen von außen auf ein Mindestmaß reduziert werden (OWEN, 1973).

Da Wildgänse nur eine kurze Periode innerhalb des Jahreszyklus im Brutgebiet verbringen, sich sonst aber auf Sammel-, Rast- oder Überwinterungsplätzen bzw. auf Wanderungen befinden, müssen die Schutzmaßnahmen von der Biologie der jeweiligen Art ausgehend in sinnvoller Weise aufeinander abgestimmt sein. Eines der Ziele der vom »Internationalen Büro für Wasservogelforschung« geleiteten Arbeitsgruppe für Wildgänse besteht darin, ein System von Schutzgebieten zu schaffen, in das gleichermaßen Brut-, Rast- und Überwinterungsplätze einbezogen sind. Vor allem kommt es darauf an, daß längs der Wanderrouten in angemessenen Abständen Rastmöglichkeiten gegeben sind, die den Tieren Nahrung und Schutz bieten. Die Gänse sollen gewissermaßen längs einer »grünen Route« wandern können, wobei die Rastplätze die Funktion von »Tank- und Erholungsplätzen« haben. Das setzt voraus, daß die Schutzmaßnahmen in den einzelnen Ländern, die die Gänse im Verlaufe ihrer Wanderungen durchqueren, in sinnvoller Weise aufeinander abgestimmt sind.

Beispielhaft in dieser Hinsicht sind die für die dunkelbäuchigen Ringelgänse getroffenen Regelungen (DE KLEMM, 1979). Den Bemühungen dänischer, niederländischer und westdeutscher Naturschützer ist es zu danken, daß für die Tiere im Gebiet des Wattenmeeres an der Nordseeküste, in dem sie sich von Oktober bis Mai aufhalten, ausreichend Schutz gegeben ist. Dazu gehört in erster Linie, daß der Charakter dieser einmaligen Küstenlandschaft erhalten bleibt. Für den Heimzug der Ringelgans sind die Anforderungen, die an eine »grüne Route« zu stellen sind, bereits teilweise erfüllt. Seit erkannt wurde, daß für deren Ernährung die Pflanzen des Wattenmeeres und der Salzwiesen im Küstenbereich von allergrößter Bedeutung sind, wurde seitens des Vogelschutzes ein energischer Kampf um die Erhaltung dieser stark bedrohten Lebensräume geführt. Das »Internationale Büro für Wasservogelforschung« veranstaltete gemeinsam mit dem »Internationalen Rat für Jagd und Wildschutz« 1977 in Paris eine wissenschaftliche Tagung, auf der alle mit der Bestandssituation und der Bestandslenkung der Ringelgans zusammenhängenden Fragen ausführlich beraten wurden. Von besonderer Bedeutung ist die Schaffung zusammenhängender Schutzgebiete an der Nordseeküste (ERZ, 1972; PROKOSCH, 1979). Derartige Projekte lassen sich jedoch trotz erstarkter Naturschutzbewegung nur schwer oder gar nicht realisieren, wie die trotz erheblicher Proteste erfolgte Eindeichung im Grenzgebiet BRD-Dänemark (Rodenas-Vorland, Hjer) beweist. Die wichtigsten Zwischenrastplätze vor der Küste der Estnischen SSR und am Weißen Meer befinden sich in Schutzgebieten.

Angestrebt werden internationale Vereinbarungen zum Schutz und zur Gestaltung von Gebieten, in denen Wildgänse regelmäßig in großer Anzahl rasten und/oder überwintern (SCOTT, 1979). Dieser Zielsetzung dient auch die »Konvention über den Schutz von Feuchtgebieten, insbesondere als Lebensräume für Wat- und Wasservögel«, die 1974 in Ramsar/Iran abgeschlossen wurde. Dem Abkommen sind inzwischen fast 40 europäische und außereuropäische Länder beigetreten. In allen Ländern, in denen Wildgänse durchziehen, in größerer Anzahl brüten oder überwintern, sind Gebiete von

Abb. 6/2
Künstliche Nisthilfen

herausragender Bedeutung den Schutz des Abkommens gestellt worden. Die Feuchtgebietskonvention zielt in stärkerem Maße auf den Schutz von Lebensräumen ab als die 1902 abgeschlossene und 1950 erneuerte internationale Vogelschutzkonvention. Da Wildgänse Wanderungen durchführen, fallen sie auch unter die »Konvention zur Erhaltung der wandernden, wildlebenden Tierarten«, die 1979 in Bonn (BRD) von zahlreichen westeuropäischen Staaten unterzeichnet wurde. Die Zielsetzungen dieses Übereinkommens sind von KOLODZIEJCOK und HERBSLEB (1979) dargelegt worden. Mit diesen Konventionen sind in Europa Übereinkünfte erreicht, die es den einzelnen Staaten erlauben, den biologischen Erfordernissen der einzelnen Arten entsprechende gesetzliche Regelungen zu treffen.

Nisthilfen

Auf künstlichen Gewässern, etwa Gruben- und Stauseen siedeln sich Gänse häufig nur deshalb nicht an, weil zu schmale oder fehlende Schilfgürtel keine Nistmöglichkeiten bieten. Diese lassen sich auf einfache Weise schaffen, indem einfache Flöße entsprechend hergerichtet werden. Sie erfüllen die Funktion kleiner Inseln (Abb. 6/2). Die ideale Grundkonstruktion eines derartigen Floßes ist ein Kreuz. Dadurch wird erreicht, daß innerhalb der Arme unabhängig von der herrschenden Windrichtung zumindest eine geschützte »Bucht« vorhanden ist. Einfacher zu bauen sind Flöße mit rechteckigem oder quadratischem Grundriß. Tragende Elemente können schwimmende Fässer aus Metall oder Plaste sein. Letztere sind der guten Haltbarkeit wegen besonders geeignet. Mit Hilfe von Leisten und Brettern werden die Hohlkörper miteinander verbunden, mit Erdreich bedeckt und nach Möglichkeit mit Ufervegetation bepflanzt. In England wurden solche Flöße erfolgreich zur Ansiedlung von Kanadagänsen genutzt. Besonders bewährt haben sich Konstruktionen, bei denen zwei schwimmende Tanks durch eine Plattform miteinander verbunden sind. Diese bestehen aus einer Halterung aus Winkeleisen, in die Holzbohlen (z. B. ausgesonderte Eisenbahnbohlen) eingelassen sind. Derartige Flöße sind dauerhaft und liegen auch bei stärkerem Wind ruhig im Wasser. Die Plattform ragt nur wenig aus dem Wasser, läßt sich deshalb von den Gänsen gut »besteigen« und begrünt schnell, wenn zwischen den Bohlen Spalten für die Pflanzenwurzeln bleiben.

Bei der Einbürgerung der Kanadagans in Schweden und Norwegen spielten künstliche Nistplattformen, die an geeigneten Stellen angebracht wurden, eine wichtige Rolle. Die künstlichen Nester bestehen aus einer quadratischen, mit Brettern umrandeten Holzgrundlage. Eine zentrale Aushöhlung, die als Nistmulde dient, erleichtert den Gänsen den Nestbau. Im Wolgadelta wurden verschiedene künstliche Nisthilfen für Graugänse erprobt. Besonders bewährten sich aus Schilf oder Binsen geflochtene Nester, die zur Erhöhung der Festigkeit mit Draht oder witterungsbeständiger Schnur umwickelt wurden (Winogradow et al., 1982). Die Nester sind je nach verwendetem Material 6 bis 12 kg schwer und werden so ausgebracht, daß sie auf der Wasseroberfläche schwimmen. Dadurch wird erreicht, daß sie den Wasserstandsschwankungen folgen. Mit Hilfe der schwimmenden Nester wurde eine Siedlungsdichte von 10 bis 30 Brutpaaren je 100 ha erreicht. In Gebieten, in denen die Gänse die Nester selbst bauen müssen, liegt sie nur bei 2 bis 15 Brutpaaren je 100 ha. Seit Beginn der Versuche zu Anfang der 70er Jahre stieg die Anzahl der benutzten künstlichen Nester kontinuierlich an (Winogradow et al., 1982).

Literaturverzeichnis

ANDERSSON, A.: 1969 – Hallands Väderö som ruggningsplats för grågås *Anser anser* under 1800 – talet. – Vår Fågelvärld 28, 116–123

ANKNEY, C. D.; C. D. MAC INNES: 1978 – Nutrient reserves and reproductive performance of female Lesser Snow Geese. – Auk 95, 459–471

ANOM.: 1955 – Rocket-netting in 1953 and 1954. – Wildfowl Trust 17, Ann. Rep. 1953 –1954

ANOM.: 1970 – Recent wildfowl census work in Turkey. – Int. Wildfowl Res. Bureau Bull. 29, 28–29

ARADI, Cs.; G. KOVÁCS: 1982 – The Greylag Goose in Hungary. – Aquila 89, 77–88

ARDAMATSKAJA, H.: 1970 – Wildfowl of the Ukrainian Black Sea coastal region. – Proc. Intern. Reg. Meet. Cons. Wildfowl Res. (Leningrad, 1968), Moscow

ATKINSON-WILLES, G. L.: 1961 – Emsland without wildfowl. – Wildfowl Trust, Ann. Rep. 12, 34–39

ATKINSON, T. D.; T. L. FULLER: 1979 – An improved nesting structure for Canada Geese. – Wildl. Soc. Bull. 7, 192–193

AUESOW, E. M.; M. N. BIKBULATOW: 1972 – Simowka wodoplawajustschich ptiz na juge Kasachstana w 1970 g. – Ressursy wodoplawajustschich ptiz SSSR, ich wosproiswodstwo i ispolsowanije, wyp. 2. M.: Isd-wo MGU

AUMEES, L.: 1972 – O gnesdowanii serogo gussja na morskich ostrowach okolo sapadnogo pobereschja ostrowa Saaremaa. – Gussi w SSSR, Tartu

BABCOCK, M. K.; E. L. FLICKINGER: 1977 – Dieldrin mortality of Lesser Snow Geese in Missouri. – J. Wildlife Management 41, 100–103

BAILEY, S.; P. J. BUNYAN; G. A. HAMILTON; D. M. JENNINGS; P. I. STANLEY: 1972 – Accidental poisoning of wild geese in Pertshire, November 1971. – Wildfowl 23, 88–91

BANG, B.; S. COBB: 1968 – The size of the offactory bulb in 108 species of birds. – Auk 85, 55–61

BARASH, D. P.: 1980 – Soziobiologie und Verhalten. – Parey, Berlin-Hamburg

BARRY, T. W.: 1962 – Effect of the late seasons on Atlantic Brant reproduction. – J. Wildl. Manage. 26, 19–26

BAUER, K.; U. GLUTZ v. BLOTZHEIM: 1968 – Handbuch der Vögel Mitteleuropas, Bd. 2. – Frankfurt/M.

BECHSTEIN, J. M.: 1791 bis 1795 – Gemeinnützige Naturgeschichte Deutschlands. – Leipzig

BEER, J. V.: 1958 – The isolation of *Aspergillus fumigatus* from Wild Pink-footed Geese in England and Scotland. – Wildfowl Trust, Ann. Rep. 9, 58–65

BEER, J. V.: 1963 – The incidence of *Aspergillosis fumigatus* in the throats of wild geese and gulls. – Sabouraudia 2, 238–247

BEER, J. V.; H. BOYD: 1963 – Measurments of White-fronted Geese wintering at Slimbridge. – Wildfowl Trust, Ann. Rep. 14, 114–119

BEKMAN, L.: 1751 – Historische Beschreibung der Chur und Mark Brandenburg. – Berlin

Belman, P. J.: 1979 – The greenland White-fronted Goose study. – BTO NEWS 104, 4

Bergh, L. M. J. van den: 1979 – Over het voorkomen van Taigarietganzen *(Anser fabalis fabalis)* in het stroomgebied van de grote rivieren in de winter 1978/1979. – Het Vogeljaar 27, 118–123

Bergh, L. M. J. van den: 1980 – Mogelijke waarnemingen van de ondersoorten serrirostris en johanseni van de Rietganz *Anser fabalis.* – Limosa 53, 21–23

Bergh, L. v. d.: 1983 – De Rietgans. – Vogels 18, 241–242

Bergh, L. v. d.; J. Philippona; J. Rooth; M. Lok; B. Ebbinge; A. M. H. van Haperen: 1983 – Geese counts in the Netherlands in 1980/81. – Limosa 56, 9–17

Berndt, R.; M. Frantzen: 1968 – Weiteres zur Wiedereinbürgerung der Graugans *(Anser anser)* im nordwestlichen Deutschland. – Ber. Intern. Rat Vogelschutz, Dt. Sekt. 8, 49–50

Berndt, R.; D. Hummel: 1970 – Fluggemeinschaft von Gänsen und Kranichen. – Vogelwarte 25, 255–356

Bianki, V. V.: 1979 – Status of *Branta bernicla bernicla* in White sea passage areas, USSR. – In SMART, M. (Hrsg.): Proc. 1st Techn. Meet. Western Palearctic Migratory Bird Mgmt., Slimbridge, 21–24

Bianki, V. V.: 1981 – Swans and Geese in Murmansk region and northern Karelia. – Proc. Symp. Mapping Waterfowl Distributions, Alushta 1976 – Moskau 1981

Bickerich, K.: 1959 – Kranich fliegt im Wildgans-Verband. – Falke 6, 68

Bitz, A.: 1981 – Zur Einbürgerung der Graugans *(Anser anser)* in Rheinland-Pfalz. – Natursch. Orn. Rheinl.-Pfalz, 2, 1–9

Blanchet, A.: 1955 – Les oiseaux de Tunisie. – Mém. Soc. Sc. Nat. Tun. 3

Blokpoel, H.: 1974 – Migration of Lesser Snow and Blue Geese in spring across southern Manitoba. Part. I Distribution, chronology, directions, numbers, weights and speeds. – Can. Wildl. Serv. Rep. Ser. 28, 30

Blomqvist, R.; R. Ttenovuo: 1980 – Merihanhen pesimisestä Saaristomeren luoteisosassa. – Suomen Riista 28, 25–29

Blurton Jones, N. G.: 1956 – Census of breeding Canada Geese 1953. – Bird Study 3, 135–170

Boyd, H.: 1952 – Notes on colour marking of geese. – Wildfowl Trust, Ann. Rep. 4, 14–16

Boyd, H.: 1953 – On encounters between wild White-fronted Geese in winter flocks. – Behav. 5, 85–129

Boyd, H.: 1957 – Recoveries of British-ringed Greylag Geese. – Wildfowl Trust, Ann. Rep. 8, 51–54

Boyd, H.: 1961 – The number of Barnacle Geese in Europe in 1959 bis 1960. – Wildfowl Trust, Ann. Rep. 12, 116–124

Boyd, H.: 1965 – Breeding success of White-fronted Geese from the Nenets National Area. – Wildfowl Trust, Ann. Rep. 16, 34–39

Boyd, H.: 1982 – Influence of temperature on Arctic-Nesting Geese. – Aquila 89, 259–269

Boyd, H.; L. S. Maltby: 1979 – The Brant of the western Queen Elizabeth Islands N. W. T. – In: Jarvis, R. L., and J. C. Bartonek (Eds.) Management and Biology of Pacific Flyway Geese

Bräuning, Ch.; H. D. Lichtner: 1969 – Fluggemeinschaft einer Graugans mit Kranichen. – Vogelkundl. Ber. Niedersachsen 1, 8

Braude, M. I.: 1972 – Prolet i gnesdowanije gussei w nisobjach Obi. – Ressursy wodoplawajustschich ptiz SSR, ich wosproiswodstwo i ispolsowanije, wyp. 2. M.: Isd-wo MGU

Buker, J. B.; J. N. de Wit; A. van Zuilen: 1984 – Verplaatsingen van Rietganzen *Anser fabalis* tussen West-en Middeneuropese overwinterungsgebieden. – Limosa 57, 116–118

Busche, G.: 1977 – Gänse im Westen Schleswig-Holsteins. – Heimat 84, 340–249

Buturlin, S. A.: 1935 – Übersicht der Saatgansrassen. – Aquila 38–41, 219–226

Cabot, D.; B. West: 1973 – Population dynamics of Barnacle Geese, *Branta leucopsis* in Ireland. – Report of the National Institute for Physical Planning and Construction Research, Ireland

Cavallin, B.: 1980 – Vildgässens födoval och inverkan på odlade fälten litteraturöversikt. – Anser 19, 147–166

Charman, K.; A. Macey: 1978 – The winter grazing of saltmarsh vegetation by Dark-bellied Brent Geese. – Wildfowl 29, 153–162

Christoleit, E.: 1929 – Bemerkungen zur Biologie der Gänse. – J. Orn. 77, 351–386

Cooke, F.: 1978 – Early learning and its

effect on population structure. Studies of a wild population of Snow Geese. – Z. Tierpsychol. 46, 344–358

COOKE, F.; K. F. ABRAHAM: 1980 – Habitat and locality selection in Lesser Snow Geese: The role of previous experience. – Acta XVII. Int. Orn. Congr. Berlin

COOKE, F.; K. F. ABRAHAM; J. C. DAVIES; C. S. FINDLAY; R. F. HEALEY; A. SADURA; R. J. SEGUIN: 1981 – The La Pérouse Bay Snow Goose Project. A 13-year Report. – Mimeo., Kingston, Ontario

COOMBES, R. A. H.: 1951 – Two races of Bean arvensis in Western Europe. – Proc. Xth. Int. Orn. Congr. Uppsala 1951

CRAMP, ST.; K. E. L. SIMMONS: 1977 – Handbook of the birds of Europe, the Middle East, and North Africa, the birds of Western Palearctic, Bd. I. – Oxford Univ. Press, Oxford, London, I. Y.

CREUTZ, G.: 1975 – Die Kanadagans in der DDR. – Falke 22, 375 bis 381

CURRY-LINDAHL, K.: 1948 – Längst i nordväst. Natur i Jämtland. – Stockholm, 185 bis 197

CURRY-LINDAHL, K.: 1959 – Våra fåglar i Norden. – 2. Aufl., Natur och Kultur, Stockholm

DANILOW, N. N.; W. N. RYZHANOWSKY; W. K. RYABITSEW: 1981 – Status of waterfowl in the Yamal Peninsula. – Proc. Symp. Mapp. Waterfowl Distributions, Alushta 1976, Moskau 1981

DELACOUR, J.: 1951 – Taxonomic notes on the Bean Geese, *Anser fabalis* Lath. – Ardea 39, 135

DELACOUR, J.: 1954 – The Waterfowl of the World. – Bd. I, London.

DELACOUR, J.; E. MAYR: 1945 – The family Anatidae. – Wilson Bull. 57, 3–55

DELACOUR, J.; S. D. RIPLEY: 1975 – Description of a new subspecies of the White-fronted Goose *Anser albifrons*. – Americ. Mus. Novit. 2565, 1–4

DEL PORTILLO IRAVEDRA, F.: 1982 – Census and observations of *Anser fabalis*. – Acta de constrituction de 19de enero de 1982

DEMENTIEW, G. P.: 1936 – Essai de revision des formes de l'oie de moisson, *Anser fabalis* Lath.-Alauda 8, 169–193

DEMENTIEW, G. P.; N. A. GLADKOV: 1952 – Ptizi Sowetskogo Sojusa – (Die Vögel der Sowjetunion). – Bd. 4, Moskau

DICK, G.: 1982 – Ostdeutsche Graugans im Seewinkel. – Egretta 25, 47

DIEN, J.; W. HAACK; K. PUCHSTEIN: 1967 – Durchzug und Rast der Bleßgans, *Anser albifrons*, in einer ostholsteinischen Binnenseelandschaft. – Corax 2 (18), 37–56

DIJKSEN, L. J.; F. I. KONING; I. G. WALMSLEY: 1972 – Summary of the IWRB Mission to Turkey-Winter 1971–1972. – Int. Wildfowl. Res. Bureau Bull. 33

DIMOND, S.; J. LAZARUS: 1974 – The problem of vigilance in animal life. – Brain, Behav. Ecol. 9, 60–79

DIRKSEN, S.: 1980 – Canadese ganzen *(Branta canadensis)*: een invasie in Nederland in 1978/79). – Watervogels 5, 99–107

DITTAMI, J.; S. KENNEDY; CH. THOMFORDE: 1979 – Observations on Barnacle Goose breeding, *Branta leucopsis*, in Spitsbergen 1975. – J. Orn. 120, 188–195

DOBBEN, W. H. VAN: 1953 – De landbouwschade door wilde ganzen. – Landbouwvoorlichting 10, 263–268

DOUDE V. TROOSTWIJK, W. J.: 1974 – Ringing data on White-fronted Geese, *Anser a. albifrons* in the Netherlands, 1953 bis 1968. – Ardea 62, 98–109

DRENT, R.; B. EBBINGE; B. WEIJAND: 1978/79 – Balancing the energy budgets of arctic breeding geese throughout the annual cycle: a progress report. – Verh. orn. Ges. Bayern 23, 239–264

DRENT, R.; P. SWIERSTRA: 1977 – Goose flocks and food finding: field experiments with Barnacle Geese in winter. – Wildfowl 28, 15–20

DROBOWZEW, W.: 1972 – Dinamika tschislennosti i rasmestschenie serogo gussja w Sewero-Kasachstanskoi oblasti. – Gussi w SSSR (E. KUMARI), Akad. Nauk. Eston. SSR, Tartu

DUBBELDAM, W.; E. P. R. POORTER: 1982 – Short communication of *Anser anser* in the Netherlands, 1970 bis 1980, with special reference to Oostvaardersplassen. – Aquila 89, 73–76

EBBINGE, B.: 1982 – The status of *Branta leucopsis* in 1980 – 81. – Aquila 89, 151 bis 161

EBBINGE, B.; K. CANTERS; R. DRENT: 1975 – Foraging routines and estimated daily food intake in Barnacle Geese wintering in the Netherlands. – Wildfowl 26, 5–19

EBBINGE, B.; D. EBBINGE-DALLMEIJER: 1975 – Barnacle Geese *(Branta leucopsis)* in the arctic summer. A reconnaissance trip to Svalbard. – Norsk Polarinst. Årbok 1975, Oslo 1976, 119–138

EBBINGE, B.; A. ST. JOSEPH; P. PROKOSCH; B. SPAANS: 1982 – The importance of spring staging areas for arctic-breeding Geese, wintering in Western Europe. – Aquila 89, 249–258

EBENMAN, B.; H. PERSSON; J. NILSSON: 1976 – Näringsaktivitet och tidsbudget hos övervintrande och rastande sädgäss i Skåne. – Anser 15, 185–194

EBERHARDT, D.: 1979 – Schutz der überwinternden Gänse am Niederrhein – nur ein regionales Problem? – Natur und Landschaft 54, 209–212

EINARSEN, A. S.: 1965 – Black Brant. – Seattle, Univ. Washington Press

EISENHAUER, D. I.; C. M. KIRKPATRICK: 1977 – Ecology of the Emperor Goose in Alaska. – Wild. Monogr. 57, 62

EKMAN, H.: 1980 – Gåsjagt med hagel i farozonen. – Svensk Jakt 118, 576–577

ERNEK, E.; O. KOŽUCH; K. HUDÉC; S. URBAN: 1967 – Occurrence of Tick-born Encephalitis Virus neutralizing antibody in aquatic birds in Central Europe. – Acta virol. 11, 562

ESSEN, v. L.: 1982 – An effort to reintroduce the Lesser White-fronted Goose *(Anser erythropus)* into the Scandinavian mountains – Aquila 89, 103–105

ESSEN, v. L.; R. BEINERT: 1982 – Moulting A. anser along the Gotland coast. – Aquila 89, 27–37

EWASCHUK, E.; D. A. BOAG: 1972 – Factors affecting hatching success of densely nesting Canada Geese. – J. Wildl. Manage. 36, 1097–1106

FABRICIUS, E.: 1983 – Kanadagåsen i Sverige. – Statens naturvårdsverk PM 1678, 1–85

FABRICIUS, E.; A. BYLIN; A. FERNÖ; T. RADESÄTER: 1974 – Intra- and interspecific territorialism in mixed colonies of the Canada Goose *Branta canadensis* and the Greylag Goose *Anser anser*. – Ornis Scand. 5, 25–35

FINNEY, G.; F. COOKE: 1978 – Reproductive habits in the Snow Goose: the influence of female age. – Condor 80, 147–158

FISCHER, H.: 1965 – Das Triumphgeschrei der Graugans *(Anser anser)*. – Z. Tierpsychol. 22, 247–304

FOG, M.: 1971 – Haunts in Denmark for White-fronted Goose *(Anser albifrons)*, Bean Goose *(Anser fabalis non brachyrhynchus)* and Pink-footed Goose *(Anser fabalis brachyrhynchus)*. – Dan. Rev. Game Biol. 6, 1–12

FOG, M.: 1976 – Passage of geese through Denmark. – Migrazii ptiz (Ed. E. KUMARI), Tallinn 1976

FOG, M.: 1977 – Gänse, Gänseforschung und Gänseprobleme Dänemarks. – Vogelwelt 98, 121–141

FOG, M.: 1982 a – Number of Bean Goose *(Anser fabalis* sp.) in the wintering areas. – Aquila 89, 123–125

FOG, M.: 1982 b – Internationale erfaringer med hensyn til gåseskader og forebyggelse deraf. – Vår Fågelv. Suppl. 9, 63–70

FOG, M.: 1982 c – Baiting as a means of prevention crop damage by Pink-footed Geese *Anser brachyrhynchus* at Vest-Stadil Fjord, Denmark. – In „Managing wetlands and their birds". IWRB-Publ., Slimbridge, Glos., England, 233–234

FOG, M.: 1982 d – Prevention of crops damage. – In „Managing wetlands and their birds". IWRB-Publ., Slimbridge, Glos., England, 227–232

FOG, M.: 1983 – Breeding Greylag Goose *(Anser anser)* in Denmark 1981 – Aquila 90, 19–21

FOG, M.; T. LAMPIO; S. MYRBERGET; L. NILSSON; M. NORDERHAUG; N. RØV: 1984 – Breeding distribution and numbers of Greylag Geese, *Anser anser*, in Denmark, Finland, Norway and Sweden. – Swedish Wildl. Res. Viltrevy, 13, 187–212

FORSHAW, W. D.: 1983 – Numbers, distribution an behaviour of Pinkfooted Geese in Lancashire. – Wildfowl 34, 64–76

FOURNIER, O.; C. OTERO; C. RIOLS: 1983 – Status actuel des populations de *Anser fabalis rossicus* hivernant en France et en Espagne. – Aquila 90, 39–42

FOX, A. D.; J. MADSEN: 1981 – The pre-nesting behaviour of the Greenland White-fronted Goose. – Wildfowl 32, 48–54

FRUZINSKI, B.: 1977 – Feeding habits of Pink-footed Geese *(Anser fabalis brachyrhynchus)* in Denmark during the spring passage in

April 1975. – Dan. Rev. Game Biol. 10, 3–11

GARDASSON, A.: 1976 – Stofnstaerd og framleiosla heioagaesar *(Anser brachyrhynchus)* i pjorsarverum 1971–1974. – Natturufraedistofnun Islands, Reykjavik

GERDES, K.; D. HESS; H. REEPMEYER: 1978 – Räumliche und zeitliche Verteilungsmuster der Gänse *(Anser fabalis, Anser albifrons* u. *Anser anser)* im Bereich des Dollart (1971–1977). – Vogelwelt 99, 81–116

GERDES, K.; H. REEPMEYER: 1983 – Zur räumlichen Verteilung überwinternder Saat- und Bleßgänse *(Anser fabalis* u. *Anser albifrons)* in Abhängigkeit von naturschutzschädlichen und -fördernden Einflüssen. – Vogelwelt 104, 54–67

GLOOSCHENKO, W. A.: 1978 – Above-ground biomass of vascular plants in a subarctic James Bay salt marsh. – Can. Field Nat. 92, 30–37

GOULD, L. L.; F. HEPPNER: 1974 – The vee formation of Canada Geese. – Auk 91, 494–506

GREENWOOD, R. J.; W. C. BAIR: 1974 – Ice on waterfowl markers. – Wildl. Soc. Bull. 2, 130–134

GRENQUIST, P.: 1956 – Onko merihanhikantamme lisäätymässä. – Suomen Riista 10, 87–94

GROMADZKI, M.; P. MAJEWSKI: 1984 – The migration of the Greylag Goose, *Anser anser,* in Poland. – Acta Sc. Nat. Brno 18, 4–14

GROMADZKI, M.; M. WIELOCH: 1983 a – The distribution and numbers of the Greylag Goose *Anser anser* in Poland. – Ornis. Fennica, Suppl. 3, 71–72

GROMADZKI, M.; M. WIELOCH: 1983 b – Distribution and number of the Greylag Goose *Anser anser* in Poland in the years 1977 bis 1979. – Acta Orn. 7, 155–178

GROTE, H.: 1930 – Die Suschkingans *(Anser neglectus)* Suschk. in Russland. – Orn. Mber. 38, 7–9

GROTE, H.: 1939 – Der Zug der Rothalsgans. – Orn. Mber. 47, 170–176

HAACK, W.; H. RINGLEBEN: 1972 – Über den Mauserzug nicht brütender Graugänse *(Anser anser)* im nord- und mitteleuropäischen Raum. – Die Vogelwarte 26, 257–276

HAFNER, R.; A. R. JOHNSON: 1969 – Recent winter wildfowl census work in Rumania. – Int. Wildfowl Res. Bureau Bull. 27/28, 50–53

HALASZ, K.; G. KISZELY: 1976 – Study of the danger of the agricultural chemisation on occasion of a mass death of wild-geese. – Aquila 83, 43–51

HALDANE, J. B. S.: 1955 – The calculation of mortality rates from ringing data. – Proc. Int. Orn. Congr. 11, 454–458

HAMILTON, G. A.; P. J. STANLEY: 1975 – Further cases of poisoning of wild geese by an organophosphorus winter wheat seed treatment. – Wildfowl 26, 49–54

HANSON, H. C.: 1962 – The dynamics of condition factors in Canada Geese and their relation to seasonal stresses. – Arctic Inst. North Amer. Paper 12, 1–68

HARTERT, E.: 1920 – Die Vögel der paläarktischen Fauna. – Bd. II, Berlin

HARVEY, J. M.: 1971 – Faktors affecting Blue Goose nesting success. – Can. J. Zool. 49, 223–234

HARWOOD, J.: 1975 – Grazing strategies of Blue Geese *Anser caerulescens.* – Ph. D. Thesis, Univ. of Western Ontario

HAUFF, P.; P. ILLMANN; W. NEUBAUER: 1983 – Baumbruten der Graugans in Mecklenburg. – Falke 30, 200–201

HEIM DE BALSAC, H.; N. MAYNAUD: 1962 – Les oiseaux du nordouest de l'Afrique. – Lechavalier, Paris

HEINROTH, O.: 1911 – Beiträge zur Biologie, insbesondere Psychologie und Ethologie der Anatiden. – Verh. V. Int. Orn. Kongr. Berlin 1910, 589–702

HEINROTH, O.; M. HEINROTH: 1928 – Die Vögel Mitteleuropas. – Bd. 3, Berlin

HILLGARTH, N.; J. KEAR; K. HORKY: 1983 – Mortality of the northern geese in captivity. – Wildfowl 34, 153–162

HOLZ, A.; A. KLEMM: 1983 – Zu Aktivitätsformen der Graugans *(Anser anser)* unter besonderer Berücksichtigung von Tageszeit und Schargröße. – Dipl. Arb., PH »Karl Liebknecht« Potsdam

HOLZ, R.: 1973 – Über das Zugverhalten der Bleßgans am Greifswalder Bodden. – Falke 20, 408–414

HOLZ, R.; D. SELLIN: 1981 – Zum Einfluß der Beweidung durch Gänse (Gattung *Anser* BRISSON 1760) auf die Ertragsbildung von

Getreidekulturen. – Naturschutzarbeit Mecklenburg 25, 14–22
Hudec, K.: 1971 – The breeding environment of the Greylag Goose *(Anser anser)* in Czechoslovakia. – Zool. Listy 20, 177–194
Hudec, K.: 1974 – Die Ergebnisse der Wildgansjagd auf dem Gebiet der ČSSR. – Zool. Listy 23, 137–162
Hudec, K.: 1984 – Migrational movements of the Greylag Goose *Anser anser* in Europe: a Synopsis. – Acta Sc. Nat. Brno 18, 33–55
Hudec, K.; Z. Kux: 1971 – The clutch size of the Greylag Goose *(Anser anser)* in Czechoslovakia. – Zool. Listy 20, 365–376
Hudec, K.; J. Rooth: 1970 – Die Graugans *(Anser anser)*. – NBB 429, Wittenberg-Lutherstadt.
Hudec, K.; E. Rutschke (Hrsg.): 1982 – The Greylag Goose *Anser anser* L. in Europe (I). – Acta Sc. Nat. Brno 16
Hudec, K.; E. Rutschke (Hrsg.): 1984 – The Greylag Goose *Anser anser* L. in Europe (II). – Acta Sc. Nat. Brno 18
Hummel, D.: 1973 – Die Leistungsersparnis beim Verbandsflug. – J. Orn. 114, 259–282
Hummel, D.: 1977 – Die Winterflucht der Bleßgans *(Anser albifrons)* und der Saatgans *(Anser fabalis)* über Norddeutschland im Spätherbst 1973. – Vogelwarte 29, 81–101
Hummel, D.: 1978 – Die Leistungsersparnis in Flugformationen von Vögeln mit Unterschieden in Größe, Form und Gewicht. – J. Orn. 119, 52–73
Hummel, D.: 1980 – Durchzug und Überwinterung der Kurzschnabelgans *(Anser brachyrhynchus)* im Bereich der Nordseeküste (1974–1977). –
Vogelwelt 101, 121–131
Hummel, D.: 1981 – Das Auftreten von Wildgänsen in der Bundesrepublik Deutschland vom 1. 9. 1977 bis 31. 8. 1978. – Ber. Dt. Sekt. Intern. Rates Vogelsch. 21, 53–76
Hummel, D.: 1982 a – The Greylag Goose *Anser anser* in the Federal Republik of Germany. – Acta Sc. Nat. Brno 16, 15–20
Hummel, D.: 1982 b – Das Auftreten von Wildgänsen in der Bundesrepublik Deutschland vom 1. 9. 1978 bis 31. 8. 1979. – Ber. Dt. Sekt. Intern. Rat Vogelsch. 22, 39 bis 70
Huyskens, G.: 1983 – De veldkenmerken van de Taigarietgans *Anser fabalis fabalis* en de Toendrarietgans *Anser fabalis rossicus*. – Wielewaal 49, 257–275
Impe, J. van: 1971 – Een suschkin gans, *Anser neglectus*, nabij de Grote Peel. – Limosa 44, 102–104
Impe, J. van: 1975 – Sur la redecouverte de l'oie de Buturlin *Anser carneirostris*. – Alauda 43, 71–74
Impe, J. van: 1978 – La rupture de la cohésion familiale chez l'Oie Rieuse *Anser albifrons albifrons*, dans les quartiers d'hivernage. – Le Gerfaut 68, 651–679
Impe, J. van: 1980 – Ecologie et éthologie des Oies des moissons *Anser fabalis fabalis* et *Anser fabalis rossicus*. – Le Gerfaut 70, 499–558
Impe, J. van: 1981 a – Sur la cladogenèse et l'évolution d' *Anser fabalis fabalis* et d' *Anser fabalis rossicus*. – Le Gerfaut 71, 163–174
Impe, J. van: 1981 b – Dynamique des populations des Oies des moissons *Anser fabalis fabalis* et *Anser fabalis rossicus*. – Le Gerfaut 71, 399–413
Inglis, I. R.: 1977 – The breeding behaviour of the Pink-footed Goose: Behavioural correlates of nesting success. – Anim. Behav. 25, 747–764
Isakow, J. A.: 1967 – M. A. R. project and conservation of waterfowl breeding in the USSR. – Proc. 2nd Europ. Meet. Wildf. Cons. 125–138
Isakow, J. A.: 1968 – Resultaty wsessojusnogo simnego utscheta wodoplawajustschich ptiz. – Bjul. MOIP, otd. biol., 1968, t. 73
Isakow, J. A.: 1972 – Raspostrannie i tschlislennost populazija serogo gussja w SSSR. – Gussi w SSSR; Tartu 1972
Isakow, J. A.: 1979 – Migrazii krasnosoboi kasarki – *Rufibrenta ruficollis*. – In: Migrazii ptiz Wostotschnoi ewropy i sewernoi asii, Nauka, Moskau, Akad. Nauk SSSR.

Jellmann, J.: 1979 – Radarbeobachtungen zum Heimzug von Wildgänsen *(Anser, Branta)* im Raum der Deutschen Bucht. – Abh. Gebiet Vogelkd. 6, 269–288
Jensen, H.: 1977 – Grågåsestudier 5: Populationens ankomst. – Danske fugle 10, 109–123
Johansen, H.: 1959 – Vogelfauna Westsibiriens. – J. Orn. 100, 60–78
Johansen, H.: 1962 – Saatgänse aus Winterquartieren in Ungarn. – Aquila 67, 36–38
Jones, R. D.; D. M. Jones: 1966 – The process of family disintegration of Black

Brant. – Wildfowl Trust, Ann. Rep. 17, 75–78

KALBE, L.: 1982 – Ecological Aspects of the Occurrence of Geese on Lakes of the GDR with respect to some hygienic Problems. – Aquila 89, 167–174

KARLSSON, J.; L. NILSSON; H. PERSŠON: 1982 – Grågåsen som häckfagel in Skane 1978 bis 1982. (Breeding of the Greylag goose *Anser anser* in Skåne, South Sweden, 1978–1982). – Anser 21, 223–232

KATALIN, H.; K. GYÖRGY: 1976 – Study of dangers of the agricultural chemisation on occasion of a mass death of wild-geese. – Aquila 83, 43–51

KEAR, J.: 1963 a – The agricultural importance of wild goose droppings. – Wildfowl Trust, Ann. Rep. 14, 72–77

KEAR, J.: 1963 b – Wildfowl in Great-Britain. – Chapter 2: Wildfowl and Agriculture, London, 315–328

KEAR, J.: 1967 – Feeding habits of the Greylag Goose *Anser anser* in Iceland, with reference to its interaction with agriculture. – Cong. Int. U. Game Biol. 7, 615–622

KEAR, J.: 1970 a – Adaptive radiation of parental care in waterfowl. – CROOK, J. H. (Ed.) Social Behaviour in Birds and Mammals. London, Acad. Press

KEAR, J.: 1970 b – The experimental assessment of goose damage to agricultural crops. – Biol. Conserv. 2, 206–212

KERBES, R. H.; M. A. OGILVIE; H. BOYD: 1971 – Pink-footed goose of Iceland and Greenland: a population review based on an aerial survey of Thjorsarver in June 1970. – Wildfowl 22, 5–17

KEVE, A.; J. MIKUSKA: 1973 – Podaci o zimskoj populaciji guske glogovnjače, *Anser fabalis*, iz sjeverne Jugoslavije i Madarske. – Larus 25, 47–53

KIRBY, R. E.; H. H. OBRECHT: 1980 – Atlantic brant-human commensalism on eelgrass beds in New Jersey. – Wildfowl 31, 158–160

KLAFS, G.; J. STÜBS (Hrsg.): 1977 – Die Avifauna der Deutschen Demokratischen Republik. Bd. 1, Die Vogelwelt Mecklenburgs. – Fischer Verlag, Jena

KLEMM, C. DE: 1979 – Legal apects of habitat preservation for western palearctic waterfowl. – Proc. 2nd Techn. Meet. Western Palearctic Migratory Bird Mgmt., Paris 11. bis 13. Dec. 1979, 192–201

KÖHLER, D.: 1983 – Zum Sozialverhalten der Ringelgans. – Falke 30, 258–262

KOLODZIEJCOK, K.-G.; H. HERBSLEB: 1979 – Das vorgesehene Übereinkommen zur Erhaltung der wandernden wildlebenden Tierarten. – Natur und Landschaft 54, 176–178 156–162

KRAPUU, G. L.; G. A. SWANSON: 1975 – Some nutritional aspects of reproduction in prairie nesting pintails. – J. Wildl. Manage. 39, 156–162

KRETSCHMAR, A. W.: 1965 – Zur Brutbiologie der Rothalsgans in West-Taimyr. – J. Orn. 106, 440–445

KRIWENKO, W. G.: 1981 – Status of the water bodies and waterfowl population in the precaucasus. – Proc. Symp. Mapp. Waterfowl Distributions, Alushta 1976 – Moskau 1981

KRIWENKO, W. G.: 1984 – Sowremennaja tschislennost wodoplawajustschich ptiz seredinnogo regiona SSSR. – Is: Sowremennoje sostojannje ressursow wodoplawajustschich ptiz (Tesisy), 8–9, Moskwa 1984

KRIWENKO, W. G.; G. A. KRIWONOSSOW: 1972 – Sery gus w delte Wolgi (ekologija, tschislennost, wosproiswodstwo). – Gussi w SSSR (E. KUMARI, Akad. Nauk Eston. SSR, Tartu

KRIWONOSSOW, G. A.: 1970 – Metody opedelenija obstschego kolitschestwa wodoplawajustschich ptiz, proletajustschich tscheres deltu Wolgi i linjajustschich sdes. – Finn. Game Res. 30

KÜHL, J.: 1979 – Zum Flucht- und Anpassungsverhalten der Graugänse *(Anser anser)* nach Untersuchungen an schleswig-holsteinischen Gewässern. – Vogelwelt 100, 217–225

KUHK, R.: 1939 – Die Vögel Mecklenburgs. – Güstrow

KUMARI, E.: 1971 – Passage of the Barnacle Goose through the Baltic area. – Wildfowl 22, 35–45

KUMARI, E.: 1981 – State of Wetlands and Numbers of Waterfowl in the Northwest of the USSR. – Proc. Symp. Mapping Waterfowl Distributions, Alushta 1976, Moskau 1981

KUMARI, E.; A. JÕGI: 1972 – Durchzug der Gänse im Baltikum. – Gussi w SSSR (E. KUMARI), Akad. Nauk Eston. SSR, Tartu

KUX, Z.; K. HUDEC: 1970 – Der Legebeginn der Graugans (*Anser anser* L.) in der Tschechoslowakei. – Acta Mus. Morav. 55, 233–246

KUYKEN, E.: 1969 – Grazing of wild geese on grassland at Damme, Belgium. – Wildfowl 20, 47–54
KUYKEN, E.: 1981 – Overwindernde ganzen in de kustpolders van NW-Vlaanderen. – Wielewaal 47, 467–476
KUYKEN, E.; J. DESMET: 1982 – De Rotgans *Branta bernicla* tijdens het winterhalfjaar 1978–1979. – Wielewaal 48, 353–359

LACK, D.: 1951 – The analysis of population by banding. – Bird Banding 22, 103–107
LACK, D.: 1968 – Ecological Adaptions for Breeding in Birds. – London, Methuen
LAMPIO, T.: 1982 – Influence of hunting on the *Anser anser* population in Finland. – Aquila 89, 299–302
LAMPIO, T.: 1983 – Waterfowl hunting in Europe, North America and some african and asian countries in 1980–1981. – IWRB Special Publ. 3
LAMPIO, T.; S. VALENTINCIC; H. MICHAELIS: 1974 – Methods and practices of waterfowl hunting rationalisation. – Finnish Game Res. 34, 35–46
LAZARUS, J.: 1978 – Vigilance, flock size and domain of danger size in the White-fronted goose. – Wildfowl 29, 135–145
LEBRET, T.: 1977 – Waarnemingen over de aan – en afwezigheid van kolganzen *Anser albifrons* in hun voedselgebied en op de slaapplaats in relatie tot maanlicht. – Watervogels 20, 152–158
LEBRET, T.: 1982 a – Goose observations in the Pannonic Region in October-December 1980 and in March 1981. – Aquila 89, 187–191
LEBRET, T.: 1982 b – Wild geese and man in the Netherlands: Recent developments. – Aquila 89, 277–279
LEBRET, T.: 1983 – Bastarden van Brandgans *Branta leucopis* × Sneeuwgans *Anser caerulescens*. – Limosa 56, 18–19
LEBRET, T.; A. TIMMERMAN: 1968 – Een concentratie van ruiende grauwe ganzen *(Anser anser)* in Nederland. – Limosa 41, 1–16
LEBRET, T.; TH. MULDER; J. PHILIPPONA; A. TIMMERMAN: 1976 – Wilde ganzen in Nederland. – Thieme, Zutphen
LEFEBRE, E. A.: 1964 – The use of D_2O^{18} for measuring energy metabolism in *Columba livia* at rest and flight. – Auk. 81, 403–416
LEISLER, B.: 1969 – Beiträge zur Kenntnis der Ökologie der Anatiden des Seewinkel (Burgenland). Teil I: Gänse. – Egretta 12, 1–2
LEITO, A.: 1981 – When Barnacle Geese migrate. – Eesti Loodus 24, 253–257, 271
LITZBARSKI, H.: 1974 – Taxonomische und biometrische Untersuchungen an der Saatgans, *Anser fabalis* (Lath.). – Beitr. Vogelkd. 20, 394–411
LITZBARSKI, H.: 1979 – Erste Ergebnisse der Beringung und farbigen Kennzeichnung von Saatgänsen, *Anser fabalis,* in der Deutschen Demokratischen Republik. – Beitr. Vogelkd. 25, 101–123
LITZBARSKI, H.: 1982 – Populationsstruktur und Zugverhalten der Graugänse, *Anser anser,* in der DDR. – Beitr. Vogelkd. 28, 107–128
LITZBARSKI, H.; G. LOEW: 1976 – Die Wildgänse (Gattung Anser) im NSG Gülper See und ihre Bestandsentwicklung von 1961–1975. – Naturschutzarb. Berl. Brandenburg 12, 55–64 und 76–79
LOOSJES, M.: 1974 – Over terreingebruik, verstoringen en voedsel van grauwe ganzen *Anser anser* in een brak getijdengebied. – Limosa 47, 121–143
LORENZ, K.: 1935 – Der Kumpan in der Umwelt des Vogels. – In: »Über tierisches und menschliches Verhalten«, Piper Verlag, München 1968
LORENZ, K.: 1959 – The role of aggression in roup formation. – In: Group processes: Transactions of the fourth conference. B. SCHAFFNER (ed.). JOSIAH MACY. Jr. Foundation. N. Y.
LORENZ, K.: 1964 – Er redete mit dem Vieh, den Vögeln und den Fischen. – München
LORENZ, K.: 1979 – Das Jahr der Graugans. – Piper-Verlag München
LORENZ, K.; N. TINBERGEN: 1938 – Taxis und Instinkt in der Eirollbewegung der Graugans. – Z. Tierpsychol. 2, 1–29
LUND, HJ. M.–K.: 1963 – Marking of 240 Greylags (*Anser anser anser* L.) in Norway. – Intern. Union Game Biologists 1963, 267–269
LUND, HJ. M.-K.: 1971 – Ringing of *Anser anser* in Norway. – Sterna 10, 247–250
LUND-TANGEN, H.-I.: 1974 – Forsøk med canadagåsa in Norge. – Fauna 27, 166–176
LYSENKO, W. J.: 1975 – Migrazii gidrofilnych ptiz w sewernom Priasowje. – Materialy Wsessojusnoi konferenzii po migrazijam ptiz (Moskwa, 2–5 ijunja 1975 g.) Isd-wo MGU.

MADSEN, J.: 1982 – Observations on the Svalbard population of *Anser brachyrhynchus* in Denmark. – Aquila 89, 123–140

MAJEWSKI, P.: 1981 – Waterfowl ringing in Słonsk Reserve (Poland). – The Ring 106–107

MAJEWSKI, P.: 1983 a – Some remarks on the situation of *Anser anser* in Poland. – Aquila 90, 15–18

MAJEWSKI, P.: 1983 b – Evolution of the role of the Słonsk Reserve (Poland) for waterfowl. – Acta Orn. 19, 227–235

MALIEPAARD, C. H. J.: 1966 – Ganzenschade aan akkers, weiden en biezen. – Het Vogeljaar 14 (5), 208–212

MARKGREN, G.: 1963 – Migrating and wintering geese in southern Sweden. – Acta Vertebr. 2, 298–418

MARRIOT, R. W.; D. K. FORBES: 1970 – The digestion of Lucerne chaff by cape Barren Geese, *Cereopsis novaehollandiae* Latham. – Aust. J. Zool. 18, 257–263

MARTIN, F. W.: 1964 – Behavior and survival of Canada Geese in Utah. – Utah State Dept. Fish Game, Comp. Rept. W-29-R-17

MATHIASSON, S.: 1963 – The Bean Goose in Skåne, Sweden, with remarks on occurrence and migration through Northern Europe. – Acta Vertebr. 2, 419–533

MATTOCKS, J. G.: 1971 – Goose feeding and cellulose digestion. – Wildfowl 22, 107–112

MC BEE, H. R.; G. C. WEST: 1969 – Cecal fermentation in the Willow Ptarmigan. – Condor 71, 54–58

MC INNES, C.: 1962 – Nesting of small Canada Geese near Eskimo point, Northwest territories. – J. Wildl. Manage. 26, 247–254

MC INNES, C.; R. K. MISRA: 1972 – Predation on Canada Goose nests at Mc Connell River, Northwest Territories. – J. Wildl. Manage. 36, 414–422

MC INNES, C.; R. A. DAVIES; R. N. JONES; B. C. LIEFF; A. J. PAKULAK: 1974 – Reproductive efficiency of Mc Connell River small Canada Geese. – J. Wildl. Manage. 38, 696–707

MC INNES, C.; J. P. PREVETT; H. A. EDNEY: 1969 – A versatile collar for individual identification of geese. – J. Wildl. Manage. 33, 330–335

MELTOFTE, H.; M. ELANDER; C. HJORT: 1981 – Ornithological observations in Northeast Greenland between 74° 20' and 76° 00' N. lat., 1979. – Meddr. Grønland, Biosci. 3

MENZBIER, M. A.: 1895 – Die Vögel Rußlands, Bd. I – Moskau

MERIKALLIO, E.: 1915 – Fjällgåsens flyttningsväg öfver traktorna kring Uleåborg. – Finnl. Jakttidskr. 12, 311–313

MICKELSON, P. G.: 1975 – Breeding biology of Cackling Geese and associated species on the Yukon-Kuskokwim Delta, Alaska. – Wildl. Mongr. 45, 35

MIKUSKA, J.: 1973 – Rasprostranjenost i veličina populacije guske divlje, *Anser anser,* u Jugoslaviji. – Larus, 25, 55–60

MIKUSKA, J.: 1982 – The importance of Kopački Rit. – Aquila 89, 205–207

MIKUSKA, J.; B. KUTUZOWIC: 1982 – Geese in Yugoslavia. – Aquila 89, 195–204

MICHEV, T. M.; D. N. NANKINOV; B. E. IVANOV; V. A. POMAKOV: 1983 – Midwinter numbers on wild geese in Bulgaria. – Aquila 90, 45–54

MILDENBERGER, H.: 1971 – Wildschäden durch Gänse. – Charadrius 7, 13–15

MILLER, H.; A. DZUBIN: 1965 – Regrouping of family members of the White-fronted *(Anser albifrons)* goose after individual release. – Bird Banding 36, 184–191

MINEEV, Y. N.: 1981 – Waterfowl population distribution in the Bolshezemelskaya Tundra. – Proc. Symp. Mapp. Waterfowl Distribution, Aluschta 1976 – Moskau 1981

MÖLLER, D.: 1982 – Über das Vorkommen von Wildgänsen in der Düffel, Kreis Kleve. – Niederrhein 49, 18–21

MOOIJ, J. H.: 1982 – The »Niederrhein« (Lower Rhine) area (North Rhine Westphalia, Federal Republic of Germany), a goose wintering area of increasing importance in the Dutch-German border region. – Aquila 89, 285–294

MOROSKIN, N. I.: 1976 – Krasnosobaja kasarka w Kysylagatschskom sapowednike. – Tr. Okskogo gos. sapowednika, wyp. 13, Rjasan

MURTON, R. K.: 1971 – The significance of a specific search image in the feeding behaviour of the Woodpigeon. – Behav. 40, 10–42

MURTON, R. K.; J. KEAR: 1973 – The nature and evolution of the photoperiodic control of reproduction in wildfowl of the family Anatidae. – J. Reprod. Fert. Suppl. 19, 67–84

NAACKE, J.: 1971 – Zur Verbreitung und Häufigkeit der Graugans, *Anser anser,* im Gebiet der DDR. – Beitr. Vogelkd. 17, 317–322

NAACKE, J.: 1973 – Wildgänse. – Jagdinf. 3; Hrsg. Leitst. f. Inf. im Inst. f. Forstwiss. Eberswalde

NAACKE, J.: 1976 – Herbstdurchzug und Überwinterung von Saat- und Bleßgans in der DDR von 1972 bis 1974. – Mitt. ZfW DDR, 8 (1), 5–71

NAACKE, J.: 1982 – Effects of various factors on the size of breeding and resting stock of the Greylag Goose, *Anser anser* L., in the German Democratic Republic. – Aquila 89, 57–66

NAGY, E.: 1923/24 – Die Vogelwelt der Puszta-Hortobágy in Ungarn. – Aquila 30 bis 31, 279–288

NAGY, E.: 1938 – Nordische Gänsearten auf der Puszta Hortobágy. – Proc. VIII. Intern. Orn. Congr., Oxford, July 1934. Oxford

NAUMANN, J. F.: 1905 – Naturgeschichte der Vögel Deutschlands (Hrsg. von C. R. Hennicke). Bd. IX, Gera-Untermhaus

NAUMOW, S. P.: 1931 – Mlekopitajustschije i ptizy Gydanskogo poluostrowa (Sewerosapadnaja Sibir.). – Tr. Poljarnoi Komissii A N. SSSR, t. 4

NAZARENKO, L. F.; O. W. NIKOLAJEWSKI: 1981 – Status of the Wetlands and Waterfowl Resources in the Northwestern Part of the Black Sea Coastal Area. – Proc. Symp. Mapp. Waterfowl Distributions, Alushta 1976, Moskau, 1981

NEHLS, H.-W.: 1977 – Passage of *Branta bernicla bernicla* on the coast of the German Democratic Republic. In: Proc. First Techn. Meet. West. Palaearctic Migrating Bird Management, Paris (IWRB-Publ.), 33–36

NEWTON, I.: 1977 – Timing and success of breeding in tundra-nesting geese. – Evolutionary Ecology, eds. B. Stonehouse u. C. Perrins, Mc Millan Press 113–126

NEWTON, I.; C. R. G. CAMPBELL: 1970 – Goose studies at Loch Leven 1967/68. – Scot. Birds 6, 5–18

NEWTON, I.; R. H. KERBES: 1975 – Breeding of Greylag geese *(Anser anser)* on the Outer Hebrides, Scotland. – J. Anim. Ecol. 43, 771–785

NILSSON, L.: 1976 a – Kanadagåsens *Branta canadensis* utbredning i södra Sverige under vintervalvåret. – Anser 15, 241–246

NILSSON, L.: 1976 b – Internationally important resting and wintering localities for waterfowl in southern Sweden. – Vår Fågelvärld 35, 130–136

NILSSON, L.: 1982 – Det häckande grågåsbeståndets storlek och utbredning i Sverige. – Vår Fågelvärld, Suppl. 9

NILSSON, L.; H. PERSSON: 1984 – Non-breeding distribution, numbers and ecology of Bean Goose, *Anser fabalis,* in Sweden. – Swed. Wildlife Res. 13, 107–170

NORDERHAUG, A. U. M.: 1982 – *Anser erythropus* in Fennoscandia. – Aquila 89, 93–101

NOWAK, E.: 1980 – Wasservögel und Feuchtgebiete Albaniens. – Beitr. Vogelkd. 26, 82

OGILVIE, M. A.: 1977 – The numbers of Canada Geese in Britain, 1976. – Wildfowl 28, 27–34

OGILVIE, M. A.: 1978 – Wild Geese. – Berkhamsted: Poyser Ltd.

OGILVIE, M. A.: 1979 – General introduction to *Branta bernicla* with particular reference to the wintering areas. – In: Smart, M. (Hrsg.): Proc. 1st Techn. Meet. Western Palearctic Migratory Bird Mgmt., Slimbridge

OGILVIE, M. A.: 1982 a – The status of the Greylag Goose *Anser anser* in Britain. – Aquila 89, 23–25

OGILVIE, M. A.: 1982 b – The status of the Pink-footed Goose, *Anser brachyrhynchus.* – Aquila 89, 127–131

OGILVIE, M. A.: 1982 c – The Greylag Goose *Anser anser* in the British Isles. – Acta Sc. Nat. Brno 16, 7–10

OGILVIE, M. A.: 1983 – The number of Greenland Barnacle Geese in Britain and Ireland. – Wildfowl 34, 77–88

OGILVIE, M. A.; H. BOYD: 1975 a – Greenland Barnacle Geese in the British Isles. – Wildfowl 26, 138–147

OGILVIE, M. A.; H. BOYD: 1975 b – The numbers of Pink-footed and Geylag Geese wintering in Britain: observations 1969–1975 and predictions 1976–1980. – Wildfowl 27, 63–76

OGILVIE, M. A.; A. K. M ST. JOSEPH: 1976 – Dark-bellied Brent Geese in Britain and Europe 1955–76. – Brit. Birds 69, 422–439

OEHME, G.: 1981 – Zur Quecksilberrückstandsbelastung tot aufgefundener Seeadler – *Haliaeetus albicilla* (L.) – in den Jahren 1967–1978. – Biol. Rdsch. 19, 174–176

Otero, C.: 1983 – *Anser fabalis* in Spain: habitat, distribution and population dynamics. – Aquila 90, 35–37

Ouweneel, G. L.: 1974 – De Grauwe gans, *Anser anser,* in het Hollands Diep-Haringvliet na de afsluiting. – Lev. Natuur 77, 148–160

Ouweneel, G. L.: 1979 – Grauwe Ganzen, *Anser anser,* op Cromstrijen, waarnemingen op een pleisterplaats langs het Hollands Diep. – Limosa 52, 1–11

Ouweneel, G. L.: 1981 – Aantalsveranderingen bij de grauwe gans *(Anser anser)* langs het Hollands Diep-Haringvliet. – Watervogels 6, 13–18

Owen, M.: 1971 – The selection of feeding site by White-fronted Geese in winter. – J. Appl. Ecol. 8, 905–917

Owen, M.: 1972 a – Movements and feeding ecology of White-fronted Geese at the New-Ground. – Slimbridge. – J. Appl. Ecol. 9, 385–398

Owen, M.: 1972 b – Some factors affecting food intake and selection in White-fronted Geese. – J. anim. Ecol. 41, 79–92

Owen, M.: 1973 – The management of grassland areas for wintering geese in South-east Scotland. – Wildfowl 24, 123–130

Owen, M.: 1975 – An assessment of fecal analysis technique in waterfowl feeding studies. – J. Wildl. Manage. 39, 271–279

Owen, M.: 1976 – Factors affecting the distributions of geese in the British Isles. – Wildfowl 26, 143–147

Owen, M.: 1976 – The role of wildfowl refuges on agricultural land in lessening the conflict between farmers and geese in Britain. – Biol. Conserv. 11, 209–222

Owen, M.: 1980 – Wild Geese of the World. – B. T. Batsford Ltd., London

Owen, M.; R. H. Drent; M. A. Ogilvie; T. M. van Spanje: 1978 – Numbers distributions and catching of Barnacle Geese *(Branta leucopsis)* on the Nordenskioldkysten, Svalbard in 1977. – Norsk Polarinst. Årbok 1977

Owen, M.; M. Nugent; N. Davies: 1977 – Discrimination between grass species and nitrogen-fertilized vegetation by young Bernacle Geese. Wildfowl 28, 21–26

Owen, M.; M. A. Ogilvie: 1979 – Wing molt and weights of Barnacle Geese in Spitsbergen. – Condor 81, 42–52

Owen, M.; G. Thomas: 1975 – Wildfowl and agriculture. – Bedfordshire.

Owen, M.; R. Wells: 1979 – Territorial behaviour in breeding geese – a re-examination of Ryder's hypothesis. – Wildfowl 30, 20–26

Paakspuu, V.: 1963 – Halli hane ökoloogiast Matsalu lahel. (Zur Ökologie der Graugans in der Matsalu-Bucht). – Eesti NSV Teaduste Akad. Juures Asuva Loodusuurijate Seltsi Aastaraamat 56, 189–207

Paakspuu, V.: 1972 – Sowremennoe sostojanie populjazii serogo gussja w Matsaluskom saliwe. – Gussi w SSSR (E. Kumari), Akad. Nauk Eston. SSR, Tartu

Paakspuu, V.: 1973 – Hallhane asurkonna ajaloost Matsalu lahel ja sellega piirnevatel aladel. – Ornitol. kgumik. 6, 60–71

Palmer, St.; J. Boewall: 1966 – A field guide to the bird songs of Britain and Europe. – Schallplatte RFLP 5001

Paludan, K.: 1965 – Grågåsens traek og faeldnings-traek. – Danske Vildtundersøgelser 12, 5–54

Paludan, K.: 1973 – Migration and survival of *Anser anser* (Aves) ringed in Denmark. – Vidensk. Meddr. dansk naturh. Foren. 136, 217–232

Pearson, R.: 1972 – The avian brain. – Acad. Press, London

Peerar, A. M.: 1982 – Brent Geese with their "Golden Feet". – Proc. 2nd Techn. Meet. Western Palaearctic Migr. Bird Mgmt. – IWRB-Publ., Slimbridge, 35–39

Philippona, J.: 1972 – Die Bleßgans. – NBB 457, Wittenberg Lutherstadt

Philippona, J.: 1983 – Beobachtungen von Wildgänsen bei Tata/VR Ungarn. – Falke 30, 225–227

Philippona, J.; T. Lebret: 1967 – Geese on the Hortobágy in Hungaria, autumn 1966. – Wildfowl 18, 129–133

Pirkola, M. K.; P. Kalinainen: 1984 – The status, habitats and productivity of breeding populations of Bean Goose, *Anser fabalis,* in Finland. – Swed. Wildlife Res. 13

Pirnie, M. D.: 1954 – The grazing of dormant winter wheat by wild geese. – Mich. Agr. Exp. Sta. Quart. Bull. 27, 95–104

Pogge, M.; A. H. Bungartz: 1932 – Fluggemeinschaft zwischen Gänsen und anderen Entenvögeln. – Vogelzug 3, 180–181

PREVETT, J. P.: 1972 – Family behaviour and age-dependent breeding biology of the Blue Goose *Anser caerulescens*. – Rep. Can. Wildl. Serv., 192

PREVETT, J. P.; C. D. MC INNES: 1980 – Family and other social groups in snow geese. – Wildl. Monogr. 71

PREVETT, J. P.; J. F. MARSHALL; V. G. THOMAS: Fall foods of lesser snow geese in the James Bay region. – J. Wildl. Manage. 43, (3), 736–742

PRIKLONSKI, S. G.: 1981 – Status of the wetlands and waterfowl population in the central regions of the RSFSR. – Proc. Symp. Mapp. Waterfowl Distributions, Alushta (Aluschta) 1976, (–) Moskau 1981

PRILL, H.: 1980 – Gibt es bei der Graugans »Kindergärten?«. – Orn. Rdbr. Mecklenburgs NF 23, 24–25

PROKOSCH, P.: 1979 – Ringelgänse zwischen Arktis und Wattenmeer – Bestandssituation, Schutz und Forschung. – Natur u. Landschaft 54, 213–217

PROKOSCH, P.: 1981 – Bestand, Jahresrhythmus und traditionelle Nahrungsplatzbindung der Ringelgans *(Branta bernicla)* im Nordfriesischen Wattenmeer. – Dipl.-arb. Math-nat. Fak. CH. ALBRECHTS Univ. Kiel

PUSCARIU, V.: 1983 – La présence de *Branta ruficollis* pendant l'hiver en Roumanie. – Aquila 90, 23–27

RANDIK, A.: 1983 – Numbers of wild geese in the Chechoslovak-Hungarian section of the Danube in 1962/63, 1972/73 and 1978/79. – Aquila 90, 43–44

RAVELING, D. G.: 1966 – Factors affecting age ratios of samples of Canada Geese caught with cannon nets. – J. Wildl. Manage. 30, 632–691

RAVELING, D. G.: 1969 a – Preflight and flight behavior of Canada Geese. – Auk 86, 671–681

RAVELING, D. G.: 1969 b – Social classes of Canada Geese in winter. – J. Wildl. Manage. 33, 304–318

RAVELING, D. G.: 1970 – Dominance relationships and agonistic behavior of Canada Geese in winter. – Behav. 37, 291–319

RAVELING, D. G.: 1978 – Dynamic of distribution of Canada Geese in winter. – Transact. 43 rd North Amer. Wildl. Nat. Resources Conf.

RAVELING, D. G.: 1979 – Traditional use of migration and winter roost sites by Canada Geese. – J. Wildl. Manage. 43, 229–235

RAVELING, D. G.; H. G. LUMSDEN: 1977 – Nesting ecology of Canada Geese in the Hudson Bay lowlands of Ontario: evolution and population regulation. – Ont. Min. Nat. Resources publ.

REED, A.; G. CHAPDELAINE; P. DUBUIS: 1977 – Use of farmland in spring by migrating Canada Geese in the St. Lawrence Valley, Quebec. – J. appl. Ecol. 14, 667–680

REEVES, H. M.; F. G. COOCH; R. E. MUNRO: 1976 – Monitoring arctic habitat and goose production by satellite imagery. – J. Wildl. Manage. 40, 532–541

RINGLEBEN, H.: 1950 – Zum Vorkommen der Kurzschnabelgans als Wintergast am Jadebusen. – Vogelwelt 71, 118–128

RINGLEBEN, H.: 1957 – Die Wildgänse Europas. – NBB 200, Wittenberg-Lutherstadt

ROCHARD, J. B. A.; J. KEAR: 1970 – Field trials of the reaction of sheep to goose droppings on pasture. – Wildfowl 21, 108–111

ROCKWELL, R. F.; F. COOKE: 1977 – Gene flow and local adaption in a colonially nesting dimorphic birds; the Lesser Snow Goose *Anser caerulescens caerulescens*. – Amer. Nat. 111, 91–97

ROCKWELL, R. F.; C. S. FINDLAY; F. COOKE: 1983 – Life History Studies of the Lesser Snow Goose *(Anser caerulescens caerulenscens)*. I. The Influence of Age and Time on Fecundity. – Oecologia 56, 318–322

ROOS, G.; H. LINDSKOG: 1976 – En ny rastplats för grågäss *Anser anser* på Måkläppen i sydvästra Skåne. (A new roosting site of Greylag geese Anser anser on Måkläppen in southwestern Skåne). – Anser 15, 101–108

ROOTH, J.: 1971 – The occurrence of the Greylag Goose *Anser anser* in the western part of its distribution area. – Ardea 59, 17–27

ROOTH, J.; B. EBBINGE; A. VAN HARPEREN; M. LOK; A. TIMMERMAN; J. PHILIPPONA; L. VAN DEN BERGH: 1981 – Numbers and distribution of wild geese in the Netherlands, 1974 –1979. – Wildfowl 32, 146–155

RUTHENBERG, H.: 1977 – Massensterben von Wildgänsen durch Quecksilbervergiftungen. – Naturschutzarb. Mecklenbg. 20, 50–51

RUTSCHKE, E.: 1960 – Untersuchungen über Wasserfestigkeit und Struktur des Gefieders von Schwimmvögeln. – Zool. Jb. Syst. 87, 441–506

RUTSCHKE, E.: 1965 – Funktionell-morphologische Studien an der Außenfahne von Schwungfedern. – Mitt. Zoll. Mus. 4 (1)

RUTSCHKE, E.: 1966 – Untersuchungen über die Statik und die Feinstruktur des Schaftes der Vogelfedern. – Zool. Jb. Zool. Syst. 8, 1–42

RUTSCHKE, E.: 1973 – Durchzug und Überwinterung der Saatgans (*Anser fabalis* Lath.) in der DDR nebst Bemerkungen über die Bleßgans (*Anser albifrons* Scop.). – Beitr. Vogelkd. 19, 430–457

RUTSCHKE, E.: 1977 – Zur Phänologie des Durchzuges der Saatgans (*Anser fabalis*) im Herbst. – Beitr. Vogelkd. 23, 42–48

RUTSCHKE, E.: 1979 – Bemerkungen zum gegenwärtigen Status einiger Wasservögel auf dem Hintergrund der Artbeschreibungen von NAUMANN. – Wiss. Hefte PH »W. RATKE« Köthen, H. 1, 127–138

RUTSCHKE, E.: 1982 – Stability and dynamics in the social structure of the Greylag Goose (*Anser anser*). – Aquila 89, 39–55

RUTSCHKE, E.: 1983 a – Zur Bestandsentwicklung des Höckerschwans (*Cygnus olor*) in der DDR. – Beitr. Vogelkd. 28, 59–73

RUTSCHKE, E.: 1983 b (Hrsg.) – Die Avifauna der DDR, Bd. 2, Die Vogelwelt Brandenburgs. Fischer Verlag Jena

RUTSCHKE, E.; J. NAACKE; H. LITZBARSKI: 1982 – Die Graugans *Anser anser* in der DDR. – Acta Sc. Nat. Brno 16, 21–49

RUTSCHKE, E.; G. SCHIELE: 1978/79 – The influence of geese (Gen. Anser) migrating and wintering in the GDR on agricultural and limnological ecosystems. – Verh. orn. Ges. Bayern 22, 177–190

RUTTLEDGE, R. F.; M. A. OGILVIE: 1979 – The past and current status of the Greenland White-fronted Goose in Ireland and Britain. – Irish Birds, 1, 293–263

RYDER, J. P.: 1967 – The breeding biology of Ross's Goose in the Perry River region, northwest territories. – Can. Wildl. Serv. Rep. Ser. 3, 1–56

RYDER, J. P.: 1975 – The significance of territory size in colonial nesting geese: a hypothesis. – Wildfowl 26, 114–116

SALMON, D. G.: 1983 – Wildfowl and wader counts. 1982–1983. – Wildfowl Trust, Slimbridge

SALMONSEN, F.: 1950 – 1st to 10th preliminary list of recoveries of birds ringed in Greenland. – Dansk. Orn. Foren. Tidsskr. 44

SALOMONSEN, F.: 1958 – The present status of the Brent Goose in western Europe. – Medd. dansk naturh. Foren 120, 43–80

SALOMONSEN, F.: 1968 – The moult migration. – Wildfowl 19, 5–24

SCHENK, J.: 1929 – Die Suschkingans *Anser neglectus* in Ungarn. – J. Orn., Harterts Festschr. 282–291

SCHENK, J.: 1929/30 – Die Suschkingans *Anser neglectus* Suschk. in Ungarn. – Aquila 36/37, 65–67

SCHENK, J.: 1930 – Die Durchzugsgebiete der ungarischen Suschkingänse. – Orn. Mber. 38, 172–174

SCHRÖDER, H.: 1969 – Beobachtungen an Wildgänsen der Gattung *Anser* im Gebiet der Mecklenburger Großseenplatte. – Beitr. Vogelkd. 14, 269–280

SCHRÖDER, H.: 1971 – Beobachtungen an einem Brut- und Mauserplatz der Graugans (*Anser anser*) im Naturschutzgebiet »Ostufer der Müritz«. – Beitr. Vogelkd. 17, 349–359

SCHRÖDER, H.; H. SCHONERT: 1971 – Durchzug und Überwinterung von Wildgänsen (Gattung *Anser* BRISSON 1760) im Bezirk Neubrandenburg (Mecklenburg, DDR) von Juli 1968 bis Mai 1969. – Natur Naturschutz Mecklenbg. 9, 87–110

SCHWANKE, W.; E. RUTSCHKE: i. Dr. – Zur akustischen Kommunikation der Graugans (*Anser anser* L.) unter dem Aspekt des individuellen Erkennens. – Beitr. Vogelkd.

SCOTT, D. A.: 1979 – Problems in the management of waterfowl populations. – Proc. 2nd Techn. Meet. Western Palearctic Migr. Bird Manage., Paris 11–13. Dez. 1979, 89–106

SCOTT, P.: 1970 – Redbreasts in Rumania. – Wildfowl 21, 37–41

SCOTT, P.; H. BOYD; W. J. L. SLADEN: 1955 – The Wildfowl Trust's second expedition to Central Iceland 1953. – Wildfowl Trust, Ann. Rep. 7, 63–98

SCOTT, P.; J. FISCHER: 1953 – A thousand geese. – London, Collins

SCHARKOWA, J. A.; B. B. BORSCHONOW: 1972 – K pitaniju gussei Taimyra. – Gussi w SSSR (E. KUMARI), Akad. Nauk Eston. SSR, Tartu

SHELNIN, W. A.: 1981 – Ob ossennem prolete gumennika i lebedja-klikuna w jushnoi Estonii po dannym 27 let. – Soobstschenija pribaltiiskoi komissii po isutscheniju migrazii ptiz, 12, 125–132, Akad. Nauk Eston, SSR, Tartu

SHERWOOD, G. A.: 1966 – Canada Geese of the Seney National Wildfowl refuge. – Ph. D. Diss., Utah State Univ. Logan

SHERWOOD, G. A.: 1968 – Factors limiting production and expansion of local population of Canada Geese. – In: R. L. HINE and C. SCHOENFELS (eds).: Canada Goose Management. Wisconsin, Denbar Educational Res. Serv. Inc.

SINNECKER, H.; R. SINNECKER; E. ZILSKE; I. GOGOLIN; ST. GÜMPEL: 1985 – Vorkommen und Bedeutung des Influenzavirus A in Wasservögeln. – Beitr. Vogelkd. 31, 35–44

SLADEN, W. J. L.; A. A. KISTCHINSKI: 1981 – US/USSR Co-operation in waterfowl migration Studies, 1974–1976. – Proc. Symp. Mapp. Waterfowl Distributions, Migrations, Habitats, Alushta 1976 – Moskau 1981

SMART, M.: 1982 – *Anser anser* in Tunesia. – Aquila 89, 89–92

SMIT, TH.; TH. BAKKUIZEN: 1978 – Ganzen en eenden, slachtoffers van slecht veer. – Vogeljaar 27, 59–61

SOIKKELI, M.: 1973 – Decrease in numbers of migrating Lesser White-fronted Geese *(Anser erythropus)* in Finland. – Finn. Game Res. 33, 28–30

SPEIRS, J. M.; J. J. C. KANITZ; J. NOVAK: 1971 – Numbers, speeds and directions of migrating geese from analysis of radar display at Fort William, Ontario. – Can. Wildl. Serv. Rep. Ser. 14, 69–76

SPRÖTKE, H.: 1980 – Jahresbericht 1979 über die Braunschweiger Population der Graugans *(Anser anser)*. – Milvus 1, 56

STAHLBERG, B.-M.: 1974 – The development of rank order and aggressiveness in a group of juvenile Greylag Goose. Wildfowl 25, 67–73

STERBETZ, I.: 1967 a – Oecological problems of White-fronted Geese passing the winter in Hungary. – Aquila 73/74, 33–49

STERBETZ, I.: 1967 b – More recent occurrences of the Redbreasted Goose in Hungary. – Aquila 73/74, 192–193

STERBETZ, I.: 1968 – Der Zug der Zwerggans auf der Ungarischen Puszta. – Ardea 56, 259–266

STERBETZ, I.: 1975 – Einige Angaben zur Nahrung mancher in Ungarn seltener vorkommenden Gänse und Entenarten. – Aquila 80/81, 197–198

STERBETZ, I.: 1976 – Development of wild geese migration on the Hungarian gathering places. – Aquila 82, 181–194

STERBETZ, I.: 1978 – The feeding ecology of *Anser erythropus, Anser albifrons* and *Anser fabalis* in Hungary. – Bull. 45, IWRB, July 1978, 9–16

STERBETZ, I.: 1982 – Migration of *Anser erythropus* and *Branta ruficollis* in Hungary 1971–1980. Aquila 89, 107–113

STERBETZ, I.: 1983 – The trend of the migration of wild-geese in Hungary in the period 1972–1982. – Állattanai Közlemények, LXX

STERBETZ, I.; E. SCHMIDT: 1984 – Einige Daten über die Graugans *Anser anser* in Ungarn. – Acta Sc. Nat. Brno 18, 31–32

STERBETZ, I.; J. SZIJJ: 1968 – Das Zugverhalten der Rothalsgans in Europa. – Vogelwarte 24, 266–277

STICHMANN, W.; A. TIMMERMAN: 1965 – Durchzug und Überwinterung der Gänse in Norddeutschland, den Niederlanden und Belgien 1960/1961, 1961/1962 und 1962/1963. – Vogelwarte 23, 140–148

ST. JOSEPH, A. K. M.: 1979 a – The development of inland feeding by *Branta bernicla* in southeastern England. – Proc. 1st Techn. Meet. Western Palearctic Migr. Bird Manage. 1977, Slimbridge IWRB

ST. JOSEPH, A. K. M.: 1979 b – Seasonal distribution and movements of *Branta bernicla bernicla* in Western Europe. – Proc. 1st Techn. Meet. Western Palearctic Migr. Bird Manage. 1977, Slimbridge IWRB

ST. JOSEPH, A. K. M.: 1982 – The status of *Branta bernicla bernicla*. – Aquila 89, 163–165

STRESEMANN, E.: 1929 – Abermals eine Suschkingans *Anser neglectus* bei Berlin erlegt. – Orn. Mber. 37, 35–39

STRESEMANN, E.: 1934 – Zum vierten Mal eine Suschkingans *Anser neglectus* in Deutschland erlegt. – Orn. Mber. 42, 22

STROUD, D. A.: 1982 – Observations on the incubation and posthatching behaviour of the Greenland White-fronted Goose. – Wildfowl 33, 63–72

SZOMJAS, L.: 1925/26 – Die relative Häufigkeit der Wildgänsearten im Hortobágy. – Aquila 32/33, 158–160

TALPEANU, M.: 1963 – Anseriformes in Rumania. – Proc. 1st Europ. Meet. Wildf. Conserv., St. Andrews, Scotl. 45–49

Talpeanu, M.: 1971 – Les Anseriformes de Roumanie (II). – Trav. Mus. hist. natur. »Gr. Antipa«, 1971, 11

Thomas, C. B.: 1977 – The mortality of Yorkshire Canada Geese. – Wildfowl 28, 35–47

Thomas, V. G.; J. P. Prevett: 1980 – The nutritional value of arrowgrasses to geese at James Bay. – J. Wildl. Manage. 44, 830–836

Timmerman, A.: 1976 – Winterverbreitung der paläarktischen Gänse in Europa, West-Asien und Nordafrika, ihre Anzahl und ihr Management in West-Europa. – Vogelwelt 97, 81–99

Timmerman, A.: 1977 – Het wintervoorkomen van de Kleine Rietgans, *Anser brachyrhynchus*. – Limosa 50, 71–91

Timmerman, A.: 1981 – On the occurrence of geese in western palearctic. – Proc. Symp. Mapp. Waterfowl Distributions, Alushta 1976, Moskau 1981

Timmerman, A.; M. F. Mörzer Bruyns; J. Philippona: 1976 – Survey of the winter distribution of palearctic geese in Europe, Western Asia and North Africa. – Limosa 49, 230–292

Triebl, R.: 1979 – Wanderungen und Zug der Graugans des Neusiedlersee-Gebietes aufgrund von Beringungsergebnissen. – Natur Umwelt Burgenld. 2, 11–16

Tucker, V. A.: 1969 – The energetics of bird flight. – Sci. Amer. 220, 70–78

Tugarinow, A. J.: 1941 – Plastintschatokljuwyje. – Fauna SSSR. Ptizy, t. 1, wyp. 4 M.; L.: Isd-wo AN SSSR

Udvardy, M.: 1942 – Die Vogelwelt der Hortobágy. – Tisia V, 92 bis 167

Uil, G. den; T. Lebret; J. Philippona: 1982 – Goose shooting and prevention of damage. – Aquila 89, 281–283

Uspenski, S. M.: 1965 – Die Wildgänse Nordeurasiens – NBB 352, Wittenberg-Lutherstadt

Uspenski, S. M.: 1966 – Verbreitung und Ökologie der Rothalsgans. – Falke, 13, 83–85

Uspenski, S. M.; A. A. Kistschinski: 1972 – Opyt awiautschetow gussei sewere Sapadnoi Sibiri. – Gussi w SSSR (E. Kumari), Akad. Nauk Eston. SSR, Tartu

Utter, J. M.; E. A. Lefebvre: 1970 – Energy expenditure for free flight by the Purple Martin. – Comp. Biochem. Physiol. 35, 713–719

Valjus, M.: 1971 – Zur Biologie der Graugans und ihrer Hybriden. – Tag. Ber. dt. Adl. Berlin 113, 335–346

Vaught, R. W.; L. M. Kirsch: 1966 – Canada geese of the eastern prairie population, with special reference to the Swan Lake flock. – Missouri Dept. Conserv. Techn. Bull. 3, 91

Vauk, G.; H. A. Bruns: 1983 – Zug und Rast von Feldgänsen *(Anser anser, Anser fabalis, Anser brachyrhynchus, Anser albifrons, Anser caerulescens)* auf Helgoland in den Jahren 1962 – 1982 mit Anmerkungen zum Vorkommen der Branta-Arten. – Z. Jagdwiss. 29, 162–176

Vauk, G.; H. Kuschert: 1981 – Die Schneegans (*Anser caerulescens* sp.) Brutvogel im Großen Plöner See (Schleswig-Holstein). – Seevögel 2, 61–62

Voous, K. H.: 1944 – Een systematische studie van Nederlandse Rietganzen, *Anser fabalis* Latham. – Limosa 17, 41–55

Voous, K. H.; L. Hartsuijker; J. J. Smit: 1973 – Sushkin rietganzen in Nederland. – Limosa 46, 228–232

Walker, A. F. G.: 1970 – The moult migration of Yorkshire Canada Geese. – Wildfowl 21, 99–104

Warthold, R.: 1983 – Aspekte der Dispersion der Graugans (*Anser anser* L.) in der Brutzeit unter besonderer Berücksichtigung der kolonieartigen Ansammlung von Nestern. – Zool. Jb. Physiol. 87, 405–416

Wengerowa, M. P.: 1969 – Ob ochotnitschjepromyslowych ptizach nisowi Obi. – Ornitologija w SSSR, kn. 2, Aschchabad

Wessels, J. P. H.; H. Fisher: 1965 – Estimation of protein reserves and the nitrogen content of organs in protein-depleted and repleted cocks. – Br. J. Nutr. 19, 57–69

White-Robinson, R.: 1982 – Inland and saltmarsh feeding of wintering Brent Geese in Essex. – Wildfowl 33, 113–118

Wilkens, F.: 1977 – Brutvorkommen der Kanadagans *(Branta canadensis)* in Niedersachsen. – Orn. Mitt. 29, 243

Williams, G.; J. E. Forbes: 1980 – The habitat and dietary preferences of Dark-bellied Brent Geese and Wigeon in relation to agricultural management. – Wildfowl 31, 151–157

Wingfield, J. C.: 1983 – Environmental and endocrine control of Avian reproduction: An ecological approach. – In: Avian Endocrinology. Japan Sci. Soc. Press, Tokyo, Springer-Verlag Berlin-Heidelberg-New York

WINOGRADOW, W. W.: 1972 – K gnesdowaniju serogo gussja na Kaspii. – Gussi w SSSR (E. KUMARI), Akad. Nauk Eston. SSR, Tartu

WINOGRADOW, W. W.; G. M. RUSANOW; D. W. BONDAREW; G. A. KRIWONOSSOW: 1982 – Construction of nest sites and improvement of moulting sites for waterfowl in the Volga river delta, USSR. – In: Managing wetlands and their birds. – IWRB-Publ., Slimbridge Glos., England, 209–215

WINOKUROW, A. A.: 1977 – Krasnosobaja kasarka na Taimyr. – Fauna i biologia gusseobrasnych ptiz. – Nauka, Moskau

WINOKUROW, A. A.: 1982 – Present status of the *Branta ruficollis* population and measures for its conservation. – Aquila 89, 115–122

WIRDHEIM, A.: 1981 – Prutgas och Vitkindad Gas i södra Halland. – Halenstads Orn. Klubb Arsskrift 20, 25–30

WÜRDINGER, I.: 1975 – Vergleichend morphologische Untersuchungen zur Jugendentwicklung von *Anser*- und *Branta*-Arten. – J. Arn. 116, 65–86

WÜRDINGER, I.: 1979 – Olfaction and feeding behaviour in juvenile geese *(Anser anser anser* and *Anser domesticus).* – Z. Tierpsychol. 49, 132–135

WYPKEMA, R. C. P.; C. D. ANKNEY: 1979 – Nutrient reserve dynamics of Lesser Snow Geese staging at James Bay, Ontario. – J. Zool. 57, 213–219

YDENBERG, R. C.; H. H. TH. PRINS: 1981 – Spring grazing and the manipulation of feed quality by Barnacle geese. – J. appl. Ecol. 18, 443–453

YOUNG, J. G.: 1972 – Breeding biology of feral Greylag Geese in south-west Scotland. – Wildfowl 23, 83–87

ZICUS, M. C.: 1981 – Molt emigration of Canada geese from Crex Meadows, Wisconsin. – J. Wildl. Manage. 45, 54–63

ZWARTS, L.: 1972 – De Grauwe Ganzen, *Anser anser,* van het brakke getijedegebied de Ventjagersplaten. (The Greylag Geese, *Anser anser,* of the brackish tidal habitat the Ventjagersplaten, Holland). – Limosa 45, 121–134

BILDNACHWEIS

Archiv: 32
Endler, B.: 1, 5, 7, 15, 16
Essen, L. v.: 2, 4, 6, 8, 9, 10, 23, 40, 41
Kolbe, H.: 17, 18, 19
Hübner, G.: 3, 11, 13, 14, 22, 25, 27, 33, 35, 36, 37, 38, 48, 49, 51, 52
Hoyer, E.: 26, 46, 47, 50
Tiede, G.: 24
Reich, J.: 20, 21
Röding, K.-D.: 28
Rogge, D.: 29, 30, 31, 34, 43, 44, 45
Seyfarth, H.: 42
Weber, K.-D.: 12

Sachwortverzeichnis

Der Verweis auf Abbildungen der Farbtafeln ist mit * gekennzeichnet.

Gruppenstrukturen bei der Graugans

Geschlossene Strukturen

Brutpaar

Offene Strukturen

Nichtbrüterverband

Zuggemeinschaft